总顾问/慕 平　总主编/高保京　甄 贞

XINGSHI SUSONGFA XIUGAI DE
SHENDU FANGTAN

刑事诉讼法修改的深度访谈

❘ 郭书原/主 编 ❘

中国检察出版社

图书在版编目（CIP）数据

刑事诉讼法修改的深度访谈/郭书原主编．—北京：中国检察出版社，
2012.12
ISBN 978 - 7 - 5102 - 0750 - 1

Ⅰ.①刑… Ⅱ.①郭… Ⅲ.①刑事诉讼法 - 研究 - 中国
Ⅳ.①D925.204

中国版本图书馆 CIP 数据核字（2012）第 255969 号

刑事诉讼法修改的深度访谈

主编 郭书原

出版发行：中国检察出版社
社 址：北京市石景山区鲁谷东街 5 号（100040）
网 址：中国检察出版社（www.zgjccbs.com）
电 话：(010)68682164(编辑) 68650015(发行) 68636518(门市)
经 销：新华书店
印 刷：三河市燕山印刷有限公司
开 本：720 mm×960 mm 16 开
印 张：25.75 印张
字 数：474 千字
版 次：2012 年 12 月第一版 2012 年 12 月第一次印刷
书 号：ISBN 978 - 7 - 5102 - 0750 - 1
定 价：50.00 元

序　言

　　郭书原同志让我为他们编辑的《刑事诉讼法修改的深度访谈》一书写序言，我欣然接受了。三个月前甄贞副检察长跟我说郭书原同志要找我采访一下有关刑事诉讼法修改后的问题，检察机关应如何应对，我当即就答应了。原因是这本书编得及时，编得好，正值学习、贯彻新刑事诉讼法之际，我要支持他们的工作。

　　列夫·托尔斯泰曾经说过："理想的书籍，是智慧的钥匙。"对检察机关工作人员来说，对于新修订法律的理解和运用，直接关系到整体办案质量，而一本优秀的法律解读书籍，无疑是他们打开智慧之门的钥匙。新刑事诉讼法将于2013年1月1日起正式实施，如何正确贯彻、实施好这部法律，确保法律的正确实施，是摆在检察机关面前一项艰巨而繁重的任务。《刑事诉讼法修改的深度访谈》这本书对我们进一步关注、理解、运用和实践新刑事诉讼法有着积极的意义。

　　检察机关大部分职权都与刑事诉讼法密切相关，所以，学习研究新刑事诉讼法成为当前检察机关面临的一项紧要课题。北京市检察机关，要带头把刑事诉讼法贯彻实施好，希望能为全国检察机关提供一些有益的经验和做法，这也是高检院对我们的要求。本书正是基于以上理念，采访了全国各地研究刑事诉讼法的专家、学者以及检察工作者，深入浅出地回答了修改后刑事诉讼法如何应对的很多问题，对于提高检察机关业务水平有一定的指导作用。而且，市院承担着全市检察机关贯彻落实修改后刑事诉讼法的指导任务，此书正是秉承着百花齐放、百家争鸣的方针，为首都检察机关全面、扎实地做好学习贯彻工作提供了好的方式。

　　本书有益于全市检察干警对新刑事诉讼法内涵进一步理解和认识。众所周知，此次刑事诉讼法的修改任重道远，旨在着力保障公共安全，着力化解社会矛盾，解决人民群众反映强烈、影响社会和谐稳定的突出问题，对于国家长治久安和人民安居乐业具有重要意义。刑事诉讼法修改后，势必会碰到许多新的情况、新的问题。如果把握不到位，解决不好，即便每一名检察人员有积极性、有责任心，也不一定能把实际工作做好。本书对于检察机关工作人员深刻领会新刑事诉讼法内容，帮助我们扩宽思路，开拓视野，破解难题都可以起到很好作用。

本书的策划、编辑既是北京市检察院第一分院学习贯彻新刑事诉讼法的一个积极举措，同时也是为高校、司法界专家、学者交流刑事诉讼法提供了一个很好的平台。本书融汇了国内多位法学专家、检察工作者、刑事诉讼法研究者多年的经验和成果，在这里有理论与实践的碰撞，也凝聚着许多大家思想争鸣的火花。通过他们集中、权威、高端的诠释和阐述，汇集更多的观点，带来更多的学术信息，对于检察人员全新认识和理解，起到了很好的引领示范作用，为首都检察机关贯彻落实新刑事诉讼法提供和搭建了一个新的平台。同时，我认为，这本书很有出版意义，首先编者有着非常敏感的法律意识，充分认识到新刑事诉讼法出台后会面临的问题，并将这些问题的理解融入了书中重点部分；其次，能在这么短时间内采访到这么多专家、教授、学者，加上整理、编辑、出版，很不容易。文章条理明晰，深入浅出；本书充分利用和挖掘检察院自身的资源优势，突出抓好平台和载体建设，为贯彻实施新刑事诉讼法，推动刑事诉讼理论与实践作出了应有贡献。

最后，衷心感谢本书编辑人员的辛勤付出和出色表现，对长期以来一直关心、支持首都检察工作和长期致力于刑事诉讼理论研究和司法实践的各位学者和兄弟院的检察同仁们致以崇高的敬意！

北京市人民检察院党组书记　检察长

2012 年 9 月

目　录

第一部分

第二部分

第三部分

第一部分

朱孝清简介：

  1950 年 6 月生，汉族，浙江义乌人，1969 年 6 月参加工作，1980 年 4 月加入中国共产党，西南政法学院法律系法律专业毕业，浙江省委党校领导干部研究生班经济学专业毕业，研究生学历，最高人民检察院党组成员、副检察长、检察委员会委员，二级大检察官。曾任浙江省人民检察院研究室副主任、主任、副检察长，浙江省纪委副书记，浙江省人民检察院检察长。2004 年 8 月任现职。第十一届全国政协常务委员。

侦查监督公诉工作如何实施修改后的刑事诉讼法

——访最高人民检察院副检察长　朱孝清

郭书原：您作为最高人民检察院的副检察长，有机会能采访到您，我们感到十分荣幸。今天想请您就在侦查监督、公诉工作中如何实施好该部法律谈谈您的看法。相信从您的解答中，我们能够了解到刑诉法修改的真谛。

朱孝清副检察长：感谢你们采访我，我会尽力回答你们的问题的。

郭书原：修改后的刑诉法将"尊重和保障人权"写入法律，对证据制度、强制措施、辩护制度、侦查措施、审判程序等都作了修改完善，还新规定了四个特别程序。这些对检察机关的侦查监督和公诉工作会产生怎样的影响呢？

朱孝清副检察长：这次刑诉法修改的内容很多，这对侦查监督和公诉工作来说，既带来了许多有利条件，更带来了一系列挑战。

郭书原：为什么您会说有许多有利条件呢？您能举例谈谈吗？

朱孝清副检察长：好的。我逐个分析吧。我认为，总的来看，修改后刑诉法给侦查监督、公诉工作带来的有利条件主要有八点。第一个是细化了逮捕条件。修改后的《刑事诉讼法》第七十九条将逮捕的"社会危险性"条件细化为"可能实施新的犯罪，有危害国家安全、公共安全或者社会秩序的现实危险"等5种情形，规定对"有证据证明有犯罪事实，可能判处十年有期徒刑以上刑罚"等3种犯罪嫌疑人"应当予以逮捕"，将原刑诉法关于违反监视居住规定情节严重的"予以逮捕"修改为"可以予以逮捕"。这些修改都使逮捕的依据更加明确，更具有可操作性，有利于相关工作的开展。第二个是完善了逮捕程序。第八十六条规定人民检察院审查批捕"可以讯问犯罪嫌疑人"，对是否符合逮捕条件有疑问等三种情形之一的，"应当讯问犯罪嫌疑人"，还规定人民检察院审查批捕可以询问证人等诉讼参与人，听取辩护律师意见，其中辩护律师提出要求的，应当听取辩护律师意见。这些修改完善了批捕的诉讼构造，增强了批捕的诉讼性，也有利于提高批捕的质量。第九十一条还规定将犯罪嫌疑人逮捕后，"应当立即将被逮捕人送看守所羁押"，同时，删除了原刑诉法把"有碍侦查"作为可以不在24小时以内通知被逮捕人家属的情形，而只保留了"无法通知"这一种情形。这一修改，有利于保障被逮捕人家属的知情权，防止刑讯逼供，也有利于检察机关实施监督。第三个是延长了职务犯罪案件决定逮捕的期限。针对职务犯罪审查逮捕上提一级后由于异地办案而使审查逮捕时间不足的情况，第一百六十五条延长了被拘留的职务犯罪嫌疑人决定逮捕的期限，即在原规定 14 日的基础上延长 1 至 3 日。第四个是完善了证据制度。第五十条规定了"不得强迫任何人证实自己有罪"；第五十三条明确了"证据确实、充分"的内涵，规定"证据确实、充分，应当符合以下条件：（一）定罪量刑的事实都有证据证明；（二）据以定案的证据均经法定程序查证属实；（三）综合全案证据，对所认定事实已排除合理怀疑"。从而为在审查起诉时判断案件的证据是否确实、充分提供了比原来更为明确的依据。

郭书原：您提到证据制度问题，我们想到这次刑诉法修改中，"非法证据"也是修改的重点之一，您能谈谈吗？

朱孝清副检察长：非法证据的内容确实是这次刑诉法修改的重点之一，针对原刑诉法仅规定"严禁刑讯逼供和以威胁、引诱、欺骗以及其他非法的方法收集证据"，而未规定以这些非法方法收集证据的效力问题的情况，修改后的刑诉法第五十四条明确规定"采用刑讯逼供等非法方法收集的犯罪嫌疑人、被告人供述和采用暴力、威胁等非法方法收集的证人证言、被害人陈述，应当予以排除。收集物证、书证不符合法定程序，可能严重影响司法公正的，应当予以补正或者作出合理解释；不能补正或者作出合理解释的，对该证据应当予以排除"。同时，法律对在什么诉讼环节可以排除非法证据、庭审中排除非法证据的程序作出了规定。还规定人民检察院审查案件，"认为可能存在本法第五十四条规定的以非法方法收集证据情形的，可以要求公安机关对证据收集的合法性作出说明"。这就为在侦查监督和公诉工作中正确认定非法证据并依法排除非法证据提供了较为明确的依据。

郭书原：证据制度是诉讼的基石。这次刑诉法修改中，完善了非法证据排除等证据制度，很有利于侦查监督和公诉工作的开展。同时，我们知道侦查讯问录音录像制度也是这次修改的内容，相比非法证据排除来说，这是从正面保障证据的真实性与合法性。您是如何看待的呢？

朱孝清副检察长：这就是我要讲的第五个有利条件，也就是规定了侦查讯问时录音录像制度。为了固定证据，证明讯问的合法性，修改后的刑事诉讼法第一百二十一条规定"侦查人员在讯问犯罪嫌疑人的时候，可以对讯问过程进行录音或者录像；对于可能判处无期徒刑、死刑的案件或者其他重大犯罪案件，应当对讯问过程进行录音或者录像。录音或者录像应当全程进行，保持完整性"。这有利于审查批捕、审查起诉特别是出庭支持公诉时分析判断犯罪嫌疑人口供的真实性，也有利于分析判断和证明讯问的合法性。

郭书原：您说得很有道理，那剩下的三个有利条件是什么呢？

朱孝清副检察长：第六个是规定辩护人及时告知无罪和不负刑事责任证据的制度和庭前会议制度。为了与修改后刑诉法规定的"辩护律师自人民检察院对案件审查起诉之日起可以查阅、摘抄、复制本案的案卷材料"的规定相平衡，防止辩方证据突袭，也为了尽早客观地查明案件真相，修改后的刑诉法第四十条规定："辩护人收集的有关犯罪嫌疑人不在犯罪现场、未达到刑事责任年龄、属于依法不负刑事责任的精神病人的证据，应当及时告知公安机关、人民检察院。"第一百八十二条还规定："在开庭以前，审判人员可以召集公诉人、当事人和辩护人、诉讼代理人，对回避、出庭证人名单、非法证据排除等与审判相关的问题，了解情况，听取意见。"这些规定，有利于检察机关掌握辩方所掌握的重要证据和信息，提高批捕、起诉质量和庭上应对水平，也有利于提高庭审效率。第七个是完善了起诉、不起诉和诉讼监督制度。起诉制度除定罪判刑之诉之外，新增了犯罪嫌疑人、被告人逃匿、死亡案件违法所得没收之诉（申请）和不负刑事责任精神病人强制医疗之诉（申请）；不起诉制度除原来的绝对、相对、存疑三种不起诉外，新增了附条件不起诉，从而使起诉、不起诉制度的内容更加充实，结构更加合理。同时，第一百七十三条将"没有犯罪事实"作为绝对不起诉的情形之一，解决了原刑诉法对"没有犯罪事实"的案件出路不明的问题。还将经二次补充侦查仍然认为证据不足，不符合起诉条件的案件由原来的"可以作出不起诉决定"修改为"应当作出不起诉决定"。这为检察机关正确处理"没有犯罪事实"的案件和补充侦查后证据仍然不足的案件提供了明确的依据。此外，还完善了诉讼监督制度，拓展了监督范围，充实了监督内容，增强了监督刚性。这些都为侦查监督、公诉工作进一步发展提供了广阔的空间。第八个是扩大了简易程序的范围。原刑诉法规定可以适用简易程序的公诉案件范围是"依法可能判处三年以下有期徒刑、拘役、管制、单处罚金，事实清楚、证据确实充分"。修改后的刑诉法扩大了适用简易程序的范围，第二百零八条规定，基层人民法院管辖的案件，符合下列3个条件的，可以适用简易程序审判：案件事实清楚、证据充分的；被告人承认自己所犯罪行，对指控的犯罪事实没有异议的；被告人对适用简易程序没有异议的。同时，第二百零九条还对不适用简易程序的情形作出了规定。简易程序适用范围的扩大，使一些原应适用普通程序审理的案件可以适用简易程序审理，有利于提高庭审效率，节约公诉人出庭的时间。

郭书原：您从逮捕制度、证据制度等方面讲解了修改后的刑诉法对侦查监督、公诉工作带来的有利条件，论述十分深刻。我们很想知道在这么多的有利条件下，修改后的刑诉法又会给侦查监督、公诉工作带来哪些挑战呢？

朱孝清副检察长：对于侦查监督、公诉工作来说，这次刑诉法修改既是机遇又是挑战。总的来说，修改后的刑诉法带来的挑战可以概括为"难度加大，任务加重"。

郭书原：有哪些方面难度加大，哪些方面任务加重，您能详细谈谈吗？

朱孝清副检察长：好的。我说的难度加大是指案件的变数和指控犯罪的难度明显加大。修改后的刑诉法加强了对犯罪嫌疑人、被告人权利的保护，完善了律师辩护制度和证据制度，使得案件的变数明显加大。首先，辩护律师可以阅卷和核实证据而带来变数。原刑诉法规定，辩护律师自人民检察院对案件审查起诉之日起，只能查阅、摘抄、复制本案的诉讼文书、技术性鉴定材料，同在押的犯罪嫌疑人会见和通信。在人民法院受理案件后，辩护律师也只能查阅、摘抄、复制本案的证据目录、证人名单和主要证据复印件。而修改后的刑诉法第三十八条规定，辩护律师自人民检察院对案件审查起诉之日起，就可以查阅、摘抄、复制本案的案卷材料。这样，检察机关掌握的证据辩护律师都能掌握，而律师掌握的证据检察机关却可能不知情。同时第三十七条还规定，辩护律师自案件移送审查起诉之日起，可以向犯罪嫌疑人、被告人核实有关证据。有观点认为，这可以包括将案内有关证据的内容，特别是与犯罪嫌疑人、被告人陈述不一致甚至有较大出入的内容告知犯罪嫌疑人、被告人。还有观点认为，这等于认可了犯罪嫌疑人的阅卷权。由于对"核实证据"有多种理解，因而难免增加一些案件的变数。

郭书原：对"核实证据"的理解不同，会产生不同甚至相冲突的诉讼行为，确实可能产生一些变数。那么，还有哪些点会是变数的根源呢？

朱孝清副检察长：还有两点。一是证人、鉴定人在必要时应当出庭这个规定会带来变数。原刑诉法未对证人、鉴定人在什么情况下应当出庭作出规定。在司法实践中，证人、鉴定人出庭的很少，在法庭上一般通过宣读证人证言、鉴定结论来实现对证言和鉴定结论的调查，故庭审中证人证言和鉴定结论一般不会发生变化。而修改后的刑诉法第一百八十七条第一款规定："公诉人、当事人或者辩护人、诉讼代理人对证人证言有异议，且该证人证言对案件定罪量刑有重大影响，人民法院认为证人有必要出庭作证的，证人应当出庭作证。"该条第三款规定："公诉人、当事人或者辩护人、诉讼代理人对鉴定意见有异议，人民法院认为鉴定人有必要出庭的，鉴定人应当出庭作证。经人民法院通知，鉴定人拒不出庭作证的，鉴定意见不得作为定案的根据。"在我国，证人因怕结怨、怕伤情面、怕打击报复等，普遍有不愿出庭作证的心理。出庭后，面对被告人及辩护律师的诘问，有些证人可能会改变侦查阶段所作的证言，从而给案件原认定的事实带来变数。二是非法证据排除会带来变数。如我刚才所说，原刑诉法未对非法证据排除问题作出规定，而修改后的刑诉法对排除的非法证据的范围、程序作出了明确规定，这同样可能使侦查阶段收集的证据特别是言词证据存在变数。上述三个方面变数的增加必然会加大指控犯罪的难度和庭审的对抗性。

郭书原： 在诉讼中存在这么多的变数，侦查监督、公诉工作的难度着实会加大不少。那么您谈的"任务加重"我们应该如何理解呢？

朱孝清副检察长： 我认为修改后的刑诉法主要在四个方面加重了任务。第一个是出庭案件数量增加、任务加重。一是适用简易程序审理的公诉案件人民检察院都应当派员出庭。原刑诉法规定，适用简易程序审理的公诉案件，人民检察院可以不派员出庭。据统计，去年全国适用简易程序审理的公诉案件达33 万件，占公诉案件总数的40%，有些地方达到60%，现在这些案件都要求出庭，出庭比例这么高必然使一些地方案多人少的矛盾更为突出。二是二审等需要出庭的案件增多。原刑诉法规定，第二审人民法院对上诉案件，事实清楚的，可以不开庭；对人民检察院抗诉案件，应当开庭审理。可见，对二审案件需要开庭审理的只有事实不清的上诉案件和检察机关抗诉案件这两类案件。而修改后的刑诉法第二百二十三条则规定，第二审人民法院对以下四类案件，应当开庭审理：被告人、自诉人及其法定代理人对第一审认定的事实、证据提出异议，可能影响定罪量刑的上诉的案件；被告人被判处死刑的上诉案件；人民检察院抗诉的案件；其他应当开庭审理的案件。对法院开庭审理的上述案件，人民检察院都应派员出席法庭。加上出席开庭审理再审案、违法所得没收案和强制医疗案，出庭案件数量进一步增加。三是出庭的内容增加。根据原刑诉法和司法实践，法庭审理主要就与定罪有关的事实、证据进行调查、辩论，而对量刑的事实证据则涉及不多。修改后的刑诉法第一百九十三条规定："法庭审理过程中，对与定罪、量刑有关的事实、证据都应当进行调查、辩论。"这就要求检察机关在审查起诉和出庭支持公诉中，不仅要关注与定罪有关的事实和证据，还要关注与量刑有关的事实、证据以及情节。而与量刑有关的事实、证据和情节，有的可能比与定罪有关的事实、证据和情节更多、更具体，这无疑又加重了审查起诉和出庭支持公诉的工作量与任务。

郭书原： 无论是从出庭案件的数量还是出庭的内容来看，任务都增加不少。修改后的刑诉法还规定了未成年人刑事案件诉讼程序等四个特别程序。这四个程序都与公诉部门有关，其中两个程序还与侦查监督部门有关。这应该也增加了不少工作上的任务量吧？

朱孝清副检察长： 是这样的，四个特别程序增加的任务是我想谈的另一个方面。

郭书原：有些人对特别程序了解还不够深入，您能列举地谈谈吗？

朱孝清副检察长：好的。先说未成年人刑事案件诉讼程序吧。它对未成年人刑事案件作出了一系列特别的规定：一是方针、原则特别。即实行教育、感化、挽救的方针，坚持教育为主、惩罚为辅的原则。二是对办案人员的要求特别。即未成年人刑事案件要由熟悉未成年人身心特点的人员承办。三是保护特别。即既要保障未成年人得到法律帮助，犯罪嫌疑人、被告人没有委托辩护人的，应当通知法律援助机构指派律师为其提供辩护，又要在讯问和审判的时候通知其法定代理人到场，无法通知、法定代理人不能到场或者法定代理人是共犯的，也可以通知其他成年亲属、所在学校、单位、居住地基层组织的代表到场。此外，从严格限制适用逮捕措施、附条件不起诉、封存犯罪记录等处遇方面，以及调查成长经历、犯罪原因、监护教育等情况的办案要求方面都有特别的规定。这些特别的规定，都需要检察机关予以落实或监督有关部门予以落实。

在刑事和解的公诉案件诉讼程序中，检察机关需要对和解的自愿性、合法性进行审查，并主持制作和解协议书；可以向人民法院提出从宽处理的建议；对于犯罪情节轻微、不需要判处刑罚的，可以作出不起诉处理。在犯罪嫌疑人、被告人逃匿、死亡案件违法所得的没收程序和依法不负刑事责任的精神病人的强制医疗程序中，公诉部门要向人民法院提出申请，并对法院由此作出的裁定、决定实行监督。

郭书原：修改后的刑诉法新规定了四个特别程序，这对人员配备、机制构建等方面都提出了更多的要求，任务也自然加重。具体哪些方面增加了任务量呢？

朱孝清副检察长：修改后的刑诉法对检察机关的诉讼监督工作新增加了不少任务：一是对阻碍辩护人、诉讼代理人依法行使诉讼权利的监督。即第四十七条规定的"辩护人、诉讼代理人认为公安机关、人民检察院、人民法院及其工作人员阻碍其依法行使诉讼权利的，有权向同级或者上一级人民检察院申诉或者控告。人民检察院对申诉或者控告应当及时进行审查，情况属实的，通知有关机关予以纠正"。二是对侦查人员非法收集证据的监督。即第五十五条规定的"人民检察院接到报案、控告、举报或者发现侦查人员以非法方法收集证据的，应当进行调查核实。对于确有以非法方法收集证据情形的，应当提出纠正意见；构成犯罪的，依法追究刑事责任"。三是对指定居所监视居住的监督。即第七十三条规定的人民检察院对指定居所监视居住的决定和执行是否合法实行监督。当然，对指定居所监视居住的执行是否合法的监督由监所检察部门承担。四是继续羁押必要性审查。即第九十三条规定的"犯罪嫌疑人、被告人被逮捕后，人民检察院仍应对羁押的必要性进行审查。对不需要继续羁押的，应当建议予以释放或者变更强制措施"。五是对强制措施和强制性侦查措施等的监督。即第一百一十五条规定的当事人和辩护人、诉讼代理人、利害关系人对于司法机关及其工作人员有采取强制措施法定期限届满，不予以释放、解除或者变更，应当退还取保候审保证金不退还，对与案件无关的财物采取查封、扣押、冻结的措施，应当解除查封、扣押、冻结不解除，贪污、挪用、私分、调换、违反规定使用查封、扣押、冻结的财物等 5 种行为之一的，有权向该机关申诉或者控告。对该机关受理申诉或者控告后作出的处理不服的，可以向同级或上一级人民检察院申诉。人民检察院对申诉应当进行及时审查，情况属实的，通知有关机关予以纠正。

除了上述我谈的五个方面外，还有些增加的其他任务。如第三十九条规定的根据辩护人的申请，调取已被公安机关收集但未提交的证明犯罪嫌疑人无罪或者罪轻的证据材料；第六十二条规定的保护危害国家安全犯罪、恐怖活动犯罪、黑社会性质的组织犯罪、毒品犯罪等案件中的证人、鉴定人、被害人；第九十五条规定的对犯罪嫌疑人、被告人及其法定代理人、近亲属或者辩护人变更强制措施的申请作出是否同意的决定；等等。

郭书原：通过您的讲解，我们知道修改后的刑诉法给侦查监督、公诉工作带来的挑战是前所未有的。同时，您也说刑诉法的修改既是机遇，又是挑战。那么您认为检察机关应当如何抓住机遇，应对挑战呢？

朱孝清副检察长：办法总比困难多，只要我们未雨绸缪，认真研究应对之策，就一定能实施好这一法律，并以此为契机推动工作发展。如何抓住机遇、应对挑战这个问题具有很大的理论意义和实践意义。我想从执法理念，案件变数和指控犯罪难度明显加大问题，适用简易程序，未成年人案件诉讼程序，刑事和解公诉案件诉讼程序，犯罪嫌疑人、被告人逃匿死亡案件违法所得没收程序，诉讼监督这七个方面深入地谈一谈。

郭书原：相信我们一定能够享受到一次知识盛宴。请您先谈谈第一个方面吧。

朱孝清副检察长：好的。第一是关于执法理念。要应对挑战，实施好修改后的刑诉法，必须理念先行。要摒弃陈旧的执法理念，树立正确的执法理念。一要强化尊重和保障人权意识，树立惩治犯罪与保障人权并重的理念。修改后的刑诉法给侦查监督、公诉工作带来的挑战，有相当部分是由该法把尊重和保障人权作为一项重要任务，强化了对犯罪嫌疑人、被告人的权利保障而造成的。因此，如不强化尊重和保障人权理念，就不可能实施好修改后的刑诉法。

为此，要摒弃重惩治犯罪轻保障人权的意识，树立惩治犯罪与保障人权并重的理念。

郭书原：刑事诉讼对犯罪事实和犯罪人的证明，是一种回溯性证明，它要受诸多因素的制约，犯罪嫌疑人、被告人并不等同于犯罪人。

朱孝清副检察长：是的，我们如不重视人权保障，就有可能出现冤错案件，这是一个方面。第二，刑事诉讼中任何强制性措施的采取，都会不同程度地损害有关人员的合法权益。只有尊重和保障人权，用准、用好这些强制性措施，才能防止公权力的滥用和误用。第三，在刑事诉讼中，控方拥有强大的国家资源，但辩方都十分弱小。刑诉法就是通过"抑控护辩"机制即规定抑制控方权力、保护辩方权利的一系列制度，来平衡控辩双方力量，实现控辩平等，从而使犯罪嫌疑人、被告人合法权利免遭公权力不法侵害的。如不强化保障人权理念，认真落实刑诉法关于保障犯罪嫌疑人、被告人合法权利的一系列规定，就有可能对犯罪嫌疑人、被告人的合法权利造成不法侵害。因此，是否强化人权保障理念，是关系到司法公正和司法公信力的重大问题。

郭书原：既然要树立惩治犯罪与保障人权并重的理念，那么是否在程序与实体上都要树立这种并重理念？

朱孝清副检察长：没错，必须要在强化程序意识的同时树立实体与程序并重的理念。必须摒弃重实体、轻程序的观念，树立实体和程序并重的理念，以敬畏之心，严格、规范地执行修改后的刑诉法。诉讼程序是区分不同历史时期的司法制度和不同国家司法制度的重要标志。程序公正和实体公正是司法公正不可或缺的两个组成部分。程序公正是实体公正的重要保障，任何对诉讼程序的违反，都有可能影响办案的质量。同时，程序公正又有其独立的价值，它能避免"暗箱操作"，提高办案的透明度和公信力。近年来，广大群众程序意识明显增强，他们不仅关注办案的结果，而且关注办案的过程；不仅要求司法公正得以实现，而且要求以看得见的方法实现。此外，还要强化自身监督意识，树立强化法律监督与强化自身监督并重的理念。强化对权力的监督制约，是本次刑诉法修改的一个指导思想，据此，修改后的刑诉法强化了检察机关的诉讼监督。侦查监督、公诉部门行使的各种权力，同样要贯彻这一指导思想，强化监督制约。因此，既要充分运用法律赋予的各种手段和措施强化法律监督，又要通过强化内部监督制约，自觉接受公安、法院、律师制约等措施强化对自身的监督制约，恪守权力边界，依法审慎并用准用好批捕、起诉和诉讼监督权。

郭书原：您提到法律监督，就此我们想问一个问题。法学界有观点认为，检察机关的职能可分为追诉和诉讼监督两大部分，前者包括职务犯罪侦查和公诉，后者包括批捕和立案监督、侦查活动监督、审判监督、监所监督。这两部分职能在诉讼构造、诉讼角色、诉讼心理等方面都存在矛盾冲突，需要通过司法改革予以协调。其改革的思路，有的主张取消检察机关的诉讼监督职能乃至法律监督性质，有的则主张将追诉职能与诉讼监督职能适当分开，由检察机关内部不同部门行使。然而，本次刑诉法修改不仅没有取消而且进一步强化了检察机关的诉讼监督职能，新增了一系列诉讼监督任务。对此，有观点认为，修改后的刑诉法加剧了检察机关两部分职能之间的矛盾冲突，进一步扭曲了诉讼机制，使检察机关"既是运动员又是裁判员"的问题更加突出。您是怎样看待这个问题的？

朱孝清副检察长： 你们问的这个问题很好，如果概括回答的话，那就是坚持法律监督定位，强化客观公正理念。这也是我谈的执法理念中很重要的一方面，也是最后一方面。我认为，检察机关追诉职能与诉讼监督职能既有矛盾冲突的一面，又有协调一致的一面，关键看检察机关能否依法把握。如果不能依法把握，其矛盾冲突的一面就会凸显出来；如能依法把握，其矛盾冲突就会消解，协调一致的一面就会显现。之所以存在协调一致的一面，一是追诉职能有制约监督的性质，诉讼监督职能一旦启动也有追诉的某些属性；二是我国检察机关是法律监督机关，无论是追诉职能还是诉讼监督职能，都统一于、服从于、服务于法律监督；三是检察机关无论行使何种职能，都要恪守检察官客观公正义务，既依法追诉犯罪，又依法维护犯罪嫌疑人、被告人的合法权益。也就是说，坚持法律监督定位、恪守客观公正义务，是使检察机关追诉与诉讼监督这两部分职能协调一致的重要措施和保证。本次刑诉法修改，不仅没有削弱或取消检察机关的诉讼监督职能，反而在强化追诉职能的同时进一步强化了诉讼监督。这一方面说明在立法者看来，只要依法把握，检察机关追诉与诉讼监督两部分职能之间就没有根本的矛盾与冲突；另一方面也警示我们，检察机关如不坚持法律监督定位、恪守检察官客观公正义务，追诉与诉讼监督之间潜在的矛盾冲突就有可能比过去更大。因此，要实施好修改后的刑诉法，需要我们更加自觉地坚持法律监督定位，强化客观公正理念，秉持客观中立立场，防止和克服片面的追诉倾向；既依法追诉犯罪，又依法维护被追诉者的合法权益，实现司法公正。

郭书原： 如何从执法理念方面应对挑战，您讲解得十分透彻，理念是行为的先导，执法理念的明确对进一步开展好侦查监督、公诉工作意义重大。刚才您提到案件变数和指控犯罪难度明显加大是挑战之一，这应当如何应对呢？

朱孝清副检察长： 关于解决案件变数和指控犯罪难度明显加大这个问题，我认为可以从五个方面来谈。

第一，要深化案件审查，切实把证据搞扎实、搞充分。刑事诉讼的核心在于证据，案件的变数也主要体现于证据，应对的根本之策在于把证据搞扎实、搞充分，也就是要增强证据意识，切实把审查证据、完善证据、固定证据作为审查批捕、审查起诉的中心，严把案件事实关、证据关。一要全面审查证据。要通过审阅案卷、提审犯罪嫌疑人、听取律师意见、核实重点证据等方式，全面审查案件的证据材料。审查时，要从各个角度审查证据，例如既要重视有罪、罪重证据，又要重视无罪、罪轻证据等。审查后，认为侦查机关或部门证据收集的合法性存在疑问的，应当要求侦查机关或部门提供证明证据收集合法性的证据材料；认为事实不清、证据不足或者存在问题的，该退查的退查，该自行补查的自行补查，该排除的排除，避免证据带病起诉。二要明确不同类型证据的审查重点。对客观性证据，要重点审查其收集是否符合程序和规范，避免只看结论而忽视审查取证过程的合法性；对主观性证据，要运用辩证逻辑方法，并结合检察官的经验加以判断。三要综合分析评断证据。要根据"证据确实充分"的三个条件，对全案证据进行综合分析评断，防止过于重视口供而不重视对全案证据综合分析评断的偏向。

第二，要用好庭前会议程序，为出庭做好充分准备。这一点有助于庭前充分发表检方意见，争取得到法官的采纳，并可以让出庭的检察人员对相关问题作出正确的决策，从而提高庭审效率，为出庭做好准备。

郭书原：我们知道检察人员参加庭前会议的任务，主要是通过与法官、辩方等沟通，了解辩方对回避、出庭证人名单、非法证据排除等与审判相关问题的意见，了解辩方掌握的卷外证据，并就举证方式等问题进行沟通。如何针对这些任务做准备呢？

朱孝清副检察长：对于这个问题，要从不同时间阶段来分析。一是会前要充分准备。要对检方需要提请会议解决的问题准备好意见，并预测辩方对相关问题可能提出的意见，准备好应对之策。二是会中要充分阐明意见。庭前会议程序，既为庭审做准备，又是庭审内容的部分提前。因此，公诉人除了听取辩方意见、了解辩方掌握的卷外证据、就是否适用简易程序、庭审的举证方式等问题与辩方沟通之外，很重要的是要对相关问题充分阐明检方意见，争取得到法官采纳并对相关问题作出正确决策。对于经过庭前会议已经决定不予排除的证据，没有新的事实和证据的，不得在庭审中再次提出排除请求；对于辩护律师应当在庭前会议中提出排除非法证据而不提出，却在法庭上提出请求的，应建议法庭原则上不启动非法证据排除程序。三是会后要认真查漏补缺，为出庭进一步做好准备。要充分利用会议中获取的各种信息，做好证据完善、程序安排、庭审预案等工作。

郭书原：看来，检察人员对庭前会议需要做充足的准备。请您继续谈谈后几点。

朱孝清副检察长：好的。第三就是要做好证人工作，保证指控效果。证人在侦查阶段被侦查人员询问后，控方就一直没有与其接触，而辩方却可能与其接触频繁；即使辩方没有与其接触，其也可能因某些情况而不正常地改变证言。而且出庭的证人既可能有控方证人，也可能有辩方证人。因此，要高度重视作证人的工作。一要做好重要证人证言的复核和固定。二要做可能出庭证人的思想工作，让其消除顾虑，大胆出庭，实事求是作证，并为其撑腰壮胆，必要时为其提供保护。三要讲究证人出庭的方式。对于危害国家安全犯罪、恐怖活动犯罪、黑社会性质组织犯罪、毒品犯罪等案件，必要时可以不公开证人的真实姓名、住址和工作单位等个人信息，还可以建议法庭允许证人采取不暴露其外貌、真实声音的方式作证。

第四，要依法排除非法证据，确保证据的合法性和证明力。一要充分认识排除非法证据对保证案件质量和强化侦查监督的意义。二是要对非法证据早发现早排除。三要强化侦查监督、捕诉衔接和证明证据收集合法性证据的审查和运用工作。四要正确应对非法证据排除程序。五要从严处理谎称遭到刑讯逼供的行为。

郭书原：您谈的第三和第四个内容是目前理论界和实务界讨论的热点问题。强化侦查监督、捕诉衔接和证明证据收集合法性证据的审查及非法证据的排除，这两项工作是刑事诉讼活动得以正常进行下去的重要环节。您能详细谈谈如何做到这两点吗？

朱孝清副检察长：可以，我先来谈谈"强化侦查监督、捕诉衔接和证明证据收集合法性证据的审查和运用工作"吧。要做好这一点，我认为需要做好以下几个方面。要通过介入侦查、引导取证，保证取证的合法性；要通过强化侦查监督，防止和减少非法证据，尽早发现非法证据；要强化捕诉衔接，侦查监督部门发现非法证据予以排除或者发现非法取证嫌疑但尚未查实的，要及时通报给公诉部门，以便审查起诉时予以重点关注，特别是要防止侦查机关或部门将批捕时已排除的证据又当作合法证据移送审查起诉；要重视对证明取证合法性证据的审查，对职务犯罪案件和法律规定应当录音或者录像的其他案件，发现没有随案移送全程同步录音录像资料的，可以不予受理，或者要求补充移送；对其他案件，认为侦查人员可能以非法方法收集证据的，可要求侦查机关或部门对证据收集的合法性作出说明，必要时可以通过调查核实，查明侦查人员是否存在以非法方法收集证据的情况。

我再来谈谈"正确应对非法证据排除程序"这一点。对于辩方在法庭上提出遭到刑讯逼供，并提供了相关线索或材料，法庭认为存在非法取证嫌疑并启动非法证据排除程序的，公诉人要充分利用全程同步录音录像资料、被告人出入看守所的身体检查记录、在场人的证言等证据，证明证据收集的合法性，必要时可以提请法庭通知侦查人员或者其他人员出庭说明情况。对于不能当庭证明证据收集合法性，需要调查核实的，或者公诉人对证据收集合法性证明后，法庭仍有疑问的，公诉人可以建议法庭休庭或者延期审理，对相关证据进行调查核实。发现证据确属非法的，要坚决予以排除，并建议有关部门追究非法收集证据的行为人的责任。对于排除了非法证据的案件，要综合分析全案其他证据，其他证据足以证明犯罪事实的，仍应予以追诉。对于非法证据被排除后，侦查机关或检察机关另行安排人员对原被告人进行讯问，向其讲明原来的供述已被认定为非法证据予以排除，并要求其实事求是供述，在这种情况下，如果被告人作了"重复自白"，即作了与原供述内容完全一致的供述，则新的供述仍应作为证据使用。

郭书原：从您讲解的详细做法来看，扎扎实实做好强化侦查监督、捕诉衔接和证明证据收集合法性证据的审查和运用工作，以及正确应对非法证据排除程序这两项工作，能够有效确保证据的合法性和证明力。那么解决案件变数和指控犯罪难度明显加大这个问题的第五方面内容是什么呢？

朱孝清副检察长：第五方面也是从证据角度来谈的，就是要正确理解"核实证据"。前面谈到过对于"核实证据"有不同观点。我认为，辩护律师可以向犯罪嫌疑人、被告人"核实证据"，绝不意味着可以"将与犯罪嫌疑人、被告人陈述不一致甚至有较大出入的内容告知犯罪嫌疑人、被告人"，更不"等于认可了犯罪嫌疑人的阅卷权"。这是因为：第一，它违反了"自由陈述"原则。无论是辩护律师还是承办案件的司法人员，会见或讯问犯罪嫌疑人、被告人时，都要坚持"自由陈述"原则。所谓"自由陈述"，是指让犯罪嫌疑人、被告人在意志自由的条件下陈述。它包括两方面内容：在其讲不讲的问题上不得强制或强迫；在其讲什么的问题上不得诱导。司法人员如果违反了前者，就是逼供；违反了后者，就是诱供。司法人员讯问犯罪嫌疑人、被告人要坚持"自由陈述"原则，辩护律师向犯罪嫌疑人、被告人核实证据同样要坚持"自由陈述"原则，而不得对他施加外部影响。如果辩护律师将阅卷或取证中发现的犯罪嫌疑人、被告人不同或相反的证据告诉犯罪嫌疑人、被告人，就违反了"自由陈述"原则。第二，如果犯罪嫌疑人、被告人没有作案，他对犯罪无所知，那就更不需也不应对其施加任何外部影响；如果犯罪嫌疑人、被告人作了案，那他对犯罪事实最清楚，无论是司法人员还是辩护律师只要让他实事求是地陈述就是了，而没有必要也不应该把不同或相反的证据告诉他。当然，由于作案时慌乱或时过境迁等原因，犯罪嫌疑人、被告人对犯罪时的某些细节可能说不清或说不准。在这种情况下，如果案件中对这些细节存在不同或相反证据，司法人员或辩护律师可启发他回忆，但不能把不同或相反证据告诉他。第三，妄图逃避法律追究是犯罪分子的本能，根据趋利避害原则决定是否交代、怎么交代，是犯罪分子的共性。为了逃避法律追究，犯罪分子往往要串供毁证、抗拒抵赖、推诿卸责、避重就轻。在初受审时，犯罪嫌疑人还往往要向侦讯人员试探摸底，以便摸清侦查机关究竟掌握了多少证据，从而按照趋利避害原则确定其对策。当他认为不交代、少交代有利时，他就选择不交代或少交代；只有当他认为侦查机关已经掌握相当的证据，如不交代只会带来不利后果的时候，他才会交代犯罪事实；交代后，他又千方百计试图翻供。试想，无论是司法人员还是辩护律师，如果采取把不同或相反的证据告诉犯罪嫌疑人、被告人的方法"核实证据"，那实际上已不是让犯罪嫌疑人、被告人自由地、客观如实地陈述案件事实，而是诱导犯罪嫌疑人、被告人根据趋利避害原则，在获悉不同或相反证据后重新作出对其有利的陈述。这样，不正常的翻供势必纷纷发生，以还原案件真相为目的的"核实证据"，就有可能产生背离案件真相的结果。第四，司法人员在办案中经常要核实证据，没有人在核实犯罪嫌疑人、被告人口供时会把有关的不同证据告诉犯罪嫌疑人、被告人。

郭书原： 您从证据的审查、非法证据的排除、如何理解核实证据等五个方面深入讲解了如何解决案件变数和指控犯罪难度明显加大这个问题，可以看出解决这个问题的重要性很大，也能够感觉到应对这个挑战需要检察人员下真工夫。接下来想请您谈谈关于如何适用简易程序方面的内容。

朱孝清副检察长： 好的。公诉人出席简易程序法庭，对于履行指控犯罪和审判监督职责，完善庭审控、辩、裁三角形诉讼构造，都具有重要意义。因此要认真落实修改后的刑诉法关于出庭等规定，办好简易程序案件，我讲三点内容。

第一，明确办理简易程序案件的重点。审查起诉时的重点在于审查是否符合适用简易程序的条件，即案件是否事实清楚、证据充分；犯罪嫌疑人是否承认自己所犯罪行，对指控的犯罪事实没有异议；犯罪嫌疑人对适用简易程序是否没有异议；同时，不存在修改后的刑诉法第二百零九条规定的不适用简易程序的四种情形。

第二，将出庭支持公诉时的重点转移到关注对被告人如何量刑上，因为被告人对指控的犯罪事实没有异议，因而争议的重点在于如何量刑。因此，公诉人要集中精力做好量刑的调查和辩论工作，但无论被告人有多少从重或从轻情节，公诉人在对量刑发表意见时，除阐明这些从重或从轻情节外，都应明确建议法院将被告人认罪作为一个从轻情节予以考虑，以便感召更多的犯罪分子走坦白认罪之路。通过多种方法提高办案效率也很重要。一要通过与侦查机关或部门和审判机关协商，对若干案件作捆绑式集中移送审查起诉、集中起诉和集中开庭审理。对集中起诉、集中开庭审理的案件，一般分别由同一个公诉人、同一个法官或合议庭办理。二要实行办案专业化，由相对固定的办案组或者专办人员办理简易程序案件。三是凡距离看守所较远的检察院，可对犯罪嫌疑人实行远程讯问。四要尽量简化文书制作和庭审程序。要简化案件审结报告的制作，落实侦查机关或部门在移送起诉时同时移送电子文档制度。五要商请法院尽量简化庭审程序，把庭审的重点放在对量刑事实、证据的调查、辩论上，以节省诉讼资源，提高办案效率。

第三，重视审判监督。适用简易程序审理的案件，其审理的基本程序可以"简"，但当事人的权利保障不能"简"，案件质量不能降。修改后的刑诉法之所以规定检察机关对简易程序案件都应派员出庭，其目的之一就是为了对简易程序案件的审判活动实行法律监督。

郭书原：我们可以这样理解吗，简易程序是平衡公正与效率关系的结果，在适用简易程序审理案件中仍要注意公正与效率的平衡，做到追求效率而不影响公正。

朱孝清副检察长：是这样的。因此，要重视对简易程序案件的审判监督，对审判活动中出现的违法行为要及时监督纠正；对确有错误的裁判要依法提出抗诉。以上就是我要谈的关于如何适用简易程序的内容。

郭书原：未成年人一直是社会保护的重点，刑事诉讼中也对未成年人给予相对成年人的从宽处遇。下面请您谈谈关于未成年人案件诉讼程序的内容吧。

朱孝清副检察长：好的。今年5月下旬在上海召开的全国检察机关未成年人刑事检察工作会议已对未成年人刑事检察工作作了全面部署，要按照会议精神贯彻落实。这里重点强调三点：

首先，全面落实修改后的刑诉法对涉罪未成年人特别保护的一系列规定。修改后的刑诉法之所以对未成年人案件规定了一系列特别保护的措施，是因为未成年人生理、心理特别，即生理、心理尚不成熟，辨别能力不强，容易受不良因素影响而违法犯罪；违法犯罪后，又因可塑性强而易于接受教育挽救重归正途。故未成年阶段作为人生的初始阶段，是一个特别需要保护、塑造和教育的阶段。要贯彻"教育、感化、挽救"的方针和"教育为主、惩罚为辅"的原则，并把它贯穿于办案始终；要坚持依法少捕、慎诉、少监禁；要落实好严格限制逮捕适用、逮捕必要性证明、社会调查、讯问时法定代理人或合适成年人到场、审查批捕、审查起诉时听取律师意见、继续羁押必要性审查、附条件不起诉、分案起诉、犯罪记录封存等制度。

其次，加强办案专业化建设。要加强专门机构建设，争取党委、政府支持，以捕、诉、监、防一体化为方向，设立独立机构。条件暂不具备的，省级院要在公诉部门内部设立专门机构；地级院也原则上要在公诉部门内部设立专门机构，以加强对"未检"工作的指导；县级院要设立专门机构或者办案组或者确定专人办理未成年人案件。同时，要加强"未检"队伍建设，挑选熟悉未成年人身心特点、热心于这项工作、善于做思想工作的人员从事"未检"工作，并加强业务培训，使他们真正成为涉罪未成年人的灵魂工程师。

最后，积极建议和促进对未成年人犯罪帮教预防社会化体系建设。要积极加强与综治、共青团、关工委、妇联、民政、社工管理、学校、社区、企业等有关方面的联系与配合，促进党委领导、政府支持、社会协同、公众参与的对未成年人犯罪帮教预防社会化体系建设，争取社会力量对未成年人刑事检察工作的有力支持，实现对涉罪未成年人教育、感化、挽救的无缝衔接。特别是在外来未成年人、留守儿童较多的地区，要积极建议、促进建立健全社工制度、观护帮教制度等各项机制，引入社会力量对有罪不捕、不诉的未成年人进行帮教，为未成年人刑事检察专门化与帮教预防体系社会化的衔接配合探索有效的途径和方式。

郭书原：未成年人案件的诉讼程序是此次修改设立的一种特别程序，既然当前对未成年人刑事检察工作已经作了全面部署，那么，对于刑事和解公诉案件诉讼程序，检察机关应当如何开展这项工作呢？

朱孝清副检察长：刑事和解对于提高诉讼效率，节约司法资源，化解社会矛盾，修复被犯罪破坏的社会关系，具有重要意义。对刑事和解公诉案件，要把握以下几点：

第一，认真履行审查职责。一要审查是否符合刑事和解的条件。根据修改后的刑诉法第二百七十七条的规定，可以刑事和解的公诉案件的条件，一是犯罪嫌疑人、被告人真诚悔罪；二是通过向被害人赔偿损失、赔礼道歉等方式获得被害人谅解；三是被害人自愿和解；四是在案件范围上必须是因民间纠纷引起、涉嫌刑法分则第四章、第五章规定的犯罪案件且可能判处三年有期徒刑以下刑罚，或者除渎职犯罪之外的可能判处七年有期徒刑以下刑罚的过失犯罪案件，且犯罪嫌疑人、被告人未曾故意犯罪。二要审查刑事和解的自愿性和合法性。所谓"合法性"，既包括是否符合法定的刑事和解的条件，也包括赔偿是否公平合理，有无私自改变案件事实、证据和性质，如将强奸变为通奸，有无僭越刑事司法权等。

第二，检察机关可以建议、促进双方当事人和解，可以主持制作和解协议书，但不宜主持和解或调解。对于经审查认为属于刑事和解案件范围的，检察机关可以建议或促进案件双方当事人自行和解，或通过"检调对接"机制由有关调解组织主持双方和解。根据修改后的刑诉法第二百七十八条的规定，检察机关可以主持制作和解协议书，但不宜直接主持和解。这是因为：一是检察机关主持和解没有法律依据。根据"公权力法无授权不得为"的原则，检察机关不宜主持和解。二是检察调解效力不明。法律对公安、司法行政、法院的调解都规定了效力，却未规定检察调解的效力。三是政法机关调解作为公权力行使的一种，需要接受监督。检察机关作为法律监督机关需要监督其他部门诉讼内的调解，自身必须节制和慎用权力，而不宜直接主持调解，否则就会出现谁来监督监督者的问题。

第三，依法从宽处理刑事和解案件。对于达成和解的案件，要坚持依法从宽处理，该不捕的不捕，该不诉的不诉，该提出从宽处罚量刑建议的提出建议，符合简易程序审理条件的建议法院适用简易程序审理。

郭书原：犯罪嫌疑人、被告人逃匿死亡案件违法所得没收程序对于我国刑事诉讼来说是新生事物。刚刚您谈到用好这个程序也是需要应对的挑战之一。要正确适用这一程序，首先要了解它的特点，您能谈谈这个程序有哪些特殊性吗？

朱孝清副检察长：好的。犯罪嫌疑人、被告人逃匿死亡案件违法所得没收程序（以下简称"违法所得没收程序"）是一种特殊的诉讼程序，其特殊性确实需要予以明确，我认为可以从两个方面去认识违法所得没收程序的特点。首先，它既缘于普通的刑事诉讼又脱离普通的刑事诉讼，还服从普通的刑事诉讼。一般的刑事诉讼程序是以查明犯罪事实、查获犯罪人并依法追究其刑事责任为目的的。违法所得没收程序"缘于普通的刑事诉讼"，是指因为有人实施了贪污贿赂、恐怖活动等重大犯罪而启动过普通的刑事诉讼程序，然后才会出现违法所得没收程序。如果没有普通的刑事诉讼程序，就不可能有违法所得没收程序。"脱离普通的刑事诉讼程序"，是指由于犯罪嫌疑人、被告人逃匿、死亡，普通的刑事诉讼程序已经无法进行或者已经中止以至终止。违法所得没收程序并不是原诉讼程序的继续，而是在原诉讼程序无法进行或者中止、终止后，新启动的有别于原程序的一种特殊的程序。"服从普通的刑事诉讼"，是指当逃匿的犯罪嫌疑人、被告人自动投案或者被抓获后，人民法院即应终止违法所得没收程序，而继续或重新启动普通的刑事诉讼程序，在解决定罪判刑的同时一并解决违法所得没收问题。其次，它以诉讼的方式进行。它由检察机关提出申请，犯罪嫌疑人、被告人的近亲属和其他利害关系人有权参加诉讼，由法院作出裁判，从而坚持了控、辩、裁三方的刑事诉讼构造。由于它缘于刑事诉讼，又坚持刑事诉讼构造，因而规定在刑事诉讼中作为一种特别的刑事诉讼程序。

郭书原：除了违法所得没收程序的特殊性外，您认为还有哪些需要注意的吗？

朱孝清副检察长：我认为还要正确理解该程序适用的条件和证明犯罪事实违法所得的证据标准。

郭书原：这两点很重要，您能具体谈谈吗？

朱孝清副检察长：好的。对于如何正确理解该程序适用的条件，我认为需要把握三点内容。一是必须是贪污贿赂犯罪、恐怖活动犯罪等重大犯罪案件。这里的"贪污贿赂犯罪"，是指刑法分则第八章规定的所有贪污贿赂犯罪，以及规定在其他章中以贪污贿赂犯罪定性追究刑事责任的犯罪。这里的"恐怖活动犯罪"，是指组织、领导、参加恐怖组织罪、资助恐怖活动罪以及其他以制造社会恐慌、危害公共安全为目的，采取暴力、破坏、恐吓等手段，造成或者意图造成人员伤亡、重大财产损失、公共设施毁坏、社会秩序混乱等严重危害社会的犯罪。二是犯罪嫌疑人、被告人逃匿，在通缉一年后不能到案，或者犯罪嫌疑人、被告人死亡。三是依照刑法规定应当追缴其违法所得及其他涉案财产。这里的"违法所得"，除了犯罪所得外还包括犯罪所得的孳息以及尚不构成犯罪的违法所得；这里的其他"涉案财产"主要指刑法第六十四条规定应予没收的财产性的违禁品和供犯罪所用的本人财物。

对于证明犯罪事实和违法所得的证据标准如何理解的问题，我认为证明的证据必须达到"两个基本"，也就是证明逃匿或者死亡的犯罪嫌疑人构成特定犯罪的基本事实清楚，基本证据确实充分，且有确实充分的证据证明申请没收的财产系与犯罪直接相关。

郭书原：谈到这里，有个问题想向您请教。未经刑事判决，加上犯罪嫌疑人、被告人在违法所得没收程序中缺席，没收财产的裁判发生错误的可能性会不会在客观上比普通的刑事裁判大一些？

朱孝清副检察长：会的，也正因如此，法律除规定犯罪嫌疑人、被告人、近亲属和其他利害关系人或者人民检察院可以对法院裁判提出上诉抗诉外，还特别规定了"没收犯罪嫌疑人、被告人财产确有错误的，应当予以返还、赔偿"。

郭书原：对于侦查监督、公诉工作如何应对修改后的刑诉法的挑战，您刚才已经谈了六个方面，现在请您谈谈最后一个方面，也就是诉讼监督方面。

朱孝清副检察长：好的。修改后的刑诉法给侦查监督、公诉部门增加规定了五个方面的侦查监督任务和两个方面的审判监督任务。对于这些新任务，要注意把握以下几点：

一是被动监督与主动监督相结合。五个方面的侦查监督主要根据当事人及其律师等申诉、控告或举报而启动监督程序，但审判监督和某些侦查监督则需要或可以依职权主动进行监督，如通过审查批捕、审查起诉或有关方面的反映而发现线索，主动启动侦查监督程序。要把二者结合起来，使之互相补充。

二是严格按照法定的程序开展监督。对强制性侦查措施的监督，应遵循办案机关或部门先行处理的前置程序。当事人等认为强制性侦查措施违法，应先向侦查机关提出申诉、控告，不服侦查机关处理的，才可以向同级或者上一级检察机关申诉。但检察机关依职权发现强制性措施违法的，可不受前置程序的限制。其他四种侦查监督，当事人等则可直接向检察机关提出，检察机关可直接进行监督。

三是采取要求侦查机关作出说明、调查核实等方法查明真相。侦查监督、公诉部门收到当事人的申诉、控告后，要认真进行审查，判断违法嫌疑的大小。对于当事人不服指定居所监视居住决定、不服强制性侦查措施的投诉，以及阻碍辩护人、诉讼代理人行使诉讼权利的控告，一般可先要求侦查机关或部门作出说明，经审查认为说明的理由不成立的，有的即可监督纠正，有的还要作必要的调查核实后才能得出结论。控告、举报侦查人员以非法方法收集证据的，应当进行调查核实。对于犯罪嫌疑人证人、被害人等提出遭受刑讯逼供、暴力取证的，应当让其提供相关线索或材料，并依法开展调查核实，包括讯问犯罪嫌疑人，询问证人、被害人及在场人员，向侦查人员了解取证情况，核对讯问笔录和讯问录音录像，查阅犯罪嫌疑人出入看守所健康检查记录及相关材料，听取辩护律师意见等，还可以要求侦查机关对取证合法性进行说明。总之，无论是要求侦查机关或部门作出说明还是直接调查核实，都要充分听取侦查机关或部门的意见。

四是区分情况采取不同的监督纠正措施。经审查或者调查，认定侦查行为存在违法情形的，依法予以监督纠正。情节较轻的，经部门负责人批准，可以口头提出纠正意见；情节严重的，报经检察长或者检察委员会决定，向侦查机关发出《纠正违法通知书》；涉嫌犯罪的，移送职务犯罪侦查部门查处。对于非法证据，依法予以排除；原案件承办人继续办理案件将严重影响诉讼活动公正性的，根据最高人民检察院等五部门《关于对司法工作人员在诉讼活动中的渎职行为加强法律监督的若干规定（试行）》，建议侦查机关更换办案人。认为法院违法所得没收裁定、强制医疗决定确有错误的，依法提出抗诉或予以纠正。

郭书原：今天我们如愿享用了一顿刑诉法的知识盛宴，您的论述严谨、深刻，让我们感到特别的钦佩，谢谢您给予我们这次学习的机会。

朱孝清副检察长：你们客气了，我们也是互相交流。

郭书原：再次感谢您！

幕平简介：

    1952年出生，1974年10月加入中国共产党，中央党校研究生，1980年6月到北京市高级人民法院工作，先后任书记员、助理审判员、刑庭副庭长、庭长，1993年6月任北京市高级人民法院党组成员、副院长，1999年8月任北京市委政法委副书记（正局级），2000年7月任北京市政法委常务副书记，2003年当选北京市人大常委会常委，2005年9月任北京市人民检察院党组书记、副检察长，2006年1月任北京市人民检察院党组书记、检察长至今。先后在国家级、省（市）级专业刊物上发表论文百余篇。

刑事诉讼监督工作面临的机遇和挑战

——访北京市人民检察院检察长 慕 平

郭书原：慕检察长您好！感谢您能接受我们的采访！今年的十一届全国人大五次会议通过了《关于修改〈中华人民共和国刑事诉讼法〉的决定》，对诉讼职权的配置和诉讼结构进行了调整，对检察机关今后的诉讼监督工作影响不小。对此，您能否结合工作实际介绍一下？

慕平检察长：好的。总的来讲，这次刑事诉讼法修正案吸收了近几年来司法改革的成功经验，增添了刑事诉讼监督的内容，扩展了刑事诉讼监督的范围，丰富了刑事诉讼监督的方法，明确了刑事诉讼监督的手段，加大了刑事诉讼监督的效力，健全了刑事诉讼监督的程序，改善和强化了检察机关诉讼监督的责任，刑事诉讼监督工作面临现实考验和良好的发展机遇。

郭书原：您谈到了司法改革的成功经验，那么具体到这次的刑诉法修正案，有哪些被吸取的地方？

慕平检察长：对这几年司法改革的成功经验刑事诉讼法修正案吸取得不少。具体到刑事诉讼监督这一块，体现为进一步修补了刑事诉讼监督职能，确认了检察机关法律监督者的地位。我们知道，"法律监督"是我国宪法赋予检察机关的性质和职能定位，也是我国检察制度区别于西方国家检察制度的重要标志。检察机关作为国家的法律监督机关的地位，不仅表现在国家政治体制中，而且表现在司法体制和各种诉讼程序中。不过，由于基本法层面以及立法解释中并没有给"法律监督"一个明确的定义，特别是刑事诉讼法关于检察权的具体内容与宪法的"法律监督"定位之间缺乏明确的对应性，致使社会各界理解不一，存在相当大的分歧。诉讼法学界、司法实务界包括各级检察机关、审判机关、律师行业等，对检察权和法律监督的内涵和外延展开了长期的研究和争鸣，一些批判者经常以刑事诉讼法条文所规定的检察机关的具体权限，甚至依据西方法治国家特别是英美的刑事诉讼制度评价检察机关的法律监督机关性质地位的不自洽，认为刑事诉讼职能与刑事诉讼监督职能不具有共存性，只能作出两选一的结果，或者主张检察职能的"二元论"，把诉讼职能和监督职能分离。

实际上，检察机关的法律监督是在诉讼构造中展开的，是在与司法体制的互动中发挥作用的。检察机关在刑事诉讼程序中的职能和地位，是检察机关在国家政体中地位的一个方面的表现，与检察机关在政体中的地位有一定的相关性甚至存在内在的联系。中共中央关于司法机制和体制的改革的决定中，把对司法权的监督和制约以及司法行为的规范问题，作为司法改革的重点，将司法职权的优化配置作为专项进行改革，取得了多项成果。此次刑事诉讼法的修改，把 1996 年刑事诉讼法第八条关于"人民检察院依法对刑事诉讼实行法律监督"这一规定，从抽象转化为具体，增加了刑事诉讼监督的具体内容，进一步强化了检察机关的法律监督职能。在刑事诉讼中，检察机关负有对职务犯罪立案侦查、对公安机关的侦查活动进行监督、提起公诉和出庭支持公诉、对确有错误的判决裁定提出抗诉以及监督刑罚的执行等职责。刑事诉讼法的修改主要围绕证据制度、强制措施、侦查措施、辩护制度、审判程序、刑罚执行、特别程序、诉讼监督等几个方面进行完善，从立案一直到特别程序，都贯彻了检察机关的法律监督，在监督范围、措施、途径、效果等方面均有不少加强和完善，抽象的规定已经基本实现了具体化和法典化。

郭书原：检察机关的诉讼监督职能应当进一步得到强化，但是对于诉讼监督检察机关的权力边界如何确定呢？

慕平检察长：诉讼监督只有实现职能的法制化才能确认诉讼监督的权力边界。刑事诉讼法修改后，增加了对阻碍行使诉讼权利违法行为的监督，在明确犯罪嫌疑人在侦查阶段可以委托辩护人，完善律师会见在押犯罪嫌疑人、被告人的程序，以及明确辩护律师在侦查阶段可以行使的一系列诉讼权利的同时，要求人民检察院依法纠正妨碍这些权利行使的行为，确保辩护人、诉讼代理人依法行使诉讼权利。此外，还有以下几点。增加了对侦查违法取证的监督，人民检察院对以非法方法收集证据的，应进行调查核实、提出意见、追究刑事责任。增加了对指定居所监视居住的决定和执行的监督，适当定位监视居住措施，严格指定居所监视居住的特殊条件、适用程序，明确检察机关对指定居所监视居住的决定程序和执行程序都要实施法律监督。明确对适用简易程序裁判是否合法实施监督，适当调整了简易程序的适用范围，同时规定适用简易程序审判公诉案件检察机关都应当派员出庭。完善第二审程序审判活动监督，监督二审法院对因事实不清、证据不足发回重审的判决再上诉或抗诉直接作出的判决。完善审判监督程序审判活动监督，监督上级人民法院指令下级人民法院再审由原审以外的下级法院审理的案件，明确了人民法院开庭审理的再审案件，同级人民检察院应当派员出席法庭。完善对死刑复核案件的监督，在复核死刑案件过程中，最高人民检察院可以向最高人民法院提出意见，最高人民法院应当将死刑复核结果通报最高人民检察院。完善对交付执行活动实施监督，具体涉及对法院法律文书是否在法定时限内交付公安机关、监狱和其他相关机关实施监督，对公安交由看守所代为执行的罪犯是否符合法定刑三个月以下的条件实施监督。完善对暂予监外执行活动实施监督，明确了符合暂予监外执行条件的无期徒刑罪犯也可以适用监外执行以及对暂予监外执行罪犯及时收监的条件，明确对判处管制、宣告缓刑、假释或者暂予监外执行的罪犯，实行社区矫正，检察机关应当对社区矫正机关的矫正活动实施监督。完善对未成年人犯罪案件适用羁押措施的监督，明确被拘留、逮捕和执行刑罚的未成年人应与成年人分押、分管、分别教育。明确人民检察院对被附条件不起诉的未成年犯罪嫌疑人进行考验期内的监督考察。在犯罪嫌疑人、被告人逃匿、死亡案件违法所得的没收程序中，赋予了检察机关提出没收违法所得申请权，并设置公安机关移送人民检察院的程序和人民法院的审理程序。在对实行暴力行为但依法不负刑事责任的精神病人的强制医疗程序中，明确检察机关对强制医疗的决定和执行实行监督。以上这些都规定在修改后的刑事诉讼法中，如此诉讼监督权力的边界就得以确定。

郭书原：作为一部程序法，可以说对诉讼监督权力边界的确定才能保障诉讼监督程序的正常运行。您能否谈谈在具体程序规范上刑事诉讼法修正案作了哪些改进吗？

慕平检察长：好的。在刑事诉讼法修正案中，诉讼监督职能得到了进一步的程序化，刑事诉讼监督程序也得到了进一步的完善。举一些具体的例子来说吧，如加强了对羁押执行过程的监督，细化了"发生社会危险性，而有逮捕必要"的逮捕条件，规定了审查逮捕时讯问制度和听取辩护律师意见的程序，赋予检察机关对继续羁押必要性进行审查的权力。完善对阻碍行使诉讼权利违法行为的监督，明确检察机关受理针对执法司法机关阻碍行使诉讼权利的申诉或控告，包括对人身和财产的强制，以及对辩护人、诉讼代理人诉讼权利的限制，同级或者上一级人民检察院应当及时进行审查，情况属实的，通知有关机关予以纠正。完善对非法收集证据行为的监督，明确检察机关有排除非法证据的义务，不得将应当排除的证据作为起诉意见、起诉决定的依据，同时规定了检察环节排除非法证据的调查和处理程序，对于提供法庭审判所必需的证据材料可能存在以非法方法收集证据情形的可以要求对证据收集的合法性作出说明。加强刑事审判活动监督，强调了公诉工作的定罪和量刑职责，明确对与定罪、量刑有关的事实、证据都应当进行调查、辩论；明确提出抗诉的案件或者第二审人民法院开庭审理的公诉案件，应当在一个月内查阅完毕案卷；明确人民检察院提起抗诉的再审案件，需要对被告人采取强制措施的，由人民检察院依法决定。

郭书原：您之前谈到，检察机关诉讼监督职能的发挥进一步法制化了，诉讼监督程序也进一步完善了，那么配套措施比如诉讼监督的手段是不是也有所变化和改进？

慕平检察长：为了配合诉讼监督职能的进一步规范化，刑事诉讼法修正案确实增加了刑事诉讼监督的手段。举一些具体的例子吧，比如：为了落实非法证据排除规则，规定了人民检察院接到报案、控告、举报或者发现侦查人员以非法方法收集证据的应当进行调查核实；对于确有以非法方法收集证据情形的应当提出纠正意见，构成犯罪的依法追究刑事责任。为了改变实践中监督滞后的情况，保障检察机关的知情权，明确有关机关在采取某种诉讼行为或者作出诉讼决定时，要将相关行为或者决定同时告知检察机关。明确要求监狱、看守所提出暂予监外执行的书面意见的应当抄送副本，人民检察院可以向决定或者批准机关提出书面意见。明确要求执行机关提出减刑、假释建议书的应当抄送副本，人民检察院可以向人民法院提出书面意见。在对实行暴力行为但依法不负刑事责任的精神病人的强制医疗程序中，明确公安机关发现精神病人符合强制医疗条件的，应当写出强制医疗意见书，移送人民检察院，由人民检察院向人民法院提出强制医疗的申请。此外，针对实践中监督效果不明确的问题，作了一些补充性、强制性的规定，如对被逮捕的犯罪嫌疑人、被告人进行羁押必要性审查。犯罪嫌疑人、被告人被逮捕后，人民检察院仍应当对羁押的必要性进行审查；对于不需要羁押的，应当建议予以释放或者变更强制措施；并且规定，检察机关提出释放或者变更强制措施的建议后，有关机关应当在十日以内将处理情况通知人民检察院。

郭书原：通过这次刑事诉讼法修改，我们可以看到伴随着司法改革的大环境，诉讼监督程序改革也将会越来越法制化、规范化，但因此给检察机关的工作想必也带来了不少挑战。您怎么看待这个问题？

慕平检察长：确实给检察机关带来了一些挑战。首先就是面临着检察机关的定位、角色定位的重合和冲突的挑战。刑事诉讼监督不是诉讼活动必经的环节，但与诉讼活动有着密切的联系，刑事诉讼法对各种刑事诉讼活动是否合法及检察机关纠正违法的原则、程序、方法等作了具体规定，刑事诉讼监督通常是在诉讼过程中完成。刑事诉讼法的修改一方面进一步扩充、细化、规范了检察机关诉讼职能履行的范围、方式、手段以及责任，另一方面进一步细化、规范了检察机关诉讼监督职能的范畴、方式方法以及效力等。在履行诉讼职能中直接发现违法线索，是检察机关开展诉讼监督工作的资源优势，也是基本途径，可以说随着诉讼程序的启动，刑事诉讼监督程序也开始发挥其监视和督促作用。不过，检察机关履行刑事诉讼监督职能，必须调适解决侦查控诉机关的检控角色和守护法制或法律监督者的角色冲突。因为检察机关在刑事诉讼中具体担当控诉犯罪和职务犯罪侦查任务，容易站在检控的立场上考虑和处理问题。检察机关具有强大的检控和监督能力，尤其需要强化客观公正维护法制的义务，否则只是刑事检控机关而非法律监督机关。实际上，检察机关开展刑事诉讼监督工作，核心价值就是"守护法制"，维护国家法律的统一正确实施，检察机关作为国家法律监督机关的定位与应当恪守客观性义务有着共同之处，是以真实和正义为目标，以合法性和客观性为行事准则。

郭书原：要做到"守护法制"，维护国家法律的统一正确实施，诉讼监督肩负着崇高使命。我们知道，在诉讼监督的实践中存在个案监督、类案监督、综合监督的不同监督方式。在工作实践中，您认为应采用什么样的理念来统领这些监督方式呢？

慕平检察长：你说的这一点也正是我们目前面临着的一个挑战，刑事诉讼监督工作理念转变的挑战。刑事诉讼监督的目的是促进执法司法公正，减少乃至杜绝违法情形的发生，这与执法司法机关内部监督的目标是相契合的。刑事诉讼法修改对各执法司法机关的职能范围、工作程序以及责任作了进一步明确，为各项刑事诉讼活动的正常开展设置了很多具体措施和要求，为刑事诉讼职能的履行提供了制度化、法制化保障。实践中，针对个案的执法违法问题实施诉讼监督，具有直接、迅捷、针对性强的特点，有利于促进具体问题的及时解决，维护诉讼参与人合法权益和个案处理的公正。但是，个案监督不能使其监督效果最大化，而且重复的个案监督容易引发监督机关与被监督机关的矛盾，甚至形成对抗，使某些常见的违法问题仍是问题。至于类案监督注重了对同案不同处理问题的监督，只是关注了执法标准的统一性、稳定性，对执法司法中普遍性、倾向性的问题未予全面审视。从北京市刑事诉讼监督工作的经验来看，随着人大监督司法工作着力点的改进，通过对刑事立案监督、刑事侦查活动监督、刑事审判活动监督和刑罚执行活动监督的工作情况进行综合调研，对有倾向性的问题和改进工作的意见，以座谈会和工作函的形式向相关机关予以通报，促进了相关单位不断完善管理制度。综合监督的方式既是刑事诉讼监督手段上的补强，也是监督效能的提升，具有前移监督关口、防止问题发生的作用。贯彻修改后的刑事诉讼法，检察机关开展刑事诉讼监督工作应当将从"成绩思维"走向"成效思维"。

郭书原：综合监督比较好地处理了人大和检察院的职权关系。但是，我们知道，在司法机关内部，在司法职权的配置上，法律赋予检察机关诉讼监督权力的同时，也要受到公安机关、人民法院在诉讼流程上的制约。那么，如何维护诉讼平等、维护诉讼和谐？您对此有何看法？

慕平检察长：这也是我们目前面临的挑战之一。检察机关刑事诉讼监督工作的展开需要与司法规律相协调，强化刑事诉讼监督时容易发生碰撞的司法规律有诉讼平等和审判权威。正如你所讲，在司法职权配置上，法律赋予检察机关诉讼监督权力的同时，也要受到公安机关、人民法院在诉讼流程上的制约。刑事诉讼法修改时，增补了执法司法机关作出某种诉讼行为或作出诉讼决定时将相关情况告知检察机关，保障了检察机关的知情权。但检察机关的刑事诉讼监督是平等监督，应当坚持司法原理和法定程序，积极行使监督权力，又不逾越监督权限，在配合制约中进行监督，实现配合、支持和监督制约的良性互动。由于我国刑事诉讼是以国家权力为重心的，侦查控诉机关拥有辩护方无法比拟的力量和资源，在诉讼过程中，尤其要注意尊重辩护权利，保障诉讼平等。刑事诉讼法的修改强化了辩护职能，把辩护律师介入诉讼的时间提前了，辩护律师在诉讼中的权利扩大了，改善了侦查阶段辩护律师不到位、控辩权利不平等的失衡诉讼构造。同时，明确了辩护律师认为公检法机关及其工作人员阻碍其依法履行职责的，有权向同级或者上一级检察机关申诉和控告。辩护律师参与刑事诉讼活动，有利于控诉职能、辩护职能、审判职能的共同的平等参与、相互制衡和制约，相互监督，良性运转，进而实现公开、公平和正义。律师在刑事诉讼中的作用愈发重要，检察机关应当积极支持律师依法执业，对于其申诉和控告应当及时审查通知纠正。

郭书原：访谈开始我们就聊到，刑事诉讼法修正案吸取了司法改革的成功经验，但是有的司法改革项目仍尚未转化或上升为法律，那么，在实践中司法改革和严格执法二者的关系是怎样呢？

慕平检察长：这次刑事诉讼法修改吸收了大量司法改革成果，并将其中经实践验证符合司法规律的内容上升为法律，比如"两个证据规定"、当事人达成和解刑事案件的处理意见、对司法违法行为进行调查的有关意见等。因而，刑事诉讼法修改的多数内容并非陌生，实务中有着丰富的司法实践经验可以借鉴，不过立法虽然相当程度上吸收了司法改革的内容，但仍然有不同之处，有的司法改革项目仍尚未转化或上升为法律。比如在立案监督方面，最高人民检察院与公安部会签文件，明确检察机关对于公安机关不应立案而违法立案的情形应当进行监督，将违法动用刑事手段插手民事、经济纠纷等违法立案情形纳入了检察监督范围，该项改革内容在此次刑事诉讼法修改中并未纳入。实践中，随意性、不规范性、不统一性的做法必然随着立法的规范而受到限制和约束，尚在摸索而未被立法吸收的改革项目仍将继续推进，检察机关开展刑事诉讼监督工作的挑战是显而易见的。可以说，这也是我们实践中面临的一个挑战。

郭书原：诉讼监督是法律赋予检察机关的一项权力。但是，也有人质疑检察机关能否公平、公正地开展诉讼监督。对此您怎样看？

慕平检察长：权力和监督制约是相互关联的，不存在无监督制约的权力，检察机关的诉讼职权和诉讼监督职权也都要受到必要的监督制约。刑事诉讼法的修改完善了职务犯罪侦查、审查逮捕、不起诉、诉讼监督等项职能，总体上强化了检察职权，但立法规定仍显粗疏，关于权力行使的具体边界范围和程序规定得不明确，给执法权力的滥用留下了空间，一方面继续出台相关司法解释予以明确细化，另一方面也更加凸显加强自身监督工作的重要。应将内部制约和规范结合起来，继续深化职务犯罪案件审查逮捕上提一级改革，深入推进人民监督员制度，加强审查逮捕、公诉对自侦环节的监督制约等；需要更加重视和发挥控告申诉检察的监督制约作用，继续深化检务督察、检务公开和信息化工作等，为检察机关依法公正履行职能提供完善的管理机制保证。

要保证检察机关公平、公正地展开诉讼监督，除了刚才提到的权力与监督制约外，还要从具体操作规则和实践积累方面下手，这一点也是我们面临的挑战之一。新刑事诉讼法进一步完善了检察机关刑事诉讼监督职能，但多数内容属于对监督范围、方式等的授权性规定，具体程序尚不明确。实践中，诉讼监督工作深入推进时间不长，检察人员对诉讼监督工作规律的认识和把握不一，具体程序不明确，容易导致执法不统一，甚至出现怠于监督或乱监督两种执法偏差。其他政法单位目前普遍对检察建议、纠正违法在什么情况下适用感到困惑，这也主要源于当前刑事诉讼监督制度特别是具体程序的不完善，但此次刑事诉讼法的修改并未在法律层面对此进行完善，今后还必须依靠相关司法解释或者工作机制加以解决。新刑事诉讼法扩大了简易程序适用的范围，并要求检察机关派员出席简易程序法庭，加重了基层人民检察院的执法任务。还明确了二审和再审案件必须开庭审理的情形，并要求检察机关派员出席法庭，增加了上级检察机关派员出庭的任务，对法律监督能力提出了更高的要求。新事诉讼诉法赋予了检察机关调查等监督手段，但该手段目前在北京市检察工作实践中运用较少，缺乏实践积累，这与新刑事诉讼诉法实施对检察人员专业监督能力提出的新要求还不适应，检察机关全面深化刑事诉讼监督效果仍面临不少困难和挑战。

郭书原：聊了这么多检察机关履行诉讼监督职能面临着的挑战，相信读者也对咱们检察机关的工作现状有了一定的了解。那么在这种处境下，您认为检察机关要从哪些方面着手来一一化解这些难题呢？

慕平检察长：俗话说，有压力才有动力。面对刑事诉讼法修正案带来的挑战，检察机关应当强化刑事诉讼监督工作。

首先要重视的地方就是要加强权利保障能力，提升诉讼监督工作效果。诉讼参与人特别是当事人参与刑事诉讼的程度，是程序公正的内在要求，也是衡量一个国家诉讼文明、民主和人权保障水平的重要因素。本次刑事诉讼法的修改，拓宽了犯罪嫌疑人、被告人、被害人、辩护人以及其他诉讼参与人参与刑事诉讼的途径，加强了诉讼参与人诉讼权利的保护。律师介入诉讼提前至侦查阶段，赋予当事人、证人、辩护人更多的权利、义务，参与诉讼程度显著提高，检察机关的诉讼监督职责范围、监督途径更为明确，当事人、律师认为其诉讼权利受到妨害，有权向检察机关提出申诉、控告，这些新增加的规定，进一步提升了我国诉讼文明、司法民主和人权保障的水平，同时也给检察人员对自身职责认识和执法理念提出了更高的要求。现在，部分办案人员仍然将律师片面地理解为自己的"对手"或"敌人"，内心当中对于辩护人有抵触情绪，而忽视了双方在查明案件事实真相、保证司法公正方面的共同使命。通常表现为，对律师提出的意见不予重视或简单否定。这些陈旧的执法理念显然不能适应国家法治建设的要求，也是与修订后的刑事诉讼法的要求不相匹配。要及时调整对检察官职责的认识，更新执法理念，既要充分认识到因证据制度、辩护制度的发展而带来的诉讼风险，更要意识到检察机关是国家的法律监督机关，我们不能仅仅片面地把自身职责定位于诉讼一方、追求胜诉，更要铭记检察机关"强化法律监督，维护公平正义"的使命。

郭书原：我们看到，长期以来理论界对羁押必要性审查和逮捕必要性审查讨论很多，但是在个别实务部门却并未引起足够的重视。您对此怎样看？

慕平检察长：这主要是因为过去我们把逮捕作为保障侦查顺利进行的必要措施，而相对忽视对公民人身自由的保障，甚至一部分办案人员目前还将逮捕必要性和羁押必要性混为一谈。此外，长期以来审查逮捕以书面审理为主要方式，根据高检院近年来的规范性意见要求，我们才开始逐步对特定范围案件进行讯问，而此次刑事诉讼法修改明确了应进行讯问的情形、听取辩护人意见的职责。办案人员既要认真对待讯问，认真听取辩解和辩护人意见，又要兼顾人少案多的情况，尽快适应增加的工作量。一旦刑事诉讼法实施，而高检院司法解释或相关具体规定又暂未出台，这样情况下一定要全面做好过渡时期的案件处理、试点等准备工作，确保新旧法律顺利衔接。加强分析研判和沟通协调，重点加强对"逮捕必要性、公诉证明标准、非法证据排除标准"等的研究协调，注重与公安、法院达成共识，共同应对新刑事诉讼法实施以后不捕数、不诉数、捕后无罪数、撤回起诉数、无罪判决数可能增加的风险。适应新刑事诉讼法关于留所服刑人员余刑条件的变化，抓紧督促清理违反法律规定的留所服刑现象。立足实际，选择若干基础工作较好的制度先行试点，选择部分基层院开展羁押必要性审查制度试点，广泛开展简易程序出庭等。密切关注调研中发现的问题，充分发挥与法院、公安、司法等单位的协调联系平台作用，共同研究解决好贯彻执行新刑事诉讼法过渡阶段的有关问题。此外，还应围绕新刑事诉讼法的规定，积极做好有关检察改革规范性文件的清理完善，不断深化检察改革，抓紧建立完善相关工作机制。注意研究现行司法改革文件与新刑事诉讼法规定的冲突之处，立足实际提出解决冲突、贯彻刑事诉讼法的工作意见。对于新刑事诉讼法没有规定的检察改革项目，如刑事立案监督、职务犯罪审查逮捕上提一级等制度，要在深刻领会新刑事诉讼法立法精神的基础上深入推动落实。

郭书原：控制犯罪和保障人权是刑事诉讼的两大目的，实现与各国经济社会发展水平相适应的两者的有机统一，是世界各国刑事诉讼法律制度追求的目标。在工作实践中，您认为检察机关要如何处理好平衡社会治安与尊重和保护人权的关系呢？

慕平检察长：刑事诉讼法的修改围绕"尊重和保障人权"任务和"禁止强迫任何人证明自己有罪"原则，在增加和完善司法机关打击犯罪的手段、措施和程序的同时，将尊重和保障人权明确规定为刑事诉讼法的任务，完善了非法证据排除制度、辩护制度、刑事和解、未成年人特别程序等配套措施，彰显了以人为本、以人权为本位的现代诉讼理念，对于深化惩治犯罪效果、促进社会和谐有着重要的意义。新刑事诉讼法完善了检察机关对诉讼参与人特别是犯罪嫌疑人、被告人权利的保护制度，加强了检察机关对强制措施和强制性侦查措施的监督，规定对采取强制措施超过期限不予以释放、解除、变更的，以及违法采取查封、扣押、冻结侦查措施等的行为，要依法监督纠正；加强了检察机关排除非法证据的职责，赋予其对于"收集证据合法性"的举证责任以及监督纠正非法取证行为的任务；增加了检察机关对律师辩护权的监督保护职责，规定检察机关应当保障律师依法行使诉讼权利，对于妨碍权利行使的，应当监督纠正。检察机关应当严格执行新刑事诉讼法的这些规定。

郭书原：在开始的访谈里您分析过个案监督、类案监督、综合监督等监督模式的区别。检察机关进行刑事诉讼监督的具体手段也是多种多样的，有职务犯罪侦查、审查逮捕、审查起诉、抗诉等诉讼性手段，还有纠正违法、检察建议等非诉讼性手段。那么，对微观的具体的监督手段和宏观的监督模式应如何统一把握呢？

慕平检察长：具体几种手段的适用范围是不同的，除了应当根据不同情形使用相应手段之外，还应当认识到，刑事诉讼监督手段具有目的的统一性，即都是服务于检察机关刑事诉讼监督职能的有效履行。对于国家机关在执行法律履行职务过程中的犯罪活动直接行使侦查权能，通过侦查和起诉的结合使用，更好地实现执法活动的法律监督。通过侦查、不起诉、立案监督、侦查监督等权力的行使实现对侦查活动的监督和制约。通过侦查、起诉、抗诉等权力的行使实现对审判活动的监督。通过纠正违法、检察建议和检察意见，对侦查活动、审判活动、监管活动中的违法行为进行监督。这些监督手段并不是单一运行的，而应当是综合运行的。因而，在个案监督效果不明显的情况下，应当通过建立递进式监督制度，对被监督单位收到检察机关纠正意见后不予反馈或认真整改的，加强跟踪监督，并视具体情况，依次采取口头纠正意见、发出检察建议书、纠正违法通知书，报上级院通知同级执法司法机关督促其下级单位改正，通报相关单位监察部门等方式，最大限度地发掘现有监督手段的效能。

我还想说的是，刑事诉讼监督工作中必须创新思想，既要积极督促有关机关及时纠正违法，又要采取有效措施，促进其他执法司法机关健全内部纠错和预防机制，努力形成内外部相结合的整体监督体系。从个案监督到类案监督再到综合监督，已经成为各级检察机关的共同探索。北京市检察机关的实践表明，综合监督是这一过程的重要切入点，要更好地实现监督目的，就有必要通过综合监督，在深入调研的基础上，帮助改进被监督单位的制度和管理问题。通过完善相关制度和机制将监督效果辐射到事前，以合作促进监督，将刑事诉讼监督与执法司法机关内部机制建设结合起来，有利于畅通监督渠道，优化监督与被监督之间的关系，实践中也会受到被监督单位的欢迎，取得良好的监督时效。

郭书原：检察机关既有刑事控诉职能，也有刑事诉讼监督职能，二者相互依存、互为条件。没有控诉职能，检察机关就无法有效行使诉讼监督职能，而没有诉讼监督职能，控诉职能的行使也会缺乏必要的保障。

慕平检察长：是这样的。

郭书原：但是，我们看到，检察机关内部对控诉职能和诉讼职能分工还不够合理，是按照诉监一体进行的业务机构设置，没有专事诉讼监督的机构，实务中重办案轻监督的现象。对于这个病症，您能否开一副良方？

慕平检察长：在现行模式下，检察建议、纠正违法等非诉讼性监督职权的行使是紧紧依附于具体的诉讼职权，并且是由多个业务部门行使，并非局限于个案上的运用，或者成为可以不予关注的弹性运用。检察权能的运用可以适当分离和合并，诉监适当分离应当更有利于非诉讼性职权的行使，更增强监督的保障性和权威性，应当更强调监督的必要性和综合性从而增强监督效果的辐射性。不过，诉监适当分离的设置不能是出于满足个案监督，而应是满足于综合监督的需要。而且，适应诉监适当分离的机构设置也应当避免行政化管理模式所导致的内设机构设置的利益驱动，因而不必强求"一刀切"的设置，可以在现有检察业务部门中成立专门的诉讼监督组，也可以成立专门的诉讼监督部门，但都应该是以增强诉讼监督效能为宗旨。

郭书原：确实是一副良方！今天的访谈就到这里，再次感谢慕平检察长能抽出宝贵时间接受我们的采访！

龚佳禾简介：

　　1949 年 3 月出生，汉族，湖南新化人。1968 年 9 月参加工作，1975 年 9 月加入中国共产党，大学本科文化。现任湖南省人民检察院检察长、党组书记、二级大检察官。第十一届全国人大代表。武汉大学客座教授。曾任邵阳市农业银行行长、邵阳市委副书记、湖南省人民检察院副检察长等职。曾在《湖南日报》、《新湘评论》、《人民检察》、《中国刑事法杂志》、《中国检察官》、《湖南社会科学》、《理论前沿》、《检察实践》、《中南大学学报（社会科学版）》等报刊上发表文章数十篇，主编《刑事和解制度研究》、《名家评案：化解社会矛盾的司法诠释》等书。

法律监督的基本原理

——访湖南省人民检察院检察长　龚佳禾

郭书原：龚检察长您好！很荣幸今天能邀请您来做这次采访。您作为湖南省检察院的检察长，对这次刑事诉讼法的修改最大的感触是什么？

龚佳禾检察长：您好，我也很荣幸接受这次采访。今年刑事诉讼法修改的内容确实不少，我最大的感触是很多部分都涉及甚至关切检察机关的法律监督职能。这是最直观的感受吧。

郭书原：为什么您会对这方面有如此大的感触呢？

龚佳禾检察长：我国检察机关是宪法规定的国家法律监督机关，这是一种宪法定位。也就是说，我国检察机关的性质就是国家法律监督机关。从某种意义上讲，此次刑事诉讼法的修改对公安、司法机关的职权内容进行了一次洗牌，检察机关法律监督职能的变化与强化是修改的焦点之一。以上两个原因要求检察机关必须认真思考刑事诉讼法修改后如何调整具体落实法律监督职能的制度和机制、方式和方法。如若做好这些，我们需要认真研究法律监督的基本原理，这是法律监督的灵魂所在。只有弄清这几方面，才能从最根本上理解、消化、执行刑事诉讼关于检察机关法律监督职能的修改内容。此外，将检察机关的性质定位为"法律监督"的宪法规定使得法律监督基本原理的研究有着最基础的宪政意义、理论意义和实践意义。

郭书原：您说得很有道理，缺失了最基本的原理性知识体系，就无法支撑体制、机制的架构。刑事诉讼法及时对检察机关法律监督职能作出相关内容的修改，也不会影响基础原理永远发挥的巨大作用。现在我国对法律监督的基本原理这个内容研究的现状是怎样的呢？

龚佳禾检察长：学术界、检察实务界就如何理解"法律监督"，如何理解检察机关的性质，从检察机关的权力属性、法律监督的内涵解读等不同侧面进行了大量的研究。这些研究成果为丰富检察理论、统一对检察机关定位的认识从而完善检察制度无疑起了重要作用。

郭书原：这说明法律监督是学术界、检察实务界的研究热点。

龚佳禾检察长：没错，但我们也要冷静地看到相关研究仍然存在着一定的缺陷。

郭书原：有什么缺陷呢？

龚佳禾检察长：我认为主要是在方法论这方面做得还不够透。比如，没有立足宪法原理和我国宪政制度的特殊性来建立自己的关于法律监督的原理性理论。

郭书原：为什么这么说呢？

龚佳禾检察长：从权力的属性解读检察机关性质的研究进路，不论主张者是否自觉，其真实的理论与经验背景，实际上是西方的三权分立与制衡的宪政制度。因为，根据宪法原理，从国家权力层面分析，我国国家机关权力的组织与分配必须坚持以民主集中制为原则的人民代表大会制。以民主集中制为原则的人民代表大会制基础上的"一府两院"的国家机关的构建是基于国家机关职能基础上的分工，当然分工要求一定程度上的分权。

郭书原：是不是我国的这种"分工"意义上的"分权"和西方国家不同？

龚佳禾检察长：是的。我国的情况和西方国家宪政制度中把分权作为组织原则的权力分立有本质的不同。西方国家宪政制度中的分权原则侧重权力主体的独立性及相互关系上的对抗性，特别是强调司法权的独立，而实质是法官对政党的独立，因为立法机关和行政机关是由政党控制的。而民主集中制强调各国家机关之间、各层级之间的合作与最终的统一性。也因此，在我国的宪政制度下，国家机关权力的属性、意义只能在明确该国家机关在国家政权组织形式中的职能定位的基础上才能说清楚。

郭书原：从不同标准去理解相同的事物是有可能得出不同结论的，所以要十分注重标准选择的合理性。应当从我国宪政背景下去建立自己的法律监督的原理性理论。还有没有其他研究方面的缺陷呢？

龚佳禾检察长：我认为还有一个，就是脱离"法律监督"的产生背景仅仅从字词层面去理解其内涵。目前，关于"法律监督"是检察机关性质界定的各种观点其实质都是从权力属性层面对检察机关性质的分析，而且都隐含了一个理论假设：将宪法定位检察机关的"法律监督"理解为是检察机关作为监督主体针对法律实施进行的监督活动。可以说，关于"法律监督"的各种理解，本质上都是脱离"法律监督"产生背景而在字词层面的解读。字词层面的解读又将"法律监督"理解为只是对检察机关工作内容或特点的描述，甚至是某个方面特点的描述，抽空了"法律监督"的丰富内涵，视"法律监督"为没有发展变化的静止之物。而"法律监督"界定的是检察机关的性质，检察机关作为一个国家机关，其内部规定性是永远处在变化和发展当中的，

"法律监督"的内涵也必然是发展变化的。

郭书原： 那么，我们应该从怎样的"产生背景"去理解法律监督呢？

龚佳禾检察长： 我认为，应当从时代背景的外部视角和矛盾运动的内部视角审视，才有可能把握我国检察机关最根本的、规律性的发展趋势。我国检察机关正在从新中国成立之初的制度上承继于苏联检察制度模式、政治法律文化上深受我国传统监督制度影响的纯政策的执行机关向法治意义上的、有中国特色的检察机关转型。从这样的宪政背景去理解法律监督会更加科学。

郭书原： 从"我国的宪政背景"去研究法律监督的基本原理的话，我们应当如何由此展开呢？

龚佳禾检察长： "法律监督"是我国宪法对检察机关性质的界定，因此，"法律监督的基本原理"的研究起点是我国宪法和法律的规定，指导思想是马克思列宁主义法律思想及其中国化的产物即社会主义法治理念。中国特色的社会主义国家的宪政制度的根本内容是中国共产党的领导、社会主义制度、以民主集中制为原则的人民代表大会制度、建设中国特色社会主义的国家根本任务、依法治国的方略、人权的保障等方面。而以民主集中制为原则建构的国家机关的性质取决于其存在的价值，即国家设置这一国家机关所欲实现的目的和该国家机关为完成其任务、使命而具有的应然和实然的功能、作用。

郭书原： 我们知道，从哲学意义上讲，价值范畴既是一个表征关系的范畴，又是一个表征意义、属性的范畴。价值的角度分析与我国检察机关法律监督的宪法定位有怎样的关系呢？

龚佳禾检察长： "价值"作为一个表征关系的范畴，揭示的是主体与客体的关系，是主体与客体之间需要与满足的对应关系；作为一个表征意义、属性的范畴，揭示的是客体所具有的对主体有意义、可以满足主体需要的应然和实然的功能、作用。因此，任何国家机关都不可能是自在的存在，其存在的理由只能是它所具有的相对于设置它的主体的价值。只有明确了一个国家机关的性质与其任务、使命，职能，职权以及实际的功能、作用之间的关系，我们才能够把握这个国家机关的本质。因此，我认为，对检察机关定性的"法律监督"的内涵应当从三个层面去认识：检察机关的任务、使命，检察机关的职能也称检察职能或者法律监督职能，检察机关履行职能的运作过程和实际发挥的功能、作用。

郭书原： 您能对"法律监督"这三个层面的内涵具体解释一下吗？

龚佳禾检察长： 好的。第一个层面的内涵体现的是我国检察机关作为法律监督机关所追求的目的或者说是价值追求，是政治层面的价值。第二个层面是检察职能。检察职能指的是检察机关应然状态的功能和作用。检察机关功能、作用的应然状态是相对于实然状态而言的。在我国，检察机关的职能也就是法律监督职能。检察职能体现的是检察机关作为法律监督机关在规范层面的价值，也称规范价值。第三个层面是检察职能的实现机制、过程和检察机关实际发挥的功能和作用。检察职能的实现体现的是检察机关作为法律监督机关在实践意义上的价值，也称实践价值。

郭书原：通过您的讲解，我们能够了解到法律监督这三个层面的内涵彼此不同，各有特征，它们之间又具有怎样的联系呢？或者说，它们三者之间如何相互作用？

龚佳禾检察长：政治价值、规范价值、实践价值三者之间，政治价值起主导作用，但必须通过职能及其实现才能展现。因此，决定检察职能的制度设计或者检察职能的实现机制有缺陷，政治价值不能融贯其中，则政治价值就不可能实现。因此，检察机关职能的动力机制最基本的虽然是检察权的配置状况、检察权的运行关系与运行程序，但它不仅需要正确的政治价值作为指导思想来指导检察机关对检察职权的运用和行使，而且需要良好的制度设计的艺术。检察职能决定检察工作科学发展的目标，检察机关对自身职能的定位缺乏科学的认识，检察工作就不可能实现科学发展；而检察职能的实现机制决定着检察机关政治价值和规范价值的实现，最终的实现效果从实践的角度检验着检察机关的政治价值和规范价值。

郭书原：将"法律监督"的内涵区分为三个层面，有很重要的理论意义。

龚佳禾检察长：说得对。从政治使命、法律监督职能和职能的实现三个层面切入来理解作为检察机关性质界定的"法律监督"的内涵，能够完整地回答我国检察机关"做什么"、"为什么"和"怎么做"这三个问题。因此，确实具有很重要的理论意义。

郭书原：您能具体谈谈吗？

龚佳禾检察长：好的。从政治使命、法律监督职能和职能的实现三个层面切入来理解作为检察机关性质界定的"法律监督"的内涵可以使研究对象更明确。以内涵层面的区分为基础，可以使各层面的研究对象更明确。首先，可以突出对我国检察机关职能的研究。我国检察机关完成政治使命的场域和途径是法定的。脱离宪法、法律的具体授权与规范，检察机关要么无所作为，要么乱作为。因为是宪法和法律赋予了检察机关以职能，职能是检察机关能够有所作为的依据。也只有将检察机关规范层面的职能从学理上区分出来，才能使检察机关在法律制度层面的角色定位得到系统的研究，从而使我国检察机关的面貌清晰化。其次，可以在对"体制"和"机制"作出相对区分的基础上明确"法律监督的实现"也即职能的实现问题的研究内容。"体制"和"机制"都可以外化为"制度"的表现形式，因此，两者经常被混用。但我们认为"体制"和"机制"是有区别的。从检察的语境来分析，"体制"指的是检察机关自身机构的设置、职权的配置、权力运行关系和程序，决定的是检察机关应该、必须和能够"做什么"，是由宪法和法律规定的；"机制"是在"体制"决定了"做什么"的基础上解决"如何做"的问题，是检察职能如何实现的问题。

郭书原：从三个层面理解法律监督，意味着具体地回答了检察机关需要"做什么"的问题。这种具体化的回答是否有利于对检察权的研究？

龚佳禾检察长：有的。如此对法律监督作内涵划分可以使检察权的研究更理性、更科学。检察权作为研究对象，既有配置是否科学合理的问题，也有如何规范运行的问题，这些问题的研究应当尽可能保持学术研究的客观、理性。只有从职能和职能的实现两个层面去论证，才能理性地回答职权配置是否科学的问题，也才能将权力的强制性、易腐蚀性等权力的属性纳入研究视野。而最后制度性的安排又只能是政治性的。

郭书原：除了您刚才说的两方面意义之外，还有没有其他方面的意义呢？

龚佳禾检察长：有的。只有在对法律监督内涵作出区分的前提下，才能在法治的基础上处理好党的领导与检察机关依法独立行使检察权的关系，才能正确贯彻党的政策。这一点也是很重要的意义。检察机关的政治价值是通过规范价值转化为实践价值的。任何法律制度都是政治性的安排，但法治社会要求重要的政治安排应该体现为法律制度。法律监督职能是政治性安排的规范表现，是连通政治使命与检察机关现实价值的桥梁。缺乏这一座桥梁，政治使命就有可能停滞在口号与说教的层面，检察机关的政治层面的价值追求就有可能直接进入检察实践，从而使检察实践中的指导思想出现轻视法律、过于强调刑事政策、政治效果、社会效果的情况。不以法律为基础，必定会片面理解"三个至上"，僵化地追求"三个效果"的统一，使检察机关变成单纯的政策执行机关。比如一些检察机关推行的某些改革举措，打着政治性、人民性、监督性的口号，却忘记了检察职能的要求和职能的限制，缺乏基本的法治精神的约束。

郭书原：党的领导与检察机关依法独立行使检察权的关系体现了检察机关法律监督性质的外部关系，区分法律监督的内涵有利于协调这种外部关系，那对检察机关法律监督性质的内部关系有什么影响吗？

龚佳禾检察长：对这方面也是有一定积极影响的。只有在区分法律监督内涵的前提下，才能真正理解检察机关法律监督性质内在的基本矛盾并探寻解决之道。法定的职务犯罪侦查权、公诉权、批准和决定逮捕权、诉讼监督权决定了检察机关负有执行法律和监督法律实施的双重职责。这种双重职责的视角能分析清我所说的内在基本矛盾。

郭书原：请您详细讲解一下。

龚佳禾检察长：好的。双重职责说明，检察机关执行法律，是执法者。检察机关监督法律实施，是监督者。检察机关作为执法者时，与公安、法院在执行法律从而保证刑事司法有效及良性运行上有相通的职责。检察机关作为监督者时，要监督纠正法院在民事行政诉讼中的错误，要防止公安、法院放纵犯罪，又要防止枉及无辜，监督解决公权力与权利之间可能的冲突。

郭书原：这是不是说明，执行法律和监督法律实施的双重职责的对立性在于检察机关本身也面临如何才能确保正确行使公权力、公权力与权利之间可能存在冲突的问题？

龚佳禾检察长：是的，从这个角度来看，检察机关也是被监督的对象。我认为，执法者、监督者、被监督者三种角色集于检察机关一身是决定中国检察机关法律监督性质内在基本矛盾的外在表现，既体现了中国检察制度的特殊性，也体现了当代检察制度的共性。不可否认，我国检察机关作为法律监督机关的总的角色定位使宪法和法律确定的服务大局、维护宪法和法律统一得以正确实施，从而维护了社会公平正义的政治使命所赋予的类似"法制守护人"的角色和刑事司法中具体的侦查者、控诉方、长期羁押的决定者、监督者角色。但我也认为，中国检察机关作为法律监督机关的未来走向，决定于内涵的基本矛盾及其运动变化。基本矛盾的运动变化必然不能脱离检察机关存在的社会经济基础以及建立其上的整体上层建筑的变化而独立地运动。这种对决定检察机关法律监督性质内涵的基本矛盾的研究只有在作出区分的基础上才有可能。

郭书原：通过您对法律监督内涵方面的讲解，我们能够认识到，只有区分，才能全面准确理解检察机关的政治使命与任务、法律监督职能和职能实现的意义，也才能防止出现从个人或部门利益出发歪曲检察机关的政治性、法律性和人民性的内涵及其相互关系。我们想向您请教一个问题，刚才，您谈到我国对法律监督基本原理的相关研究存在缺陷，那法律监督内涵的三个层面的划分对这方面的研究有什么样的指导意义呢？

龚佳禾检察长：我开始就提出了相关研究还存在不足。我认为，要解读检察机关的性质，就应从"法律监督"内涵的这三个层面来展开，以比较系统地阐述我国检察机关的最根本的、规律性的发展趋势是"法律监督的基本原理"这一研究主题。通过对"法律监督"三个层面相关问题的研究，能够揭示我国检察机关的内部规定性，从而获取规律性的认识，并将检察职能、检察权、检察实践、检察一体、检察官等范畴有机地组合起来构成一个范畴体系。系统研究政治、规范、实践三层价值如何才能做到统一，分析影响统一实现的制度因素、运行环境因素、工作机制因素、保障因素、检察官的职业素质因素等是研究的基本内容。

郭书原：那应当如何对这些基本内容进行研究呢？

龚佳禾检察长：我是这样看的。这些基本内容的研究，主要通过法律监督职能和职能的实现两个部分来完成。我先谈谈法律监督职能原理这个方面。完整的检察职能或法律监督职能概念包括检察机关"应当"、"必须"和"能够"起的功能、作用。"应当"、"必须"和"能够"综合地体现了检察机关的政治价值追求、检察机关法定职责的要求和检察机关职能的边界。

郭书原：您说的"应当"、"必须"和"能够"应该是不同的层面吧？

龚佳禾检察长：没错，它们之间是不同的，也就是说，我们可以从三个层面来理解法律监督职能的概念。第一个层面是检察机关为何对外部，针对客体，有作用力、约束力；法律监督职能的动力机制是什么？基本原因是检察机关拥有国家公权力。法律监督职能的具体内容取决于检察权的配置状况、检察权的运行关系与运行程序。法律监督职能和检察权的关系是内在根据和外在表现的关系。在法治社会，国家机关的权力配置、权力运行关系及运行程序应该由法律授予并规范。影响法律监督职能的因素还包括检察一体的权力组织结构、证据制度、刑事诉讼的本土结构等。特别是权利的状况。正因为我国对人权保障越来越重视，但个人权利的自我保障力量尚弱小决定了我国检察机关诉讼监督权存在的必要性。

郭书原：既然"应当"指向的是法律监督职能的动力机制，"必须"是不是指向的内容也和法律监督职能的动力机制有关呢？

龚佳禾检察长：当然有关，而且关系十分紧密。检察机关的法律监督职能动力机制如何保证优良性就是"必须"的指向内容，这就是我要说的第二个层面。首先，是有明确而且正确的政治理念的精神渗透与引导。这种政治理念的精神体现了社会的政治经济状况，表达了对社会大众利益需求的尊重。这种政治理念的精神渗透与引导，必须化为指导制度设计的原理并体现在检察机关的职权配置和运行的规范设置中；必须化为检察权的主体也就是检察机关、检察官的时代感、使命感、责任感。其次，是检察机关、检察官必须信仰与尊重法律。

郭书原：那第三个层面又是什么呢？

龚佳禾检察长：第三个层面是有优良的规范检察权合理行使的压力机制。这种压力机制应当由权力对权力的制约与监督制度、权利对权力的制约与监督制度以及责任追究制度等三方面内容组成。从法律公正适用的角度讲，建设良好的法律职业共同体既是动力机制，也是压力机制良性化的关键环节。

郭书原：您说的这三个层面的内容是关于检察机关法律监督职能的原理性的认识，如果从研究的角度看的话，如何展开呢？您能否具体地谈谈呢？

龚佳禾检察长：可以。我认为，可以通过两方面的研究来展开。一是比较视野下的检察职能研究。法律监督职能是我国检察机关区别于其他国家机关的基本属性，只有通过法律监督职能的比较考察才能找到我国检察机关作为法律监督机关与其他国家机关的区别和其他国家检察机关的相同与不同。从世界范围分析，世界各国检察机关的主要职能活动都在刑事司法领域，而刑事司法体系在保障法治方面又起着关键性作用。

郭书原：有人认为，任何国家的检察机关作为公共权力机关，代表国家和社会公共利益，在法律规定了对违法者的刑事制裁时，都承担确保法律的执行、同时考虑个人权利和刑事司法制度有效性两者平衡的职能。您怎么看待这样一种观点？

龚佳禾检察长：各国检察机关的职能因权力的配置、权力运行关系和权力运行程序的差异而各有侧重。从我国检察制度安排的逻辑上分析，诉讼监督权的配置是为了保障刑事司法体系的良性运行、纠正民事行政诉讼中的错误。就当前的刑事司法而言，检察机关如何确保刑事司法体系的有效运行从而维护社会安全以及如何确保刑事司法体系的良性运行从而保障人权，是检察机关的基本职能。具体地说，首先，我国检察机关肩负维护刑事司法体系有效性的职能。立足职权的一方面体现为打击犯罪、特别是查办职务犯罪，从而维护社会稳定；立足职权的另一方面体现为要监督公安机关、法院不能放纵犯罪。其次，我国检察机关肩负维护刑事司法体系良性运行的职能。即立足职权保证案件的侦查、批准或决定逮捕、审查起诉在实体上严格落实罪刑法定原则的要求，限制入罪和出罪，保证刑法适用的精确性；程序上要防止和纠正刑事司法错误，保证公权力行使的规范性，从而保障人权。具体的表现形态是职务犯罪的查办与预防职能、限制入罪职能、出罪职能、防止放纵犯罪和枉及无辜的职能、纠正刑事司法错误和民事行政诉讼错误的职能。

郭书原：您说的这些是比较视野下的检察职能研究，还有一方面研究思路是什么呢？

龚佳禾检察长：就是强化法律监督职能的途径。制约功能上要提升精密性。主要是在执法办案中克服职务犯罪侦查权、公诉权和批准、决定逮捕权运用上的粗放性，通过挖掘潜能提升检察机关在案件处理中公正适用法律的精密性来提升检察机关主要是在刑事司法中的主导力。不可否认，西方国家包括美国、德国，其检察机关实际上主导着刑事司法系统的运行。通过比较考察，研究提升我国检察机关主导力的原理是有现实价值的。此外，还要从监督控权功能上提升刚性，从自我监督上提升规范性，从与权利的关系上提升司法的民主性和权力的谦抑性。

郭书原：您对法律监督职能原理的剖析逻辑清晰，内容丰富，为法律监督职能原理提供了很好的研究范式，接下来请您对法律监督职能的实现原理作个详细的讲解。

龚佳禾检察长：法律监督职能的实现原理方面主要研究法律监督职能的实现机制、过程和检察机关实际发挥的功能和作用。法律监督职能的有效实现与检察工作的科学发展是同一层面的概念，是一个系统工程。法律监督职能或者说检察职能是宪法和法律规定的，而法律监督职能或者说检察职能实现的主体是检察机关。检察机关实现自身职能需要组织体系和职权行使的工作机制作为条件。组织体系、工作机制能否良性运行，还需要完善的保障体系，主要是科学管理的保障。但组织体系、工作机制和保障体系三个方面内在能够统一的主线是检察机关运用职权将检察机关的应然性的功能、作用转变为实然的功能、作用的能力。这种能力就是法律监督能力。从功能的层面分析，法律监督能力表现为查办与预防职务犯罪的能力、限制入罪的能力、出罪的能力、防止放纵犯罪和枉及无辜的能力、纠正刑事司法错误和民事行政诉讼错误的能力。从结构的层面分析，法律监督能力是作为主体的检察机关将自己的意志、目标转化为现实的能力。因此，法律监督能力不仅是检察机关实现自身职能的本领，更根本的是通过职能的实现来完成政治使命和任务的本领。

郭书原：但是，我们知道，我国检察机关的法律监督能力与维护国家安全、社会和谐稳定的要求，与全社会日益增长的司法需求和人民群众对公平正义的渴求不相适应的矛盾还是比较突出的。您是怎样看待这个问题的呢？

龚佳禾检察长：你说的是现实情况，我国检察机关的法律监督能力面临的挑战来自多个方面：一是我国检察机关肩负的政治使命和任务的艰巨性的挑战。我国正处在社会结构变迁、法治转型的关键时期，各种矛盾错综复杂，宪政和法律制度建设的任务还很繁重，维护宪法和法律统一正确实施、维护社会公平正义的使命无疑十分艰巨；二是法律监督能力面临时代精神的挑战。法律监督能力首先表现为检察机关确立正确的意志和目标的能力，而正确认识自身的职能定位，深刻理解自身职能所蕴涵的时代精神并将之转化为使命感、责任感本身就是一种能力、本领的体现。应当说，面对时代精神的召唤，不少检察机关是清醒的，不断地根据新形势下职能的调整而调整工作的指导思想。但不可否认，也有为数不少的检察机关面对新形势茫然不知所措，缺乏应对现实的基本能力；三是检察机关的自身建设存在诸多问题。如执法理念不端正，执法办案存在利益驱动。队伍的专业性不强，取证、审查证据、法律适用的水平还处在经验性、日常理解的层次，等等。

郭书原：我国检察机关的法律监督能力面临这么多的挑战说明了什么呢？

龚佳禾检察长：这意味着，清醒认识人民群众对检察机关的新要求、新期待，以科学发展观指导检察工作的发展显得十分迫切。推动检察工作的科学发展，需要检察机关清醒认识自己承担的政治使命和任务，立足宪法和法律的规定，清醒把握自己应当、必须和能够发挥的功能、作用，从检察工作实践出发，深入调查研究，找出影响检察职能发挥的组织体系、工作机制、保障体系、执法理念、业务能力等方面存在的问题，分析问题存在的主要矛盾，有针对性地解决。

郭书原：分析问题就是为了解决问题，您可以针对影响检察职能发挥的组织体系、执法理念、业务能力等方面存在的问题提出几个措施吗？

龚佳禾检察长：好的，我就说两个吧。第一个是加强组织体系、管理机制建设，夯实检察职能有效实现的基础。主要内容是：良好的组织保障；过硬的思想政治建设、领导班子建设、干部队伍建设、检察文化建设、纪律作风建设等政治保障；必要的公用经费保障；与检察工作需要相适应的科技力量的保障；科学的业务管理的保障。第二个是加强检察业务能力建设，解决制约检察职能有效实现的主要矛盾。检察职能有效实现的程度具体体现为检察业务工作的水平与成效。而提高检察业务工作水平与成效的关键在于检察机关业务能力的高低。检察业务能力是法律监督能力的核心，具体的表现形式包括检察委员会科学决策能力、职务犯罪侦查能力、公诉能力、审查批准和决定逮捕的能力、诉讼监督能力。此部分研究的主要内容是：客观、理性分析现有检察业务能力的现状及与职能有效实现的差距；客观、理性分析影响检察业务能力提升的检察官职业素质与业务考核、执法办案的行政化管理倾向与案件集体讨论的办案模式、人事管理上的官僚体制倾向模式等主客观因素，并提出加强和改进的方案。

郭书原：十分感谢您接受我们这次采访，您的讲解非常有助于学界、实务界对法律监督职能基本原理的研究。再次感谢您翔实而耐心的讲解。

万春厅长简介：

　　最高人民检察院侦查监督厅厅长，一级高级检察官。获国务院政府特殊津贴专家，首届全国检察业务专家。

　　毕业于中国人民大学法律系。历任高检院刑检厅书记员、助检员；中国检察出版社书编室副主任；《人民检察》主编；《检察日报》常务副总编、高级编辑；高检院司法改革办公室常务副主任等。现兼任中国预防青少年犯罪研究会副会长，中国检察学研究会常务理事及诉讼监督专委会常务副主任，中国知识产权法学研究会常务理事，多所高校兼职教授。

　　曾参与中央司法改革方案和刑事诉讼法修改调研论证，主持改革《关于深化检察改革 2009—2012 年工作规划》。先后在《法学研究》、《中国法学》、《河南社会科学》等发表论文 50 余篇。主编、参著《中国检察体制改革论纲》、《中华人民共和国检察制度研究》等专著 10 余种。完成全国检察理论研究重点课题、一般课题各一项。获过全国检察基础理论研究一、二、三等奖和中国新闻奖论文二等奖、金鼎奖等。

《刑事诉讼法》再修改对侦查监督的影响与挑战

——访最高人民检察院侦查监督厅厅长　万　春

郭书原： 万厅长您好！感谢您能接受我们的采访！我们知道，十一届全国人大五次会议新修订的《刑事诉讼法》，将于明年1月1日起施行。这是继1996年修订之后对刑诉法的再次重大修订，是我国民主法治建设和依法治国进程中的里程碑。今天想就新刑诉法的相关新规定对侦查监督工作的影响采访您。

万春厅长： 好的。

郭书原： 说到新刑诉法的亮点，我想首先映入眼帘的就是保障人权的鲜明入律。您认为将"尊重和保障人权"明确为刑事诉讼任务将会对侦查监督工作带来哪些影响？

万春厅长：《宪法修正案（四）》将"国家尊重和保障人权"确定为宪法原则，刑诉法修订又将之作为刑事诉讼任务写入总则，并通过相关条文的修改增删，进一步加强对犯罪嫌疑人、被告人权利的保护，体现了我国刑事诉讼制度在保障人权方面又迈进了一大步，标志着我国刑事诉讼价值取向的深刻调整，意义十分重大，必将对侦查监督理念和工作方式产生深远影响。首先，"尊重和保障人权"成为必须遵行的刚性法律原则，要求我们必须彻底摒弃"重打击犯罪，轻保障人权"的传统思维方式，牢固树立惩治犯罪与保障人权并重、实体公正与程序公正并重、配合协作与监督制约并重的理念，将保障人权是否得力作为与打击犯罪是否有力同等重要的工作评价目标。其次，要做到维护被害人权利与保障犯罪嫌疑人合法权利的平衡。人权是每个公民都享有的基本权利，平等对待是法治的内在要素和重要价值。刑事司法中的人权保障，既包括对被害人和其他诉讼参与人权利的保障，也包括对犯罪嫌疑人、被告人权利的保障，忽视任何一个方面都不符合刑事诉讼的宗旨，也不利于构建和谐社会。鉴于实践中往往比较注重保护被害人权利，而忽略犯罪嫌疑人、被告人权利保障的情况，这次法律修改，在刑事诉讼任务中"保护公民的人身权利、财产权利、民主权利和其他权利"之前又增加"尊重与保障人权"，绝非同义反复，而是有针对性地强调了尊重和保障犯罪嫌疑人、被告人的人权，对此要有深刻认识。再次，要坚持理性、平和、文明、规范执法，把尊重和保障人权自觉贯穿办案始终。开展侦查监督要遵循检察官客观性义务，尊重犯罪嫌疑人的人格，审慎、客观、全面、细致地审查案件事实，依法排除非法证据，正确适用法律条文，落实宽严相济刑事政策，切实防止错误逮捕，减少不必要的羁押，及时发现和纠正违法，把尊重和保障人权落到实处。

郭书原：我们了解到，全国的逮捕率仍处于80%以上高位，年逮捕人数超过90万人，其中有相当一部分人捕后被不起诉或判处徒刑缓刑以下轻刑。可以说，目前的逮捕率还是比较高的。对于这一现状，新刑诉法作了哪些改进？

万春厅长：逮捕率之所以居高不下，究其原因，主观方面在于一些办案人员存在构罪即捕的思维定式，客观方面主要在于采取非羁押性措施的成本高、风险大、适用率低，侦查机关的办案手段有限，侦查素质和能力也有待提高，通过羁押获取口供进而突破案件的办案模式一时间还难以扭转。另外，现行刑诉法关于"逮捕必要性"条件的规定过于原则，实践中难以准确把握。法律规定的审查逮捕程序缺乏基本诉讼构造，不利于兼听则明和及时发现违法。本次刑诉法修改直面上述问题，一方面，完善了取保候审、监视居住措施和相关侦查手段，以增强利用非羁押措施控制犯罪嫌疑人和进行侦查取证的能力，为减少羁押提供了空间。另一方面，进一步明确细化了逮捕的适用条件，完善了审查逮捕的程序，为检察机关更加客观、全面地审查案件和准确作出决定提供了具有可操作性的法律依据。

郭书原：逮捕条件的细化规定在审查逮捕的实践中具体有哪些影响，您能谈一谈吗？

万春厅长：修改后的《刑事诉讼法》第七十九条第一款保留了原刑诉法规定的"有证据证明有犯罪事实"、"可能判处徒刑以上刑罚"两项条件，修改了逮捕的第三项条件，即删除了以往实践中难以裁量把握的"有逮捕必要"的表述，而将采取取保候审不足以防止发生"社会危险性"的情形作了具体列举。同时，该条第二款在前款一般逮捕条件之外，又明确了三种"应当予以逮捕"的特殊情形：一是有证据证明有犯罪事实，可能判处10年有期徒刑以上刑罚的；二是有证据证明有犯罪事实，可能判处徒刑以上刑罚，曾经故意犯罪的；三是有证据证明有犯罪事实，可能判处徒刑以上刑罚，身份不明的。这三种情形之一的犯罪嫌疑人，或者主观恶性较大，或者犯罪恶习较深，或者缺乏不予羁押的基本条件，均具有较大的人身危险性，因此不需要再审查是否具有第一款规定的社会危险性情形，即应当予以逮捕。此外，该条第三款还规定了一种"可以予以逮捕"的情形，即被取保候审、监视居住的犯罪嫌疑人违反取保候审、监视居住规定，情节严重的，可以予以逮捕。上述规定，比现行刑诉法的规定更加明确、具体，可操作性更强，有利于实践中进行审查、把握和认定，为准确适用逮捕提供了依据。其中，上述两类"应当逮捕"的规定，已基本涵盖以往实践中必须逮捕的情形。由于新刑诉法并未设置"应当逮捕"的兜底条款，而第三款的"可以逮捕"又只能适用于特定情形，因而，对于不符合上述条件的，应理解为不得适用逮捕，这有利于防止随意扩大逮捕适用。

需要注意的是，实践中具体案件是纷繁复杂的，法律规定的有关社会危险性的"可能"、"现实危险"、"企图"等情形，仍需要根据个案的事实和证据进行具体审查判断。因此，要认真总结近年来检察机关推行的逮捕必要性证明制度的经验，根据新刑诉法的规定，会同侦查机关建立"社会危险性"证明制度，即侦查机关在提请逮捕时，除了要向检察机关移送证明已涉嫌犯罪、可能判处徒刑以上刑罚的证据外，还应移送证明犯罪嫌疑人具有法定的社会危险性的证据材料。检察机关应当对是否符合逮捕条件全面进行审查，综合判断犯罪嫌疑人是否具有社会危险性和应当予以逮捕。侦查机关不移送相关证据材料的，应当要求其补充移送。经审查认为现有证据不能证明犯罪嫌疑人具有社会危险性的，应当不予批准逮捕，并向侦查机关阐明理由和依据。

郭书原：一开始您就提到了保障人权入律的意义。那么，在审查逮捕中犯罪嫌疑人、诉讼参与人和律师意见的权利保障方面新刑诉法又作了哪些规定呢？

万春厅长：现行刑诉法关于审查逮捕程序的规定，没有检察机关可以讯问犯罪嫌疑人、听取律师意见等的要求，使本应是司法程序的审查逮捕，带有明显的内部行政化审批色彩，不利于切实有效地保障人权。在深化司法改革中，2010年10月最高人民检察院会同公安部联合下发《关于审查逮捕阶段讯问犯罪嫌疑人的规定（试行）》，明确提出在审查逮捕时要有重点地讯问犯罪嫌疑人，必要时应听取律师意见。新刑诉法吸收并发展了这一改革成果，不仅明确审查逮捕可以讯问犯罪嫌疑人、听取律师意见，而且规定可以询问证人等诉讼参与人。这使原先检察机关单方面审查侦查机关报捕材料、内部行政化审批的审查逮捕程序，向侦、辩、检三方诉讼化构造推进了一大步，增加了司法色彩，有利于检察机关加强证据审查，及时发现和纠正非法取证行为，准确适用逮捕措施。

综合新的《刑事诉讼法》第八十六条和第二百六十九条的规定，关于审查逮捕程序有以下新要求：一是人民检察院审查逮捕，可以讯问犯罪嫌疑人。这是一般授权性规定。从以往实践看，需要讯问的主要是那些已经拘留了的犯罪嫌疑人，对于未采取拘留措施者，进行讯问必须做好风险评估预警工作，并事先征求侦查机关的意见，防止发生办案安全等事故。按照新《刑事诉讼法》第一百一十六条第二款的规定，讯问已被拘留的犯罪嫌疑人，应在看守所内进行。在看守所内安装视频讯问系统的，也可以远程视频讯问。二是明确规定有以下四种情形之一的，应当讯问犯罪嫌疑人：（一）对是否符合逮捕条件有疑问的；（二）犯罪嫌疑人要求向检察人员当面陈述的；（三）侦查活动可能有重大违法行为的；（四）犯罪嫌疑人是未成年人的。这四项属于刚性的义务性规定，即审查逮捕时，凡遇有四种情形之一的，都必须进行讯问。当然，四种情形之外的犯罪嫌疑人，检察机关也有权讯问。目前，一些地方检察机关要求每案必讯，与新法并不冲突。此外，按照《关于审查逮捕阶段讯问犯罪嫌疑人的规定（试行）》的规定，对于已拘留的犯罪嫌疑人不予讯问的，应送达听取犯罪嫌疑人意见书，这是弥补未每案必讯可能存在的漏洞的必要措施，新法实施后仍应执行。三是规定人民检察院审查逮捕，可以询问证人等诉讼参与人。现行刑诉法没有审查逮捕时询问诉讼参与人的规定，《人民检察院刑事诉讼规则》、《人民检察院审查逮捕质量标准》等文件中有可以询问证人的规定。新刑诉法从完善审查逮捕诉讼构造出发，明确规定可以询问证人，并将询问范围扩大到其他诉讼参与人。询问的目的主要是复核证据，及时发现违法，依法排除非法证据，准确认定案件事实。四是规定审查逮捕时可以听取辩护律师的意见；律师提出要求的，应当听取其意见。由于律师具备专门的法律知识，对犯罪嫌疑人是否涉嫌犯罪、有无社会危险性、侦查取证活动是否违法等能够提出专业性意见，特别是新刑诉法完善了律师权利，为其发挥辩护作用提供了更大空间，因此，审查逮捕时听取律师意见，就显得尤为重要。新刑诉法关于"辩护律师提出要求的，应当听取辩护律师的意见"的规定，比目前试行的《关于审查逮捕阶段讯问犯罪嫌疑人的规定（试行）》中"必要时，可以当面听取受委托律师的意见"的规定更加刚性，充分体现了尊重与保障人权的精神。

郭书原：我们了解到，为解决职务犯罪侦查权、逮捕权、公诉权过于集中，不利于对自侦工作监督制约的问题，最高人民检察院报经中央批准，于2009年9月起试行职务犯罪案件审查逮捕上提一级改革。但是，由于改革后多数地方实行异地报捕，增加了报送、审批案件以及讯问犯罪嫌疑人的路途时间，各地普遍反映现行刑诉法规定的14天的拘留期限过短，制约了改革效果。对此，新刑诉法有哪些应对？

万春厅长：为解决这一问题，新《刑事诉讼法》第一百六十五条规定："人民检察院对直接受理的案件中被拘留的人，认为需要逮捕的，应当在十四日以内作出决定。在特殊情况下，决定逮捕的时间可以延长一日至三日……"即原则上对被拘留的犯罪嫌疑人应当在 14 日内作出决定，但实行上提一级的案件，确因异地报捕时限不够的，可以最迟在拘留后 17 日内作出决定。这样，可有效缓解"上提一级"办案时限紧张的压力。

郭书原：人们常说，证据是诉讼法的灵魂。在审查逮捕程序中，证据也承载着保障人权的重任。刑事诉讼程序中不同的阶段对应着不同的证明标准，在逮捕阶段要如何正确把握证明标准呢？

万春厅长：新刑诉法对逮捕的疑罪条件即"有证据证明有犯罪事实"没有作出修改。在以往的审查逮捕实践中，一般是以证据所证明的事实已经构成犯罪为"有证据证明有犯罪事实"的标准。同时，对于极少数符合一定条件的重大案件，在现有证据所证明的事实已经基本构成犯罪的情况下，探索实行"附条件逮捕"。应当说，上述适用于不同案件的证明标准，都是"有证据证明有犯罪事实"的具体体现，属于对这一法定逮捕条件的分层次把握，既能够保证对绝大多数案件从严把关，防止错捕，减少不必要的羁押，又可以保障对极少数严重犯罪案件的侦查需要，体现了宽严相济刑事政策在逮捕措施上的具体适用。

逮捕作为侦查中所采用的强制措施，其证明标准与侦查终结、提起公诉和作出有罪判决理应有所区别。现行刑诉法在表述上也是不同的，逮捕为"有证据证明有犯罪事实"，侦查终结、提起公诉和判决均为"犯罪事实清楚或已经查清，证据确实、充分"。有人认为，审查逮捕时以证据所证明的事实已构成犯罪来把握证明标准，是混淆了逮捕和起诉阶段。新刑诉法的相关规定回答了这一疑问。该法第五十三条对于何为"证据确实、充分"作了如下解释：（一）定罪量刑的事实都有证据证明；（二）据以定案的证据均经法定程序查证属实；（三）综合全案证据，对所认定事实已排除合理怀疑。而按照现行规定，"有证据证明有犯罪事实"是指同时具备以下情形：（一）有证据证明发生了犯罪事实，该犯罪事实可以是单一犯罪行为的事实，也可以是数个犯罪行为中任何一个犯罪行为的事实；（二）有证据证明犯罪事实是犯罪嫌疑人实施的；（三）证明犯罪嫌疑人实施犯罪行为的证据已有查证属实的。显然，无论是需要证明的案件事实的范围还是对证据属实性的查证程度，二者都有明显区别，因而不存在以起诉标准来衡量是否逮捕的问题。

郭书原：在新刑诉法中，另外一个为人熟知的亮点就是非法证据排除规定的入律。由此证据的合法性要求也上升到了一个新的高度。那么，在侦查监督工作中，您认为要如何加强证据合法性的把握呢？

万春厅长：确实如你所说，现在随着非法证据排除规定的入律，证据合法性要求被提升到了一个新的高度。这是中国特色社会主义法治理念的重要彰显，表明了中央推动我国人权保障工作的决心。就侦查监督工作而言，要做到加强证据合法性要求，我觉得可以从这些角度着手：

一是要深刻理解和认真落实"不得强迫任何人证实自己有罪"的规定。我国签署的联合国《公民权利和政治权利国际公约》第14条第3项规定，不得强迫任何人作不利于自己的供述，或证明自己有罪。新《刑事诉讼法》第五十条据此明确了"不得强迫任何人证实自己有罪"的原则，并在第一百一十八条中保留"犯罪嫌疑人对侦查人员的提问，应当如实回答"的同时，增加了第二款"犯罪嫌疑人如实供述自己罪行可以从宽处理"的规定。这是对"坦白从宽、抗拒从严"的传统办案观念的重大调整，其目的在于从制度上进一步遏制刑讯逼供和其他非法取证的行为。"不得强迫任何人证实自己有罪"的实质在于"不得强迫"，与犯罪嫌疑人自愿"如实回答"并不矛盾。按照新刑诉法规定，侦查人员在讯问犯罪嫌疑人时有义务告知其如实供述可以得到从宽处理，但不得采取任何暴力、威胁等带有强制性的手段迫使其承认和证实自己有罪。检察机关在审查逮捕时，则应通过审阅案卷材料、讯问犯罪嫌疑人、听取律师意见等，认真审查犯罪嫌疑人的有罪供述是在什么情况下作出的，侦查人员在讯问时是否履行告知义务，有无进行强迫乃至刑讯逼供等违法情形，发现违法的应予以纠正，并依法排除非法证据。同时，检察人员在讯问犯罪嫌疑人时，也必须执行上述规定。

二是要依法审查和排除非法证据。2010年，最高人民法院、最高人民检察院等五部门联合下发了两个证据规则，初步建立了非法证据排除制度。新《刑事诉讼法》第五十四条吸收了上述成果，从法律上确立了非法证据排除规则，这是对"严禁刑讯逼供和以威胁、引诱、欺骗以及其他非法方法收集证据，不得强迫任何人证实自己有罪"之规定的保障性条款，意义在于通过排除非法获取的证据，使非法取证行为失去功利性，进而达到遏制刑讯逼供、暴力取证等非法行为的目的。前述五部门《关于办理刑事案件排除非法证据若干问题的规定》第三条规定，在审查逮捕、审查起诉中，对于非法言词证据应依法予以排除，不能作为批准逮捕、提起公诉的根据。而新《刑事诉讼法》第五十四条第二款规定："在侦查、审查起诉、审判时发现有应当排除的证据的，应当依法予以排除，不得作为起诉意见、起诉决定和判决的依据。"没有明确审查逮捕阶段是否要排除非法证据。我认为，逮捕属于侦查中采取的强制措施，新刑诉法关于侦查阶段排除非法证据的要求应及于批捕工作。而且，审查逮捕既是司法审查又是法律监督，检察机关有责任审查取证是否合法，发现存在非法取证的，有责任依法进行纠正，符合排除非法证据情形的，应当予以排除，不得将之作为批准逮捕的根据。在审查逮捕时，如果接到犯罪嫌疑人及其辩护人或者证人、被害人等关于非法取证行为的控告、举报及提供的线索的，或者在审查案件时发现可能存在非法取证行为的，应当认真进行调查核实，包括核对讯问录像、询问知情人、查阅看守所健康记录、查验伤情、要求侦查机关对证据收集的合法性进行说明等。确认存在刑讯逼供、暴力取证等非法行为的，应当依法排除该行为获取的言词证据。由于审查逮捕期限较短，而且侦查阶段也不同于审判阶段，如果经审查后既不能确定非法取证又无法排除合理怀疑，我认为不宜像审判阶段那样直接予以排除，而应予以存疑，即不以该证据作为批捕的根据，而依据其他证据决定是否逮捕，同时将存疑情况通报公诉部门。对于侦查机关收集实物证据不符合法定程序，可能严重影响司法公正的，应当要求侦查机关进行补正或者作出合理解释；不能补正或者作出合理解释的，对该实物证据也应予以排除。

三是关于审查全程同步录音录像。新《刑事诉讼法》第一百二十一条规定："侦查人员在讯问犯罪嫌疑人的时候，可以对讯问过程进行录音或者录像；对于可能判处无期徒刑、死刑的案件或者其他重大犯罪案件，应当对讯问过程进行录音或者录像。录音或者录像应当全程进行，保持完整性。"这一规定从法律上确立了讯问犯罪嫌疑人全程同步录音录像制度，是对检察机关推行的讯问职务犯罪嫌疑人同步录音录像制度的充分肯定，并且将适用范围扩大到公安机关侦查的重大刑事案件。审查逮捕时应审查同步录音录像。为此，应会同侦查机关建立工作机制，做好移送同步录音录像工作。审查案件时，应重点审查对法定范围内的案件是否进行同步录音录像，录音录像是否全程、同步、完整，讯问过程是否合法，有无刑讯逼供等违法情形等。对于犯罪嫌疑人反复翻供或提出受到刑讯逼供的案件，或者通过审查案卷对取证合法性或讯问笔录真实性产生疑问的，应当认真审查、核对同步录音录像，发现录音录像与同次讯问笔录存在重大实质性出入的，该笔录不能作为证据使用。

郭书原：保护未成年人是我国刑法以及刑事诉讼法一以贯之的精神。新刑诉法关于未成年人保护的规定有哪些？

万春厅长：新《刑事诉讼法》第五编"特别程序"中专章规定了未成年人刑事案件诉讼程序。这是在认真总结多年来司法机关办理未成年人刑事案件的实践经验和改革探索的基础上，对中国特色未成年人刑事司法制度的一次重要推进和完善。其中，对审查逮捕工作有直接影响的规定主要有：对犯罪的未成年人实行教育、感化、挽救的方针，坚持教育为主、惩罚为辅的原则；办理未成年人刑事案件，应当保障未成年人行使其诉讼权利和得到法律帮助，并由熟悉未成年人身心特点的检察人员承办；未成年犯罪嫌疑人没有委托辩护人的，应当通知法律援助机构指派律师为其提供辩护；办理未成年人刑事案件，根据情况可以对未成年犯罪嫌疑人的成长经历、犯罪原因、监护教育等情况进行调查；对未成年犯罪嫌疑人应当严格限制适用逮捕措施；审查逮捕时应当讯问未成年犯罪嫌疑人，听取辩护律师的意见；讯问未成年犯罪嫌疑人、询问未成年被害人、证人，应当通知其法定代理人到场，无法通知或者法定代理人不能到场或者是共犯的，可以通知其其他成年亲属，所在学校、单位、居住地基层组织或者未成年人保护组织的代表到场；讯问女性未成年犯罪嫌疑人、被害人、证人，应当有女工作人员在场。

郭书原：我们了解到，新刑诉法专门新规定了关于刑事和解制度，为审查逮捕工作贯彻宽严相济刑事政策提供了法律依据。那么，对于这些规定在实践中具体如何实施，您怎样看？

万春厅长：新《刑事诉讼法》第二百七十七条至第二百七十九条对刑事和解的适用范围和程序等作出了规定。根据规定，一是审查逮捕阶段可以开展刑事和解，包括对当事人双方达成和解的案件，听取当事人和其他有关人员的意见，对和解的自愿性、合法性进行审查，主持制作和解协议书等。但究竟由检察机关哪个部门主持制作和解协议书，尚需进一步研究。从一些地方近年来开展刑事和解的探索看，由办案人员主持和解不利于保持客观公正，而由专门人员做这项工作，并由办案人员对和解的自愿性、合法性进行审查，则比较适宜。二是开展刑事和解必须符合法定的案件范围和适用条件，不能违反法律规定开展刑事和解，或者认可当事人之间违反法律规定达成的和解。三是对达成刑事和解的案件，可以依法从宽处理，作出不捕决定。需要继续进行诉讼的，可以建议公安机关变更强制措施，在侦查终结后直接移送审查起诉。四是侦查阶段刑事和解的案件，公安机关可以向检察机关提出从宽处理的建议，但是不能撤销案件。公安机关对已涉嫌犯罪的公诉案件，因当事人达成刑事和解而撤销案件的，不符合法律规定，应予以监督纠正。

郭书原：侦查是指侦查机关进行的专门调查工作和采取的强制性措施。因此，侦查监督理应包含对侦查机关违法使用强制性措施的监督。但是，除逮捕外，现行法律对强制性措施的监督规定得不明确，使之难以实施。对此新刑诉法有何应对？

万春厅长：中央关于深化司法改革方案提出，建立当事人对侦查机关采取搜查、查封、扣押、冻结措施不服提请检察机关或上一级检察机关进行监督的制度。这次刑诉法修改体现了改革要求，并且在监督内容上有所扩展。根据新《刑事诉讼法》第一百一十五条的规定，当事人和辩护人、诉讼代理人、利害关系人认为司法机关及其工作人员采取强制措施或者查封、扣押、冻结措施存在违法的，有权向该司法机关提出申诉或者控告，对该机关处理不服的，有权向同级或者上一级检察机关申诉，检察机关应当进行审查并且纠正违法。其中，在侦查终结前向检察机关提出申诉的，属侦查监督部门的职责范围。

郭书原： 那么，侦查监督部门要如何才能履行好这一职责呢？

万春厅长： 侦查监督部门要想履行好这一职责，我认为要从以下角度着手：

一是要按照法定范围开展监督。审查判断侦查机关使用强制性措施是否违法，应根据新《刑事诉讼法》第一百一十五条的具体规定而定。二是要严格按照程序进行监督。当事人等认为强制性侦查措施违法，应先向侦查机关提出申诉、控告，不服侦查机关处理的，才可以向同级或者上一级检察机关申诉。其中，对公安机关处理决定不服的，可以向同级检察机关申诉；对检察机关侦查部门处理决定不服的，可以向上一级检察机关申诉。检察机关应当及时进行审查，情况属实的，通知侦查机关予以纠正。如果检察机关在审查逮捕中自行发现上述违法，则应在核实后直接通知纠正。三是要正确把握监督的原则。监督工作既要切实维护当事人的合法权益，又要有利于保障侦查和打击犯罪。因此，要注意听取侦查机关的意见，答复申诉人要注意方式方法，防止泄露案件秘密，影响侦查进行。要坚持对内监督和对外监督并重，在加强对公安机关监督的同时，也要加强对检察机关自侦工作的监督。

郭书原： 羁押必要性审查也是新刑诉法的亮点之一。通常人们认为羁押必要性审查只存在于逮捕前，为什么新刑诉法还规定逮捕后的羁押必要性审查呢？

万春厅长： 新《刑事诉讼法》第九十三条规定，犯罪嫌疑人、被告人被逮捕后，人民检察院仍应当对羁押必要性进行审查，对于不需要继续羁押的，应当建议予以释放或者变更强制措施，有关机关应当在10日内将处理情况通知检察机关。该项制度的建立有利于革除实践中对犯罪嫌疑人一捕了之、办案期限不满羁押就不终止的积弊，节约司法资源，维护犯罪嫌疑人合法权利。

郭书原： 在新刑诉法草案公布时，监视居住的规定曾引起了热议。有人担心监视居住的新规定会导致变相羁押，对此您怎么认为？

万春厅长： 新刑诉法修改完善了监视居住的适用条件和监视措施，增强了可操作性和刚性，使监视居住能够发挥逮捕替代措施的作用，有利于减少羁押。其中，对于特定的犯罪嫌疑人，明确了可以指定居所执行监视居住。由于指定居所执行监视居住对人身自由的限制比较大，且容易成为变相羁押，需要有专门的监督制约机制，因此，新《刑事诉讼法》第七十三条第四款规定"人民检察院对指定居所监视居住的决定和执行是否合法实行监督"。监视居住可适用于刑事诉讼各个阶段，侦查监督部门可以通过审查逮捕或者受理申诉等，承担侦查终结前对指定居所监视居住的监督。要认真审查以下内容：监视居住是否符合法定条件，是否由公安机关执行，指定居所监视居住是否符合法定范围，是否经上一级机关批准，执行地点是否合法，是否依法通知被监视居住人的家属，执行中有无其他违法行为等。发现违法的，应当提出纠正意见。

郭书原：实践中有些刑事案件行政机关会前期参与查办和行政执法，并会收集一些物证、书证、视听资料、电子数据等证据材料，这些证据在行政执法机关向刑事司法机关移送案件后存在一些衔接问题。应当如何结合新刑诉法解决这些问题？

万春厅长：新《刑事诉讼法》第五十二条第二款规定，行政机关在行政执法和查办案件过程中收集的物证、书证、视听资料、电子数据等证据材料，在刑事诉讼中可以作为证据使用。这解决了行政执法机关向刑事司法机关移送案件后，对行政执法机关收集的实物证据如何使用的问题，有利于促进行政执法与刑事司法相衔接。对于行政执法机关移送的上述证据材料，审查逮捕时应进行审查，符合合法性、关联性、客观性要求的，可以作为案件证据使用；取证主体和程序不合法的，则应要求侦查机关予以补正，或依法予以排除。对于行政机关在执法过程中收集的言词证据，依法不能直接作为刑事证据使用，需要由侦查人员重新收集。

郭书原：学界一直在呼吁刑事诉讼控辩平等，强调"平等对抗"，更号召"平等保护"。新刑诉法旗帜鲜明地强调保障人权，那么对律师权利的保障有哪些体现呢？

万春厅长：新刑诉法从尊重与保障人权出发，进一步完善了刑事辩护制度，包括明确侦查阶段犯罪嫌疑人委托律师的辩护人身份，完善律师的辩护权等。为保障律师正当履行辩护责任，第四十七条规定，辩护人、诉讼代理人认为公安机关、人民检察院、人民法院及其工作人员阻碍其依法行使诉讼权利的，有权向同级或者上一级人民检察院申诉或者控告。人民检察院对申诉或者控告应当及时进行审查，情况属实的，通知有关机关予以纠正。对此，需根据诉讼阶段和投诉对象之不同，由不同的检察业务部门开展监督。其中，辩护人等如认为侦查机关有上述违法而于侦查终结前向检察机关侦查监督部门提出申诉或者控告的，侦查监督部门应当及时进行审查，确认属实的，应当通知侦查机关予以纠正。

郭书原：新刑诉法草案公布不久，关于技术侦查的规定就引来了舆论热议，认为此举会严重侵犯人权。对此您如何看待？

万春厅长：新刑诉法将以往实践中必须使用而又游离于刑诉法调整之外的

技术侦查、秘密侦查手段纳入法定侦查措施，是我国刑事立法的一大进步，既体现了打击犯罪的需要，又有利于规范侦查和维护人权，符合当今世界刑事诉讼制度通例。由于技侦具有秘密性、强制性特点，犹如"双刃剑"，运用得当有利于及时侦破案件，一旦被滥用又会侵犯人权，因此必须严格限制适用，加强监督制约，并应赋予当事人一定的救济渠道。新刑诉法虽然要求采取技术侦查必须经过严格的审批程序，但对如何审批、监督及救济没有作出规定。我认为，既然技术侦查已纳入刑事诉讼法调整，并且通过技术侦查收集的材料可作为证据使用，就应当允许检察机关对侦查取证的合法性进行审查，包括是否按照规定进行审批，适用对象、执行主体是否合法，有无超范围、超期限进行侦查或者泄密、诱人犯罪等违法情形。对于违法开展技术侦查的，应当纠正违法，符合条件的应排除非法证据。由于技术侦查写入刑诉法是新生事物，如何开展监督法律上并未作出规定，因此尚需检察机关会同侦查机关在实践中认真探索，研究对技术侦查的监督方式和程序，从而不断发展和完善侦查监督制度。

郭书原： 十分感谢您的讲解，希望有机会再向您请教。

袁其国厅长简介：

　　1957 年 3 月出生。1974 年参加工作。1978 年考入西南政法学院（现西南政法大学），获法学学士学位。1982 年毕业后分配至宁夏回族自治区人民检察院工作。1988 年调最高人民检察院研究室工作。1992 年任《中国检察报》（现《检察日报》）副总编辑兼《人民检察》主编。2000 年任中国检察出版社社长兼总编辑。编审职称，享受国务院特殊津贴。2009 年任最高人民检察院监所检察厅厅长。主编出版法律类图书 20 余部，在法律类报刊发表文章 100 余篇。

新《刑事诉讼法》对监所检察工作的影响及应对措施

——访最高人民检察院监所检察厅厅长 袁其国

郭书原：袁厅长您好！感谢您能接受我们采访！我们知道，第十一届人大五次会议通过的刑事诉讼法修正案中直接和间接涉及监所检察工作的法律条文有很多。这些新修改和增加的条文有利于进一步完善刑事诉讼制度，贯彻宽严相济刑事政策，保障当事人的合法权益。今天，我们想针对一些相关问题向您请教。请您先谈谈刑事强制措施方面的修改吧。

袁其国厅长：好的。刑事强制措施方面，刑诉法主要有以下变动：

第一，修改完善了取保候审、监视居住的适用条件。取保候审和监视居住是羁押的替代措施。针对原来刑事诉讼法关于取保候审和监视居住的法定条件过严，司法实践中掌握更严，导致羁押率畸高的问题，新刑诉法分列条文，对取保候审、监视居住的法定条件进行了修改。法律增加规定对患有严重疾病、生活不能自理、怀孕或者正在哺乳自己婴儿的妇女，不致发生社会危险性的，以及羁押期限届满，案件尚未办结，需要采取取保候审或者监视居住措施的犯罪嫌疑人、被告人，可以取保候审或者监视居住。这些修改体现了人道主义精神，有利于保障犯罪嫌疑人、被告人的合法权益，防止在押人员在看守所因病死亡等问题，也有利于减少不必要的羁押，降低羁押率，减轻看守所的羁押人数和监管压力。

第二，进一步完善了逮捕条件。原刑诉法规定的逮捕条件是"对有证据证明有犯罪事实，可能判处徒刑以上刑罚的犯罪嫌疑人、被告人，采取取保候审、监视居住等方法，尚不足以防止发生社会危险性，而有逮捕必要"。由于司法实践中对"尚不足以防止发生社会危险性，而有逮捕必要"的原则规定理解不一致，逮捕条件无法准确掌握，导致执法不统一。这次修改，使得逮捕条件和法定情形得以细化，有利于在具体司法实践中掌握批准或者决定逮捕的条件。

第三，新增加了羁押必要性审查制度。羁押必要性审查，是一种全新的制度，是刑事诉讼法新赋予检察机关的一项法定职责。对不需要继续羁押的犯罪嫌疑人、被告人，经过检察机关的建议，办案机关予以变更强制措施或者释放，有利于减少不必要的羁押，减少看守所的羁押人数和监管压力，解决目前看守所人满为患的问题，节约国家司法资源和财政支出，也有利于保障在押人员"不被不必要羁押"的权利。

郭书原：审前羁押和刑罚执行可以说是监所检察监督的两大核心业务。对于刑罚制度，新刑诉法有哪些改进？您能否谈谈？

袁其国厅长：好的。刑罚制度方面，刑诉法修改变动的地方主要有这样一些：

第一，明确了人民法院交付执行的期限和送达机关。原来刑事诉讼法没有规定法院交付执行的期限，也没有规定将法律文书送达给公安机关，导致交付执行不及时或者交付执行脱节，延长了罪犯滞留在看守所的时间。修改后的新《刑事诉讼法》第二百五十三条规定"罪犯被交付执行刑罚的时候，应当由交付执行的人民法院在判决生效后十日以内将有关的法律文书送达公安机关、监狱或者其他执行机关"。

第二，修改了短刑犯留所服刑的条件。第二百五十三条规定"对被判处有期徒刑的罪犯，在被交付执行刑罚前，剩余刑期在三个月以下的，由看守所代为执行"。原来刑事诉讼法规定，罪犯留所服刑的条件是交付执行前剩余刑期在一年以下，这次修改为余刑在三个月以下。这一修改有利于大幅减少留所服刑的罪犯数量，减轻看守所的羁押和监管压力。

第三，完善了暂予监外执行制度。一是规定对被判处无期徒刑，且怀孕或者正在哺乳自己婴儿的妇女罪犯，可以暂予监外执行。这是出于人道主义考虑，防止女犯在监狱内分娩和哺乳婴儿，影响婴儿的生长发育，有利于维护妇女和儿童的权益。二是明确规定了暂予监外执行的决定和批准机关。第二百五十四条规定"在交付执行前，暂予监外执行由交付执行的人民法院决定；在交付执行后，暂予监外执行由监狱或者看守所提出书面意见，报省级以上监狱管理机关或者设区的市一级以上公安机关批准"。三是完善了对暂予监外执行罪犯收监执行与刑期计算制度。第二百五十七条规定："对于暂予监外执行的罪犯，有下列情形之一的，应当及时收监：（一）发现不符合暂予监外执行条件的；（二）严重违反有关暂予监外执行监督管理规定的；（三）暂予监外执行的情形消失后，罪犯刑期未满的。对于人民法院决定暂予监外执行的罪犯应当予以收监的，由人民法院作出决定，将有关的法律文书送达公安机关、监狱或者其他执行机关。不符合暂予监外执行条件的罪犯通过贿赂等非法手段被暂予监外执行的，在监外执行的期间不计入执行刑期。罪犯在暂予监外执行期间脱逃的，脱逃的期间不计入执行刑期。"

第四，规定了社区矫正制度。第二百五十八条规定："对于被判处管制、宣告缓刑、假释或者暂予监外执行的罪犯，依法实行社区矫正，由社区矫正机构负责执行。"这一规定正式完整地确立了社区矫正制度，一是明确了社区矫正的对象为管制、缓刑、假释、暂予监外执行四种监外执行罪犯，对于以前关于对被剥夺政治权利、在社会上服刑的罪犯是否予以社区矫正的争议给出了明确答案，即不能实行社区矫正，改变了前几年社区矫正试点中对五种监外执行罪犯均实行社区矫正的做法；二是明确了社区矫正的执行主体，即隶属于司法行政机关的社区矫正机构，公安机关不再是执行主体，改变了以往社区矫正试点工作中存在执法主体和工作主体相分离的状况。

第五，增加了人民检察院对刑罚变更执行事前监督制度。第二百五十五条规定："监狱、看守所提出暂予监外执行的书面意见的，应当将书面意见的副本抄送人民检察院。人民检察院可以向决定或者批准机关提出书面意见。"第二百六十二条第二款规定："被判处管制、拘役、有期徒刑或者无期徒刑的罪犯，在执行期间确有悔改或者立功表现，应当依法予以减刑、假释的时候，由执行机关提出建议书，报请人民法院审核裁定，并将建议书副本抄送人民检察院。人民检察院可以向人民法院提出书面意见。"提请暂予监外执行的书面意见或者减刑、假释建议书抄送人民检察院，以及人民检察院在刑罚变更执行批准、决定、裁定前向裁决机关提出书面检察意见，是刑罚变更执行事前监督的需要，既是对中央司法体制与工作机制改革任务中完善刑罚变更执行同步监督机制的落实，也是对实践中刑罚变更执行事前监督做法的明确认可，有利于强化检察监督，确保刑罚执行的公平公正。

郭书原： 刑诉法关于监所检察工作的规定确实修改了不少，刚才您谈了几个方面。那么，这些变动对监所检察工作的影响有多少，您能否谈一谈？

袁其国厅长： 好的。整体来看，新刑诉法给监所检察增加了许多新的法定职责。具体有这样一些变化：

一是增加了刑罚变更执行事前监督的职责。原刑事诉讼法和监狱法只明确规定了检察机关对减刑、假释、暂予监外执行的事后监督职责。新刑事诉讼法根据中央司法改革的意见和人民群众要求强化刑罚变更执行同步监督的呼声以及检察实践探索的经验，增加了检察机关对减刑、假释、暂予监外执行事前监督的职责。监狱、看守所提出暂予监外执行的书面意见的，应当将书面意见的副本抄送人民检察院，人民检察院可以向决定或者批准机关提出书面意见；执行机关在向人民法院提出减刑、假释建议书时，应将建议书副本抄送人民检察院，人民检察院可以向人民法院提出书面意见。在收到提请建议机关抄送的意见、建议后，裁决机关作出刑罚变更执行裁决前，人民检察院发现刑罚变更执行的意见、建议违法或者不当的，应当向裁决机关提出书面检察意见，这是给检察机关增加的一项新的法定职责，改变了检察机关之前只进行事后审查监督的传统做法。

二是参与羁押必要性审查的职责。羁押必要性审查作为新刑事诉讼法赋予检察机关的一项新职责，其立法目的是为了强化检察机关对羁押措施的监督，防止超期羁押和不必要的关押。虽然目前高检院在检察机关内部职权配置方面暂未明确具体由哪个业务部门具体负责羁押必要性审查工作，但是监所检察部门应当有义务参与这项工作。因为监所检察部门负有保障在押人员权利的职责，派驻看守所检察室有义务了解在押人员的羁押表现，有义务受理被羁押人请求变更强制措施、请求检察机关进行羁押必要性审查的口头或者书面申请，有义务与侦查监督或者公诉部门共同开展羁押必要性审查工作。

三是新增对强制医疗机构的执行活动进行监督的职责。目前，我国的强制医疗法制不是很健全，没有专门的法律或者法规，强制医疗机构设置也不规范。专门的强制医疗机构是安康医院，它是由公安机关管理的一种特殊监管场所。目前，全国共有24所安康医院，分布在20个省、自治区、直辖市，其中有的是省辖市设置的，有的是在普通精神病医院加挂安康医院的牌子。而未设置安康医院的地方，大多数是将决定强制医疗的精神病人送到普通精神病医院强制医疗。强制医疗执行活动从性质上讲是一种行政强制措施，安康医院又是一种特殊的监管场所，因此将来对安康医院的监督职责由监所检察部门承担基本是确定的。

四是羁押期限监督和维护在押人员合法权益的任务增加。随着法院审限的延长和变化，监所检察部门承担的羁押期限监督任务会更加繁重，派驻检察室应当依法监督法院审判环节的审理期限执行情况，监督法院是否依法办理换押手续、是否依法办理延长审限的审批手续。监所检察部门保障在押人员权利的职责增加了不少内容。

五是新增了社区矫正的法律监督职责。社区矫正是非监禁刑罚执行活动，是刑罚执行活动的重要组成部分，人民检察院刑罚执行监督的职责必然要包含社区矫正法律监督。新刑事诉讼法将原来五种监外执行罪犯中的四种纳入社区矫正范围，监所检察部门承担的监外执行检察任务将正式转变为社区矫正法律监督。而履行社区矫正法律监督职责，是检察机关参与加强和创新社会管理的一项重要工作任务。

郭书原： 新的职责也带来了新的工作量，想必新刑诉法的颁布实施对监所检察的工作也带来了不少挑战吧？

袁其国厅长： 是的。近年来，监所检察部门的工作空间不断拓展，新的工作点不断出现，而传统业务需要进一步深入和加强。同时，社会对刑罚执行和监管活动的关注程度越来越高，人民群众对监所检察工作的要求越来越高。在这种情况下，新刑事诉讼法又给监所检察部门增加很多新的职责和任务，无疑是给监所检察工作提出了新的挑战。监所检察面临的新形势更加严峻，承担的新任务更加繁重和艰巨。例如，目前监狱等每年办理的减刑、假释、暂予监外执行案件有50多万件。新刑事诉讼法明确规定了检察机关对刑罚变更执行进行事前监督的职责，派驻监狱检察人员要履行好这一职责，必须通过日常监督，事前了解服刑人员的服刑表现、监狱对他们的计分考核和奖励处罚情况，列席监狱减刑、假释、暂予监外执行评审会议，才能在审查减刑假释建议书、暂予监外执行书面意见时发现问题，然后向批准机关或者人民法院提出检察意见。根据2012年年初最高人民法院发布的《关于办理减刑、假释案件具体应用法律若干问题的规定》，人民检察院对提请减刑、假释案件提出的检察意见，应当交执行机关一并随案移送受理减刑、假释案件的人民法院。该司法解释还规定，因罪犯有重大立功表现提请减刑，提请减刑的起始时间、间隔时间或者减刑幅度不符合一般规定，在社会上有重大影响或社会关注度高的，公示期间收到投诉意见的，人民检察院有异议的，以及人民法院认为有开庭审理必要的减刑、假释案件，应当开庭审理。对于开庭审理的减刑、假释案件，人民检察院也要派员出庭，监督庭审活动，发表监督意见。这些工作量很大，任务繁重，必须有足够的检察人员才能完成。再如，随着宽严相济刑事政策的贯彻落实和非监禁刑适用的扩大，目前社区服刑人员已达36万多人，而且还以每月8000人左右的速度快速增长。在此情况下，监所检察部门承担的社区矫正法律监督任务将来也会越来越繁重。

当前，监所检察存在的问题和困难还有很多。比如说有许多地方检察院和领导对监所检察工作不重视，监所检察人员配备十分不足，监所检察干警老、弱、病、庸的问题仍然没有得到根本改善。比如说执法保障落后，有的地方派驻检察室的办公条件和硬件建设跟不上，监所检察信息化建设进展缓慢。比如说派出派驻监所检察机构设置不尽合理，管理体制机制还不完善，影响了监所检察职能作用的发挥。再比如说监所检察队伍的整体素质、法律监督能力和执法水平有待进一步提高，监督的力度和效果与人民群众的要求尚有较大差距。上述问题和困难都亟待解决。

郭书原：随着新刑事诉讼法的实施，监所检察部门的任务越来越重。您认为监所检察部门应该如何加以应对呢？

袁其国厅长：全国各级检察机关监所检察部门及干警必须高度重视，清醒认识监所检察工作面临的新形势，正视存在的困难和问题，切实增强做好监所检察工作的责任感和紧迫感，并积极应对，强化措施，全面履职，完善监所检察体制和工作机制，推动监所检察工作全面、深入、健康发展。

郭书原：那么具体应当如何做呢？

袁其国厅长：具体来讲，我认为主要要从这几个方面加以应对：

第一，要认真学习和贯彻落实新刑事诉讼法的相关规定。一是要认真学习有关规定。全体监所检察干警应当集中时间、集中力量，全面、认真地学习新刑事诉讼法，特别是新法中与监所检察工作有关的修改条文和新增加条文，深刻理解和把握这些修改内容的内涵和立法精神，并认真研究贯彻落实这些新规定的措施和意见。同时，还应当认真学习最高人民检察院、最高人民法院、公安部关于贯彻新刑事诉讼法的有关司法解释或者规范性文件。二是要加强与本级检察院职务犯罪侦查、侦查监督、公诉等部门的协调配合，加强与公安机关、人民法院、司法行政机关有关业务部门及看守所、监狱、安康医院、司法所等被监督单位的沟通和协调，共同研究贯彻落实新刑事诉讼法规定的措施。三是要全面贯彻落实新刑事诉讼法的有关规定，认真履行法定监督职责。例如，要监督人民法院依法交付执行，保证交付执行的人民法院在判决生效后十日以内将有关的法律文书送达公安机关、监狱或者其他执行机关；依法监督看守所的留所服刑活动，保证由看守所代为执行的有期徒刑罪犯余刑在三个月以下；依法全面履行刑罚变更执行事前监督职责，确保刑罚执行公平公正等。

第二，要配齐配强监所检察人员，加强监所检察队伍建设。面对日益繁重的监所检察任务，各级检察院必须着力加强监所检察队伍建设，造就一支素质过硬、作风扎实、监督有力、甘于奉献的监所检察队伍。一是要配齐配强监所检察人员。各级检察院应当增加监所检察人员的编制，保证监所检察部门特别是派驻监管场所检察室工作人员的配备，保证能够完成法定的监督任务和职责，特别是新增加的刑罚变更执行监督、社区矫正监督、强制医疗执行监督等职责。要把法律业务素质高、法律监督能力强的检察人员配备给监所检察部门，做到监所检察人员能干事、肯干事、会干事，真正能够发现问题、协调问题和解决问题，改变目前监所检察干警老、弱、病、庸的现状。如为了保证社区矫正法律监督工作在基层有人抓、有人管，必须保障社区矫正法律监督人员编制，每一个县级检察院应当至少配备有二名检察人员专门负责社区矫正的法律监督，才能完成基本的社区矫正法律监督任务。二是要树立正确的执法监督理念。近年来，一些监所检察人员执法理念不适应形势发展，人权保障意识严重缺失，监督意识薄弱。鉴于此，监所检察人员应当牢固树立社会主义法治理念、政法干警核心价值观和"三个维护"有机统一的监所检察工作理念，始终做到依法监督、规范监督、敢于监督、善于监督。三是要加强业务培训和岗位练兵、业务技能竞赛，着力提高监所检察人员的执法监督能力。

第三，要完善监所检察组织机构建设。一是建立健全社区矫正法律监督机构。特别是基层检察院要根据社区矫正全面开展的新形势、新任务，设置符合社区矫正法律监督实际的检察机构。没有设立监所检察部门或社区矫正监督机构的县级检察院，特别是辖区内没有看守所的县级检察院，应当设立社区矫正法律监督机构。有看守所检察任务的县级检察院有条件的也可以设立专门的社区矫正法律监督机构，如社区矫正检察科、社区矫正检察官办公室、社区矫正检察工作站等。二是探索建立对强制医疗机构的检察机构。为了做好新刑事诉讼法实施的准备，检察机关应探索对安康医院的监督方式，除了巡回检察，也可以设置派驻检察室，对安康医院实行派驻检察。三是要理顺派驻检察室与监所检察部门的关系，整合检察力量。如基层检察院监所检察部门原则上应当与派驻看守所检察室实行科、处室合一，"一套人马，两块牌子"，保证监所检察人员最大限度地工作在派驻一线，完成看守所检察的日常监督任务。四是要按照"小机关，大派驻"的要求，规范监狱派出检察院的机构设置，保证尽可能多的检力配备在派驻一线。特别是要保证派驻监狱检察室的人员配备，使他们能够切实承担起刑罚变更执行同步监督的任务。五是要继续落实检察室同级派驻、对等监督，提升监督的力度和效果。派驻监狱检察室要完成"县改市"的改革任务，对于看守所，由其所属的公安机关对应的同级检察院派驻检察室。地方派驻监狱检察室主任由处级干部担任，派驻看守所检察室主任由与看守所负责人相当级别的干部担任。

第四，加强监所检察信息化建设。信息化是减少工作量、提高监督效率、实现对刑罚执行和监管活动动态监督的必要保障。在职责任务增加、检察人员不足的情况下，监所检察部门更应注重向信息化、科技化要检力，提高监督效率。要以派驻检察室"两网一线"建设和全国检察机关统一业务软件研发应用为重点，进一步推进监所检察信息化建设。各级检察院要加大投入，加快派驻检察室信息联网、监控联网和检察专线网支线的建设进程，配合技术部门做好监所检察业务软件的研发、修改和应用。派驻检察室应尽快全面实现与监管场所信息网络互连互通和数据共享、交换，及时掌握监管执法信息，提高监督能力和效率。要推进派驻看守所检察室与看守所监控联网，延伸监督视角，提高监督能力，保障在押人员合法权益。检察机关还应联合公安、法院、司法行政机关，建立公检法司共享的社区矫正执法信息平台，建立信息共享机制，加强社区矫正活动的动态监督，促进提升矫正效果。目前，高检院研发的监所检察业务软件已经在部分省市试行。为了应对新刑事诉讼法的实施，监所检察业务软件必须进行必要的修改和升级，如要增加新的工作内容和板块，修改羁押期限监督的软件内容等。

第五，完善相关监督工作机制。一是进一步完善刑罚变更执行同步监督机制。需要规范减刑、假释、暂予监外执行事前监督的程序和内容，规范检察意见书的格式与内容，积极探索如何加强对人民法院减刑、假释庭审活动监督的机制。二是建立健全社区矫正法律监督机制。包括发现违法机制、纠正违法机制、监督保障机制、监督问责与绩效考评机制，切实加强对社区矫正各执法环节的法律监督，预防和纠正社区服刑人员脱管漏管、违法交付执行、违法变更执行等问题，促进社区矫正工作依法、规范开展。如要保证社区矫正法律监督的检察经费和装备，每个基层检察院应当至少配备一台汽车，以便检察人员到辖区内各乡镇、街道司法所进行巡回检察。三是建立和完善强制医疗执行监督机制。人民检察院对强制医疗机构的执行活动如何监督，监督谁，监督什么，监督手段是什么，都是全新的课题，需要我们深入研究和探索，建立和完善相关监督机制。四是参与建立完善羁押必要性审查机制。羁押必要性审查作为一项全新的制度，需要我们从理论和实践两个层面进行深入研究，特别是关于羁押必要性审查职责如何在检察机关内部的业务部门之间进行分工，不需要继续羁押的条件和标准是什么等。近几年来，全国很多地方进行了羁押必要性审查的改革探索，为了应对新刑事诉讼法的实施，需要总结各地改革试点的经验，完善羁押必要性审查机制。

第六，要加大维护在押人员合法权益的力度。首先，要牢固树立维护被监管人合法权益的监所检察工作理念。维护被监管人合法权益，是落实尊重和保障人权这一宪法原则的必然要求。被监管人人权保障状况是一个国家民主法治建设水平的重要标志。监所检察人员要适应社会发展和法治发展的新要求，切实转变工作理念和执法理念，始终坚持以人为本，把维护在押人员合法权益作为监所检察工作的一个重要价值追求。其次，要在切实尊重在押人员人格尊严、人身权利、劳动、生活、医疗卫生等方面基本权利的基础上，全面维护新刑事诉讼法规定的在押人员新的诉讼权利，使他们感受到法治文明和司法人文关怀。最后，要根据新刑事诉讼法的规定，进一步完善在押人员合法权益保障机制，畅通在押人员权利救济渠道。如要进一步深化检务公开，及时告知在押人员的权利和义务，增强他们的自我保护意识，使他们在权利遭到侵犯时知道该找谁、怎么找，及时、主动地向检察官反映。既要建立完善日常巡视检察、检察官信箱、在押人员约见驻所检察官、驻所检察官与在押人员谈话、受理在押人员投诉等工作制度，又要使这些制度真正发挥作用，为在押人员提供及时有效的救济手段，更好地维护其合法权益。

郭书原： 下面我们想就新刑诉法修改和新增条文适用中的一些问题请教您

的看法。首先是羁押必要性审查问题。我们了解到，近年来，全国有很多地方的检察机关积极探索开展羁押必要性审查，这些探索的成效如何，您怎样看？

袁其国厅长： 对于你说的地方检察机关积极探索开展羁押必要性审查，据我了解，有近20个基层检察院试点建立了"由驻所检察官根据在押人员的实际情况向办案单位提出变更强制措施检察建议的工作机制"，取得了一定效果，积累了一些经验。但这种改革探索是站在看守所检察保护在押人员不被不必要羁押权利的角度进行的，而在押人员有无继续羁押的必要性，需要进行对很多种要素的评估和考量，仅靠监所检察部门和驻看守所检察室一方的努力是很难成功完成这一工作的。羁押必要性审查，需要检察院发挥检察一体化机制的作用，整合监所检察、公诉、侦查监督等各部门的力量，同时还必须有办案部门的配合，才能履行好羁押必要性审查的职责，真正使这项制度发挥应有作用，实现立法的预期目的。我认为，监所检察部门在羁押必要性审查中的职责主要应当是调查核实在押人员在看守所羁押期间的表现，接受在押人员及其法定代理人、亲属、辩护人等变更强制措施，解除羁押的申请、控告、申诉，与需要变更强制措施的在押人员进行谈话，制作谈话笔录，以及将上述信息转达给侦查监督或者公诉部门等。

在参与羁押必要性审查时，监所检察部门可以参照"无逮捕必要性"的审查模式，对在押人员有无"羁押必要性"进行评估。新《刑事诉讼法》第七十九条规定了逮捕条件的六种情形。细化的逮捕条件也为羁押必要性审查提供了具体参照，犯罪嫌疑人、被告人被逮捕后，在羁押期间，检察机关发现有证据证明其不存在第七十九条所列各种情形，不需要继续羁押的，应当建议办案机关予以释放或者变更强制措施。

郭书原： 目前，违法减刑、假释、保外就医是刑罚执行活动中需要严厉打击的问题。对于新刑诉法关于刑罚变更执行制度的规定，您怎样看？

袁其国厅长： 新刑事诉讼法规定，人民检察院收到监狱、看守所抄送的暂予监外执行书面意见后，可以向决定或者批准机关提出书面意见；收到执行机关抄送的减刑、假释建议书后，可以向人民法院提出书面意见。如果仅仅从词语含义讲，"可以"与"应当"不同，前者是选择性的，后者是强制性的，"可以"似乎可以理解为"可以做"和"可以不做"。如果这样理解，刑罚变更执行事前监督就变成了选择性的软性任务。但是，这种理解和看法是错误的，因为法律赋予检察机关的法律监督权力，是一种法定职责，既然是职责就应当履行，否则就会变成选择性监督或者监督不作为，甚至是渎职。因此，刑罚变更执行事前监督不是一种软性任务，可以做也可以不做，而是应当做，必须做。我认为，对于监狱、看守所抄送的暂予监外执行书面意见或者执行机关抄送的减刑、假释建议书，监所检察人员均应当进行审查，不审查就发现不了问题，就是失职，而如果发现执行机关的刑罚变更执行提请、建议违法或者不当的，就应当向批准机关或者人民法院机关提出书面检察意见。此外，如果人民法院对减刑、假释案件实行开庭审理，检察机关还需要对法院开庭审理减刑、假释案件活动进行法律监督，派员参与庭审活动，当庭提出检察意见。

新刑事诉讼法增加检察机关对刑罚变更执行事前监督的职责，是立法机关适应形势、顺应民意的体现。检察机关监所检察部门应当正确理解立法的精神、宗旨和目的，始终把刑罚变更执行作为检察监督的重点，切实履行好这项法定职责。要结合新刑事诉讼法的实施，落实好中央关于深化司法体制和工作机制改革的精神，建立健全刑罚变更执行同步监督工作机制，监督和配合法院做好减刑、假释案件开庭审理工作，促进刑罚变更执行更加公开、公平、公正。

郭书原： 感谢您为读者带来这么多关于监所检察工作的知识。相信不论是理论工作者还是实务工作者都会通过本次访谈有所启发。再次感谢您在百忙之中能接受我们的采访！

高保京简介：

　　1962 年 7 月出生，1985 年 12 月加入中国共产党，北京市委党校研究生。1980 年 11 月到北京市大兴县人民检察院工作，先后任书记员、助理检察员、检察员、副科长、科长、党组成员、副检察长。1995 年 1 月任北京市人民检察院分院党组成员、副检察长。1999 年 1 月任北京市人民检察院第二分院党组成员、副检察长。2003 年 11 月任北京市西城区人民检察院党组书记、副检察长、代检察长。2004 年 1 月任北京市西城区人民检察院党组书记、检察长。2007 年 3 月任北京市人民检察院党组成员、副检察长、反贪污贿赂局局长。2009 年 12 月任北京市检察院党组副书记、副检察长（正局级）。2012 年 5 月任北京市人民检察院第一分院党组书记、检察长至今。先后在国家级、省（市）级专业刊物上发表论文百余篇。

关于腐败犯罪惩治与预防的几个问题

——访北京市人民检察院第一分院检察长 高保京

郭书原：高检察长您好！修改后的刑诉法加强了对腐败犯罪的惩治力度，反腐工作一直是检察机关的工作重点。您在检察机关工作多年，曾办理过商务部郭京毅案、海淀区原区长周良洛案等一大批大要案，据悉您还是最高人民检察院和中国人民大学联合开设的国内首个"反贪硕士班"的兼职教授，您能否结合我国反腐败的实际，谈谈腐败犯罪的惩治与预防问题？

高保京检察长：好的。腐败是一种社会历史现象，是一个世界性的痼疾，也是当前困扰全球经济发展和社会进步的重大现实问题，它严重破坏公共权力运行秩序，侵害社会公平正义，损害政府的威信与公信力，阻碍经济健康有序发展，对社会稳定构成潜在的乃至现实的威胁，成为社会的巨大隐患。作为腐败现象最集中、最严重的表现，应当说，腐败犯罪对社会的危害尤为祸尤烈。如何有效预防和治理腐败犯罪，从而促进社会稳定、安全、繁荣和经济发展，是摆在各国面前的共同任务。修改后的刑诉法对腐败犯罪也十分关注。

郭书原：腐败是一个世界性的痼疾，也就是说，腐败已经不再是局部问题，而是一种影响所有社会和经济的跨国现象。那么，国际社会是如何应对腐败犯罪的？

高保京检察长：基于腐败犯罪的严重社会危害性及其蔓延发展态势，国际社会对于惩治和预防腐败犯罪普遍表现出高度重视，并积极加强国际合作，增强遏制和打击腐败犯罪的力度。从20个世纪90年代开始，国际社会便开始寻求反腐败犯罪的国际合作，并缔结了一系列公约。其中，2000年11月15日第55届联合国大会通过的《联合国打击跨国有组织犯罪公约》首次涉及了腐败行为的刑事定罪，被看作是国际社会开始合作打击腐败犯罪的重要举措。由于《联合国打击跨国有组织犯罪公约》主要侧重的是打击跨国有组织犯罪，难以适应腐败犯罪的严峻形势和反腐败国际合作的迫切需要。鉴此，联合国在通过《联合国打击跨国有组织犯罪公约》的同时，于2000年12月专门成立了起草《联合国反腐败公约》的特设委员会。特设委员会成立后，先后举行了 7 届会议，并最终于 2003 年 10 月 1 日在维也纳举行的第七届会议上确定并核准了《联合国反腐败公约》草案。同年 10 月 31 日，第 58 届联合国大会全体会议审议正式通过了《联合国反腐败公约》。该《公约》除序言外共分 8 个章节，包括总则，预防措施，定罪、制裁、救济及执法，国际合作，资产的追回，技术援助和信息交流，实施机制以及最后条款，涉及预防和打击腐败的立法、司法、行政执法以及国家政策和社会舆论等方面，是联合国历史上通过的第一个用于指导国际反腐败斗争的法律文件，对预防腐败、界定腐败犯罪、反腐败国际合作、非法资产追缴等问题进行了规范，并确立了预防机制、刑事定罪和执法机制。国际合作机制、资产追回机制、技术援助和信息交流机制、履约监督机制等六大反腐败犯罪的机制，为各国加强国内的反腐败行动、提高惩治和预防腐败犯罪的成效、促进反腐败国际合作都具有重要意义。应当说，作为国际社会反腐败犯罪共同智慧的结晶，《联合国反腐败公约》奠定了反腐败犯罪国际合作的坚实法律基础，为全球反腐败事业提供了基本的法律指南和行动准则，是迄今为止关于治理腐败犯罪的最为完整、全面而又具有广泛性、创新性的国际法律文件，集中反映出当前国际社会惩治与预防腐败犯罪的基本趋势，宣示了国际社会在打击腐败犯罪问题上的态度和决心。

郭书原： 腐败犯罪也是我国社会公众十分关注的问题，能否简要介绍一下我国惩治与预防腐败犯罪的概况？

高保京检察长： 好的。我国党和政府在致力于推进改革开放和现代化建设的同时，也高度重视对腐败犯罪的惩治和预防工作，深入开展党风廉政建设和反腐败斗争，坚持标本兼治、综合治理、惩防并举、注重预防的方针，注重建立健全惩治和预防腐败体系，在严肃查处腐败犯罪案件的同时，更加注重治本，更加注重预防，更加注重制度建设，拓展从源头上防治腐败工作领域，不断铲除滋生腐败犯罪的土壤，取得了明显成效，目前呈现出系统治理、整体推进的良好态势。总的来说，近年来人民群众对反腐败工作的满意度也是平稳上升的。当然，在看到我国惩治和预防腐败犯罪取得的成绩的同时，又必须清醒地认识到，我国的反腐败工作还面临不少新情况、新问题，与人民群众的期待仍有较大差距。由于我国正处于并将长期处于社会主义初级阶段，腐败现象滋生蔓延的土壤和条件在短期内难以消除，特别是一些领域的体制机制制度还不健全，当前的反腐败斗争呈现出有利条件与不利因素并存、成效明显与问题突出并存的总体态势，反腐败形势依然严峻、任务依然艰巨，惩治和预防腐败犯罪将是一个长期的过程。

郭书原： 腐败犯罪近年来呈现出哪些特点和发展趋势，可否请您结合检察机关查办腐败犯罪案件的实际，谈一谈这方面的情况？

高保京检察长：好的。从近年来检察机关查办的腐败犯罪案件情况看，腐败犯罪呈现出以下一些鲜明的特点和发展趋势：

一是腐败犯罪总体呈上升趋势，大要案频发。近年来腐败犯罪大要案频发，涉案官员级别越来越高，甚至还包括党和国家领导人，涉案金额上百万元、千万元的案件也时有发生，令人触目惊心，使国家利益和集体财产遭受重大损失，严重影响社会和谐稳定。

二是腐败犯罪涉及面广，重点领域腐败犯罪现象突出。腐败犯罪发案领域广泛，已不仅仅在经济管理和资源分配部门大量发生，而涉国计民生的诸多行业。腐败犯罪由最初的经济管理部门向党政机关、司法机关等领域蔓延，并逐步渗透到金融、医疗、环保、卫生、教育、税务、海关、房地产、国有资产管理等各个领域和环节。尤其值得注意的是，近年来腐败犯罪在传统上被认为是"清水衙门"的妇女儿童、文化、科技、教育等部门也时有发生，人民群众反映十分强烈。与此同时，在某些重点领域和关键环节腐败犯罪现象易发多发和较为集中，如工程建设、国有企业、金融等资金密集的部门和领域一直是腐败犯罪的高发区。行政审批、司法等权力比较集中的部门腐败犯罪一直居高不下，教育医疗、环境保护、安全生产、食品药品安全、企业改制、征地拆迁、涉农利益等民生领域的腐败犯罪现象一直屡禁不止。

三是腐败犯罪群体化现象凸显，窝案、串案和案中案增多。发现犯罪、突破犯罪、处理犯罪的难度不断增大，腐败犯罪的群体化趋势表现非常明显。一些国家工作人员互相串通，共同侵吞国家和集体财产，有些犯罪还带有明显的团伙性质，往往是在一个单位查处一案，就能挖出一窝、一串，情况十分惊人。腐败犯罪的群体化特点近年来已十分突出，这在一定程度上反映出了当前腐败犯罪的发展态势及其危害性的严重化趋向。

四是腐败犯罪手段日趋复杂化、隐蔽化和智能化。腐败犯罪素有白领犯罪之称，其犯罪主体一般文化水平较高，大都受过良好的正规教育，在社会上有一定的地位，阅历较为丰富，以权谋私的行为方式越来越隐蔽。特别是随着近年来党和国家惩治腐败犯罪的力度加大，腐败犯罪分子犯罪手段日趋复杂化、隐蔽化和智能化。从侦查实践看，腐败犯罪分子作案手段不断有新的变化，在侦查中反侦、抗审能力不断增强，现代科技也为腐败犯罪的隐蔽化提供了技术支持，使得巨额款项的跨地区、跨国转移更加隐蔽、快速，犯罪现场更加难以寻觅，这大大加剧了腐败犯罪的隐蔽性和复杂性，增加了腐败犯罪的侦破难度。如有的腐败犯罪分子为避免受贿过滥、人多嘴杂而留下后患，便尽量减少受贿次数，对一些薄礼不屑一顾，拒之门外，而对大额礼金、名贵物品、古董字画则来者不拒，多多益善；有的腐败犯罪分子恪守无"功"不受禄的原则，对未办成事的贿赂或拒收或退还，不惹民愤，而对办成了事的贿赂则心安理得地收受，既然双方都受益，自然无人告发，所以不会轻易事发；还有的腐败犯罪分子挖空心思、内外串通，以表面合法的形式进行权钱交易，以所谓合作投资、委托理财、代理炒股等形式掩盖贿赂实质，对抗调查智能化。总而言之，这些腐败犯罪手段和方式出现的新情况、新变化，给实践中腐败犯罪的侦查工作带来了一定的挑战和难度，值得引起重视，否则会使腐败犯罪侦查工作陷入被动局面。

五是贪污贿赂犯罪在腐败犯罪中占主体地位。近年来，从检察机关反贪部门查处的腐败犯罪案件情况看，贪污贿赂犯罪在腐败犯罪中所占比重不断上升，国家机关工作人员利用职务便利贪污公款、收受贿赂等日益成为查办和预防腐败犯罪的重点。这个方面有许多数据可以进行说明，如以贿赂案件为例，来自最高人民检察院的数据显示，2003 年贿赂案件占全国检察机关立案侦查职务案件总数的 31.3%，2004 年占 32.2%，2005 年占 33.6%，2006 年就占到了 39.2%。这在很大程度上说明了贿赂犯罪在腐败犯罪中所占的比重。

六是腐败犯罪携款潜逃国外、境外现象比较严重。在全球化背景下，各国间的政治交往和经济交往日益密切，人员流动日益频繁与自由，资源、资金、文化、信息等都在跨国快速流动或整合，腐败犯罪跨地区、跨国、跨境趋势也日益明显，犯罪手段不断国际化，跨境及涉外腐败犯罪明显增多，近年来犯罪分子携款潜逃境外现象相当突出。有的腐败犯罪分子把作案地选择在国外、境外，或者将赃款赃物转移到国外、境外，还有的甚至通过各种关系，秘密取得外籍身份或者双重国籍。可以说，近年来腐败犯罪呈现出的涉外化现象比较明显，对惩治和预防腐败犯罪提出了新的挑战。

郭书原：坚决惩治与预防腐败犯罪，需要法律的支持和制度的保障。反腐败与刑事法治的关系是怎样的？如何正确认识刑事法治在反腐败斗争中的地位和作用？

高保京检察长：在反腐败斗争中，刑事法治应当根据我国反腐败新形势、新任务的需要，科学、合理地加以完善，这样才能保证我国反腐败斗争与刑事法治建设良性互动，将反腐败斗争引向深入，并保证反腐败斗争取得良好的政治效果、社会效果和法律效果。要正确认识刑事法治在反腐败斗争中的地位和作用，通过刑事法治开展的反腐败斗争是手段最严厉、对腐败分子震慑作用最强烈的一环，也是对犯罪分子权利剥夺最多的一环。刑法手段是反腐败斗争最强有力的保障，是惩治严重腐败分子的利器，但也是最后的手段。反腐败斗争的理论和实践证明，通过对严重腐败分子依法予以刑罚惩罚，直至判处重刑乃至死刑，使其自食恶果，能够产生其他反腐败手段不可替代的效果：首先，可以伸张正义，弘扬正气，端正党风，严肃党纪，让人民群众看到党和政府反腐败的坚强决心，从而坚定对党和政府的信念；其次，可以彻底剥夺腐败分子的犯罪能力和条件，使其没有机会再侵蚀党和政府的健康肌体；再次，可以对其他国家公务人员敲响警钟，使他们引以为戒，避免走上腐败犯罪的道路，最大限度地起到教育警示作用；最后，通过刑事法治手段惩治严重腐败分子，还可以保证反腐败斗争在法治的轨道内展开，使犯罪分子受到的制裁与其腐败罪行和罪责相适应，使罪行和罪责大致相同的腐败分子所受到的刑罚惩罚大体均衡，使反腐败成果通过生效的刑事裁判固定下来，经得起法律和历史的检验。

郭书原：在刑事法治的视野内，对腐败犯罪的惩治与预防包括哪些内容？还有哪些方面需要改进？

高保京检察长：从刑事法治的视野以观，对腐败犯罪的惩治和预防主要有两个层面：一是刑事实体法层面，二是刑事程序法层面。

就刑事实体法层面来说，我国《刑法》规定了贪污罪、受贿罪、挪用公款罪、行贿罪、单位受贿罪、巨额财产来源不明罪、利用影响力受贿罪等腐败犯罪的刑事责任，编织了一张惩治腐败犯罪的严密刑事法网，不仅涵盖了贪污、挪用、受贿、行贿等几乎所有直接形式的腐败犯罪行为，还就与腐败犯罪有关的洗钱罪以及掩饰、隐瞒犯罪所得、犯罪所得收益罪等附随性犯罪作出了规定；不仅规定了国家工作人员，包括离职的国家工作人员及其近亲属或者与该国家工作人员关系密切的人等自然人腐败犯罪的刑事责任，还明确了公司、企业或其他单位等单位腐败犯罪的刑事责任；不仅党政机关等公务部门中的腐败犯罪行为受到刑法规制，经济、金融或商业等私营部门中的腐败犯罪行为也被纳入了刑事制裁的范畴。此外，最高人民法院、最高人民检察院也发布了一系列关于办理腐败犯罪案件具体应用法律问题的相关司法解释，使之成为惩治腐败犯罪的重要法律依据。值得一提的是，近年来，随着反腐败斗争的深入以及惩治和预防腐败体系建设的全面推进，我国惩治腐败犯罪的力度也在不断加大，这在刑事实体法领域也有鲜明体现。例如，为适应反腐败和惩治新型腐败犯罪的需要，2009 年 2 月 28 日全国人大常委会通过的《刑法修正案（七）》就对《刑法》第三百八十八条进行了修改，增加规定了"利用影响力受贿罪"，对国家工作人员，包括离职国家工作人员及近亲属、身边工作人员以及情妇、情夫等关系密切人利用对国家工作人员的影响力，为请托人谋取不正当利益，索取请托人财物或者收受请托人财物，数额较大或者有其他较重情节的行为进行刑事制裁；同时，《刑法修正案（七）》还修改了《刑法》第三百九十五条第一款关于巨额财产来源不明罪的规定，将巨额财产来源不明罪的法定最高刑由 5 年有期徒刑提高到 10 年有期徒刑，显著增强了反腐败犯罪的力度；

等等。当然，相比于在我国已经生效的《联合国反腐败公约》的有关规定，目前我国刑事实体法对腐败行为的定罪及惩治方面还存在明显的差距，如没有将某些具有严重社会危害性的腐败行为规定为犯罪；将"国家工作人员"界定为贪污贿赂等腐败犯罪的主体，似缺乏应有的科学性和法律性；在犯罪对象上，强调腐败犯罪对象为"财物"型物质性利益的特征，忽视了其他非物质性利益成为腐败行为对象的可能性；将"为他人谋取利益"作为我国受贿罪的构成要件，无形中提高了腐败犯罪的定罪的门槛和条件，限制了腐败犯罪的惩治范围；等等。

就刑事程序法层面而言，为保证《刑法》的正确实施，惩罚犯罪，保障人权，国家立法机关、司法机关和有关部门制定了《刑事诉讼法》、《人民检察院刑事诉讼规则》等法律法规及司法解释，对刑事案件，包括腐败犯罪案件的证明、受理、立案、侦查、起诉、审理、执行和申诉等程序问题均进行了明确规范。总的来说，除了侦查主体不同，我国腐败犯罪案件的诉讼程序与其他普通刑事案件的诉讼程序并无太大的区别，当然也有一些腐败犯罪案件的特殊诉讼程序。例如，2012年3月14日第十一届全国人民代表大会第五次会议通过的《全国人民代表大会关于修改〈中华人民共和国刑事诉讼法〉的决定》，对《刑事诉讼法》作了较大幅度的修改完善，明确赋予了检察机关对于重大的贪污、贿赂犯罪案件以及利用职权实施的严重侵犯公民人身权利的重大犯罪案件进行技术侦查的权力，人民检察院根据侦查犯罪的需要，经过严格的批准手续，可以采取技术侦查措施，按照规定交有关机关执行；另外，对于贪污贿赂犯罪案件，犯罪嫌疑人、被告人逃匿，在通缉一年后不能到案，或者犯罪嫌疑人、被告人死亡，依照刑法规定应当追缴其违法所得及其他涉案财产的，人民检察院可以向人民法院提出没收违法所得的申请。人民法院经审理，对经查证属于违法所得及其他涉案财产，除依法返还被害人的以外，应当裁定予以没收；对不属于应当追缴的财产的，应当裁定驳回申请，解除查封、扣押、冻结措施。由此可见，修改后的《刑事诉讼法》确立了腐败犯罪案件犯罪嫌疑人、被告人逃匿、死亡案件违法所得的没收程序。总的来说，我国现行腐败犯罪案件的诉讼程序基本上是适应中国国情和反腐败现实需求的，但是随着国民经济社会快速发展，当前在腐败犯罪方面出现了许多新的情况，腐败犯罪诉讼程序方面也存在一些迫切需要解决的问题。特别是腐败犯罪的严重态势和人民群众对反腐败的期望值不断上升，也对完善我国腐败犯罪的诉讼程序、更有效地惩治和预防腐败犯罪提出了更高要求。

郭书原：惩治腐败犯罪案件的诉讼程序是否科学合理，惩治腐败犯罪的职能部门检察机关能否充分发挥其作用，会直接影响到反腐败斗争的深入推进，您刚才也提到了腐败犯罪诉讼程序方面存在一些迫切需要解决的问题，请您具体谈一谈？

高保京检察长： 在我看来，关于当前我国腐败犯罪案件程序存在的主要问题，大致包括以下几个方面：

第一，腐败犯罪的证明问题。关于腐败犯罪的证明问题，目前我国有利于证明事实的证据制度还不完善，凸显出证据法治的不足。具体来说，主要存在以下几个突出问题：

一是腐败犯罪推定规则尚未建立。从刑事司法的角度看，国家工作人员的腐败犯罪尤其是贿赂犯罪的侦查取证仍然非常困难，检控十分不易。比如，受贿案件大多表现为"一对一"的证据状态，在司法指控和实际裁判时，经常遇到证据不足、认定事实困难的情况，致使此类犯罪的"黑数"呈现较高的态势。因此，针对腐败犯罪的特点，合理借鉴《联合国反腐败公约》中有关腐败犯罪推定的规定，适当降低腐败犯罪案件的证明标准，确立推定规则，就显得十分必要，这对于更加高效和有力地打击腐败犯罪具有重要意义。

二是污点证人作证豁免制度缺位。确立污点证人作证豁免制度，给予污点证人一定的从宽处遇，对于瓦解腐败犯罪同盟，激励污点证人自新，充分发挥刑事政策的功效，更好地惩治腐败犯罪，具有重要作用。因此，在司法实践中，在具体运用刑事政策时，在法律允许的前提下，应该将那些可能成为侦查、惩治腐败犯罪的潜在的同盟分子争取过来，化消极因素为积极因素。

三是证人保护制度还不健全。刑事诉讼法对证人作证以及保护问题作了规定，特别是这次新修订的刑事诉讼法在证据制度改革完善方面亮点纷呈，增加了两条关于证人保护的规定，进一步完善了证人保护制度，确立了证人出庭作证的经济保障制度，并建立了初步的证人（近亲属）拒绝作证特权等。不过，总的来说，我国刑事诉讼法对证人的保护尚未达到《联合国反腐败公约》有关规定的要求，还存在一些不足，仍需要进一步改进和完善。

第二，腐败犯罪侦查程序问题。腐败犯罪侦查程序是检察机关开展腐败犯罪查处活动的关键环节，也是刑事诉讼程序的重要内容。腐败犯罪侦查程序存在的问题，概括来说，主要包括以下四点：

一是腐败犯罪侦查权分割。腐败犯罪侦查权分割包括侦查权的外部分割和内部分割两个方面：腐败犯罪侦查权的外部分割，主要涉及党的纪检部门与检察机关查处腐败案件的协调与衔接配合问题。尽管刑事诉讼法明确规定，国家机关工作人员的腐败犯罪案件，由检察机关立案侦查，但是在实践中，许多腐败案件的线索，最初都是由纪检部门受理和调查的。在纪检部门调查结束之后，纪检部门认为应当由自己处理的案件，即直接给予处罚；认为应当移交司法机关的案件，才会由纪检部门移交给检察机关。纪检部门查办的腐败案件与检察机关查办的腐败案件之间一直没有严格的界定。腐败犯罪侦查权的内部分割，主要是指检察机关内部腐败犯罪侦查机构力量的分散。根据刑事诉讼法以及有关司法解释的规定，人民检察院内设的反贪部门、反渎部门、监所检察部门等都有一定的立案侦查职能，这些部门互不隶属、独立开展工作。这种多元化的侦查机构设置，在一定程度上使得腐败犯罪的侦查力量较为分散，增加了办案成本，难以形成立案侦查腐败犯罪的集中优势和合力，实践中也出现过互相推诿或者争抢立案的现象。

二是腐败犯罪侦查模式尚需改进。从司法实践情况来看，当前我国检察机关对腐败犯罪案件的侦查往往是采用"由供到证"的侦查模式，即自侦部门在掌握了一定的犯罪线索以后，立即讯问犯罪嫌疑人，然后再以犯罪嫌疑人的供述为基本线索收集其他证据，进而相互佐证。这种"由供到证"的侦查模式，在犯罪嫌疑人口供属实的情况下，的确有助于提高侦查的效率，节约司法资源；但也容易陷于"口供中心主义"的窠臼，难以避免刑讯逼供等非法取证现象的发生，有时反而不利于查明案件事实真相。特别是在2011年"两高三部"出台的"两个证据规定"以及新修订的刑事诉讼法明确规定了"证据裁判原则"的新形势下，认定案件事实，必须以证据为根据，侦查人员应当增强证据意识，依法客观全面地收集各种证据，尤其要注意收集口供以外的其他证据，而不能偏听偏信、主观臆断或者过于依赖犯罪嫌疑人的口供。因而要适应刑事证据制度改革发展的需要，更好地惩治腐败犯罪，切实保障人权，维护司法公正，确保办理的腐败犯罪案件能经得起法律和历史的检验，就需要对当前腐败犯罪的侦查模式作出一定的变革和改进。

三是腐败犯罪侦查监督乏力。腐败犯罪侦查监督乏力表现在内部制约乏力和外部监督乏力两个方面。就腐败犯罪侦查的内部制约来说，由于检察机关"一身两任"，既是腐败犯罪案件的侦查机关，同时也是腐败犯罪案件的诉讼监督机关，反贪部门、反渎部门、侦监部门、公诉部门等同属于一个检察院，由检察长统一领导，内部存在案件沟通和协调配合渠道，加之检察机关反贪部门的行政级别往往要高于侦查监督部门，由同一个检察院的侦监部门或公诉部门去监督反贪部门、反渎部门对腐败犯罪案件的侦查，其监督质量和效果显然是存在较大局限性的。就腐败犯罪侦查的外部监督而言，由于腐败犯罪侦查程序运行的封闭性以及外部监督制约机制不健全等因素的影响，人大监督、政协民主监督、社会监督以及其他执法司法机关的监督作用未能得到很好的发挥，实践中腐败犯罪案件侦查的外部监督趋于疲软，效果还不太理想。

四是腐败犯罪特殊侦查措施尚需完善。长期以来，由于法律只规定了公安机关和国家安全机关有权采用特殊侦查措施，而对于检察机关是否有权采取特殊侦查措施没有作出明确规定。正因如此，在实践中，检察机关实际上很少使用特殊侦查措施，即使侦查重大腐败犯罪案件确需使用特殊侦查手段时，也必须经过严格的批准手续，由公安或者国家安全机关协助实施。好在这次新修订的刑事诉讼法，考虑到司法实践中侦查腐败犯罪的实际需要，明确规定了检察机关侦查某些重大腐败犯罪案件时可以采用技术侦查措施，即"人民检察院在立案后，对于重大的贪污、贿赂犯罪案件以及利用职权实施的严重侵犯公民人身权利的重大犯罪案件，根据侦查犯罪的需要，经过严格的批准手续，可以采取技术侦查措施，按照规定交有关机关执行"。新刑事诉讼法赋予检察机关可以采取技术侦查措施的权力，无疑会有助于提高检察机关侦查腐败犯罪案件的能力和水平，促进腐败犯罪侦查工作深入发展。不过，值得注意的是，这次新修订的刑事诉讼法虽然赋予了检察机关采取技术侦查措施的权力，但并未规定可以采用秘密侦查措施。此外，由于采取技术侦查措施在提高腐败犯罪案件侦查能力和水平的同时，极易侵犯公民的合法权益，因而为了防止技术侦查措施的滥用，要规定严格的使用条件和程序，对其进行规范制约，而这次新修订的刑事诉讼法规定较为原则和概括，未能进一步细化和明确化，仍留有一定的缺憾。

第三，腐败犯罪审判程序问题。我着重谈一下腐败犯罪的缺席审判和腐败犯罪的异地审判两个问题。

一是关于缺席审判。在司法实践中，腐败分子在实施犯罪行为以后，往往潜逃出境或将腐败犯罪所得转移至境外，以逃避刑事追诉。由于刑事缺席审判制度的缺失，在犯罪嫌疑人死亡、潜逃或者缺席而无法对其审判的情形下，其腐败犯罪所得的追缴确实会遇到很多麻烦，这不仅难以有效惩治和打击腐败犯罪，而且也不利于国际社会开展腐败犯罪的刑事司法合作。

二是关于异地审判。腐败犯罪官员尤其是腐败犯罪高官往往有一定的社会地位，在一个地方经营多年，有的甚至在重要部门包括公安司法机关安插亲信和培植势力，编织盘根错节的关系网，结成利益共同体，一荣俱荣、一损俱损，构筑一道牢固的保护层。一旦东窗事发，其庞大的关系网便可能发挥作用，使得检察机关查办腐败犯罪案件时，时常会遇到意想不到的困难和阻碍。因而为确保腐败犯罪案件尤其是高官腐败犯罪案件审判的公正，对某些符合条件的腐败犯罪案件实现异地审判就是必要的，这既是反腐败斗争深入开展的结果和标志，也是反腐败斗争形势发展的现实需要。尽管近年来不少腐败犯罪案件的审理也采用了异地审判的方式，但目前腐败犯罪异地审判尚未制度化，而且在实践操作层面也还存在一些问题，诸如异地审判的标准不明、案件选择随意性较大，等等。

第四，惩治腐败犯罪国际合作问题。惩治腐败犯罪国际合作中涉及的问题不少，最主要的是腐败犯罪资产的追回和腐败犯罪人员的追逃两个重要问题。随着经济全球化的发展，各国间的政治交往和经济交往日益密切，人员流动日益频繁与自由，腐败犯罪也日益呈现跨国、跨地区的特点，并出现了全球化的趋势。这种趋势表现在：一是腐败分子纷纷出逃国外。据有关方面的不完全统计，改革开放以来有超过 4000 名中国贪官潜逃海外。二是腐败资金全球流动。据世界银行初步统计，全世界每年共有 2 万亿美元腐败资金进行跨国流动。可见，腐败犯罪资金外移、腐败犯罪人员潜逃境外是当前国际社会反腐败斗争中比较突出的问题，特别是腐败犯罪资产的跨国、跨地区转移，更是世界各国、各地区有效惩治腐败犯罪面临的一个突出难题。因而深入开展惩治腐败犯罪的国际合作，有效拒绝避风港，最大限度地追缴腐败犯罪资产和追捕腐败犯罪人员，形成共同打击腐败犯罪的整体合力，既是当前惩治腐败犯罪国际合作中的重要环节和内容，也是世界各国、各地区反腐败执法机构的共同愿望和迫切要求。

郭书原：您讲的内容很丰富，谢谢您接受我们的采访！

甄贞简介：

　　法学博士，现任北京市人民检察院副检察长、检察委员会委员，二级高级检察官，北京市东城区第十四届人大代表，第十一届全国政协委员。兼任中国人民大学法学院、北京师范大学法学院教授、博士生导师，中国女检察官协会副会长等职。

立足法律监督者定位，有效发挥刑事诉讼监督职能

——访北京市人民检察院副检察长 甄 贞

郭书原：甄副检察长您好！很高兴您能接受我们的采访。我们看到，新近颁布的刑诉法修正案（以下简称修正案）进一步确立了检察机关法律监督者的地位，进一步完善了检察机关的各项诉讼职能，具体是如何体现的，您能否介绍一下？

甄贞副检察长：好的。这次的修正案丰富完善了检察机关的诉讼监督职能。主要体现可以归纳为三点：第一，进一步完善了监督范围。在侦查活动监督方面，规定检察机关有权依照当事人申诉或控告等，对公安机关适用强制措施的情况、强制性侦查措施的情况、保障辩护人履行职责等情况等实施监督。在审判活动监督方面，进一步明确了检察机关对量刑活动、二审开庭审理活动、再审审理情况的法律监督。在刑罚执行监督方面，明确了检察机关对减刑、假释、暂予监外执行依法实行法律监督。在特别程序方面，明确规定检察机关对于强制医疗程序有权实施监督。第二，进一步完善了监督措施，规定了可以调查核实、建议更换承办人、提出纠正意见等。例如，赋予了辩护人、诉讼代理人申诉权。规定辩护人、诉讼代理人认为公、检、法及其工作人员阻碍其依法履行职责的，有权向同级或者上一级检察机关申诉。检察机关应当及时审查，情况属实的，通知有关机关纠正。第三，进一步完善了监督程序。规定被监督对象可以申请复议等，有利于增强诉讼监督的效果。例如，针对五种侵权行为，规定当事人和辩护人等有权向司法机关申诉或者控告。增加规定当事人和辩护人、诉讼代理人、利害关系人认为司法机关及其工作人员不依法解除、变更强制措施，不依法退还取保候审保证金，对与案件无关的财物采取搜查、查封、扣押、冻结，不依法解除查封、扣押、冻结措施，贪污、挪用、私分、调换查封、扣押、冻结的措施侵害其合法权益时的申诉、控告及处理程序。明确检察机关有权进行法律监督，规定有关人员对申诉或控告处理决定不服的，可以向同级或上一级检察机关申诉。人民检察院对申诉应当及时审查，必要时可以进行调查核实，情况属实的，依法予以纠正。

郭书原：诉讼监督方面完善了这么多，检察机关的担子也更重了。看来修正案给检察机关带来了新挑战。

甄贞副检察长：可以说是新机遇与新挑战并存吧。刑诉法修正案确立的许多条文都是近年来司法改革的固化和提升，对于检察机关来说，许多内容并不陌生，相反是有大量的司法实践经验可循和可借鉴的，但当这些经验上升为法律时，其在实践中的随意性、不规范性、不统一性必然受到限制和法律的约束，故对司法机关的机遇和挑战也是显而易见的。

郭书原：对于这一点，您是否能举例说明一下？

甄贞副检察长：好的。就拿新刑诉法第一百九十三条来说吧。第一百九十三条规定："法庭审理过程中，对与定罪、量刑有关的事实、证据都应当进行调查、辩论。"仅仅几个字的修改，含义深刻，既明确了检察机关对量刑活动的法律监督，又明确规定了量刑辩论程序。这项法律修改给办案检察官提出了新要求，即在办案中检察官必须强化量刑意识。办案检察官是量刑建议制度的执行者，必须树立并强化量刑意识，这种意识落实在具体的诉讼行为中表现为，在审查案件时加强对细节的审查，包括犯罪嫌疑人的一贯表现、身份、作案动机等方面，在审讯时也要加强上述细节的讯问，在审查报告、讨论笔录等文书均要反映出如何提出量刑建议以及提出的幅度等问题。这些无疑都是法律修改和检察改革对司法工作提出的更高的新要求。办案检察官需要从办案方式、查证内容、辩论技巧以及监督措施等方面作出相应改变。

郭书原：对于定罪建议的检察机关来说，这确实是一个新挑战。

甄贞副检察长：是的。从监督的视角看，量刑建议权的行使确实在一定程度上制约了法院审判活动的随意性。但量刑建议不具有终极效力，只是提供一种可供参考选择的意见，以便法院结合辩护意见权衡判断，作出最终裁决。量刑建议作为检察机关指控犯罪的正式态度，不能违背法理情，出现明显不当。如果量刑建议屡屡与法院判决出入较大，也会引发公众对司法裁判的不信任感，甚至造成形象上的负面影响。检察机关应提出保证准确率、提高质量的要求，对检察机关而言无疑是新的挑战。

郭书原：我们知道，在量刑方面实践中存在的问题不少。如何改变这个现状，如何应对修正案带来的新挑战，对此您有什么建议？

甄贞副检察长：为适应法律的新规定和司法改革的新要求，检察官需要加强相关的能力建设。深入推进量刑建议工作，应当提高准确建议、规范建议、客观建议以及综合监督的能力。这个工程量很大，我觉得可以主要从四个方面着手。一是需要切实采取措施加强检察机关自身量刑建议规范化建设，进一步完善提出量刑建议的制度和机制，提高建议水平。二是要在对案件的罪行大小、社会危害、主观恶性、从严从重情节、从宽从缓情节等进行综合分析、科学评判的基础上，依法、依政策发表重罚或轻罚的量刑建议，以促进法院量刑的公正与合理，并解决好后续抗与不抗的选择问题。三是要客观、全面看待量刑建议与法院判决之间的差异，既要充分尊重法院判决，又要加强对法院判决的个案及类案研究，充分掌握法院在量刑方面的规律和特点。有的基层院已经开展了建立量刑建议库的做法。四是要切实加大对法院量刑化解诉讼监督工作的力度，既要发挥好个案的抗诉监督作用，又要充分运用综合监督手段开展审判监督，应当加强对法院量刑的综合监督。

郭书原：刚才从微观上谈了修正案给检察机关带来了新机遇与新挑战，您能否再从宏观上谈谈如何才能贯彻落实好修正案？

甄贞副检察长：好的。贯彻落实好刑诉法修正案，要提高几个意识、处理好几个关系。

摆在首位的是，检察官要树立"尊重和保障人权"的意识。这次刑诉法修改最大的亮点是充分体现了"尊重和保障人权"的宪法原则。检察官既要从人权入宪到发布人权白皮书，从实施国家人权行动计划到修正刑诉法这个中国法治进程发展的大的脉络中，去体会国家对人权保障的重视程度；又要从刑诉法的具体程序与规定中去实践和落实法律对诉讼参与人、当事人权益的保障。要使"国家尊重和保障人权"这种抽象性、宣言性法律规定真正在司法实践中得到贯彻落实，离不开作为法律统一正确实施捍卫者的检察官，离不开检察机关的法律监督。

郭书原：那么具体我们可以从哪些方面着手呢？

甄贞副检察长：一是要明确刑诉法"保障人权"的确切含义。刑事诉讼领域保障人权的核心是保障犯罪嫌疑人、被告人和罪犯的诉讼权利，特别是辩护权的保障。即社会主义司法制度不仅仅保护"人民"，而是要保护所有的"人"，包括犯罪嫌疑人、被告人和罪犯，也就是既保障广大人民群众多数人不受犯罪侵害，享受和平安宁的权利；也尊重和保障犯罪嫌疑人、被告人和罪犯等少数人应有的人权；更要保障无罪的人不受刑事追诉。这对理解整部刑事诉讼法有关人权保障的内容有至关重要作用。

二是要正确理解"惩罚犯罪"和"保障人权"两者的关系。"惩罚犯罪"与"保障人权"是两种不同的价值取向，是一对矛盾的两个方面，两者既相互区别，又相互联系、相互转化，当两者处于并重的平衡关系时，就能更好地实现法律效果和社会效果的最大统一；当两者偏重偏轻时，就会引发某种社会矛盾和问题，不利于社会的安定和谐和国家的长治久安。另外，惩罚犯罪不是通过削弱人权保障来实现，保障人权也不一定会影响惩罚犯罪的最终效果。要做到"惩罚犯罪"和"保障人权"并重，归根结底是要通过发展国家经济、推动民主法治、创新社会管理、提升司法人员素质、优化办案程序、技术和装备等方式来实现，而不是在法律上回避"保障人权"。将"保障人权"载入刑事诉讼法，标志着我国刑事司法制度进入了一个崭新的发展阶段。

将打击犯罪与保障人权并重的目标在司法实践中得到不折不扣的落实，需要在具体程序中保证公权力不被滥用。例如，技术侦查和秘密侦查等特殊侦查手段会侵犯个人权利，在实践中如何防止被滥用，如何严格技术侦查的审批程序，等等，都是检察机关基于人权保障原则需要考虑和正确对待的问题。只有这样，刑诉法修正案才能被正确落实。

郭书原："尊重和保障人权"的意识对检察机关履行诉讼监督职能尤其重要，必须贯彻始终，否则无法扮演好法律监督者的角色。

甄贞副检察长：对的。这两点是紧密联系的，检察官不仅要树立"尊重和保障人权"的意识，还要树立法律监督者的意识。

首先，实施法律监督是宪法和法律赋予检察机关的神圣职责，是中国检察制度的特色。如果检察官不能正确履行好自己的职责，是一种渎职行为。贯彻刑诉法修正案可以以诉讼监督作为切入点，充分履行其监督职责。同时，将诉讼监督与惩治司法腐败紧密结合起来，突出查办执法不严、司法不公背后的徇私枉法、滥用职权等职务犯罪案件。其次，近年来我国检察机关的法律监督工作取得的巨大成绩，使人们重新认识检察机关和法律监督职能，在一定程度上遏制人情案、关系案、金钱案等司法腐败现象的发生。最后，保留检察机关的法律监督不仅有国外经验可供借鉴，也与联合国有关规定相一致。联合国《关于检察官作用的准则》第11条规定："检察官应在刑事诉讼，包括提起诉讼和根据法律授权或当地惯例，在调查犯罪、监督调查的合法性，监督法院判决的执行和作为公众利益的代表行使其他职能中发挥积极作用。"

郭书原：但是实践中我们发现，检察机关的诉讼监督工作存在着一些困难和不足：比如检察人员监督能力还不适应维护司法公正的要求，监督意识和效果还有待进一步增强；比如诉讼监督内外部工作机制还需要进一步完善，中央司法体制改革新近明确的一些任务尚未在完全落实，需要加强协调着力加以推进，检察机关内部部门之间的衔接也需要进一步加强；又比如关于诉讼监督范围、渠道、措施和程序的立法还不够完备，一些诉讼领域仍然存在监督盲区或薄弱环节，检察机关缺乏必要的调查程序和信息获取机制，以纠正违法意见和检察建议为主的监督措施效力有限，还不适应实践中履行监督职责的需要。对这些现象，您觉得应该从哪些方面改进呢？

甄贞副检察长：这些现象确实不容忽视。加强和改进诉讼监督工作的出发点是改进这些现象，那就必须要统一认识，对症下药，再服务于诉讼监督的实践。

第一，要进一步明确诉讼监督工作思路。以中央加强司法改革、深入推进三项重点工作和刑事诉讼法再修改为契机，紧紧依靠党委领导、人大监督和社会支持，积极争取其他执法司法机关的重视和配合，加强对全市检察机关诉讼监督工作的指导力度，不断强化监督意识，突出监督重点，加大监督力度，完善监督机制，增强监督实效，提升监督权威，推动解决人民群众反映强烈的执法不严、司法不公、司法腐败问题。

第二，要进一步完善诉讼监督渠道和方式。加强对诉讼监督职能和工作的宣传，建立方便群众举报、申诉、听取律师意见以及从新闻舆情中发现监督线索的制度。强化控告申诉环节诉讼监督作用，探索诉讼职能与监督职能的合理配置，认真总结规范诉讼监督组经验，促进办案工作和监督工作的有机融合。完善检察长列席审委会工作机制，逐步规范、推广重大监督事项向党委、人大报备制度，增强监督效果。注重抗诉、纠正违法、检察建议、违法行为调查等监督手段和方式的综合运用和有效衔接，在强化个案监督的基础上，完善综合监督制度，定期对诉讼中普遍性、深层次问题进行分析，向其他执法司法机关通报。开展年度司法公正问题专项报告工作，从诉讼监督视角反映全市司法工作情况，向党委、人大报告。坚持把对案件的监督与对人的监督相结合，建立健全查处司法活动中渎职行为工作机制。

第三，要进一步加强各项刑事诉讼监督工作。加强对刑事诉讼法修正案的学习研究，增强工作主动性。加强刑事立案监督，加快推进"两法衔接"及刑事司法信息平台建设。加强侦查活动监督，注重对另案处理、在逃人员后续侦查情况的监督，建立对刑讯逼供、违法取证等侦查违法行为的投诉和调查机制，健全对适用强制措施和强制性侦查措施的监督制度，规范对公安派出所刑事执法行为的法律监督。加强刑事审判监督，充分行使量刑建议权，提高抗诉工作质量，加强对法院二审改变原判决、自行决定再审等情形的监督，做好派员出席简易程序法庭工作。加强刑罚执行和监管活动监督，完善刑罚变更执行同步监督机制，探索开展减刑、假释案件庭审检察监督，提升社区矫正监督实效，完善分级负责的纠防超期羁押和久押不决工作机制，推行被监管人及其家属约见检察官制度，探索上级检察院巡视检察工作方式，严格执行被监管人死亡事件独立调查制度，完善重大监管事故应急处理和应对机制。

第四，要大力加强民事审判、行政诉讼法律监督工作。重点加强对违反法定程序损害当事人诉讼权利的案件、因认定事实和适用法律错误导致审判结果不公等案件的监督。结合行政审判工作的特点，加强行政检察工作，强化对行政诉讼活动和行政执法行为的监督。探索和逐步规范对民事执行、调解活动的监督，不断丰富民行检察的内涵。积极开展民事申诉案件和解工作。改进现行协查机制运行过程中环节多、效率低的问题，强化上级院对指令协查案件的管理和责任承担。

第五，要进一步强化诉讼监督能力建设。完善业务考评和案件质量考核体系，提高业务培训的系统性、实效性，加大岗位练兵、业务实训、案例指导、释法说理工作力度，着力增强检察人员执行法律和政策的能力、发现司法不公问题的能力、办理案件的能力和做好群众工作等能力。深入开展诉讼监督理论研究。抓好自身监督制约机制建设，深化检务公开，认真接受其他执法司法机关的制约，认真维护律师合法权益，确保法律监督权的依法正确行使。

郭书原：我们知道，修正案规定，侦查阶段辩护人的地位得到确认，法律援助的范围扩大，提前到侦查阶段，辩护律师会见权有所扩大，凭"三证"不需要经办案机关批准就可以会见，而且不被监听，从审查起诉之日起，辩护律师阅卷范围也扩大到所有案卷材料。当这些权利不能得到落实时，检察机关如何保障？对此，您能否简单介绍一下？

甄贞副检察长：好的。诉讼监督的具体开展，程序复杂，涉及面广，必须要处理好一系列关系。首先是强化法律监督，维护司法公正与确保法院独立行使审判权、维护司法权威的关系。其次是立足法律监督者定位与处理好诉讼职能的关系。例如，当公诉职能与诉讼监督职能出现冲突时，如何站位更高、选择更正确、更符合检察机关的身份地位，都是需要认真研究和具体操作落实的。还有就是要处理好监督者也要自觉接受监督和制约的关系。

郭书原：我们知道，检察官要扮演法律监督者的角色，必须要自始至终保持客观公正。如何保障检察官客观公正义务的切实履行，是一道难题。对此，您怎样看？

甄贞副检察长：客观公正义务要求检察官执行职务应当以事实为根据，忠实于事实真相，公平对待案件当事人，案件处理过程和结果都要体现正义原则。联合国《关于检察官作用的准则》规定，检察官在履行其职责时应保证公众利益，按照客观标准行事，适当考虑到嫌疑犯和受害者的立场。故检察官被视为公共利益的代理人并负有保护被害人合法权益和被告人正当利益的义务。在我国，检察机关是法律监督机关，不是单纯的公诉和侦查机关，还负有监督侦查、审判和刑罚执行的职责，因而更应当强调检察官客观公正的义务。例如，修正案吸收修订律师法的规定，明确辩护律师在审查起诉和审判阶段，均"可以查阅、摘抄、复制本案的案卷材料"。并规定，辩护人认为在侦查、审查起诉期间公安机关、人民检察院收集的证明犯罪嫌疑人、被告人无罪或者罪轻的证据材料未提交的，可以申请人民检察院、法院调取有关证据。在此，检察官不仅要保障律师实现会见、阅卷、调查取证的权利，当他们看不到控方收集的这些证明犯罪嫌疑人、被告人无罪或者罪轻的证据材料时，还可以申请检察院、法院调取有关证据。这无疑督促、倒逼检察机关履行客观公正义务。

郭书原：那么在操作层面为保障客观公正义务的履行，具体可以从哪些方面着手呢？

甄贞副检察长：具体说来，要处理好几个关系。首先，要处理好指控犯罪、追诉犯罪与全面、客观收集、运用证据的关系。在我国诉讼法律制度中，检察官客观全面收集案件证据、保护被追诉方的诉讼权利、客观行使抗诉权等职责的履行，均表明行使国家法律监督权力的检察机关必须注重通过查明案件的事实真相对相关诉讼事项作出选择或决定。这说明检察官不是单方面地谋求给被告人定罪，或者是单纯追求胜诉率，而应当是客观公正地行使批捕权、公诉权、监督权等检察权，积极履行客观公正义务，公正司法。

其次，要处理好公诉人与律师的关系。全国政协社会和法制委员会就"律师在刑事诉讼中的地位和作用"专题进行了调研。调研发现，刑事辩护律师的法定权利落实不到位，救济渠道不畅通，造成律师参与刑事诉讼的比例过低。目前，我国刑事案件中律师参与的比例尚不足30%，云南省不足17%，甘肃省甚至仅有12%；律师在刑事诉讼各个阶段的参与情况不同，据甘肃省律协抽样调查，律师在侦查、审查起诉和审判三个阶段参与的比例为1:3:6。2010年，全国律师已发展到20万人，年人均办理刑事案件不足3件，而且其中还包括法律援助案件；西部一些省份的律师年人均办理刑事案件甚至不足1件。律师参与率低，使大多数刑事案件的控辩严重失衡，犯罪嫌疑人、被告人的辩护权受到直接伤害，部分案件公正难以保障。

最后，要处理好检察官的责任与法律职业共同体的责任的关系，对刑诉法修正案的贯彻落实到位，不能你规定你的，我干我的。

郭书原：佘祥林案、赵作海案等冤错案让人们对刑讯逼供深恶痛绝，但刑事司法又面临很大的破案社会压力。在破案社会压力和客观公正义务的双重担子下，如何保证社会正义的实现呢？

甄贞副检察长：就这个来讲，检察官要树立证据意识和程序正义的理念。刑诉法修正案多项规定和措施的防止和遏制刑讯逼供。例如，立法明确非法证据排除规则，新增"不得强迫任何人证实自己有罪"原则，还规定"对于可能判处无期徒刑、死刑的案件或者其他重大犯罪案件，应当对讯问过程进行录音或者录像。录音或者录像应当全程进行，保持完整性。"在辩护制度方面，新法明确犯罪嫌疑人在侦查阶段可以委托辩护人，完善了律师会见程序，使得律师的辩护权利得以放大。此外，在细化逮捕条件、要求证人出庭等方面也有不少可圈可点之处。这都将对遏制刑讯逼供起到重要作用。那么检察机关如何规范自己的证据收集行为，如何对待证人，如何讯问犯罪嫌疑人、被告人都有许多地方值得研究和改进。刑事诉讼中的职权机关要在侦查、起诉和审判工作中，改变那些以往不利于人权保障的做法，努力按照新法的要求在实践中落实人权保障、促进司法公正。显然，这是比法律条文的修改更加艰巨的任务。头脑里没有这样的执法理念和执法意识，法律修改的这些条文是很难真正落实到位的。必须明确的是，打证据，不是打检察官的优势地位；打证据，不是打打击犯罪的惯性和理应如此的正义。

郭书原：可以说非法证据排除规定是程序正义的内涵之一，也是必由之路。冤假错案的终结，靠证据意识，其实归根结底是靠程序正义理念。

甄贞副检察长：是的。任何权力的行使都不能脱离一定事实上的方式、步骤和现实构成的时空范围，因此程序是影响检察官权力运作的重要因素。我国检察官行使权力经历了从只重视实体法到实体法和程序法并重；只重视打击犯罪，到打击犯罪与保障人权相统一的过程，程序公正在实现刑事诉讼任务中的作用日益凸显，符合了现代法治国家的要求。法律程序的价值体现在两个方面：一方面是工具价值、外在价值，即程序法是实现实体法要求的手段和工具；另一方面，法律程序还具有独立的、内在的品格和价值，即法律程序所具有的内在优秀品质和独立的社会功能，包括公正显示价值、法律维护价值以及人权保护价值等。

法律程序在检察官权力行使中所起的作用表现在：第一，检察官依照法定程序处理案件，本身是实现法的实体公正价值的要求，是保障案件处理结果公正的必要条件。第二，法律程序是公正与效率的衡平机制。从本质上分析，遵循法律程序与办案效率提高是一致的。现代社会犯罪呈现多样化、高科技化的趋势，检察官办案固然需要快速、及时，但是如果检察官片面追求高效率，不遵守法律程序，势必损害当事人的合法权益，这会降低人民群众对法律的信任感，破坏的是国家法律的尊严，这样的效率是无意义的。如果当事人行使救济权力，反而增加了诉讼成本，这种所谓的高效率也终将失去。"现代的程序规则应当与现代的民主精神相吻合，与现代的人文科学精神相吻合，与国家的整体目标相吻合。"依照这样的程序行使职权，使其结果具有了同样的性质。第三，法律程序是限制检察官随意行使权力的前提。法律程序作为一种法定程序，是检察官在选择行为方式、方法及步骤时必须遵守的规定，如果不这么做就要承担违反程序的法律责任，其所作出的决定也有可能不具有法律效力。例如非法证据排除规则。第四，法律程序是保障当事人权利的关键。法律程序不仅对控制检察官滥用权力起作用，而且也为当事人判断诉讼权利是否被侵犯提供依据。强调法律程序的重要性，提升法律程序的地位，树立程序正义、程序优先的理念，这在我们这样一个有着"重实体，轻程序"传统的国家，有着十分特殊的重要意义。

郭书原：我们注意到，刑诉法修正案对报批捕时间、一审、二审办案期限都有适当延长。这些规定为程序正义理念的贯彻提供了时间上的保障。但是也有学者指出，此举会影响到诉讼效率。对此您怎样看？

甄贞副检察长：在世界范围内，诉讼效率问题越来越引起人们的重视。20世纪60年代后期在美国兴起的经济分析法学从法的经济分析的角度提出，法律制度的选择应该最大限度地减少成本，并实现法律资源配置上的最优化。"程序法的目的是实现费用最小化"。诉讼效率是指在诉讼中应以尽量少的诉讼资源获取同样的诉讼产品或以同样的诉讼资源获取较多的诉讼产品。刑事诉讼的运行需要国家付出成本，需要投入一定的物力、人力、财力等，而一个国家的司法资源是有限的。如何在既定资源总量不变的情况下，依法公正地处理更多的刑事案件，这是司法机关必须考虑的问题。各国在进行刑事诉讼制度改革时，都把效率问题作为优先考虑的因素之一。在刑诉法修正案中，考虑到办案人少案多、案情复杂等现实问题，对报批捕时间、一审、二审办案期限都有适当延长。简易程序中有增加了检察官出庭的要求。这些都对检察机关提出了新的挑战，要提高诉讼效率，节省诉讼资源，使有罪的人及时接受审判，使无罪的人及时解脱于诉讼程序，避免因案件久拖不决带来的负面影响，就要在加强诉讼时限监督上下工夫；同时，对适用简易程序的案件，检察院如何派员出庭，是一人指控多案，还是怎样，都有待与法院的沟通，形成统一规范合法的简易案件出庭公诉模式，既节省资源又达到指控监督的目的。由此可见，检察权的公正、高效行使同样能够达到节省司法资源、提高司法效率的目的。

郭书原：感谢您精彩的解答，希望能再次采访您。

甄贞副检察长：好的，不客气。

新《刑事诉讼法》背景下中国特色的控辩关系

——再访北京市人民检察院副检察长 甄 贞

郭书原： 甄副检察长您好！上次因为时间关系没有谈完，今天再次采访您。我们知道，长期以来，我国律师参与刑事诉讼的比例偏低，导致大量犯罪嫌疑人、被告人完全丧失了获得律师辩护的机会，犯罪嫌疑人、被告人权益无法获得有效保障，往往会引发控辩关系失衡。新《刑事诉讼法》对刑事辩护制度进行了补充和完善，对此，您能结合新刑诉法谈谈我国的控辩关系现状吗？

甄贞副检察长： 好的，再次欢迎你的来访。今天我可以谈谈新刑诉法背景下中国特色的控辩关系。前些年我国律师参与刑事诉讼的情况确实不容乐观。全国政协社会和法制委员会曾就"律师在刑事诉讼中的地位和作用"在2010—2011年进行过专题调研。调研发现，刑事辩护律师的法定权利落实不到位，救济渠道不畅通，司法机关对律师辩护意见不重视，是造成律师参与刑事诉讼比例过低的主要原因。令人欣慰的是，《刑事诉讼法》修正案这次对刑事辩护制度进行了大规模的补充和完善，规范了律师权利体系，强化了控辩平等对抗，进一步明确了法律监督者的职能与职责，突出了对律师辩护的保障与支持力度，理顺了检察监督体制下的控辩关系。但是，新《刑事诉讼法》的规定还较为原则，具体实施过程中会受到办案人员执法理念、配套工作机制等因素的制约。如何使纸面上的法转变为行动中的法，且尽量保持原有面貌，符合立法预期，是法律实施过程中必须要解决的问题。

郭书原： 可以说规定上的原则性仍不影响新刑诉法对于确立我国新型控辩关系的历史性推动作用。对此您能否给读者详细介绍一下？

甄贞副检察长： 那就从两方面来谈谈吧。从诉讼结构上看，检察官与律师分属控辩双方，代表不同的诉讼利益，似乎是天然的对抗者。现实社会中，由于行使控诉权的检察机关在权力、手段和物质条件上都明显优于辩护方，控辩力量悬殊，以实际力量相比双方根本难以对抗。为抑制权力滥用，正当解决纠纷，法治发达国家的刑事诉讼普遍构建了控辩双方诉讼地位平等的程序，以保证辩护权的有效行使。司法实践中的会见难、阅卷难、调查取证难、发表辩护意见难严重阻碍了律师权利行使，辩方力量被过度消弱，侦查程序中律师地位的模糊不清也影响到控辩构造的形成，控辩平等内在权力（利）和外在权力（利）的要求均处于残缺状态，控辩失衡问题较为严重。新《刑事诉讼法》确立了律师在侦查阶段的辩护人地位，使刑事诉讼审前的主要阶段均具备了明确的控辩式构造，向内涵丰富的"现代式控辩平等"迈出了坚实的一步。规定律师依法凭"三证"会见并不被监听，从审查起诉之日起，辩护律师阅卷范围扩大到所有案卷材料，辩护人有权申请调取无罪、罪轻的证据材料，明确律师可以向有关机关反映对案件的辩护意见，可谓全面吸收了当前的实践经验与理论成果，也顺应了世界辩护制度的发展趋势，律师的权利结构更加趋于合理，法定权利向现实权利的积极过度也受到更多重视。新《刑事诉讼法》的这一系列举措致力于从内在权力（利）要求和外在权力（利）规范的多重角度强化控辩平等原则，使内在的平等武装与平等保护，外在的平等对抗与平等合作得到进一步的充实与优化，力求改善当前辩护力度不够、控辩关系失衡的局面，可以说已经在立法层面上初步形成了控辩平等关系。

从司法体制上看，我国的检察机关是法律监督机关，应当履行客观公正义务，维护权利依法行使，维护司法公正。联合国《关于检察官作用的准则》规定，检察官在履行其职责时应保证公众利益，按照客观标准行事，适当考虑到嫌疑犯和受害者的立场。这一规定我之前也提到过。故检察官被视为公共利益的代理人并负有保护被害人合法权益和被告人正当利益的义务。即使在更为强调检察官与辩护律师为控辩双方代表的美国也规定"合众国律师不是争议的普通一方当事人的代表，而是主权的代表，他负有行使职权的义务，但同时也必须公正地行使职权。所以，他在刑事诉讼中的利益不是赢取案件，而是保证司法的公正"。所谓"无救济则无权利"，缺少救济渠道的权利往往难以从法定层面转化到实践层面，因此，如果律师依法行使诉讼权利面临障碍，法律应当赋予其相应的救济措施。新《刑事诉讼法》第四十七条规定辩护人依法行使诉讼权利受到阻碍的，有权向同级或上一级人民检察院申诉或控告，人民检察院应当依法监督和纠正。这些新规定有助于律师广泛参与刑事诉讼活动、充分行使诉讼权利。具有一体化特征的检察机关肩负保障律师诉讼权利依法行使的职责，使检察机关与律师在控辩平等这一基础关系之外形成了一种衍生性的救济关系，这是控辩平等的延伸，也是控辩平等的保障。控辩平等以律师享有的一系列诉讼权利为基础，以权利的具体有效行使为条件，体系化的权利构成在法定向现实转化过程中可能遭遇侵权现象，以此来看的话，申请权利救济也可以说是控辩平等的应有之义，但控辩平等尚不具有直接统摄这一内涵的功能。控辩救济关系的外在形式表现为一种具体的救济行为，以诉讼过程中律师权利行使受挫这类程序性问题为发生基础，在性质上属于程序性救济措施，行为目的则是为了实现"程序性制裁"，以便纠正公安司法机关阻碍律师权利行使的违法行为，规范公安司法机关职责履行的正当性与合理性，保障律师权利之有效行使，反过来保障控辩平等原则的贯彻。

郭书原：有关法治的一个经典定义是，法治应当包括"良法"和"普遍服从"，其中，"良法"是前提，"普遍服从"是法治所要达到的一种状态。新《刑事诉讼法》关于刑事辩护制度的新规定，把握了应然法与实然法的统一。但是一部进步的良法不免有些超前的地方，要获得普遍服从，也不免要些时日。新刑诉法在贯彻落实中是否也面临这么一个问题？

甄贞副检察长：新《刑事诉讼法》关于刑事辩护制度的新规定，有一些是近年来司法改革的固化和提升，对于检察机关来说并不陌生，实践中有一定经验可资借鉴。但当经验上升为法律时，其在实践中的随意性、不规范性、不统一性必然受到限制和约束。从目前的情况看，检察机关在保障律师参与诉讼和履行辩护权的问题上，与立法所希望达到的效果之间，还存在着理念、制度等方面的差距，维护控辩平等与控辩救济的有效贯彻落实还面临一些问题有待解决。

郭书原：具体表现在哪些方面，能给我们简单介绍一下吗？

甄贞副检察长：好的。主要问题我讲三点吧。

一是检察机关控诉职能与监督职能的关系未能完全理顺，控辩平等与控辩救济两者之间可能发生冲突。实践中，一些检察机关的工作人员片面地将自身定位为一方公诉人，或多或少地存在重指控犯罪、轻诉讼监督，重打击犯罪、轻人权保障等错误思想，曲解了控诉职能与监督职能之间的正确关系。检察机关法律监督者的地位由宪法赋予，具有最高的法律效力，那么法律监督职能就是第一位的，应当高于控诉职能。新《刑事诉讼法》第四十七条、第五十五条、第七十三条、第八十六条、第九十三条、第一百一十五条、第一百七十一条、第二百四十条等，分别明确了辩护权的救济保障、检察机关非法证据排除义务、侦查监督、审判监督等诉讼监督职责，这些规定把1996年《刑事诉讼法》关于人民检察院法律监督的抽象规定进一步细化。检察机关工作人员如不能充分领悟控诉职能与监督职能的深刻内涵，无法理顺两者之间的关系，就会影响到控辩平等关系、控辩救济关系的贯彻，乃至厚此薄彼，出现偏差。

二是公安司法机关对律师的排斥心理与"法律职业共同体"的职责要求存在差距，控辩平等关系认同感不足，控辩救济关系得不到充分重视。长期以来，很多司法人员头脑中存在"公、检、法是一家"的错误思想，公、检、法三家单独或共同地将法律职业共同体中的律师一员"排除和抵制"在了

"一家"之外，以提讯犯罪嫌疑人为借口阻碍律师会见或故意躲着不见律师等现象在实践中或多或少地存在。公检法执法人员抱怨律师会见以后嫌疑人翻供、证人翻证，影响案件办理，认为律师在侦查阶段介入诉讼阻碍了案件侦破工作。律师法修改以后，虽然检察机关在保障律师的阅卷、会见权上做到了先行一步、全力配合，甚至部分地区还试点了"律师介入审查批捕程序"，但是律师提交的书面辩护意见、调取证据的请求，仍然较难得到检察机关的重视。检察机关对律师还有排斥心理，并未完全认同律师的职业共同体角色，律师协助国家司法机关准确处理案件的功能往往被忽视。此外，我国还存在一定的"官本位"思想，检察机关工作人员以"官"的身份面对律师"民"的身份，心理方面可能占据一定优势，要做到完全平等还有较大难度。

三是相关工作机制不完善与贯彻新型控辩关系的迫切需求之间存在差距，可能阻碍控辩新型关系的实践操作。距离新《刑事诉讼法》全面贯彻实施仅有半年时间，尽管律师法出台以后各地陆续发布了一些工作机制，但还不够规范和完善。例如，侦查阶段辩护律师凭"三证"不需要经办案机关批准就可以会见，而且不被监听，从审查起诉之日起，辩护律师阅卷范围也扩大到所有案卷材料，审判阶段辩护律师行使权利遭到阻碍可以向检察机关控告、申诉，当这些权利受到妨害时，律师应向检察机关哪个部门进行控告、申诉，检察机关应当如何予以审查纠正，如果检察机关不受理，那么权利受害者是否就救济无门了呢，这些问题目前还不够明确。又如，新《刑事诉讼法》第三十九条规定，辩护人认为侦查、审查起诉期间公安机关、人民检察院收集的证明犯罪嫌疑人、被告人无罪或罪轻的证据材料未提交的，可以申请人民检察院调取。律师提请调取的方式，答复是否调取的时间，答复后是否还有其他救济途径等都需要进行细化。相关工作机制的不完善或缺失可能导致新型控辩关系停留于纸面，成为具文，或者贯彻落实不力，效果不佳。

郭书原：您刚才谈到，新刑诉法对新型控辩关系作出了原则性规定，也提供了律师权利体系、非法证据排除、权利救济措施等一系列具体的保障性机制来推进新型控辩关系的贯彻落实。单就这些能否有效保证新型控辩关系的实施效果？

甄贞副检察长：可以肯定的是，单就这些是不足以保证新型控辩关系得到有效实施的，还需要在具体的制度操作方面进一步规范和细化，并引导、督促办案人员转变执法理念。

郭书原：那么具体要怎么操作才能保障新型控辩关系有效实施呢？

甄贞副检察长：我认为至少可以从三个方面着手：

一是建立检察官与律师之间的长期性沟通交流机制，增进职业认同感，推动执法理念转变，促进法律职业共同体的形成。新《刑事诉讼法》第四十七条和第一百一十五条规定，强制检察官履行客观公正义务，保护辩护人的合法权益。为保障该项规定的贯彻执行，检察机关既应从制度层面去约束检察官，包括案件严格审查、层层把关等措施，也要努力搭建互动平台，让检察官与律师之间加强沟通，增进理解，让检察官从被动到自主，从排斥到接纳，积极履行法律监督者的职责。近年来，北京市检察机关积极主动加强与市律协之间的沟通交流，建立专门办公室定期互相通报重大事项，签订了落实《律师法》的专门纪要，建立了定期召开联席会议、听取律师界意见的制度，提出了共享培训资源的设想。在全市主诉检察官、调研骨干培训上，邀请著名刑事辩护律师进行授课，这些工作有利于切实加强双方之间的了解，为构建"法律职业共同体"奠定了良好的基础，可作为经验加以借鉴。

二是严格遵循新《刑事诉讼法》确立的基本权利框架，建立规范的律师权利行使细则，保障律师权利真正得以落实，并兼顾检察机关以及看守所等职能部门或场所正常的工作安排。以会见权为例，会见的时间、地点、次数等事项应有统一的规定，便于向律师提供明确的指引，如每次会见一个小时，地点限于看守所，会见次数不能超过两次等，若有特殊情况可向看守所申请延长会见时间、增加会见次数等，以确保在满足会见要求、达到会见目的的前提下，减轻看守所的工作负担。律师会见犯罪嫌疑人时，应当允许律师了解案件情况，律师也可以向犯罪嫌疑人透露案件材料。因为犯罪嫌疑人是辩护制度的基石，律师并不具有完全的独立性，是依附于犯罪嫌疑人而存在的，既然律师都有资格通过阅卷获取案卷材料，犯罪嫌疑人自然也有权通过律师获知案卷内容。当然，为防止串供等现象发生，律师向犯罪嫌疑人透露的案卷材料不能涉及同案其他犯罪嫌疑人的信息，否则将承担相应的法律责任。为保障会见效果并防止意外事件发生，律师会见的整个过程中，检察人员"可视但不可听"。

三是明确检察机关受理律师控告申诉的具体部门，制定规范的申请、受理与答复程序，方便律师及时、有效地寻求救济。一般认为有三种模式可以作为选择。第一种模式由控告申诉部门受理；第二种模式是新设专门的监督机构受理，例如检务接待中心、诉讼监督或案件管理部门等；第三种模式是由侦查监督、公诉等传统诉讼监督职能部门受理。可以说，三种模式各有利弊。传统的控告申诉案件隶属于事后监督性质，不涉及对诉讼过程中的案件进行监督，新设专门监督机构则可能产生检力资源分配方面的问题，职能部门受理又可能会产生与公安、法院之间监督与配合的矛盾等问题。我认为，检察机关对辩护权的保障贯穿于侦查、审查起诉、审判等整个诉讼阶段，应该按照诉讼环节和对该环节的监督职责来划分具体的受理部门。对于提请审查逮捕及移送审查起诉环节的案件，应分别由侦查监督和公诉部门来受理辩护律师的控告申诉；对于刑事拘留、未提请逮捕的取保候审、监视居住期间的案件，则可以由专门的检务接待中心受理后移交侦查监督部门处理。受理部门应当以制度规章的形式列明律师申诉、控告的方式，申诉、控告材料应当列明的事项，决定受理后须履行的手续，答复的时间与效力等。

郭书原：由您的讲解，我们感受到，新《刑事诉讼法》确立了新型控辩关系以传统的控辩平等为支柱，以检察监督指引下的控辩救济为延伸与保障，两者相辅相成，共同构筑起了具有鲜明中国特色的控辩关系。希望这样一个新型控辩关系的确立能带来我国刑事诉讼中"公检法律"关系的良好互动局面。也只有"公检法律"四角关系稳固了，我国法治事业才能方正和谐。再次感谢甄副检察长！

卢希简介：

  1959 年 10 月出生，汉族，河北人，澳门科技大学工商管理专业研究生学历，硕士学位，1985 年 1 月加入中国共产党。1979 年 10 月在北京市公安学校学习。1980 年 10 月在北京市公安局宣武分局工作，历任干部、副主任科员、分局团委副书记。1989 年 8 月在北京市公安局法制宣传处工作，任副主任科员。1990 年 5 月调最高人民检察院工作，历任人事厅副主任科员、政治部主任科员、副处级助理检察员、正处级检察员。1998 年 12 月调北京市委政法委工作，历任调研员、纪检处处长、干部处处长、助理巡视员兼干部处处长。2006 年 10 月任北京市人民检察院党组成员、政治部主任，同年 11 月任北京市人民检察院党组成员、副检察长、政治部主任、检察委员会委员、检察员。2009 年 12 月任北京市人民检察院第二分院党组书记、检察长、检察委员会委员、检察员。近年来主编《检察机关诉讼职权与监督职权优化配置问题研究》等专著 3 部，在《人民检察》、《检察日报》等报刊上发表论文 10 余篇，主持"检察执法与案例指导制度研究"等最高人民检察院、北京市人民检察院多项重点课题。

新《刑事诉讼法》再修改视角下
刑事诉讼监督的"扩充"与"谦抑"

——访北京市人民检察院第二分院检察长 卢 希

郭书原： 卢检察长您好！感谢您能接受我们采访！新《刑事诉讼法》将于 2013 年 1 月 1 日起施行，新法所确立的一系列新的刑事诉讼规则，对检察机关履行刑事诉讼监督职责提出了全新要求。您如何看待这次新刑诉法给检察工作带来的影响？

卢希检察长： 新刑诉法对我国现行刑事诉讼法律制度作出了重要补充和完善，这既是深化司法体制和工作机制改革的重要成果，也是完善中国特色社会主义法律体系的重大举措，对于提高司法机关有效惩治犯罪的能力和效率、保障当事人合法权益、维护社会和谐稳定等方面具有重要意义，对检察机关强化刑事诉讼监督职能提出了更高的要求。

郭书原： 我们知道，在我国检察机关的诉讼监督法律体系中，相对于民事诉讼监督、行政诉讼监督而言，刑事诉讼监督是一种在站位上最突出、在立法上最完备、在实践中最丰富的诉讼监督制度。如何保障公平正义的实现和法律目的的彰显，刑事诉讼监督承担着重要的使命。您刚才也提到，新刑诉法对强化刑事诉讼监督职能提出了更高的要求，对此您能否给读者详细解读一下？

卢希检察长： 好的。不断强化刑事诉讼监督、维护社会公平正义，不仅是中央的明确要求和人民群众的迫切需要，更是检察机关义不容辞的神圣职责，是检察机关的立业之基、立身之本。因此，在司法实践中一直有一种强化诉讼监督的"现实能动"，这在刑事诉讼监督领域表现得尤为突出，其主要表现形式为"扩权"，而这种要求既有内在动因，又有外在要求。

郭书原： 内在动因表现在哪些方面？

卢希检察长： 长期以来我国有关诉讼监督的法律依据一是不够充分，二是比较分散，法律位阶上存在降格化倾向，缺少专门性法律，这导致本应在国家立法层面解决的问题降格到地方性立法中解决，无形中弱化了监督力度。2008

年 9 月 25 日，北京市人大常委会作出《关于加强人民检察院对诉讼活动的法律监督工作的决议》。决议引发了全国性的诉讼监督热潮，目前全国 31 个省、直辖市、自治区的人大常委会都作出了关于加强检察机关对诉讼活动法律监督的决议或决定，支持和规范检察机关的诉讼监督工作。始于北京的这一法治现象，也为出台法律监督的相关立法工作积累了宝贵经验。从一系列决议、决定的实际效果来看，一方面使诉讼监督改变了以往疲软被动的状态，检察权的行使更为顺畅。另一方面，也促使法院、检察院关系更加和谐，积极合作、密切配合、上下协同。但是，从长远角度看，检察机关作为宪法所规定的专门的法律监督机关，其监督权尚无法律的基本依据和完整依据，这不能不说是一大缺憾。因此，检察机关一直期待在国家立法层面能够有所突破，反映在实践层面就是出台了很多延伸检察职能、强化诉讼监督的具体改革措施，而此次刑事诉讼法再修改可以说对检察机关的要求和实践有了比较明确的、系统的回应和确认。

郭书原：刚才您谈的是"扩权"的内在动因。那么，外在动因表现在哪些方面呢？

卢希检察长：诉讼监督是对包括刑事诉讼、民事诉讼和行政诉讼的全部诉讼活动、整个诉讼过程的监督，包括诉讼中的一般违法行为和犯罪行为。其中，诉讼监督的范围一直是理论与实务界共同关心的一个重要问题，关于扩大诉讼监督范围的呼声一直很高，如在 2011 年 4 月举行的第十二届全国检察理论年会上，无论是检察实务界还是法学理论界，都出现了很多主张"扩权"的声音。这与现实的需要是分不开的，当前刑事诉讼活动中存在一些违法现象，人民群众对此意见很大，期待检察机关通过强化诉讼监督来维护公平正义，这也是此次刑事诉讼法修改的基本背景之一，因此说，人民群众日益增长的司法需求对检察机关扩大诉讼监督权具有一定的推动作用，是主要的外在动因。

郭书原：但是我们也了解到，有人反对诉讼监督范围的片面扩大化，主张理性延伸诉讼监督触角，保持诉讼监督的谦抑性，将诉讼监督工作的重点放在"对现有监督职责的落实上"。对此，您怎样看？

卢希检察长：我认为扩权的前提有两个：一是有必要延伸职能，二是有能力延伸职能。当前，一方面是诉讼活动中的执法不公和司法腐败现象比较突出，另一方面是检力资源的相对有限、增长缓慢，二者之间的矛盾非常明显。为了将有限的诉讼监督资源集中于最需要关注的问题上，应当考虑哪些情况不必列入诉讼监督的范畴。周永康同志也曾经指出："法律监督工作只有突出重点，才能取得事半功倍的效果。"因此，检察机关在理性拓展监督范围时要特别注意尊重诉讼活动的规律，尊重被监督权力自身的特点，保持必要的谦抑性，而坚持诉讼监督的谦抑性是由检察机关诉讼监督的地位、诉讼监督效力的有限性和诉讼监督力量的有限性所共同决定的。此外，无论是诉讼监督的对象和范围，还是手段和方式，都是法律明确规定的。因此，不得任意扩大诉讼监督的范围，强化诉讼监督也不可能通过片面扩大诉讼监督的范围来实现。

郭书原： 对这个观点您能否结合刑事诉讼监督来具体谈谈？

卢希检察长： 具体到刑事诉讼监督领域，就是要坚持有错必纠，刑事诉讼监督的范围是有限的，检察机关只能根据法律的授权来进行，对于法律规定的监督对象，运用法律规定的监督手段，并依照法定程序进行监督，不能任意扩大或缩小监督的范围。检察机关必须遵循"敢于监督、善于监督、依法监督、规范监督"的要求，在法律规定的范围内行使监督权，特别是不能任意对法律没有规定的对象、行为或事项进行监督。

郭书原： 我们了解到，此次刑事诉讼法修改所确立的许多条文都是近年来司法改革成果的固化和提升，但这些司法实践经验在实践中长期存在着随意性、不规范性、不统一性等现象。此次修法，将这些司法改革的成果和经验上升到法律层次，影响一定很深远。对此，您怎样看？

卢希检察长： 随着这些司法实践经验上升为法律，其在实践中的随意性、不规范性、不统一性必然受到限制和法律的约束。因此，从这一角度说，此次修法将强化刑事诉讼监督纳入了规范化、制度化、法治化的轨道。对此我想从三个方面来谈。

第一，监督内涵更加丰富，监督范围适度扩大。1996 年刑事诉讼法明确规定了"人民检察院依法对刑事诉讼实行法律监督"，从监督内涵和范围看，检察机关对刑事诉讼活动的法律监督主要体现在四个方面：即立案监督、侦查监督、审判监督、执行监督。此次刑事诉讼法修改，为强化检察机关的刑事诉讼监督职能，回应司法实践的需求，在立法层面增加了十个方面的监督内容，进一步扩大了监督范围：一是加强检察机关对羁押执行的监督，设立了逮捕后羁押必要性审查程序。二是对指定居所监视居住的决定和执行的监督。三是对阻碍辩护人、诉讼代理人行使诉讼权利的违法行为的监督。四是通过依法排除非法证据，加强对非法取证行为的监督。五是明确检察机关对查封、扣押、冻结等侦查措施的监督。六是加强对简易程序审判活动的监督。七是将量刑纳入法庭审理过程中，强化对量刑活动的监督制约。八是完善死刑复核法律监督。九是完善检察机关对减刑、假释和暂予监外执行的法律监督。十是增加对强制医疗的决定和执行的监督。新法按照"有权力必有监督，有权力必受制约"的理念，将监督贯穿始终，从立案一直到特别程序都贯彻了检察机关的法律监督，使得以往许多司法实践中的监督盲点和监督死角都得以纳入监督视野，确保了刑事诉讼监督的全面性、全程性、系统性。

第二，监督手段更趋多样，监督效力日渐明确。"监督者能做什么"、"应该怎么做"、"按照什么方式来行使权力"、"行使监督权有哪些效力"，等等，这些问题一直都是诉讼监督研究和讨论的重点，归根到底就是因为监督手段和监督效力对监督效果具有较强的制约关系，监督手段的多样化可以使检察机关在开展监督时拥有更多选项，甚至可以打出"组合拳"；而监督效力的明确化可以将检察机关行使监督权的效果和作用力预先昭示，甚至实现"不战而屈人之兵"。因此，人民检察院具有明确的监督手段和刚性的监督效力是检察机关实现监督职能的重要保障。长期以来，检察机关行使诉讼监督权时，因缺乏监督手段或者监督效力不明确而影响监督的实效。此次刑事诉讼法修改，注意总结司法实践经验和理论研究成果，适当增加了诉讼监督的手段，明确了诉讼监督的效力。例如，在贯彻非法证据排除规则、强化侦查监督方面，修正案规定："人民检察院接到报案、控告、举报或者发现侦查人员以非法方法收集证据的，应当进行调查核实。对于确有以非法方法收集证据情形的，应当提出纠正意见；构成犯罪的，依法追究刑事责任。"显然，发现违法行为是纠正违法行为的前提，要强化检察机关的侦查监督，首先要保证检察机关的知情权和调查权，因此授权检察机关对侦查机关非法取证行为进行调查核实，是十分必要和有效的。

同时，为了改变实践中监督滞后的情况，也为了保障检察机关的知情权，以便适时开展监督，立法明确有关机关在采取某种诉讼行为或者作出诉讼决定时，要将相关行为或者决定同时告知检察机关。例如，修正案规定，监狱、看守所提出暂予监外执行的书面意见的，应当将书面意见的副本抄送人民检察院。人民检察院可以向决定或者批准机关提出书面意见。

此外，针对实践中监督乏力、监督效果不明确的问题，修正案也作了一些补充性、强制性的规定。例如，为了减少不必要的审前羁押，修正案新增规定，犯罪嫌疑人、被告人被逮捕后，人民检察院仍应当对羁押的必要性进行审查。对于不需要羁押的，应当建议予以释放或者变更强制措施。并且规定，检察机关提出释放或者变更强制措施的建议后，"有关机关应当在十日以内将处理情况通知人民检察院"。

第三，监督责任更加强化，监督程序得到健全。检察机关诉讼监督权是通过参与具体诉讼程序进行的，在诉讼参与中完成其诉讼监督职能。在我国，人民检察院在刑事诉讼中不仅是国家公诉机关，同时还是国家法律监督机关。因此，检察机关应当妥善处理好所承担的诉讼职能与诉讼监督职能的关系，着力保证法律的正确实施，实现司法的公平正义，维护犯罪嫌疑人、被告人及其辩护人的合法权益。此次刑诉法修改，注意强化了检察机关履行诉讼监督职能方面的责任。例如，为维护辩护人的合法权益，保证辩护人依法履行职务，修正案规定"辩护人、诉讼代理人认为公安机关、人民检察院、人民法院及其工作人员阻碍其依法行使诉讼权利的，有权向同级或者上一级人民检察院申诉或者控告。人民检察院对申诉或者控告应当及时进行审查，情况属实的，通知有关机关予以纠正"。

郭书原：刚才您从内在要求和外在要求两方面解读了强化诉讼监督职能的现实能动因素。通过您的一番阐释，我们也认识到强化诉讼监督职能，扩张诉讼监督权力的合理性。其中您也谈到了实务中一些成熟的做法，那么如何将这些行之有效的做法统一起来作为制度性保障呢？

卢希检察长：无论是省级人大出台加强检察机关对诉讼活动法律监督的《决议》或《决定》，还是三大诉讼法的修改，都为检察机关强化诉讼监督工作提供了实践基础、丰富了立法经验，有利于推动诉讼监督从对立性监督走向统一性监督、从现实能动监督走向制度理性监督，这将是一个不断调整、规范、再调整、再规范的过程。特别是在刑事诉讼法再修改这一特定语境下，检察机关应当以此为契机，从宏观理念和微观措施两个层面，推动刑事诉讼监督由现实能动向制度理性回归。

郭书原：树立宏观理念具体要求有哪些？

卢希检察长：如果观念落后于制度，势必会造成"行动中的法律"与"纸面上的法律"之间存在"缝隙"，从实践层面看，观念更新与制度创新是相辅相成的。法律修订毕竟是改革旧做法、创制新规则，因此，真正做到观念与实践的"无缝对接"，将强化刑事诉讼监督的现实能动与制度理性有机结合起来，关键在于强化四个意识。

一是强化证据意识。证据是诉讼的基石，在刑事诉讼中，从立案、侦查、起诉到审判，全部诉讼活动都是围绕证据来展开和推进的。本次刑事诉讼法修改虽然没有明确在文本上明确写入证据裁判原则，但在具体规范上却体现了该原则的精神，如第四十九条首次对刑事诉讼的举证责任作出了明确规定，进一步强化了控方的举证责任，这对于处理事实真伪不明的刑事案件具有重要的现实意义。又如第五十三条完善了刑事案件证明标准，确立了"排除合理怀疑"的证明标准，以求刑事司法人员从主观方面印证"证据确实、充分"的客观要求。检察机关对刑事诉讼的参与程度很高，侦查、批捕、起诉、审判等诸多环节都有检察机关的身影，因此，检察官必须强化证据意识，坚持从证据出发认定案件事实，推动刑事司法活动的整体质量和水平。检察机关不仅在审查起诉中要做到"重证据，重调查研究，不轻信口供"，在诉讼监督中更要注意用证据说话，如第五十五条人民检察院对侦查机关非法取证的审查与核实，第八十六条人民检察院对侦查活动重大违法行为的调查核实，等等，这些都需要通过证据来证实。需要注意的是，作为一种理性自觉，证据意识要求人们能够正确认识证据的本质及其诉讼价值，并能够自觉运用证据认定事实和解决争端。同时，证据意识也是一种本能，是人们在诉讼中或者诉讼外自动养成收集、保存、运用证据的习惯，决定着人们对于证据基本问题的态度。检察机关在强化刑事诉讼监督时，要从口供本位向物证书证本位转变，由关注证据客观性向关注证据合法性转变，由"抓人破案"向"证据定案"转变。

二是强化程序意识。周永康同志在实施修改后的刑事诉讼法座谈会上强调指出"程序公正是司法公正的重要保证"，要"切实做到实体与程序并重，把程序公正的要求落实到刑事司法活动全过程"。刑事诉讼法作为程序法，其立法价值在于以程序正义实现法律的公平正义，从程序正义通向实体正义。现代社会，"事实真相的发现和结论的正确性已经不是司法活动的唯一目标"，司法还必须实现程序的正义，在追求"真"的同时，也在追求"善"。强化程序意识，就要遵守程序法定原则，就要强化控辩平等，就要确保程序公开透明，就要尊重程序的终结性。从程序公正的内涵看，公开是程序公正的根本属性，中立是程序公正的基本特征，制约是程序公正的基础，民主是程序公正的重要体现，效率是程序公正的必然要求，和谐是程序公正的重要因素。具体到检察机关，其在开展刑事诉讼监督的过程中强化程序意识关键在于把握"三要"：一要严格执行，健全执法规范；二要依法保障律师在合法的诉讼权益，创造良好的职业环境；三要依法规范庭审活动，保障简易程序公诉人出庭，认真落实证人、鉴定人出庭。

三是强化时效意识。强调时效，必须以保证质量为前提，没有质量的效率是一种无价值的效率。讲求司法效率，主要在于防止发生不必要、不合理的诉讼拖延。当前，检察机关的任务越来越重，如刑事诉讼法修改后，简易程序中检察官应当出庭支持公诉，而"案多人少"的矛盾在短期内也不会有大的改善。因此，必须通过优化资源配置，合理分配检力资源，用好修改后刑事诉讼法赋予的程序、措施和手段，着力提高司法效率，牢固树立时限意识，不允许超期羁押，对于申请延长期限的也要从严把握，正确理解延长办案期限的立法意图，以守时为原则，以延长为例外，努力实现公正与效率的有机统一。

四是强化权限意识。监督不越权，制约不逾矩。司法机关在办理刑事案件中分工负责、互相配合、互相制约，是宪法和刑事诉讼法规定的基本原则，这次刑事诉讼法修改，通过完善刑事诉讼程序，优化司法职权配置，进一步落实了这一原则。侦查权、起诉权、审判权、执行权分别由不同的司法机关行使，检察机关在强化监督时要特别注意不要越权逾矩，影响其他司法机关独立、正常地行使权力。这里面，检察机关一定要注意把握住诉讼监督的"度"，注意各种监督手段的有效衔接和综合运用。比如，目前检察机关启动再审程序的方式主要有再审检察建议和抗诉，是不是符合抗诉条件的我们都要提抗，在新刑事诉讼法给予检察机关多种监督手段的时候，检察机关应当注意到监督手段的层次性和递进性，在法律容许的裁量幅度内尽可能给予被监督者自我纠正的空间。

郭书原： 与宏观理念相呼应，微观措施方面需要注意哪些方面？

卢希检察长： 辩证维护法强调认识到实践过程中第二次飞跃更为重要。具体到我们刑事诉讼监督工作中，这第二次飞跃就是把宏观理念落实到微观的各个具体工作中。怎样落实？我想主要应从以下方面入手：

一是强化业务专题研究。刑事诉讼法中规定的立案监督、侦查监督、审判监督、执行监督等各个程序之间条块分割比较明显，不同程序中都有不同的特点、要求，监督的侧重点不尽相同。因此，由各部门对新修订刑事诉讼法中涉及本部门工作的新变化、新挑战、新问题，结合"两高"出台的相关司法解释，进行专题研究就显得十分必要。

二是优化检力资源配置。新修订的刑事诉讼法给检察机关在扩充诉讼监督权的同时，也相应地增加了工作量，如简易程序要求检察院应当派员出庭；有些新规定还缩短了时限，如第二审程序中检察院查阅案卷的时间限定为 1 个月，等等。上述这些新变化，要求检察机关内部在检力资源的调配方面要根据工作量和时限的变化，在上级院与下级院之间、各个业务部门之间、业务部门与非业务部门之间都要作出相应的调整。

三是协调做好检务保障。"徒法不足以自行"，新法实施后，不仅需要增加检力资源，而且也需要加大经费投入，因为工作职责的增加必然会相应增加业务经费，这对检务保障提出了更高的要求。如第二百一十条规定适用简易程序审理公诉案件，人民检察院应当派员出庭，由此产生的检察机关出庭业务经费就需要积极协调各级财政部门尽快落实。

四是组织进行先期试点。刚才讲到，这次刑事诉讼法修改的一大特点就是适度拓宽了诉讼监督范围，这些新领域大多没有现成的经验和先例模式可供借鉴参考，如羁押必要性审查、指定居所监视居住的决定和执行的监督、对非法取证行为的监督等。针对这些新的诉讼监督领域，可以通过指定若干检察院或者职能部门进行先期试点，组织实战演练，从中发现问题、了解情况、积累经验，为明年 1 月 1 日新刑事诉讼法的顺利实施和新旧法的衔接过渡奠定基础。

五是公检法司协调联动。无论是诉讼环节还是监督环节，很多问题不是检察机关一家就可以解决的，需要公、检、法、司互相协调配合才能最终落实，因此要加强这方面的工作联动。比如说简易程序检察院派员出庭的问题，司法实践中适用简易程序的案件量较大，如果像普通程序一样件件出庭，检察院所面临的工作量会呈几何倍数递增。因此，协调法院采取集中开庭审理、检察院集中派员出庭的联动模式，以便提高诉讼效率，解决"案多人少"的难题。

六是内部流程修改规范。新法实施后，对检察机关内部工作流程也有较大影响，如法律文书的格式和内容、办案流程、案件质量考核、案件管理、检务公开。这些都需要提前作出清理、修改和完善，从而在配套措施方面保障新旧刑诉法有序过渡。

郭书原：卢检察长您不仅检察工作知识扎实，哲学功底也很深厚。相信通过您唯物辩证法的视角，咱们的实务工作者和理论研究者都能对新刑诉法时代的刑事诉讼监督的"扩充"与"谦抑"问题有一个更理性、更全面的认识。再次感谢您能接受我们的采访！

单民简介：

　　1958 年出生，汉族，河南省西平县人，毕业于武汉大学法学院，刑法博士、教授、硕士研究生导师，曾任国家检察官学院副院长，现任最高人民检察院检察理论研究所副所长，兼任中国犯罪学研究会常务理事，《中国刑事法杂志》副主编，中国法学期刊常务理事，中国刑法学研究会理事，中国检察学研究会理事等职。1997 年获国务院政府特殊津贴。

　　曾在公安机关、检察机关从事多年司法实践和法学研究工作，具有丰富的司法实践工作经验。先后在《法学评论》、《中国刑事法杂志》、《法学家》、《人民检察》等刊物上发表学术论文 50 余篇；专著、合著有《贿赂罪研究》（中国政法大学出版社出版）、《刑事司法疑难问题解答》（中国检察出版社出版）、《中外刑事公诉制度》（法律出版社出版）、《新中国反贪污贿赂的理论与实践》（中国检察出版社出版）等 20 余部。

《刑事诉讼法》修改后的思考

——访最高人民检察院检察理论研究所副所长 单 民

郭书原： 单副所长您好！很荣幸今天邀请到您做我们这次采访。我们知道您在公安机关、检察机关从事多年司法实践和法学研究工作，具有丰富的司法实践工作经验，又发表学术论文 50 余篇，专著或合著学术著作共 20 余部。所以，今天想请您就刑事诉讼法修改中的一些问题作一交流。

单民副所长： 好的。你有什么问题就问吧，我会尽力解答。

郭书原： 检察机关在保障刑事诉讼公平和推进刑事诉讼过程中有着十分重要的作用，刑事诉讼法的修改也对检察机关的权力运行与制度改革很大程度上起着直接而又重要的影响。那么，您认为在此次刑事诉讼法修改中检察机关的法律监督职能有何变化？

单民副所长： 新《刑事诉讼法》改善和强化了检察机关对刑事诉讼活动的法律监督，这是刑事诉讼法修改的重要内容，反映了我国刑事诉讼法制的进一步完善和对检察机关诉讼监督职能的进一步重视。具体表现在三个方面：

第一，增添了诉讼监督的内容，扩展了诉讼监督的范围。此次刑事诉讼法修改，强化了检察机关的诉讼监督职能，扩展了检察机关诉讼监督的范围，增添了诉讼监督的内容。例如，修改后的《刑事诉讼法》第二百四十条第二款规定："在复核死刑案件过程中，最高人民检察院可以向最高人民法院提出意见。最高人民法院应当将死刑复核结果通报最高人民检察院。"又如，此次刑事诉讼法修改增设了"对实施暴力行为的精神病人的强制医疗程序"。由于强制医疗实质上是剥夺了被申请人的人身自由，为了保证强制医疗程序的正确适用，保护被申请人的合法权利，必须发挥检察机关的监督作用。修改后的刑事诉讼法除了在强制医疗程序中设置法律援助和法律救济程序外，其新增的第二百八十九条规定："人民检察院对强制医疗的决定和执行实行监督。"除了应我国刑事程序法治的发展而扩展检察机关诉讼监督的范围外，此次刑事诉讼法修改还在现行监督的范围内新增了诉讼监督的内容。如立法加强了检察机关对暂予监外执行和减刑假释的监督，增添了检察机关对执行程序同步监督的内容，健全了检察机关执行监督制度。

第二，本次修法丰富了诉讼监督的手段，明确了诉讼监督的效力。长期以来，检察机关行使诉讼监督权时，因缺乏监督手段或者监督效力不明确而影响监督的实效。此次刑事诉讼法修改，在扩展诉讼监督范围、增添诉讼监督内容的同时，注意总结司法实践经验和理论研究成果，适当增加了诉讼监督的手段，明确了诉讼监督的效力。例如，为落实非法证据排除规则，法律规定："人民检察院接到报案、控告、举报或者发现侦查人员以非法方法收集证据的，应当进行调查核实。对于确有以非法方法收集证据情形的，应当提出纠正意见；构成犯罪的，依法追究刑事责任。"显然，发现违法行为是纠正违法行为的前提，要强化检察机关的侦查监督，首先要保证检察机关的知情权和调查权，因此授权检察机关对侦查机关非法取证行为进行调查核实是十分必要的。

第三，本次修法强化了诉讼监督的责任，健全了诉讼监督的程序。检察机关应当妥善处理好肩负的诉讼职能和诉讼监督职能，而不能仅仅把自己看作是追诉机关或者控告一方。要着力保证法律的正确实施，实现司法的公平正义，维护犯罪嫌疑人、被告人及其辩护人的合法权益。此次立法修改，强化了检察机关履行诉讼监督职能方面的责任，健全了检察机关诉讼监督方面的程序，特别是检察机关审查批准逮捕的程序。修改后刑事诉讼法规定："人民检察院审查批准逮捕，可以或者应当讯问犯罪嫌疑人，可以询问证人等诉讼参与人，听取辩护律师的意见。"

郭书原：您认为本次修法后，在具体的诉讼监督领域中检察机关应当如何强化诉讼监督职能？

单民副所长：我国检察机关在刑事诉讼过程中对于立案、侦查、审判和执行都有具体条款规定了监督的范围、手段以及具体的程序。本次刑事诉讼法的修改如我前面说的，进一步扩大了检察机关诉讼监督的范围，增加了新的监督任务，完善了监督程序，丰富了监督手段。检察机关只有认真学习、领会新刑诉法的规定，切实履行好法律赋予的各项监督职责，才能更好地强化诉讼监督职能，维护司法公正，提升司法公信力。具体来说，包括以下几个方面的内容：

第一，依法开展对侦查措施的监督。为了强化对侦查措施的规范和监督，防止滥用侦查措施，保护相关诉讼参与人的合法权利，新《刑事诉讼法》第一百一十五条专门增加了具体规定。把握好该条规定需要注意四点：一是该条所涉及的内容既包括对人身的强制措施，还包括对财产的强制性措施。二是相关人员提出的申诉或者控告应当首先向违法机关提出，由其及时处理，这可以说是检察机关介入监督的前置程序。三是对有关机关的处理不服时，才可向检察机关提出申诉。其中，原处理机关是公安机关等部门的，可以向同级人民检察院申诉；原处理机关是人民检察院的，则可以向上一级人民检察院申诉。四是受理申诉的人民检察院应当及时进行审查，如果申诉或者控告的情况属实，确实存在法律规定的五种情形之一的，则要通知有关机关予以纠正。

第二，依法开展对指定居所监视居住的决定和执行的监督。新刑诉法调整了监视居住这一强制措施的定位，并规定了两种指定居所进行监视居住的情况，一种是无固定住处的，可以在指定的居所执行；另一种是对于涉嫌危害国家安全犯罪、恐怖活动犯罪、特别重大贿赂犯罪的嫌疑人，虽有住处，但在住处执行可能有碍侦查的，经上一级人民检察院或者公安机关批准，也可以在指定的居所执行。由于指定居所监视居住措施较大程度地限制了犯罪嫌疑人的人身自由，为防止这一措施在实践中被滥用，新《刑事诉讼法》第七十三条特别规定："人民检察院对指定居所监视居住的决定和执行是否合法实行监督。"这里规定的监督对象，包括"决定"和"执行"两种行为。监视居住由公安机关执行，因此对指定居所监视居住的执行活动的监督，应由负责执行的公安机关的同级人民检察院负责。决定监视居住，既可以由公安机关决定，也可以由人民检察院决定，因此，要区分情况明确负责监督的主体：对于公安机关决定监视居住的，应由批准指定居所监视居住的公安机关的同级人民检察院负责监督；对于检察机关决定监视居住的，应由批准指定居所监视居住的上一级人民检察院负责监督。

第三，依法开展对阻碍辩护人、诉讼代理人行使诉讼权利行为的监督。为了维护辩护人的诉讼权利，保证辩护人依法履行辩护职责，新刑诉法对阻碍辩护人行使诉讼权利的行为，明确要求检察机关要进行监督纠正。根据该法第四十七条规定，辩护人、诉讼代理人认为公安机关、人民法院及其工作人员阻碍其依法行使诉讼权利的，有权向同级人民检察院申诉或者控告；认为人民检察院阻碍其依法行使诉讼权利时，有权向上一级人民检察院申诉或者控告；人民检察院对申诉或者控告应当及时进行审查，情况属实的，通知有关机关予以纠正。检察机关要切实增强保障律师依法执业的意识，认真履行对阻碍辩护人、诉讼代理人依法行使诉讼权利行为的监督职责，不断改善辩护律师的执业环境，充分发挥律师在促进司法公正中的积极作用。

第四，依法开展对死刑复核的法律监督。死刑是最严厉的刑罚，我国的死刑政策是保留死刑，但要慎重适用、严格控制死刑。死刑核准权从2007年起收回最高人民法院后，贯彻这一死刑政策收到了明显成效。但是，死刑复核程序却存在内部审批行政化、不够公开透明等缺陷。新刑诉法对死刑复核程序作了适度的诉讼化改造。第二百四十条规定："最高人民法院复核死刑案件，应当讯问被告人，辩护律师提出要求的，应当听取辩护律师的意见。在复核死刑案件过程中，最高人民检察院可以向最高人民法院提出意见。最高人民法院应当将死刑复核结果通报最高人民检察院。"这一规定明确了最高人民法院在复核死刑案件时讯问被告人和听取辩护律师意见的义务，即将死刑复核结果向最高人民检察院通报的责任；也明确了最高人民检察院对死刑复核的法律监督职责。最高人民检察院对死刑复核的监督，主要是向最高人民法院提出意见，包括对应当核准而拟不核准或长期不核准的案件提出意见，也包括对高级法院已报请最高人民法院核准，但检察机关不同意判处死刑的案件提出意见。至于最高人民法院向最高人民检察院通报情况及对待检察机关所提意见的具体操作程序，则有待司法解释加以规定。

第五，依法开展对减刑、假释、暂予监外执行的法律监督。为了保证刑罚执行的严肃性，防止违法决定减刑、假释、暂予监外执行，新刑诉法第二百五十五条增加规定："监狱、看守所提出暂予监外执行的书面意见的，应当将书面意见的副本抄送人民检察院。人民检察院可以向决定或者批准机关提出书面意见。"第二百六十二条补充规定，执行机关在报请人民法院审核裁定对罪犯减刑、假释建议时，应将建议书副本抄送人民检察院。人民检察院可以向人民法院提出书面意见。上述两条规定，一是建立了监外执行书面意见和减刑、假释建议书副本抄送人民检察院制度，这有利于检察机关及时了解执行机关的意见，获取监督对象的信息。二是明确人民检察院的意见要向决定或者批准监外执行的机关及裁定减刑的人民法院提出，而不是向提出建议的执行机关提出，这有利于决定或批准机关及人民法院多方听取意见，正确作出决定或裁定。三是规定人民检察院是"可以"提出书面意见，而不是"应当"提出书面意见。"可以"是指检察机关对执行机关提出的建议有不同意见时，可以向决定或批准机关、人民法院提出；对执行机关提出的建议没有不同意见时，则可以不提意见。如果规定"应当"提出书面意见，则要求对每一个建议都必须提出意见。这样做，实践中既无必要，也不可行。因此，新刑诉法的上述两条规定是科学的，符合司法实际的，也有利于增强检察机关行使监督权的主动性。

第六，依法开展对精神病人强制医疗的决定和执行的监督。精神病人实施暴力行为，虽然不负刑事责任，但根据新刑诉法的规定，对他们要进行强制医疗。这种强制医疗实质上也是限制行为人人身自由的措施。为了防止和纠正滥用强制医疗措施，切实保障人权，新刑诉法规定："人民检察院对强制医疗的决定和执行实行监督。"这里的监督对象也包括决定行为和执行活动两个方面。决定强制医疗的权力在人民法院，检察机关监督强制医疗的决定是否合法，重点要审查被强制医疗的人是否真正患有精神病，或者虽然患有精神病但是否达到了无刑事责任能力的程度。强制医疗的执行由专门的强制医疗机构负责，检察机关对强制医疗执行活动的监督，重点要审查强制医疗机构对被强制医疗的人的诊断评估活动，也要注意审查有无借强制医疗之名侵犯人权的情况，以切实维护被强制医疗人的合法权益。

郭书原： 我们注意到本次刑事诉讼法新增了"特别程序"一编，在该特别程序中，检察权与其息息相关，您怎样看待检察机关的职能在特别程序中的体现？

单民副所长： 本次新刑诉法新增了"特别程序"一编，这其实是法律对司法实践的积极回应。在"特别程序"这一编中，共有四个特别程序，分别是未成年人刑事案件诉讼程序，当事人和解的公诉案件诉讼程序，犯罪嫌疑人、被告人逃匿、死亡案件违法所得的没收程序，以及依法不负刑事责任的精神病人的强制医疗程序，这其中每一项都有检察机关的重要职责和任务。以下我分别来说。

第一，正确理解和适用未成年人刑事案件诉讼程序。新刑诉法共用了11条的较大篇幅，构建了未成年人刑事诉讼制度的基本框架。检察机关在适用时要重点把握以下内容：

首先，准确把握办理未成年人刑事案件的方针和原则，对犯罪的未成年人实行教育、感化、挽救的方针，坚持教育为主、惩罚为辅的原则。

其次，依法保障未成年犯罪嫌疑人、被告人的诉讼权利。检察机关在办理未成年人刑事案件，应当由熟悉未成年人身心特点的检察人员承办，保障未成年人行使其诉讼权利，保障未成年人得到法律帮助；未成年犯罪嫌疑人、被告人没有委托辩护人的，检察机关应当通知法律援助机构指派律师为其提供辩护；对被拘留、逮捕和执行刑罚的未成年人与成年人应当分别关押、分别管理、分别教育；在讯问和审判未成年人的时候，应当通知未成年犯罪嫌疑人、被告人的法定代理人到场，无法通知、法定代理人不能到场或者法定代理人是共犯的，也可以通知未成年犯罪嫌疑人、被告人的其他成年亲属，所在学校、单位、居住地基层组织或者未成年人保护组织的代表到场，并将有关情况记录在案；到场的法定代理人可以代为行使未成年犯罪嫌疑人、被告人的诉讼权利。当然，除此以外，还有依法适用附条件不起诉制度和严格执行犯罪记录封存制度。

第二，正确适用当事人和解的公诉案件诉讼程序。检察机关要正确把握公诉案件当事人和解的两类案件的范围。同时正确理解当事人和解的内涵。特别要清楚的是，检察机关在达成和解协议案件的基础上要正确使用从宽处理的自由裁量权，具体而言，对于达成和解协议的案件，公安机关可以向人民检察院提出从宽处理的建议。人民检察院可以向人民法院提出从宽处罚的建议；对于犯罪情节轻微，不需要判处刑罚的，可以作出不起诉的决定。需要注意的是，检察机关对和解案件的从宽处罚也要讲求适度，如果过度从宽，可能会伤害法治原则，妨害社会正义。还要注意防止借刑事和解用钱买刑。实践中，有的犯罪嫌疑人提出不能轻判就不赔偿，这不是和解，而是用钱买刑，要特别注意防止发生这种现象。

第三，正确执行和监督犯罪嫌疑人、被告人逃匿、死亡案件违法所得的没收程序。随着打击恐怖主义和惩治腐败犯罪越来越受重视，联合国大会分别于2000年、2003年通过的《联合国打击跨国有组织犯罪公约》和《联合国反腐败公约》，都以专章形式规定了犯罪资产的追回制度。世界上很多国家也都从法律上建立了犯罪资产的追回和返还机制。借鉴世界各国刑事司法的有益经验，这次修改刑诉法，也建立了独立的违法所得的没收法律机制。检察机关在此特别程序中，要正确理解和维护没收程序中的权利保障。在没收程序中，不属于应当追缴的财产而法院作出裁定的，犯罪嫌疑人、被告人的近亲属和其他利害关系人或者人民检察院可以提出上诉、抗诉，维护当事人合法的财产性权利。

第四，对于依法不负刑事责任的精神病人的强制医疗程序，人民检察院对其决定和执行有监督权，这个在前面我已经谈过，在此不再赘述。

郭书原：您刚才谈到了新刑事诉讼法第一次以法律的形式确立了附条件不起诉制度。我国司法实践中，一些地区已经对附条件不起诉制度进行了有益的尝试，取得了良好的社会效果，请您简要介绍一下该制度？

单民副所长：的确，增设附条件不起诉制度，是新刑诉法的一个重大制度创新，也是宽严相济刑事政策在刑事诉讼制度中的一个重要体现。我国司法实践中，一些地区已经对附条件不起诉制度进行了有益的尝试，取得了良好的社会效果。所谓附条件不起诉，就是人民检察院对轻微的未成年人刑事犯罪，符合起诉条件，但有悔改表现的，作出附条件不起诉的决定，同时设定一定的考验期和应当遵守的规定，考验期满没有违反规定的，最后作出不起诉决定。因为这是新形势下一项带有探索性的制度，法律对它的适用范围限制得较窄，主要是未成年人涉嫌刑法分则第四章、第五章、第六章规定的犯罪，可能判处一年有期徒刑以下刑罚的案件。为正确适用附条件不起诉，要求人民检察院在作出附条件不起诉的决定以前，应当听取公安机关、被害人的意见。法律还设定了公安机关要求复议、提请复核或者被害人申诉的程序，规定未成年犯罪嫌疑人及其法定代理人对附条件不起诉有异议的，人民检察院应当作出起诉决定。对被附条件不起诉的未成年犯罪嫌疑人的监督考察，由检察机关负责，由未成年犯罪嫌疑人的监护人予以配合，考验期为六个月以上一年以下。在考验期内被附条件不起诉人违反有关规定的，人民检察院应当撤销附条件不起诉决定，提起公诉；如果没有违反规定，考验期满的，作出不起诉决定。附条件不起诉制度是对现行不起诉制度的丰富和完善，检察机关要严格按照法定条件和程序适用好，充分发挥这项制度在教育、感化、挽救未成年犯罪人方面的作用。

郭书原：相比修订前的《刑事诉讼法》，新《刑事诉讼法》第三十四条规定了人民法院对特殊情况下应当通知法律援助机构指派律师为犯罪嫌疑人、被告人提供辩护，同时增加了人民检察院和公安机关对犯罪嫌疑人、被告人委托辩护人权利的保障义务。从"人权保障"的角度，我们应当如何理解这一修改？

单民副所长：修订前的《刑事诉讼法》所规定的法律援助仅限于法院审判阶段，我们通常称之为指定辩护。但是我们知道，犯罪嫌疑人、被告人的辩护权并不始于审判阶段，侦查和审查起诉阶段犯罪嫌疑人就享有辩护的权利，而且侦查和审查起诉阶段，犯罪嫌疑人更需要法律援助的支持。为此，本次刑事诉讼法修订后，首先将辩护人介入的时间提升至"第一次讯问或采取强制措施之日起"，同时将法律援助辩护的起点也向前延伸到侦查阶段，这是对我国《刑事诉讼法》第十四条，公、检、法机关有保障犯罪嫌疑人、被告人辩护权的具体体现。同时我们还注意到，从人权保障角度出发，法律援助辩护的范围还有所扩大，特别是对可能判处无期徒刑的犯罪嫌疑人、被告人，公、检、法机关都应当通知法律援助机构指派律师为其提供辩护，这就突破了原来强制提供法律援助辩护的案件仅仅限于可能判处死刑的案件，扩大了援助范围，更好地强化了人权保障的理念。

郭书原：其实就人权保障说开来的话，新刑事诉讼法的内容不限于此，当然另一方面我们也注意到本次刑事诉讼法在注重人权保障的同时，还进一步增加了国家打击犯罪的能力，而其中最为明显的就是"技术侦查措施"的引入，请您谈一下针对技术侦查，检察机关如何对其做好监督，保障技术侦查合法、合理地行使？

单民副所长：近年来，随着我国犯罪类型的多样化、复杂化，犯罪活动日渐呈现出高智能化、高科技化、组织性强、隐蔽程度高的发展趋势，但受制于现有法律的规定，现有的侦查措施相对单一、不足，在侦查惩治犯罪的过程中，侦查机关常常面临着发现难、取证难、认定难的窘境。为了提高打击犯罪的能力，满足实践的现实需要，新修改的《刑事诉讼法》在原《刑事诉讼法》"侦查行为"一章中设专节对"技术侦查措施"作出了明确规定，解决了技术侦查长期于法无据以及所获材料不能直接作为证据使用的难题，丰富和完善了侦查措施体系，一定程度上提高了侦查机关打击犯罪的能力。但技术侦查本身是把"双刃剑"，用之得当可以造福人民，保卫社会；但用之失当则殃及民众，甚至会引发社会的不稳定。为此，必须要做好对技术侦查的规制，我认为要实现这一目的，需要从技术侦查内外两个方面着手：

一方面，就是从侦查机关内部设立严密的技术侦查启动条件、适用原则以及严格的技侦对象、期间和具体种类。以正当程序的理念，细化对技术侦查的使用程序，以精细化的程序规制技术侦查。

另一方面，就是落实和强化检察机关对技术侦查的外部性监督，实现侦查监督的科学化和规范化。具体可以从三个方面来着手：首先落实检察机关对技术侦查活动享有的调查核实权。具体来说，可以是询问有关知情人或者当事人，与办案的侦查人员谈话，查阅调取或者复制相关法律文书、案卷材料等方式强化侦查监督。其次，检察机关对违法的技术侦查活动有通知纠正权。具体的方式可以是对于正在发生的违法技术侦查行为，如超期限的监听活动，发出纠正违法通知书，通知侦查机关限期立即纠正。而对于已然发生的违法行为，可以发出检察建议、检查意见，对相关责任人予以行政处罚，等等。最后，检察机关对于经过调查核实发现的技术侦查活动中的渎职等犯罪行为，应当将调查的相关材料或线索移送有管辖权的侦查机关，由该侦查机关立案侦查，追究相关责任人的刑事责任。除此以外，检察机关还可以通过新刑事诉讼法赋予其对技术侦查所获的证据材料以严格审查权，通过非法证据排除规则阻却非法技术侦查行为不择手段、不问是非、不计代价的滥用。当然，需要指出的是，检察机关通过适用非法证据排除规则来监督技术侦查时，并不必然对违法的取证材料一概排除，对于技术侦查取证轻微违法、危害结果不大的瑕疵证据，可以通知侦查机关补正或作出合理解释来监督技术侦查行为。这也体现了检察机关对技术侦查比例性的监督，是侦查监督规范化、合理化的表现。

郭书原： 为强化人民检察院对羁押措施的监督，防止超期羁押和不必要的关押，新《刑事诉讼法》规定了犯罪嫌疑人、被告人被逮捕后，人民检察院对羁押必要性审查的程序，您认为检察机关应当怎样理解"羁押必要性"？

单民副所长： 羁押是对犯罪嫌疑人、被告人拘留、逮捕后持续限制其人身自由的法律活动。目前，世界各国刑事诉讼中的保释制度比较发达，犯罪嫌疑人被逮捕、拘留后大多很快能得到保释。而我国现行刑诉法由于没有规定羁押的必要性审查制度，羁押期限往往被等同于办案机关的办案期限，以至于造成羁押成为常态、非羁押成为例外的现象。本次新《刑事诉讼法》第九十三条增设了羁押必要性审查制度，规定犯罪嫌疑人、被告人被逮捕后，人民检察院仍应当对羁押的必要性进行审查。对不需要继续羁押的，应当建议予以释放或者变更强制措施。有关机关应当在十日以内将处理情况通知人民检察院。这是给检察机关新增加的一项重要职责，也是尊重和保障人权的一项重要制度，对改变刑事诉讼实践中把羁押作为一种常态的习惯做法具有重要意义。羁押必要性审查应重点审查逮捕时适用的条件是否已发生变化，即是否有再次犯罪和妨碍诉讼的危险性，如果不继续羁押不会发生新的犯罪危险，不会影响诉讼的正常进行，就应当释放或者变更强制措施。具体由检察机关哪个部门来负责羁押必要性审查，从有利于获取羁押必要性的信息看，由承办审查逮捕和审查起诉的部门根据诉讼程序进展依次进行审查似乎较为合理。但是，由于羁押场所的监督是由监所检察部门负责，对羁押是否确有必要其发现也更为准确和及时，因此监所检察部门在羁押必要性审查方面也发挥着非常重要的作用。对于羁押必要性审查的主体，还有待于理论的论证和实践的探索。另外，就审查的时间而言，我认为至少在审查批准延长侦查羁押期限时要对羁押的必要性进行审查，但不应仅仅局限于此，在羁押一定期限后进行审查也非常必要，至于时间，具体的审查程序需要通过司法解释予以论证和最终确定。

郭书原： 新《刑事诉讼法》还对简易程序进行了改造，吸纳了"被告人认罪的普通刑事案件的简化审程序"的大部分内容，同时对于检察机关而言，新《刑事诉讼法》明确规定，对于简易程序，检察人员都要出庭支持公诉。对此，您有何评价？

单民副所长： 适用简易程序审理公诉案件，人民检察院均应当派员出席法庭。这是本次刑事诉讼法修改简易程序制度中的一个重大修改。1996年刑诉法规定，适用简易程序审理的公诉案件，人民检察院可以不派员出席法庭。这次的修改，既有利于法庭形成控辩审三角构造，确保公正审理案件；同时也是强化检察机关在简易程序中履行审判监督职能的法律制度性促进。当然，这也给检察机关尤其是公诉机关带来了新的挑战。即如何在"案多人少"的情况下，提高简易程序的出庭公诉效率，实现审判监督的效果。我认为检察机关需要注意的要点有三：

第一，要正确把握简易程序的适用范围。新《刑事诉讼法》第二百零八条规定："基层人民法院管辖的案件，符合下列条件的，可以适用简易程序审判：（一）案件事实清楚、证据充分的；（二）被告人承认自己所犯罪行，对指控的犯罪事实没有异议的；（三）被告人对适用简易程序没有异议的。"刑事案件绝大部分都是由基层人民法院审判的，符合上述条件的案件比例也很大，因此可以预想，将来可适用简易程序审理的案件范围是非常宽的。当然，也要看到该法第二百零九条对适用范围所作的限制性规定："有下列情形之一的，不适用简易程序：（一）被告人是盲、聋、哑人，或者是尚未完全丧失辨认或者控制自己行为能力的精神病人的；（二）有重大社会影响的；（三）共同犯罪案件中部分被告人不认罪或者对适用简易程序有异议的；（四）其他不宜适用简易程序审理的。"

第二，被告人对适用简易程序具有选择权，除上述条文把"被告人对适用简易程序没有异议"作为适用条件之一外，第二百一十一条还规定："适用简易程序审理案件，审判人员应当询问被告人对指控的犯罪事实的意见，告知被告人适用简易程序审理的法律规定，确认被告人是否同意适用简易程序审理。"如果被告人不同意，则必须转为普通程序审理。

第三，对于符合适用简易程序的案件，人民检察院在提起公诉的时候，可以建议人民法院适用简易程序。

第四，对如何出席简易审法庭，允许检察机关在严格执行这一新规定的前提下，积极进行探索，既可以对公诉人进行适当的专业分工，培养一批专职出席简易审或者普通审程序的公诉人，也可以与人民法院密切配合，对简易审案件实施"捆绑式"开庭，一次开庭可以审理多个案件，最大限度地提高诉讼效率。

郭书原：新《刑事诉讼法》第一百九十三条第一款规定："法庭审理过程中，对与定罪、量刑有关的事实、证据都应当进行调查、辩论。"这意味着在法庭审理程序中增加了量刑程序。请您谈谈检察机关在运用这一程序时应当注意哪些方面？

单民副所长：正确适用量刑程序，保证对被告人罚当其罪。将量刑纳入法庭审理程序，是近年来司法改革的一项重要内容。新刑诉法充分肯定了这一改革实践成果，规定"法庭审理过程中，对与定罪、量刑有关的事实、证据都应当进行调查、辩论"。检察机关在运用这一程序时要注意以下几点：一是在提起公诉时，要根据犯罪的性质、情节、后果及影响量刑的各种因素，综合考量，积极提出量刑建议，量刑建议一般要有一定幅度。二是在法庭审理过程中，对与定罪、量刑的事实、证据都要进行举证、质证，进行充分的调查和辩论。三是要与法院、律师等积极配合，共同探讨如何在法庭审理中使量刑程序与定罪程序更好地有机结合起来，明确哪些情况可以与定罪程序一并进行调查、辩论，哪些情况可以就量刑程序单独进行调查、辩论，使量刑程序进一步规范化，定罪和量刑都更为精准，做到有罪必罚，罚当其罪。

郭书原：非常感谢您接受我们的采访。

杨迎泽简介:

　　中共党员,1988年7月毕业于中国政法大学研究生院刑事诉讼法专业,获法学硕士学位。1995年9月至1996年7月在丹麦哥本哈根大学法学院做访问学者。国家检察官学院党委委员、副院长、教授。2000年获国务院政府特殊津贴。主编《检察机关管辖案件罪名认定》、《公诉人出庭公诉操作实务》等19篇著作,合著《检察证据实用教程》、《检察机关直接受理立案侦查案件罪名认定与处罚》等20余部著作,在《人民检察》、《政治与法律》、《法学杂志》、《法制日报》等报纸杂志上发表论文、译文50余篇。

《刑事诉讼法》的修改与刑事证据制度的变革

——访国家检察官学院副院长　杨迎泽

郭书原：杨副院长您好！感谢您能接受我的采访！十一届全国人大五次会议通过了《全国人民代表大会关于修改〈中华人民共和国刑事诉讼法〉的决定》，刑诉法终于完成了第二次修改。不少读者对刑诉法修改背景比较感兴趣，您能否给大家简单介绍一下？

杨迎泽副院长：好的。我国现行的刑事诉讼法是 1979 年 7 月 1 日通过的，在 1996 年 3 月 17 日八届全国人大四次会议进行了第一次修改，此次是刑诉法的第二次修改。刑事诉讼法的第一次修改是很成功的，使我国更加法制化、科学化、民主化了，在打击犯罪的同时，更加注重人权保障，在国际上反响也相当好。此后，随着经济社会的快速发展、改革开放的深化，我国新加入了一些国际刑事公约。因此，2002 年，十届全国人大感觉到刑事诉讼法不适应国内外形势的需要，准备第二次修改。2003 年 12 月，十届全国人大常委会将刑诉法再修改纳入立法规划，并准备在任期内完成刑事诉讼法的修改。当时，立法部门也做了一些努力，推出修改方案，方案也是征求过公、检、法、司等部门和学者、律师的意见。会议上，不少问题意见分歧比较大，立法部门感到拍板难度大。加之十七大召开在即，全国人大法工委于是将刑事诉讼法的修改向后推延到十一届人大完成。

十七大以后，中央加强司法改革工作，不少问题涉及刑事诉讼法的修改。一些全国人大代表和有关方面陆续提出修改完善刑事诉讼法的意见和建议。2009 年，十一届全国人大常委会再次将刑诉法再修改列入立法规划，2010 年 3 月 14 日第十一届全国人民代表大会第五次会议予以修正。

郭书原：回顾新刑诉法的修改历程，您觉得有哪些是最值得回味的？

杨迎泽副院长：从宏观上来看这次修改，首先得谈谈这次修改的难度。

在我国刑事诉讼法修改"按兵不动"的十几年来，我国刑法以通过"修正案"等形式作出了多次补充修订，使刑法体系和罪行结构获得了进一步完善。但刑事诉讼法修改和刑法不一样，比刑法修改的难度大。刑法修改主要是罪名、量刑方面的修改，对实务部门影响不大，容易取得一致意见。但刑事诉讼法修改涉及面比较广、内容比较复杂，比如涉及权力的再分配、司法资源的合理配置等方面，实务部门往往各有自己的想法。比如，在上一届全国人大常委会任期内讨论修改刑诉法时，有些实务部门甚至认为他们的权力不应该被制约，对非法言词证据是否排除的争议都很大。这些复杂性和重要性决定了刑事诉讼法修改不能像其他法律那样很快完成。

此次刑诉法的修改，各个实务部门协调、沟通都比较充分，听取了全国人大代表、基层办案部门、律师和专家学者的意见，尽管对于拟修改的条款，实务部门不见得每条都同意，但从总体、宏观方面来看，基本取得了共识，最终形成了刑事诉讼法修正案。

其次就是这次修改倾向强化人权保障。对于刑诉法再次修改的内容，很多专家认为"相当力度地推进了刑诉法的科学化、民主化、法治化；对解决司法实践中刑讯逼供、长期羁押、辩护失灵、辩护效力差、辩护率低、程序不公、实体不公等比较突出的问题，有相当程度的解决"。

此次修改，辩护权这一部分是修改得最好的，最有亮点的，这包括侦查阶段辩护人身份的明确，对于律师法有关规定的进一步落实等。

与辩护权的变化相比，侦查权的变化也呈现出既强化又限制的特点。刑诉法再修改体现侦查权强化的部分是，拟将秘密侦查权赋予侦查机关，重大案件讯问犯罪嫌疑人的时间延长至24小时。侦查阶段重大案件全程录音录像、采取强制措施后要立即将犯罪嫌疑人送到看守所等规定，则表明对侦查权的制约。整体来说，此次修改强化公权力的条文不多，强化人权保障措施力度相对要大，涉及的面也更宽。

最后就是这次修改进一步强化了证据作用。证据是诉讼的灵魂。刑事证据的"成色"如何，直接影响定罪量刑，影响办案质量，影响人权保障。证据制度是本次刑诉法修改的一个重要内容。不仅"证据"一章的条文从8条增加到16条，新增了两种证据类型，更重要的是完善了非法证据排除制度，强化证人出庭和保护制度，并明确规定了刑事案件的证明标准。这对今后的执法工作提出了新的更高的要求。客观、理性、平和地履行法律监督职责，维护司法公正是检察官的职业追求。按照新刑诉法的规定，检察机关既要收集、出示不利于被告人的证据，又要收集、出示有利于被告人的证据，以准确惩治犯罪，保障人权。

郭书原：那么针对这次修法中证据制度的修改，您认为亮点有哪些？

杨迎泽副院长：证据是诉讼的灵魂。也正是从这一点上，我觉得这次刑诉法的修改是比较成功的。关于证据制度方面的亮点有许多，比如说：不得强迫自证其罪；配偶、父母、子女可拒绝作证；证据种类中新增加电子数据等；新增加证人包括鉴定人强制出庭制度；对证人可进行专门性保护制度；建立了非法证据排除制度；建立了证人补偿制度；规定了"证据确实、充分"的证明标准或条件；明确了刑事司法机关与行政执法机关在物证、书证上的衔接；等等。

郭书原：证据是司法机关查明案情、认定犯罪、进行诉讼活动的基础。但是我们了解到，此次刑事诉讼法修改，涉及证据制度的立、改、废，既有不少亮点，也引来多方热议。比如说关于非法证据排除制度。在非法证据排除适用时，如何理解禁止自证其罪与如实回答的矛盾？

杨迎泽副院长：第五十条新增"不得强迫任何人证实自己有罪"的规定，同时《刑事诉讼法》第一百一十八条规定："犯罪嫌疑人对侦查人员的提问，应当如实回答。"有人认为，这说明沉默权仍然没有被我国法律明确认可。只有有条件地确立沉默权制度，才能有效遏制刑讯逼供。

现实中，刑讯逼供、屈打成招的冤假错案屡禁不止。原因之一是，法律规定犯罪嫌疑人有供述自己是否犯罪的义务，且侦查机关将获取的口供作为直接证据使用。侦查机关过分依赖口供、以口供为中心展开侦查的司法现状，不得不让人担心；一方面，公安、检察等侦查机关对刑讯逼供等非法取证措施的采用屡禁不止；另一方面，侦查机关如果一味依赖口供，是否会阻碍办案人员侦查技术和侦查设备的提高。

侦查机关对此反应十分强烈。认为沉默权入法，法律超前，难以驾驭和执行，对惩治犯罪将造成妨碍。拥有侦查权的公安机关、检察机关，承担着查办案件的巨大责任和巨大风险。沉默权入法，无疑让侦查机关办案成本大幅提高，现有侦查方式面临巨大挑战。侦查机关的担忧不无道理。侦查机关行使侦查权，目的是找出犯罪真凶、惩治犯罪。一旦犯罪嫌疑人有权沉默，不回答侦查人员提问，有可能导致一部分犯罪嫌疑人逃脱法律制裁，给社会生活带来更大的不稳定。另一方面，佘祥林案、赵作海案不能禁止，不但给当事人身心健康造成严重伤害，也引起社会公众的普遍关注。

郭书原：那么在保护犯罪嫌疑人合法权利和打击犯罪之间，平衡点究竟在哪里？

杨迎泽副院长：参与刑事诉讼法修改的中国政法大学教授陈光中认为，如实供述不应该是犯罪嫌疑人的义务，应删除刑诉法修正案中对"犯罪嫌疑人对侦查人员的提问，应当如实回答"的规定。对"不得强迫任何人证实自己有罪"应完整表述为"不得强迫任何人证明自己有罪或者作不利于自己的陈述"。他认为，"证明"与"证实"含义有别，"证实"是指证明到属实，为了进一步保护犯罪嫌疑人的正当权利，用"证明"更恰当。

郭书原：此外，有关非法证据排除制度入法，有些学者认为摒除"毒树之果"须列举性禁止，对此您怎样看？

杨迎泽副院长：有学者表示，刑事诉讼法修正案草案对非法取证的规定，仅仅为"采用刑讯逼供等非法方法收集的犯罪人、被告人供述和采用暴力、威胁等非法方法收集的证人证言、被害人陈述，应当予以排除"，这显得过于笼统，应该用明确和详细的列举，才可能在一定限度内遏制刑讯逼供。

对此，也有刑事诉讼法专家提出了相反意见。中国政法大学教授顾永忠认为"威胁、引诱、欺骗与一些侦查讯问技巧和手段有重合，笼统规定未尝不可"。

陈卫东教授强调，侦查人员对犯罪嫌疑人作出特别恶劣、严重的威胁、引诱、欺骗应当被禁止。他建议增加一条：如果威胁、引诱、欺骗已严重地侵犯了当事人的权利，严重影响司法公正的，应该属于非法证据加以排除。至于谁来界定威胁、引诱、欺骗是否"严重"，陈卫东认为属于法官自由裁量权范围，可以通过司法解释或者通过最高人民法院发布的判例来确定，而不能完全凭法官的主观判断。

郭书原：我们发现，一般来讲，错案都有共同的特点：证据瑕疵，不是证据内容证明不了事实，就是取证程序违反法律规定。对此您能谈谈新刑诉法有什么好的对策吗？

杨迎泽副院长：好的。其实对于你说的这个特点，前者要解决的是证据内容的证明力问题；后者要解决的是取证程序的合法性问题。

解决证明力问题，除了突出物证的首要地位、将"鉴定结论"修改为"鉴定意见"外，新刑诉法新增了辨认、侦查实验等笔录与电子证据两类证据类型。这就扩展了法定证据的外延，使证明案件事实的手段更加多元。同时，法律规定行政机关在行政执法和查办案件过程中收集的材料，在刑事诉讼中可以作为证据使用，从而有利于提高诉讼效率，有效保全证据，强化行政执法与刑事司法的衔接。

在解决证据客观性与关系性问题的同时，还必须努力解决取证的合法性问题，确保证据经得起质疑和挑剔。为此，新刑诉法要求对讯问进行录音录像，以规范取证行为。最高人民检察院早就要求对自侦案件"全面、全部、全程"进行录音录像。由此取得的材料的证明力，不仅可以成为言词证据的固定手段，而且还可以作为视听资料，独立证明取证过程的合法性。

我常讲，证据是刑事诉讼中的"短板"。要补强"短板"，提高依法规范取证能力，就要求办案人员牢固树立无罪推定理念，在不得强迫任何人证实自已有罪的前提下，坚持重证据、重调查研究，不轻信口供的办案原则，坚持惩治犯罪与保障人权并重。同时，要切实强化证据意识，尽快学习掌握获取和运用新的证据类型的本领，更加严格地在各项证据之间进行对比权衡，切实履行检察官的客观性义务。

郭书原： 那么在补强"短板"的过程中，如何具体贯彻落实非法证据排除规定呢？

杨迎泽副院长： 这应当区分言词证据与实物证据。对于非法言词证据，运用绝对排除的原则；对于非法实物证据，适用相对排除即附条件排除的原则，即物证、书证的取得方法违反法律规定，致使严重影响司法公正的必须补正或作出合理解释，否则，对实物证据应当予以排除。非法证据排除与检察机关关系极为密切，检察机关在侦查、审查起诉时发现有应当排除的证据的，应依法排除，不得作为起诉意见、起诉决定的依据。另外，新刑诉法还赋予了检察机关对非法证据的调查核实权；非法证据的庭审调查由检察机关承担证据收集合法的证明责任，证明的手段应结合"两个证据规定"的内容。当然，肩负诉讼职能和诉讼监督职能的检察机关，不仅自身要规范侦查，而且还要监督侦查机关依法取证，严防刑讯逼供。为此，有人建议，逐步探索建立非法证据审查发现机制、非法证据排除听证程序、非法证据认定排除机制等"五大机制"，防止非法证据产生，防止非法证据流入检察机关甚至法庭。这些是有一定可取性的。

郭书原： 我们了解到，在实践中，通知证人到案难，到案后说实话难，通知其到法庭上接受质证更难，被称为刑事作证"三难"。"三难"带来的证人出庭作证率过低，直接影响了刑事诉讼的公信力。缺乏充分质证的证人证言，谁也无法保证它的证明力。对这个问题新刑诉法是如何解决的，您又是怎样看的？

杨迎泽副院长： 为彻底改变这一局面，新刑诉法规定证人证言只有在法庭上经过公诉人、被害人和被告人、辩护人双方质证并查实以后，才能作为定案的根据。同时规定了证人作证的义务、范围、补偿办法和作伪证的法律责任。这一制度不仅明示作证是每一个公民的义务，而且明确履行出庭作证义务的范围，应当到庭而不到庭的法律后果，包括强制到庭和拒绝作证的惩罚措施，以及对惩罚措施不服的救济程序。与此同时，立法还对证人、被害人因作证面临的危险，采取了坚决的保护措施，包括因作证而带来的经济损失的补偿，以及人身安全保护措施等。

证人出庭和证人保护的新规定给检察机关的办案工作提出了全新的挑战。一旦证人站到证人席上，在质证程序中证人面对控辩双方的盘问，证人证言瞬息万变的情况随时可能出现，这对公诉部门的刑事司法能力提出了更高的要求。我认为消除证人顾虑，加强对证人的保护和补助，是应对这种挑战必不可少的措施。强制证人出庭及制裁措施的适用不宜操之过急，证人出庭率过低，不完全是因为法律滞后，还有着复杂的国情因素。近期内，强制证人出庭及制裁措施仍需慎重使用。

郭书原：刑事法学界有句话说到，刑事证明标准是检验刑事证据质量的试金石。新刑诉法对刑事案件的证明标准作出了明确规定，即案件事实清楚，证据确实、充分。对于这个证明标准，您能否详细解读一下？

杨迎泽副院长：在这里，证据确实是就个别证据而言的，是对证据质的要求；证据充分是就全案证据而言的，是对证据量的要求。证据充分以证据确实为基础。为了将这一标准具体化，新刑诉法还对"确实、充分"进行了以下详细的具体化规定：定罪量刑的事实都有证据证明；据以定案的证据均经法定程序查证属实；综合全案证据，对所认定事实已排除合理怀疑。

司法实践中如何正确理解和把握"排除合理怀疑"的证明标准是值得深思的。排除合理怀疑并不是排除一切怀疑，也不是要求排除只有微弱可能性的怀疑，更不是想象的怀疑或者无端的猜测，合理怀疑是指有事实证据和逻辑依据的怀疑。同时，我国的排除合理怀疑标准更加强调排除证据之间的矛盾，得出的结论为唯一结论。

说到这，我要强调一点。证据确实、充分与案件事实清楚相互依存，共同构成了证明标准的完整内容。提高诉讼能力重在提升证明能力，提升证明能力必须强化证据意识。过渡期内，执法人员要切实树立和强化依法取证、非法证据排除、刑事证明标准等意识，强化学习，不断总结经验，探索机制方法，以充足的知识储备、有益的实践积累积极迎接新刑诉法的实施。

郭书原：感谢杨副院长对新刑诉法的解读。相信读者通过这次访谈，对正确理解和适用证据制度新规定能有进一步的认识。再次感谢杨副院长！

陈胜才简介：

　　1963年生，四川岳池人，现任重庆市人民检察院党组成员、副检察长、检察委员会委员，曾任重庆市人民检察院第一分院反贪局副局长、副检察长。1983年入西南政法学院法律系学习，获法学学士学位。主持最高人民检察院检察应用理论研究重点课题、重庆市人民检察院重点课题等省部级以上课题4项，在《人民检察》、《西南政法大学学报》、《重庆理工大学学报（社会科学版）》等核心期刊上公开发表《盗、抢毒品与犯罪客体的冲突及协调》、《自首制度中投案对象之行为有待规范》、《自侦案件"以事立案"模式论析》、《重庆市司法工作人员职务犯罪现状及其原因分析》、《两个证据规定背景下的刑事证据审查研讨》等学术论文10余篇。

检察机关贯彻新《刑事诉讼法》涉及的
主要问题的理解与建议

——访重庆市人民检察院副检察长　陈胜才

郭书原：陈副检察长您好！感谢您接受我们采访！十一届全国人大五次会议通过的《全国人民代表大会关于修改〈中华人民共和国刑事诉讼法〉的决定》，对我国的刑事诉讼制度和司法制度作了重大改革和完善。对此您能否结合检察工作实践，给读者谈谈您的理解？

陈胜才副检察长：好的。十一届全国人大五次会议通过的《全国人民代表大会关于修改〈中华人民共和国刑事诉讼法〉的决定》，对我国的刑事诉讼制度和司法制度作了重大改革和完善，从立法精神、基本原则到具体条款的规定，都体现了有效打击犯罪、切实保障人权、加强监督制约的辩证统一。从总体来看，新刑诉法完善了证据制度、辩护制度、强制措施、侦查措施、审判程序和执行程序，增设了未成年人刑事案件诉讼程序、刑事和解程序、没收程序和强制医疗程序等，全面强化了检察机关对刑事诉讼活动的法律监督，赋予了检察机关更大的责任。新刑诉法是继 1996 年刑事诉讼法修改后的又一次重大而系统的修改，对检察机关更新理念、规范执法行为，提高执法能力、强化法律监督提出了一系列新的更高要求，也给检察工作带来了诸多新挑战。

郭书原：挑战具体有哪些，您能否详细谈谈？

陈胜才副检察长：好的。我认为挑战主要有四点。第一就是新刑诉法与落实中央司改相关制度存在衔接问题。新刑诉法充分吸纳了 2008 年中央《关于深化司法体制和工作机制改革若干问题的意见》（以下简称《司改意见》）提出的改革意见的实践成果。例如，司改意见提出改革和完善侦查措施和程序、审查逮捕制度、诉讼制度、人民检察院对刑罚执行的法律监督制度等意见，均充分体现在本次修法的法条上。但本次修改也有对司改意见的不完全吸收的情况，如限制了附条件不起诉的适用范围，司改意见提出："健全审查起诉制度，设立附条件不起诉制度。"对于附条件不起诉制度适用范围没有限制，而新刑诉法则明确了只适用于未成年人。再如司改意见提出："对刑事自诉案件和其他轻微刑事犯罪案件，探索建立刑事和解制度，并明确其范围和效力。"而新刑诉法中的刑事和解将范围明确限制在以下两类案件：一是因民间纠纷引起，涉嫌刑法分则第四章、第五章规定的犯罪案件，可能判处三年有期徒刑以下刑罚的；二是除渎职犯罪以外的可能判处七年有期徒刑以下刑罚的过失犯罪案件。

郭书原：那么您如何看待司改意见与新刑诉法的不同之处？

陈胜才副检察长：我认为，对于落实中央司改建立的相关制度只要与新刑诉法没有明确冲突，依旧可以继续执行。例如，省级以下人民检察院立案侦查的案件由上一级人民检察院审查决定逮捕等一些行之有效的制度，即使没有纳入新刑诉法但仍应有效。而检察机关自身正在探索的制度，如附条件逮捕，新刑诉法完全没有涉及，是否继续适用和探索，尚需认真斟酌。

第二点挑战在于新刑诉法赋予了检察机关新的职能，但同时加大了检察机关工作量。新刑诉法赋予检察机关更多的执法任务和监督职责，如对指定居所监视居住的监督，对羁押必要性的审查，庭前准备会议，适用简易程序案件公诉人出庭，对附条件不起诉的监督考察，公诉案件刑事和解程序，在没收程序中对违法所得进行调查核实和提出没收申请，对强制医疗决定和执行的监督，证据合法性证明、关键证人出庭带来的庭审交叉询问等都增大了检察机关的工作量和难度。这些新的工作任务和职责的履行，都需要相应的人力、物力、财力等司法资源配置来予以保障。

第三，辩护权的扩张对职侦工作和公诉工作带来极大挑战。新刑诉法明确律师侦查阶段介入诉讼的辩护人身份，将现行立法关于犯罪嫌疑人在侦查阶段只能聘请律师提供法律帮助的规定修改为"犯罪嫌疑人在侦查期间可以委托律师作为辩护人"。除危害国家安全犯罪、恐怖活动犯罪、特别重大贿赂犯罪案件外，在侦查期间律师会见在押的犯罪嫌疑人不需经侦查机关批准。辩护律师持"三书"要求会见在押的犯罪嫌疑人、被告人的，看守所应当及时安排会见，且不被监听。这些规定进一步强化了辩护权对侦查权、公诉权的监督和制约，对促进侦查活动更加规范有序地进行具有重要的积极意义。但另一方面也给职侦和公诉工作带来了考验，如强化了犯罪嫌疑人的对抗心理，导致拒供、翻供的现象增多。检察机关要适应辩护制度和人权保障的新要求，通过不断提高自身素质和能力适应新刑诉法的变化。

另外，新《刑事诉讼法》第五十条规定"不得强迫任何人证实自己有罪"，同时在一百一十八条规定"犯罪嫌疑人如实回答可以从轻处罚"，体现了鼓励认罪与保障人权的统一，也体现了我国司法文明现代化循序渐进的立法思路。这要求我们的侦查人员要逐步实现侦查模式从封闭走向公开透明转变、从由供到证向由证到供的取证模式转变、从传统侦查方法向信息引导侦查方式转变，要求公诉人员要树立全面审查案件的观念，尽量避免受侦查机关起诉意见书先入为主的影响，进一步加强与辩护律师的交流和沟通，畅通诉辩之间的交流渠道和平台，并提高出庭支持公诉的能力，特别是证明证据合法性的能力。

第四点挑战在于公诉人出庭支持公诉难度增大。新刑诉法强化了检察机关的证明责任，明确规定公诉案件中被告人有罪的举证责任由人民检察院承担。同时，随着非法证据范围的扩大，有些物证、书证一旦排除，案件很可能不能提起公诉或者提起公诉被判无罪。当出现证据合法性问题时，检察机关还要承担证明证据合法性的责任，证明不能，该证据就要排除，指控风险进一步加大。证人、鉴定人、侦查人员如果不出庭作证，公诉人证实证据具有合法性、确保证据证明力的难度加大。在审查起诉和审判阶段，辩护律师均可以查阅、摘抄、复制本案的全部案卷材料，在这样的条件下律师与公诉人之间存在着信息不对称，虽然新刑诉法也规定了辩护人收集的有关犯罪嫌疑人不在犯罪现场、未达到刑事责任年龄、属于依法不负刑事责任的精神病人的证据，应当及时告知公安机关、人民检察院，但依然存在着证据突袭的可能性。

郭书原： 那么针对这些挑战，您能否结合实践工作提出一些建议？

陈胜才副检察长： 好的。针对这些现实挑战，我认为可以从这些方面着手加以改进。

第一，要转变执法观念。要树立打击犯罪与保护犯罪嫌疑人、被告人合法权利并重的观念，公平、公正、公开的观念，严格规范文明执法的观念，以及讲求司法效率、优化司法效果的观念。特别要注意防止重打击轻保护、重监督别人轻自身监督、重案件查办轻矛盾化解等偏向。

第二，要抓好学习培训。从目前了解的情况来看，一些院对学习新刑诉法并没有紧迫感，学习的针对性和实效性也不够，因此，要把学习新刑诉法作为今年教育培训工作的重点，利用新刑诉法实施的契机进一步提高执法能力。除了通过邀请专家学者举办专题辅导、组织专题研修、网络培训、知识竞赛、研讨会和考试等形式外，更主要的是要积极督促和动员检察干警特别是执法办案一线人员自觉结合实务问题积极思考，准确理解立法原意，做到学懂弄通、熟练掌握，切实增强学习的实效。

第三，要加强调研总结。新刑诉法涉及面广，修改条文多。这就要求我们通过深入的调查研究，及时、全面、准确掌握全市检察机关实施新刑诉法面临的突出问题、普遍问题、困难和障碍，在调研工作中边调研边分析、边调研边总结，并积极向最高人民检察院提出制定贯彻新刑诉法的诉讼规则和相关司法解释提出有价值的参考建议。

第四，要加强与公安、法院的协调，做好过渡时期相关工作的指导。为确保新旧法的平稳衔接，防止工作上的失误和执法上的空白，我们必须加强与其他机关特别是公安、法院之间的沟通，既要按1996年刑事诉讼法的规定做好工作，又要为新刑诉法的修改做好充分准备。

第五，要加强人力物力保障。新刑诉法在加大检察工作责任的同时，也大幅度提高了检察机关的工作量，需要加大人力、物力投入。全市各级检察机关要主动争取党委、政府的支持，积极申请用足已有的检察编制，招录大学生补充检察队伍，并加大物质保障方面工作力度，以适应工作的需要。

郭书原：刚才您从宏观上提出了一些贯彻新刑诉法的实践中存在的问题和建议，现在我们精选了一些具体的问题想请您解答。

陈胜才副检察长：好的。

郭书原：检察机关由哪个部门负责羁押必要性的审查？羁押必要性审查的重点是什么？

陈胜才副检察长：我认为，根据新《刑事诉讼法》第九十三条之规定，犯罪嫌疑人、被告人被逮捕后，检察机关仍应当对羁押的必要性进行审查，这表明无论犯罪嫌疑人、辩护人是否提出申请，无论案件处于哪个诉讼环节，检察机关均应主动进行审查，因此，赋予检察机关监所部门负责羁押必要性审查是合理的，侦查监督部门或者公诉部门均存在诉讼环节不匹配的问题，并且我们应该注意到，羁押必要性审查与第九十三条所确立的犯罪嫌疑人、被告人及其法定代理人、近亲属或者其辩护人申请变更强制措施的权利不同，后者的受理和审查应由相应阶段的部门负责审查，既审查逮捕环节由侦查监督部门负责，进入审查起诉环节，则由公诉部门负责，并且最后所作出的结论效力与羁押必要性审查作出的结论效力也不同。当然，具体由哪个部门负责羁押必要性的审查工作应由高检院出台司法解释加以明确。至于第二个问题，逮捕后的羁押必要性审查通常是在逮捕一段时期后进行，主要评估有无继续危害社会的可能，能否保障诉讼顺利进行，因此，审查的重点要在掌握犯罪嫌疑人、被告人所犯罪行的性质、情节是否严重的基础上，重点审查本人对所犯罪行是否有坦白、自首、立功和悔罪情节，是否积极赔偿受害人，在本地有无固定居所、工作单位等方面的信息，在对其人身危害性作一综合评价后，决定是否建议有关机关对在押人员予以释放或者变更强制措施。

郭书原：新刑诉法对非法证据排除的程序没有予以规定，就检察机关而言，仅规定审查起诉发现有应当排除的证据，应当依法予以排除，不得作为起诉决定的依据，那么检察机关依据何种程序排除非法证据？

陈胜才副检察长：检察机关要排除非法证据，对瑕疵证据进行补正或者作出合理解释，我个人认为应当采取比较严格的三级审批程序，对涉及罪与非罪的关键证据的排除，应该提请检察长或者检察委员会决定。至于排除非法证据，对瑕疵证据进行补正或者作出合理解释是否应当向当事人或者辩护人公开，值得认真思考。

郭书原：新刑诉法规定对不符合法定程序收集的物证、书证应当予以补正或者作出合理解释，但却未对公安机关、检察机关应当采取何种程序进行补正或者作出合理解释予以规定。

陈胜才副检察长：我认为，如果是非法证据被排除，应当告知当事人，尤其是辩护人。至于对瑕疵证据的补正或者作出合理解释，因为新刑诉法和"两个证据规定"对此均没有作出规定，需要我们在实践中加以探索，我的意见是凡是经过补正或者作出合理解释的证据被作为指控证据提交法庭，检察机关应当将证据补正的情况提交法庭进行质证。

郭书原：司法实践尤其是职侦案件中，对辩护人在什么情形下可以提请启动非法证据排除程序没有详细的规定，导致诉讼效率降低。如职侦案件中，什么情形下移送同步录音录像，是当庭播放还是庭下播放，哪些人可以观看等均没有相关规定。对此您怎样看？

陈胜才副检察长：实践中，辩护人提出启动非法证据排除程序，要求查看同步录音录像。对此我认为，检察机关很难采取有效方法予以规避，我们只有充分利用庭前准备会议这一平台，与审判人员、辩护人等就非法证据排除问题达成共识，避免庭审中纠缠证据合法性问题，提高庭审的效率。此外，职侦部门应当严格依法取证，按照高检院与市院的相关规定做好同步录音录像工作，避免给起诉工作带来不便。

郭书原：如果庭前会议已经就证据合法性问题达成一致意见，庭审中被告及其代理人又提出非法证据排除请求应当作何处理？侦查人员如果不出庭作证，是否一律作为非法证据排除？

陈胜才副检察长：检察机关必须充分预测法庭上可能出现的证据合法性调查情况，做好庭审举证示证预案；检察机关自侦案件的侦查人员必须转换为被审查的角色，做好到庭应诉的准备。另外，我个人认为，如果人民法院要求侦查人员出庭，侦查人员应该按照新《刑事诉讼法》第五十七条第二款的规定出庭，如果侦查人员拒绝出庭，人民法院应当有权认定该证据收集不合法并予以排除。

郭书原：后发生证言改变应当如何应对？面对律师熟稔的盘问证人和辩护

技巧，公诉人如何提高应对能力？

陈胜才副检察长：我觉得可以从这些方面来着手应对：首先，认真审查案件材料，强化对关键证人证词的审查力度，可以复核关键证人的证词，必要时可以实行同步录音录像。其次，充分利用庭前准备会议，对证人出庭等相关问题达成一致。再次，做好出庭预案，对证人出庭后出现的证言变化情况要进行充分预测。最后，大力培养公诉人当庭质证的能力和技巧。

郭书原：我们发现，新刑诉法虽然规定庭前准备会议由公诉人、辩护人、当事人、诉讼代理人参加，但参加人在庭前准备会议中的地位和权利尚不明确。如诉讼参与人在庭前准备会议中所提出的意见是否必须具备书面形式，诉讼参与人是否享有举证权，诉讼参与人是否享有辩论权，庭前会议程序是否应当公开进行，诉讼参与人未在庭前准备会议中提出诸如回避、证人出庭、非法证据排除等问题，而在刑事案件开庭审理过程中提出，在法律上应当如何对待诉讼参与人未在庭前准备会议中行使其权利的结果？

陈胜才副检察长：设置庭前准备会议的目的是为了在庭前准备会议中消除可能造成审判中断和拖延的因素，以达到控辩审三方对即将开庭审理的案件争论点做到心中有数，从而提高庭审质量和诉讼效力，其核心还是为后续的庭审服务。因此，从提高庭审效率和增强庭前会议作用出发，应明确规定庭前准备会议研究、协商、讨论有关问题的一定约束力。以我的观点，检察机关应当在人民法院确定庭前会议时间地点后，对会议讨论的内容做好准备工作，除了法律明确规定的回避、出庭证人名单、非法证据排除问题外，还可对案件的管辖异议、案件适用简易程序还是普通程序、是否公开审理、申请重新勘验鉴定、证据的提前调查和保全、解除或变更强制措施、附带民事诉讼的单独审理等其他事项进行了解情况、听取意见。另外，在庭前会议还可以开展证据展示、证据交换等工作。检察机关应当同人民法院进行沟通，比如哪类案件可以启动庭前准备程序，哪些案件又必须启动，人民法院应当提前几日告知庭前准备会议的时间、地点和会议主要议题。

郭书原：新刑诉法规定应当听取被害人的意见，如果被害人不谅解，检察机关是否可以适用附条件不起诉？附条件不起诉的监督考察由检察机关哪个部门负责，公诉部门还是监所部门？

陈胜才副检察长：我先回答第一个问题，附条件不起诉制度主要着眼于在国家层面建立一个对犯轻罪的未成年人从宽处罚的制度，不应把"取得被害人谅解"作为适用附条件不起诉的前提条件，在特定情况下，即使被害人不谅解，检察机关也可以作出附条件不起诉。至于第二个问题，因为附条件不起诉并不是最终的处理结果，还需检察检察机关在考验期满后作出不起诉或者起诉的决定，因此，附条件不起诉的监督考察由公诉部门负责比较合适。

郭书原： 我们发现，新刑诉法规定的刑事和解适用的范围，比实践中开展的刑事和解范围要窄，检察机关对其他刑事案件是否能够开展和解，这类案件的和解在法律上如何定位？新刑诉法要求公、检、法主持并制作调解协议，那么检察机关是否有必要委托人民调解员进行调解？检察机关主持刑事和解是否应该邀请人民监督员、相关单位的人员参与？对公安、法院主持的和解如何开展监督？

陈胜才副检察长： 我认为，公、检、法对其他案件应该也可以进行刑事和解，但是法律后果与新刑诉法规定的刑事和解法律后果不一样，可以认为是犯罪嫌疑人、被告人认罪态度好，可作为酌情从轻处理情形。至于人民调解员，新刑诉法既然已经明确规定人民检察院应当听取当事人和其他有关人员的意见，并主持制作和解协议，因此，检察机关不易委托人民调解员进行和解，因为人民调解员进行调解后，检察机关依然要听取当事人意见，不利于提高效率。刑事和解主要是当事人双方的事情，如果检察机关能够顺利促成调解，可以不邀请其他人员参与调解，因为这样会增加检察机关工作量，但是刑事和解过程要公开化、透明化，对和解结论的运用要进行论证说理。对公安、法院主持的和解，检察机关应当通过听取双方当事人的意见，着重从和解的自愿性合法性方面进行审查。

郭书原： 没收违法所得的证据材料的范围是哪些？是否应该有一个证据标准？违法所得没收程序应该采取何种审理方式？检察机关是否派员参与审理？违法所得没收应该由检察机关哪个部门负责办理？对于应当没收的财产应当由哪个机关执行？

陈胜才副检察长： 没收程序是一种在犯罪嫌疑人、被告人不在案的情形下，把刑事定罪和资产没收予以分离，将资产没收作为一种独立措施的法律制度。我认为，要没收当事人的违法所得，证据标准至少应当符合刑事立案的要求。为保证当事人合法权益，违法所得没收程序宜采取开庭审理或者听证方式，无论采取哪种方式，检察机关均应该派员出席。没收违法所得由公诉部门办理比较合适。至于没收的财产，依据人民法院的生效判决，公安、检察机关应当将查封、扣押、冻结的财产移交给人民法院，由人民法院将违法所得上缴国库。

郭书原： 强制医疗的性质是行政性措施还是刑事性措施？精神病鉴定的启动程序应怎样？谁有权启动精神病的鉴定？当事人或者其代理人是否可以自行委托进行鉴定？谁有权进行精神病鉴定？检察机关如何对强制医疗程序进行监督，由哪个部门负责，如何启动？

陈胜才副检察长：关于强制医疗，多数人承认其具有保安处分的性质，从我国现行刑法和新刑诉法的规定来看，强制医疗措施应当属于刑事性措施。从新刑诉法的规定来看，公、检、法均有权启动精神病的鉴定程序。从充分保障当事人权益的角度，应当赋予代理人启动精神病的鉴定程序。鉴定人和鉴定机构必须符合《全国人民代表大会常务委员会关于司法鉴定管理问题的决定》的规定，鉴定机构必须有依法进行精神病鉴定的资格。强制医疗程序的办理应由公诉部门负责向人民法院提出申请，对强制医疗程序进行监督则可由监所部门办理，依申请启动监督程序。

郭书原：感谢您在宏观上对贯彻新刑诉法的建议和在微观上对具体问题的耐心解答，相信理论研究者和实务工作者都能从中找到自己想要的答案。再次感谢您百忙之中能接受我们的采访！

王祺国简介：

　　1963年4月生，汉族，浙江省奉化市人，现任浙江省人民检察院党组成员、副检察长，兼任国家检察官学院浙江分院院长。浙江省首批杰出法学青年，浙江省首批检察业务专家，浙江省法学会诉讼法研究副会长，数所高等院校兼职法学教授。发表各类法律文章300余篇，其中发表在国家法学类核心期刊40余篇，十余次获得省级二等奖以上奖项。先后承担20余项省级以上法律课题，参编了《走向二十一世纪的中国法学》等11部法律著作。1987年，参加《公证法》的起草工作。2004年，个人事迹收录到《中国法律年鉴》，《检察日报》报道其"书剑人生路"。2012年7月，浙江人民出版社出版其个人文集《法的思辨》。

修改后的《刑事诉讼法》对职务犯罪侦查工作的影响

——访浙江省人民检察院副检察长　王祺国

郭书原：王副检察长您好！很荣幸邀请您来做这次采访。检察机关的宪法定位是国家法律监督机关，其中很重要的一项工作就是对职务犯罪的侦查。对此，新刑事诉讼法也有不少变动。所以，今天我们想向您请教一些相关问题。

王祺国副检察长：好的，我一定尽力解答。

郭书原：1997年实施的现行刑事诉讼法对检察机关的职务犯罪侦查工作带来的挑战是深刻的，15年来，很多地方的检察机关的职务犯罪侦查工作仍然没有适应这部法律的规定，实践中普遍反映这部法律对职务犯罪侦查工作保障不足、制度超前。检察机关的职务犯罪侦查法律保障远远落后于公安机关对刑事犯罪的侦查的规定。这对今年刑事诉讼法修改有什么影响吗？

王祺国副检察长：你说得很对，长期以来，无论是司法实务界，还是法学理论界，都竭力呼吁在修改的刑事诉讼法中加强对检察机关职务犯罪侦查工作的法律保障。这次修改后的刑事诉讼法显然充分体现了这一点，对职务犯罪侦查工作提供了较为充分的保障。

郭书原：新《刑事诉讼法》第一百一十七条第二款规定，传唤、拘传持续的时间不得超过十二小时；案情特别重大、复杂，需要采取拘留、逮捕措施的，传唤、拘传持续时间不得超过二十四小时，而现行的《刑事诉讼法》第九十二条第二款规定，传唤、拘传的时间最长不得超过十二小时。这种在特别的案件中对传唤、拘传的时间延长是不是您所说的对职务犯罪侦查工作的一种保障呢？

王祺国副检察长：是的，传唤、拘传时间的延长在时间上保障了职务犯罪侦查。这就是我所说的其中一种保障。

郭书原：您还能再列举些其他例子吗？

王祺国副检察长：可以。我再举三个例子吧。首先，特别重大的贿赂犯罪案件，在侦查期间辩护律师会见在押犯罪嫌疑人，应当经侦查机关许可，而一般的案件，律师在侦查阶段担任辩护人会见在押的犯罪嫌疑人不需要经过侦查机关许可。辩护律师会见犯罪嫌疑人、被告人时不被监听。其次，特别重大的贿赂犯罪，在住处执行可能有碍侦查的，经过上一级人民检察院批准，也可以在指定的居所执行监视居住。很明显，检察机关在职务犯罪侦查中多了一种采取监视居住的强制措施的手段。再次，人民检察院在立案后，对于重大的贪污、贿赂犯罪以及利用职权实施的严重侵犯公民人身权利的重大犯罪案件，根据侦查犯罪的需要，经过严格的批准手续，可以采取技术侦查措施，按照规定交有关机关执行。这是法律上第一次赋予检察机关严格的技术侦查权，必将极大地提高侦查工作的科技含量，增强职务犯罪侦查工作的能力。

郭书原：新刑事诉讼法除了增强对职务犯罪侦查工作保障外，其他修改内容对职务犯罪有没有影响？

王祺国副检察长：当然有。新刑事诉讼法全面加强了对犯罪嫌疑人、被告人的人权保障，这将对职务犯罪侦查工作带来更多的挑战。

郭书原：新刑事诉讼法对检察机关职务犯罪侦查规定上的重大变化是历史性的，有利于检察机关依法查处职务犯罪，同时也加大了在法律领域打击严重腐败的力度。有人认为这对检察机关职务犯罪侦查工作的保障是积极而长远的。您怎样看？

王祺国副检察长：是这样，可以说，这次修改总体来讲更加符合职务犯罪的属性和规律，但如果仅是法条上的变化还不足以有效实施新刑事诉讼法的相关规定，还需要检察机关在职务犯罪侦查工作中牢固树立一些理念。

郭书原：您认为检察机关应当树立怎样的理念呢？

王祺国副检察长：综观刑事诉讼法修改的整体，我认为应当有这样几个方面的理念：一是人权保护的理念。二是文明规范的理念。三是突出重点的理念。四是强化初查的理念。

郭书原：您先给我们谈谈"人权保护的理念"吧？

王祺国副检察长：好的。尊重和保护人权是刑事诉讼法的重要任务，是这次刑事诉讼法修改的一个重要的主线，体现在刑事诉讼的全过程。职务犯罪侦查的主要对象是国家工作人员，这些人身份特殊，对自身的人格、尊严和权利的维护意识更强；这些人备受关注，办案中稍微损害他们的权益，就可能成为舆论炒作的热点。修改后的刑事诉讼法在侦查的初期就确立了律师的辩护制度，明确了律师在审查起诉阶段可以向被告人审核证据，建立了非法证据排除规则等，使得诉讼的公开性和透明度大大增强，律师的辩护活动基本上涵盖了刑事诉讼的主要过程，职务犯罪侦查活动已经不再神秘。

郭书原：在这种情况下，检察机关如果在办案过程中有任何侵害犯罪嫌疑人、被告人合法正当权益的行为，就会随时被律师发现和指控，侦查工作因此会陷于被动，检察侦查的权威性就会动摇。

王祺国副检察长：是这样，所以就必须把尊重和保护人权置于十分突出的位置，正确处理好打击与保护的关系，确保职务犯罪侦查工作从一开始就把保护人权这一法定义务履行好，让侦查工作朝着健康的方向发展。

郭书原：尊重和保障人权是我国宪法所要求的，在职务犯罪侦查中树立这样的理念也是应当的，那为什么还要有文明规范的理念呢？

王祺国副检察长：理性、平和、文明、规范是检察执法都要始终坚持的工作方针。在职务犯罪侦查工作中，更要坚持这样的工作方针。修改后的刑事诉讼法一方面增强了检察机关的侦查手段和侦查措施，如赋予了检察机关严格的技术侦查权，可以对特别重大的贿赂犯罪采取指定居所监视居住的强制措施等；另一方面进一步严格了办案程序，如律师在侦查活动的初期就可以担任辩护人，确立了非法证据的排除规则等。这是两个相互联系、不可割裂的方面，集中起来对检察机关侦查活动的文明规范提出了更高的要求。如充分保证律师的辩护权，对律师会见犯罪嫌疑人、被告人不得监听；要接受犯罪嫌疑人及其近亲属、辩护律师对侦查活动中可能存在违法的申诉、控告，并进行审查提出纠正的意见等。可以说，在职务犯罪侦查工作全程更为公开、抗辩性增强的情况下，检察机关的职务犯罪侦查工作必须更加注重理性文明、程序规范、方法适当、措施合理，更应当加强对侦查活动的内部监督。

郭书原：您说得很有道理，那什么是突出重点的理念？您这里说的"重点"是什么？又应当如何突出重点呢？

王祺国副检察长：职务犯罪侦查工作是反腐败斗争重要的组成部分，是最为严厉的惩治手段，其在社会上会产生各个方面广泛的影响，加大依法查处力度首先要体现在突出重点上。修改后的刑事诉讼法赋予检察机关更多、更有力的强制措施和侦查手段，其中一个重要的前提就是职务犯罪案件案情重大或特别重大。如适用指定居所监视居住必须是"特别重大的贿赂犯罪"，采用技术侦查措施的职务犯罪案件也必须是"重大"的案件等。这并不是指检察机关办理的职务犯罪案件都必须要动用这样特别的侦查手段，而可以忽略对一般职务犯罪案件的查处，而是讲依法查处职务犯罪案件重点应当放在有影响、有震动的职务犯罪大案要案上。这样的侦查工作重点是完全符合党和国家反对腐败的工作方针的，也是有利于确保办案取得良好的法律效果、政治效果和社会效果的。办理小案的合理性主要体现在一些国家工作人员严重侵害民生利益的案件，如贪污救济款、扶贫款、社保资金等，以及为侦查重大的窝案、串案打基础的个别小案。

郭书原：也就是说，为适应刑诉法的修改，检察机关更要在反腐败斗争的总的工作重点上进一步突出打击职务犯罪的锋芒，集中精力依法查处危害大、民愤大的职务犯罪大案要案、窝案串案。

王祺国副检察长：对！这一点是务必要保持清醒头脑的。同时，还有一点值得我们注意。强化初查是多年来检察机关侦查职务犯罪的一项基础性工作，不仅认识上越来越重视，而且实践中不断深化发展，已经成为职务犯罪侦查实务中必不可少的基础环节。这就是我说的强化初查的理念。可以说，强化以秘密为主要形式，以获取证据为主要内容，以决定立案为主要目的的秘密初查已经成为依法侦查职务犯罪的立身之基、生命之源。修改后的刑事诉讼法以规定律师在侦查初期就可以担任辩护人为主要标志，刑事诉讼抗辩制度前移到侦查阶段，律师在审查起诉环节还可以向被告人核实证据，这使得职务犯罪侦查活动和以后的诉讼活动始终处于更加开放和有力制衡的状态之中。而检察机关承担的举证责任和实行非法证据排除规则，又对职务犯罪侦查工作的规范性提出了严格的要求。同时，诸如指定居所监视居住、采取技术侦查措施都发生在侦查初始环节，有一个对特别重大贿赂犯罪等认定的客观依据问题。所有这些规定，集中到一点，就是要进一步强化秘密初查，夯实侦查的基础。案件的事实是靠调查出来的，职务犯罪侦查活动其实是立案之前秘密初查的程序转换和调查工作的延续，两者在事实、证据的本质上是先后递进的关系。不仅如此，初查工作还决定着侦查的方向、策略和计谋乃至理性、规范办案，对职务犯罪侦查工作具有整体上的意义。因此，在修改后刑事诉讼法背景下，我们把强化秘密初查置于任何重要的地位都不过分。一句话，初查是侦查的前奏，是开启侦查大门的钥匙，是侦查成功的决定性因素，是侦查工作的重中之重。

郭书原：通过您刚才的讲解，我们知道新刑诉法赋予了检察机关有力的侦查手段，那么在侦查方式上会有哪些转变？

王祺国副检察长：不少同志通过与现行刑诉法的对比，认为修改后的刑事诉讼法是对职务犯罪侦查工作的"松绑"，无论是侦查的时间上，还是侦查的措施上有了更大的回旋余地和选择空间，因而存在盲目乐观的思想，以为今后的职务犯罪侦查工作会轻松许多，减压不少。滋生这样的想法既反映了多年以来一些检察机关并没有从根本上适应现行刑诉法关于一次性传唤、拘传犯罪嫌疑人最长不得超过十二小时的规定，也反映了对刑诉法修改没有从整体上正确把握存在的认识误区，这种过于乐观、高枕无忧的消极的认识如不改变，在修改后的刑诉法执行中将是十分有害和十分危险的。刑事诉讼法对职务犯罪侦查工作的重大修改，对检察机关而言，挑战与机遇并在，且挑战大于机遇。集中到一点，就是要坚定不移地推动职务犯罪侦查工作方式的转变。我认为有五个方面的转变。

首先，要实现侦查方式从粗放型向精细化的转变。自 1997 年现行刑事诉讼法实施后，检察机关职务犯罪侦查工作开始改变过去很长时间围绕获取口供为主要目标的阵地式、拘禁型、封闭化的狭窄的、呆滞的侦查模式，重视秘密初查和侦查谋略，强调信息引导侦查、提高侦查工作的科技含量，推动侦查一体化机制建设、形成大侦查工作格局等。相对以往，职务犯罪侦查工作更加显现自身的侦查规律和特点，逐步探索出一条新的路子。

郭书原： 那有没有什么不足呢？

王祺国副检察长： 有。不可否认，由于法律规定的限制，特别是职务犯罪侦查工作理念上的偏差，职务犯罪侦查工作仍然没有从根本上走出低、小、散的传统程式，初查工作不深不细，依赖拘禁型的侦查习惯，重侦查战术轻侦查战略，侦查工作信息基础薄弱、科技含量低，侦查一体化机制运作乏力、合力不强等使得职务犯罪侦查工作缺乏可持续发展的动力，侦查观念和侦查能力并没有实现质的提高。这就导致职务犯罪侦查工作并没有真正走上信息化、智能化、一体化、优质化的内生型、集约型的精细化发展路子。由于没有从根本上摆脱粗放式的侦查模式，职务犯罪侦查工作难以做到转型升级、可持续发展。

郭书原： 所以，推动侦查方式从粗放型向精细化的转变是十分必要的。

王祺国副检察长： 没错，但是，我们不能仅"精细"，还需要有"质效"。这就是说，我们要实现侦查目标从数量型向质效型的转变。可以说，由于侦查模式过于粗放，长期以来的职务犯罪侦查工作始终在如何正确处理好办案数量与办案质量之间、大案和小案结构之间、局部与整体之间艰难地选择着，偏重于办案数量是普遍的不争的事实。而以办案数量为评价职务犯罪侦查绩效的主要依据则又进一步固化了职务犯罪侦查的急功近利的粗放模式，不注重案件风险决策、规范文明、深挖细查、优质高效有了现实、充分的理由。修改后的刑事诉讼法对职务犯罪侦查工作释放的一个十分重要的信号就是要更加突出办理有影响、有震动的职务犯罪大案要案，这无论是在指定居所监视居住上、技术侦查上，还是律师在侦查阶段会见犯罪嫌疑人的规定上，都显示了这一点。像法律上这样直接明确的规定对职务犯罪侦查工作的重要启示是一定要突出抓住职务犯罪侦查工作的重点，集中精办查办大案要案。这与党和国家加大反腐败斗争力度和重点查处腐败大案要案的方针是完全一致的。所以我们应当深化对职务犯罪侦查中办案数量与办案质量之间相互关系的认识，要进一步明确检察机关侦查的职务犯罪案件是指有质量、有效率和有效果的数量，是三者有机统一的数量。

郭书原： 有了以侦查的质效来指导职务犯罪侦查工作，侦查工作就不会唯数量至上，也不会四处出击、打"太极拳"。必然会坚持不打无准备之仗，也必然在侦查中穷追猛打、深挖窝案串案，自觉地推动办案的优质高效，形成职务犯罪侦查工作的良性循环。这是您所说的第二个转变，那第三个转变是什么呢？

王祺国副检察长： 第三个是要实现侦查活动从封闭型向开放型的转变。

郭书原： 请您详细讲解一下。

王祺国副检察长： 好的。在开放型社会、信息化时代，检察机关的职务犯罪侦查工作广泛得到社会各界、舆情媒体的关注，使本来已经很敏感的职务犯罪案件往往成为各方面集聚的热点和焦点，所以多年来检察机关在职务犯罪侦查中先后推行了人民监督员制度、批准逮捕权上提一级等重大的监督举措，目的是进一步增强职务犯罪案件侦查活动的公开性和透明度，以此促进侦查能力的提高和侦查的规范，增强职务犯罪侦查的公信力和权威性。但由于职务犯罪案件本身具有的隐蔽性、对抗性，在现行法律赋予职务犯罪侦查手段十分有限的情况下，职务犯罪侦查工作主要以有效获取口供为主要内容，决定了侦查工作以拘禁型讯问为主要形式，侦查活动的封闭性、神秘性十分突出。律师介入职务犯罪侦查工作，为犯罪嫌疑人提供法律咨询受到检察机关的严格限制。这也是司法实践中，检察机关与律师之间存在的重大冲突之一。

郭书原： 修改后的刑事诉讼法规定律师在第一次讯问和对犯罪嫌疑人采取强制措施后就可以委托律师担任辩护人，律师在检察机关审查起诉阶段可以向被告人核实证据，检察机关承担举证责任，以及严格实行非法证据排除规则。这些修改应该会带来一定的影响吧？

王祺国副检察长： 是的，这些修改使得职务犯罪侦查工作全程处于律师的监控之中，这就决定了职务犯罪侦查工作是在更开放的条件下进行的，对开放的反制必须要符合法律的规定。依然按以往的侦查活动严格限制律师介入的做法，检察机关职务犯罪的侦查工作就会经常受到外来的指责和攻击，特别是以非法证据排除规则来彻底否定侦查工作合法性会烽火四起。我们要自觉地适应在开放条件下的职务犯罪侦查工作，这是修改后刑事诉讼法对职务犯罪侦查工作的必然要求，没有其他任何理由回到过去封闭型的侦查工作的老路上。

郭书原： 原来在开放性和信息化的现代社会这种背景下，职务犯罪侦查工作也会逐渐走向公开。请您谈谈第四个转变。

王祺国副检察长： 第四个是要实现侦查中心以口供型向证据型的转变。在适应现行刑事诉讼法的十多年时间里，检察机关已经在很大程度上改变了以往唯口供至上、以是否获取口供为案件突破决定性标志的观念，重视线索的秘密初查和信息的运用，重视案件证据的收集和研判，重视立案的风险决策和讯问的谋略运用，把依法调查收集证据特别是客观证明置于职务犯罪侦查工作更加突出的地位。但不可否认的是，各地在侦查实践中对证据在侦查活动中的重要地位的把握上并不一致，把侦查重心放到依法调查证据的认识并不自觉。对贿赂犯罪侦查中把侦查工作的希望寄托在口供之上并非少数，最能够反映的是对贿赂犯罪嫌疑人大多数采取了拘禁型的侦查措施，在有的重要的行贿证人身上也反映出强制取证的现象。

郭书原：看来口供是"证据之王"的错误认识根深蒂固，这会带来怎样的危害呢？

王祺国副检察长：这种以口供为中心的侦查活动极易造成侦查的不文明、不规范，甚至于刑讯逼供等违法办案的现象，还会引发犯罪嫌疑人的逃跑、自残、自杀等办案安全事故。而其最直接的后果是忽视对客观证据的依法、全面、及时的收集，尤其是对犯罪嫌疑人有利的证据。这种侦查活动实际上是有罪推定的纠问式诉讼的现实反映，其结果不仅严重损害对犯罪嫌疑人的人权保护，而且严重影响侦查活动的合法性，使广泛、丰富的侦查活动异化为简单的人与人之间在讯问室里的较量，已经严重背离以专门性的侦查手段和强制措施综合构成的丰富多彩的侦查活动的本来面目，已经与以全面、客观、及时地收集证据的侦查属性背道而驰。

郭书原：这就是旧的"口供型"为侦查中心的危害所在，那如何做到"证据型"呢？

王祺国副检察长：在适应修改后的刑事诉讼法条件下，我们必须牢固树立职务犯罪侦查工作以证据为中心的观念，以最大限度地调查收集证据为开展一切侦查工作的出发点和归宿，以证据多少、证明力大小来检验和推进侦查工作。调查收集证据应当按照证据属性和规则，做到依法、全面、客观、及时，既要收集有利于揭露证实犯罪的证据，又要收集有利于犯罪嫌疑人的证据，既要收集直接证据，又要收集间接证据，并必须保证调查收集证据依法进行。

郭书原：您刚才谈了四个转变，最后一个是什么呢？

王祺国副检察长：最后一个是实现侦查机制从单一型向一体化的转变。多年来，检察机关职务犯罪侦查工作逐步重视推进侦查一体化步伐，最高人民检察院先后就侦查一体化作出了不少规范性的规定，要求各级检察机关要广泛应用侦查一体化侦查机制，其中一个重要的标志就是建立了地市级以上检察机关的侦查指挥中心。可以说，侦查一体化机制顺应了新时期职务犯罪发展变化的规律，在集中力量侦查特别重大的职务犯罪、窝案串案中发挥了十分重要的作用。同时侦查一体化理论研究也不断深入，逐步形成了完整的科学的体系，在指导实践上起到很积极的作用。同时我们也应当看到，侦查一体化机制的推行时间不长，实践中仍然存在不少问题。主要是一些地市检察机关对侦查一体化认识还不到位，没有成立由检察长为组长的领导小组，平时组织结构松散、机制规范不严、人员责任不清、启动程序不畅，有的仅把侦查一体化理解为侦查部门的侦查合力，更多的仅把侦查一体化理解为检察机关自身的侦查合力，缺乏侦查一体化与反腐败斗争领导体制、协调机制和社会协同的对接，侦查一体化实际上成为检察机关侦查办案中的一种临时性模式。与此相关的是，侦查一体化得以有效运作的侦查信息情报网络严重滞后，大多数地市以上的检察机关并没有专门从事信息工作的机构和人员，即使一些地方逐步建立起来像行贿档案查询系统、举报线索集中管理分流系统乃至个别建立了专门的职务犯罪信息中心，但并没有按照职务犯罪侦查的特点和规律进行科学的分类管理和有针对性的开发，其对职务犯罪侦查一体化的指示和引导作用十分有限。因此，要适应修改后刑事诉讼法在高度开放、多元监督、突出重点、文明规范条件下的侦查一体化进程，建立相应的全面及时、准确客观、系统科学、传递快捷的职务犯罪侦查信息库是必要的。说到底，侦查一体化的生命就是侦查信息的一体化，离开信息的支持，职务犯罪侦查一体化无疑是"镜中花、水中月"。

郭书原：您刚才从侦查目标、侦查方式、侦查类型、侦查中心、侦查机制这五个方面系统地讲解了为适应修改后的刑事诉讼法，职务犯罪侦查工作应当作出的转变。这五个转变之间的关系又是什么呢？

王祺国副检察长：我认为，适应修改后的刑事诉讼法，实现职务犯罪侦查工作的五个转变，是一个相辅相成的有机统一体，是一个理论和实践结合的系统工程。其主线是实现职务犯罪侦查从粗放型向集约型的转变，以精细化的侦查保证侦查办案的精品化。当然，一方面我们要看到转变侦查方式的必要性和紧迫性；另一方面也要看到转变侦查方式的艰巨性和长期性，需要我们在不断探索法律变化条件下职务犯罪侦查的规律和属性，有的放矢、循序渐进地推进侦查方式的转变。

郭书原：随着刑事诉讼法的修改，职务犯罪侦查工作需要相应的转变。检察机关在适应这些转变时应该着重把握哪些内容呢？

王祺国副检察长：我认为有三个内容需要着重理解和把握。第一个是如何正确把握特别重大贿赂犯罪等情形。《刑事诉讼法》第七十三条规定，对特别重大贿赂犯罪，经上级检察机关批准，可以在指定的居所监视居住。第三十七条规定，特别重大的贿赂犯罪案件，在侦查阶段律师会见在押的犯罪嫌疑人，应当经侦查机关许可。同时，《刑事诉讼法》第一百四十八条规定："人民检察院在立案后，对于重大的贪污、贿赂犯罪案件以及利用职权实施的严重侵犯公民人身权利的重大犯罪案件，根据侦查犯罪的需要，经过严格的批准手续，可以采取技术侦查措施，按照规定交有关机关执行。"

应当看到，修改后刑事诉讼法的这些规定，更加符合职务犯罪的特点和规律，更加有利于依法打击重大的职务犯罪。这是多少年来检察机关所期盼的，它从法律的角度丰富了惩治职务犯罪的手段，增强了打击严重职务犯罪的威慑力和有效性。我们很多同志对法律上有这样的规定欢欣鼓舞，认为法律为职务犯罪侦查工作硬了翅膀、强了力度，检察机关的职务犯罪侦查工作必定由此活力大增。

郭书原： 那您是如何看待这个问题的呢？

王祺国副检察长： 我认为，从法律对上述侦查手续、侦查活动严格限制适用的条件来看，检察机关实施这些侦查手续和活动应当是职务犯罪侦查工作的少数情形，不应具有普遍性，总体上应当持十分慎重的态度。倘若对大多数职务犯罪案件动辄适用指定居所监视居住、采用技术侦查、律师在侦查阶段会见在押的犯罪嫌疑人需要由检察机关许可，不仅与法律规定基本精神相违背，而且会引起各个方面的强烈非议和恐慌，到头来又会对法律赋予检察机关这些特殊的侦查措施的必要性、正当性产生广泛的质疑，甚至于从根本上否定这些来之不易的侦查措施。

郭书原： 您为什么会有这样的判断，是不是曾有过类似的教训？

王祺国副检察长： 没错。类似的教训在检察历史上是有过的。像免予起诉制度是一种世界上通行的检察环节依法从轻处理案件的良好制度，由于不少检察机关实践中把它作为对一些进退两难案件找出路、下台阶的途径，最终这项重大的诉讼制度退出刑事诉讼之中，成为中国检察制度史上永久的遗憾。如果，我们对修改后刑事诉讼法的特殊的侦查措施不从立法本意上去严格把握，随意滥用，那么，不仅在实践中是十分盲目和危险的，而且在谴责声中会极大地动摇立法的稳定性。我们应当看到，在刑事诉讼法总体上强调尊重和保护人权的情况下，检察机关对特殊的侦查措施的使用一定要从严把握、谨慎为之。

郭书原： 所以，新刑事诉讼法对特殊的侦查措施的限制就尤为需要正确把握了。

王祺国副检察长： 是的。这里的关键是如何准确理解什么是特别重大的贿赂犯罪。贿赂犯罪作为国家工作人员利用职务之便收受或索取的财产型犯罪，要认定何为特别重大，应从犯罪构成的特殊性上把握以下几点。第一，涉嫌贿赂犯罪的主体身份高或人员多。第二，涉嫌贿赂犯罪的数额大、领域广。第三，虽然不存在上述情形，但犯罪手段恶劣，社会危害性严重等。在很多时候上述三个方面要统筹结合、综合考虑。比如，县处级以上国家工作人员的贿犯罪是要案，但仅仅是这样的一种身份，并不足以认定为特别重大的贿赂犯罪；

又如，从司法实践看，受贿大案是指个人累计收受贿赂五万元以上，哪怕个人受贿五十万元以上也不能都认定为特别重大的贿赂犯罪。认定特别重大的贿赂犯罪必须立足犯罪构成，既要从犯罪嫌疑人的身份、涉嫌犯罪的多少来把握，又要从犯罪主观恶性、犯罪手段恶劣、犯罪的社会危害严重程度等方面来把握，特别是要将贿赂犯罪的社会危害性和侦查的规律性两个方面结合起来。贿赂犯罪的社会危害性、犯罪嫌疑人的身份、涉嫌犯罪的数额、主观恶性是极为重要的方面，这些都可以从客观的一些依据上加以认定。

郭书原： 您说的把握特别重大的贿赂犯罪的要点时什么更重要一些呢？

王祺国副检察长： 我认为，把握侦查的规律性来认定特别重大的贿赂犯罪更为要紧。我们知道，贿赂犯罪是以言词证据为主要直接证据的犯罪，而言词证据需要行贿受贿对合才能对贿赂犯罪作同一认定，仅仅一方的供、证词只能证明是涉嫌贿赂犯罪。而侦查初期要完成对贿赂犯罪充分的、完整的证据链条一般是不可能的。这就表明，对大多数贿赂犯罪案件而言，在侦查初期要认定是否是特别重大的贿赂犯罪大多是建立在一定客观事实和证据基础上的符合侦查规律的一种合理的怀疑。

郭书原： 在这些原因的作用下，只有少数的案件在侦查初期能够从客观上、证据上认定是特别重大的贿赂犯罪。

王祺国副检察长： 是的。

郭书原： 您能列举一些例子来说明一下吗？

王祺国副检察长： 好的。这些少数能够在侦查初期就可以把握的特别重大的贿赂犯罪主要有：一是经过纪检监察部门立案调查、审查的已经涉嫌重大贿赂犯罪依法移送检察机关立案侦查的贿赂犯罪案件，这些案件已经有相当充分的事实、证据，只要结合犯罪构成和社会危害性，一般能够准确认定是否是特别重大的贿赂犯罪；二是其他侦查机关在侦查刑事犯罪案件、危害国家安全犯罪案件，以及走私、税务犯罪案件中，已经明显发现有关国家工作人员为包庇、怂恿、教唆这些犯罪而涉嫌重大的收受贿赂犯罪，只要综合分析贿赂犯罪的严重的社会危害性，通常也容易认定特别重大的贿赂犯罪；三是检察机关在侦查一般的职务犯罪案件过程中，有证据发现背后还存在着其他国家工作人员更为严重的贿赂犯罪，只要根据侦查工作的一般规律，判断这些贿赂犯罪是特别重大的案件是有基础的。

郭书原： 我们曾经听到过这样一种看法，在多数情况下，在侦查初期就要认定是特别重大的贿赂犯罪，是对职务犯罪侦查工作的严峻的考验。您怎么看待这个观点呢？

王祺国副检察长： 我同意这样的看法。由于职务犯罪侦查初期认定特别重大的贿赂犯罪直接关系到是否对犯罪嫌疑人采取指定居所监视居住和是否限制律师会见在押的犯罪嫌疑人等特殊的侦查措施，而已经明确的特别重大的贿赂犯罪属于极少数，因此，为了避免对特别重大的职务犯罪认定错误的风险，除了如前我所说的把握特别重大的职务犯罪各种因素外，还要特别注意以下几个方面。一是经过秘密初查，判断立案的贿赂犯罪是特别重大贿赂犯罪。如有证据表明，涉嫌贿赂犯罪相关的工程、项目、投资特别巨大，行受贿之间关系紧密、交往时间较长，分布的领域较广、涉及人员众多，贿赂犯罪嫌疑人巨额财产来源不明、生活腐化、奢侈等。这是侦查初期认定特别重大贿赂犯罪的基本前提。此外，职务犯罪嫌疑人平时长期身居特殊权力岗位，作风霸道、大权独揽、目中无人、我行我素等使权力运作缺乏监督和透明度等也是认定特别重大贿赂犯罪的重要因素。二是认为立案侦查的贿赂犯罪是特别重大的贿赂犯罪符合同类职务犯罪的客观现象。无论是同一检察机关立案侦查的同一行业、系统的贿赂犯罪案件，还是其他地区检察机关立案侦查的类似贿赂犯罪案件，贿赂犯罪都是有共性的。这一共性对职务犯罪侦查工作有普遍的指导意义，对认定特别重大的贿赂犯罪也有重大的导向作用。检察侦查实践中对一些看似不明显的涉嫌贿赂犯罪，如果把单个案件、线索纳入到同行业、同系统已经发生过的贿赂犯罪之中，通过比较、分析就可以判断这些贿赂犯罪可能是特别重大的贿赂犯罪案件。这是判定特别重大贿赂犯罪不可忽视的一条现实路径。三是根据侦查活动的一般规律，立案的职务犯罪侦查案件应当是特别重大的贿赂犯罪案件。职务犯罪侦查工作始终是由小到大、由浅入深、由表及里、由此到彼的动态的渐进的过程；也是一个从涉嫌犯罪到证实犯罪、由个案到窝案串案的过程，特别是侦查贿赂犯罪之初一般很少在一开始就是一个特别重大的案件。这里就有一个从客观基础上把握职务犯罪侦查规律的问题。一个丰富的能够熟练驾驭职务犯罪侦查工作的优秀侦查员，能够在侦查之初就能准确预测案件发展、变化的规律，透过初次讯问中犯罪嫌疑人的心理反映，结合初查中掌握的证据和信息，合理放大侦查的目标、扩大侦查的视野、设计侦查的谋略，把一个貌似小案的贿赂犯罪深挖成为一个特别重大的窝案串案。这种对侦查工作有准确洞察、研判的侦查思维不是建立在主观的随意推测的唯心主义之上，而是对侦查规律性的自觉认同和理性判断。这样的侦查思维在认定特别重大的贿赂犯罪中具有重大的现实意义。

郭书原：从犯罪嫌疑人可以在侦查阶段委托律师担任辩护人的角度看，确定特别重大的贿赂犯罪意味着律师要会见在押的犯罪嫌疑人应得到检察机关的许可，直接关系到对犯罪嫌疑人合法权益的保障和律师辩护职能的行使。在这样一种控辩关系中，我们应当如何把握特别重大的贿赂犯罪呢？

王祺国副检察长： 你说得很好，虽然我刚才谈了几点理解和把握特别重大的贿赂犯罪这一概念的标准，但为了防止司法实践中不必要的争议，最高人民检察院司法解释应当对什么是特别重大的贿赂犯罪予以明确。为求得共识、协调职务犯罪侦查权和辩护权的关系，在制定司法解释过程中应征求司法部的意见，避免在这个重大问题上产生严重的冲突。同时，检察机关在职务犯罪侦查实务中对认定特别重大的贿赂犯罪时应严格把握，不可随意扩大理解、广泛适用。即使认为是特别重大的贿赂犯罪，一般也不应在侦查全过程都限制律师会见在押的犯罪嫌疑人，在加快侦查进程和质量的前提下，只要不影响重大的侦查活动和重大案情的认定，就应及时通知相关看守所和辩护律师，保证辩护律师在侦查阶段有机会会见犯罪嫌疑人。这样做无论是微观上还是宏观上增加律师对检察机关的信任和树立侦查的权威性、公信力只有好处，没有坏处。

郭书原： 刚才，您对特别重大贿赂犯罪的认定进行了详细的讲解。我们知道认定重大贪污犯罪和严重侵犯公民人身权益的重大渎职犯罪，与重大贿赂犯罪一样，关系到是否可以经过严格审批，对相关人员和场所采取技术侦查手段。那么，对这两种情形的犯罪应当如何把握呢？

王祺国副检察长： 我认为应参照对特别重大贿赂犯罪认定的主要因素从严认定。但我同时有这样的看法，在职务犯罪侦查中，采用技术侦查手段的应当是极少数。技术侦查是通常侦查措施的补充和补强，并不是侦查活动的必经程序和必需手段。在我国检察机关长期没有技术侦查措施的条件下，今后检察机关虽然依法享有批准技术侦查的职权，但执行机关仍然是公安机关或国家安全机关。无论从职务犯罪的政治敏感性、社会关注度出发，还是从执行机关有限的人、财、物考虑，检察机关职务犯罪侦查中使用技术侦查措施一定要慎之又慎，即使案件的确重大，也不是必须要采用技术侦查手段的。把技术侦查手段严格控制在最必须、最小范围的案件之中，才是检察机关应有的严肃的立场。

郭书原： 特别重大贿赂犯罪与技术侦查手段的适用联系十分紧密，那在着重把握特别重大贿赂犯罪的同时，如何正确适用技术侦查也应是一个很重要的问题，您能谈谈吗？

王祺国副检察长： 可以。技术侦查是职务犯罪侦查工作中最具有科技含量的和具有威慑力的专门的侦查手段，是侦查科技化与智能化的有机统一。现行条件下，检察机关侦查职务犯罪特别是贿赂犯罪之所以过于依赖限制人身自由的强制措施，一个十分重要的原因就是没有技术侦查权，侦查以犯罪嫌疑人的口供为重点，在犯罪嫌疑人没有明确交代受贿的相关情节的情况下，难以在立案后有针对性地准确、快速地在外围获取有关书证物证、赃款赃物，侦查工作阵地式、讯问型色彩严重，社会面不宽、活力不够，带有一定的盲目性。修改后的刑事诉讼法首次赋予了检察机关对重大贪污贿赂犯罪案件和利用职权实施的严重侵犯公民人身权益的重大犯罪案件，经过严格的审批手续可以采取技术侦查措施的职权。这是适应重大职务犯罪案件的规律和特点对职务犯罪侦查法律上的重要保障，有助于更有力更及时地依法查处重大的职务犯罪案件。这一规定与《联合国反腐败公约》的规定相一致，也与大多数国家的法律规定相一致；同时也与修改后的刑事诉讼法关于电子数据的新类型证据形式相统一。它为职务犯罪侦查工作拓展空间、注入活力、丰富内涵、多策并举提供了法律支撑。同时，法律只是在特定的案件侦查中赋予检察机关严格的技术侦查批准权，技术侦查的执行仍然要由有关公安机关、国家安全机关执行。

郭书原：也就是说，如何正确适用是一个重大的现实问题。

王祺国副检察长：没错。因此，我认为，主要从三个方面严格把握。一是要从严把握好技术侦查权适用的条件。技术侦查不是职务犯罪侦查的必经程序，也不是必须采取的侦查措施，应当说是一种可选择性的特别的侦查手段。总的来讲，适用技术侦查坚持有限的和必要的原则，坚决避免任意适用给职务犯罪侦查工作带来重大的法律和政治上的风险。

郭书原：既然如此，那适用技术侦查权的基本条件是什么呢？

王祺国副检察长：有三个基本条件。首先，必须是法律规定的重大的贪污、贿赂犯罪以及利用职权实施的严重侵犯公民人身权利的重大犯罪案件。对这些案件的认定应当根据最高人民检察院的司法解释结合办案实际严格把握，掌握得越严越好。其次，必须是对相关的职务犯罪案件已经立案的案件。也就是说未予依法立案的案件是不可以采用技术侦查手段的。立案的手续要齐备、文书要规范，决不可采取先技术侦查再事后补办立案手续的先斩后奏的做法。最后，必须经过严格的批准手续。对已经立案侦查的重大职务犯罪嫌疑人被通辑追捕或已经决定、批准的重大职务犯罪嫌疑人在逃的，经过严格批准采用技术侦查措施是应有之义，而且由于这样的案件特别重大、犯罪嫌疑人还没有到案，因此采用技术侦查措施越果断、越有力越好，以确保依法有效地打击严重的职务犯罪行为。

郭书原：可是法律没有规定严格的审批手续是怎样的，实践中如何处理这个问题较为妥当呢？

王祺国副检察长：从慎重适用技术侦查措施来讲，按照干部管理权限，我认为科级以下的职务犯罪案件的技术侦查应由地市级人民检察院审批；县处级干部的职务犯罪案件的技术侦查应由省一级人民检察院审批；其他的一律由最高人民检察院审批。同时，从党管干部原则出发，为确保技术侦查措施的有效执行，对特别重大的职务犯罪案件批准技术侦查措施，应事先向同级党委通报征求同意并报上一级检察机关备案，便于领导机关从全局上把握技术侦查的政治性和严肃性。

郭书原：您谈到这里，我们想到一个问题。在以事立案的案件中是否可以对并未潜逃的被查的严重职务犯罪的国家工作人员采取技术侦查的措施？

王祺国副检察长：这在检察实践中是一个很具体的问题。多年来，检察机关对少数职务犯罪特别是渎职犯罪案件采取以事立案的模式，目的是在正式传唤犯罪嫌疑人之前利用侦查的专门调查工作进一步获取证据，在证据比较充分后再依法传唤犯罪嫌疑人。也即先找证据后找人，先立案待基本证据到位后再传唤犯罪嫌疑人并对其开展讯问工作。这样的侦查模式在特定的职务犯罪侦查中发挥了重要的作用。但是，我认为，这样的侦查程式不具有普遍意义，也不符合我国的国情。

郭书原：为什么您会持这样的观点呢？

王祺国副检察长：因为采用这样的立案与犯罪嫌疑人时空相分离的情形，就检察机关而言前提是把立案当作内部行为，可以不让外界知悉，更可以不让被查对象知道。这是侦查神秘主义陋习的反映，已经不适应修改后的刑事诉讼法规定的已经越来越开放的侦查工作的趋向。同时，在我国实行的是党管干部原则，绝对不可能发生一个国家工作人员一方面已经被检察机关立案侦查，成为犯罪嫌疑人，而又在从事正常的工作这种情形。如果在这种的情况下可以对被查对象采取技术侦查措施，那对社会将是十分危险和恐惧的，会让国家工作人员心理上人人皆危、诚惶诚恐。

郭书原：您说得很有道理。只有在少数国家工作人员因为自身涉嫌犯罪惧怕被追究刑事责任而潜逃的情况下，检察机关才可能根据已经掌握的证据在立案后对其采取技术侦查措施。在这样从严把握技术侦查权的适用条件的情况下，还需要从严把握什么其他方面呢？

王祺国副检察长：还要严格把握技术侦查的适用范围，这是我要说的第二个方面。对立案后的重大职务犯罪嫌疑人有必要实行技术侦查的，当然属于适用技术侦查的范围。同时，我们必须看到，如果技术侦查措施仅仅适用于已经立案的重大职务犯罪嫌疑人，在大多数情况下犯罪嫌疑人已经被检察机关依法传唤甚至采取刑事拘留等强制措施，犯罪嫌疑人已经失去人身自由的情况下，对其采取技术侦查已经没有任何必要。而已经立案的正在实施抓捕的潜逃的犯罪嫌疑人为数极少，技术侦查如果仅仅局限于这些个别的情形，在法律上规定也就没有太大的必要。因此，适用技术侦查的范围决不仅仅局限于已经立案的职务犯罪嫌疑人。

郭书原：那么，除此之外还可以对哪些人员采用技术侦查的措施？

王祺国副检察长：我认为，在总体上严格控制的情况下，对下列涉案人员可以在严格批准的情况下采取技术侦查的措施。一是涉嫌存在共同犯罪，包庇、窝赃、毁证、订立攻守同盟等严重妨碍侦查工作的重大职务犯罪的国家工作人员的配偶、子女、身边工作人员以及其他关系特别密切人员。二是涉嫌存在拒不配合检察机关的侦查活动，规避法律、行踪不定的重大职务犯罪中的重大的行贿人、重大的非法利益获得者等。三是正在追捕的潜逃在外的重大职务犯罪嫌疑人可能联系的直接利害关系人。这些人员因为与侦查重大职务犯罪案件有着不可割断的关系，经过严格批准可以对他们采取技术侦查措施。此外，由于技术侦查措施有很多种类，有些是对人的活动的监控，有的是对犯罪手段的查证，还有的是对犯罪证据的收集和对赃款赃物的起获，因而适用的对象并不能完全限制在十分明确的范围内，但无论何种技术侦查措施都要以重大的职务犯罪案件立案为首要前提。鉴于技术侦查获得的证据在侦查、起诉、审判中可以作为证据使用，在条件可能的情况下，无论检察机关并案侦查还是请求公安等侦查机关协同侦查，对需要采取技术侦查的对象最好也适时纳入到立案环节，以保证技术侦查更加合法、规范，从而使证据具有严格的证明效力。

郭书原：您刚才说有三个从严把握的方面，那最后一个是什么呢？

王祺国副检察长：最后是要严格技术侦查措施的执行。技术侦查措施是对重大职务犯罪嫌疑人及与涉嫌的职务犯罪直接相关人员采取的一种十分秘密的侦查手段，其手段的多样性、隐蔽性和准确性能够极大地提升职务犯罪的侦查力和威慑力。也因为如此，技术侦查是职务犯罪侦查的一种非常规的属于补强性质的侦查措施，是在特定重大的职务犯罪其他侦查措施不能或难以实现侦查目的时才采用的必须的侦查手段，其功能的特殊性和不可替代性决定必须要严格技术侦查的执行。

郭书原：您能具体谈谈吗？

王祺国副检察长：好的。首先，批准的技术侦查措施必须明确技术侦查的种类、适用对象和执行期限。每次技术侦查的期限为三个月，复杂、疑难的案件，期限届满后仍有必要继续采取技术侦查的，经过批准，有效期可以延长，每次不得超过三个月。这里必须明确的是，技术侦查措施只能适用于职务犯罪侦查环节中的重大职务犯罪案件，而不可在审查起诉阶段适用；而侦查是有法定期限规定的，法定侦查期满后除了经过批准延长侦查期限，技术侦查也就随之自然解除。绝不可发生案件已经移送审查起诉，技术侦查措施还在适用的情况。其次，职务犯罪的技术侦查措施依法应当由公安机关或国家安全机关执行。也就是指职务犯罪侦查中的技术侦查实行审批与执行分离，不是检察机关自己批准自己执行，这既是对特别侦查措施在立足分工基础上的配合和制约，也是从技术侦查的客观执行条件和可行性所决定的。至于交给公安机关还是国家安全机关执行，应根据重大职务犯罪的不同案情和执行条件，通过协商确定。

郭书原： 执行技术侦查的机关是不是实行技术侦查的检察机关的同级公安机关或国家安全机关，会更合理些？

王祺国副检察长： 是的，这便于检察机关与执行机关在技术侦查执行中的有力配合和有效合作。但如果案件特别重大，也可以由批准技术侦查措施的上级检察机关商请同级公安机关或国家安全机关执行。

郭书原： 在这样的程序下，检察机关与执行机关应该如何协作呢？

王祺国副检察长： 执行机关只就已经批准的技术侦查的种类和适用对象在规定期限内负责执行，并把执行中的情报、信息及时准确地通知相对应的检察机关。检察机关侦查人员可以就如何有效地执行技术侦查事先、事中与执行机关进行商议，尽可能最大限度地发挥技术侦查的威力，但检察机关侦查人员无权指挥、介入执行机关对技术侦查的具体执行活动。执行机关不得任意扩大、变更技术侦查的种类和适用对象，确需要调整、变更的，必须按照检察机关原来的批准程序重新批准。

此外，还需要说明的是，严格技术侦查措施的执行的内容是严格技术侦查的秘密性。技术侦查之所以有强大的侦查力关键是因为其适用过程中的极度保密性，无论是检察机关还是执行机关都不得向任何无辜的人员泄露技术侦查的秘密。特别是对高度敏感的重大职务犯罪而言，执行过程中会发现很多难以预料的情况，检察机关的侦查人员和执行机关技术人员更应该严守办案纪律。

郭书原： 可以说，保密工作是技术侦查的生命，事关技术侦查的成败得失。对具有政治属性的职务犯罪侦查工作来讲，这更是一项法定的铁的纪律，任何人都不能超越这个法律底线。那么在实践中，应当如何操作呢？

王祺国副检察长： 我举几个例子。对于在执行中知悉的国家秘密、商业秘密和个人隐私，相关人员应当保密。对获取的与案件无关的材料，经过内部批准程序必须及时销毁。对技术侦查中获得的材料，只能用于对犯罪的侦查、起诉和审判，不得用于其他任何用途。在执行机关采取技术侦查措施中，海关、出入境、边防、监狱、电信、机场、银行等有关单位及其工作人员应当不讲条件、不问原因全力配合，并对有关情况予以保密。这些都是需要注意的。

郭书原： 感谢您对如何把握特别重大贿赂犯罪和如何适用技术侦查的讲解，除了这两点之外，还有没有需要着重把握的内容呢？

王祺国副检察长： 有的。我认为如何把握指定居所监视居住也是十分重要的，我们需要正确理解这个内容。对特别重大的贿赂犯罪可以经上级检察机关批准后，对犯罪嫌疑人在指定居所监视居住，是修改后刑事诉讼法赋予检察机关的一项新的侦查措施。这一规定客观上有利于检察机关依法查处特别重大的贿赂犯罪，体现了侦查机制与贿赂犯罪规律的一致性。同时，这一灵活性强的强制措施执行方式颠覆了传统职务犯罪侦查过于依靠拘留、逮捕等限制人身自由的侦查模式，在法律范围内更加有效地侦破特别重大的贿赂犯罪的同时，也给检察机关提出了新的挑战。依法运用好这一强制措施需要检察机关多方面把握。从法律层面上讲，主要把握的是：一是必须针对特别重大的贿赂犯罪。其他的职务犯罪不能适用指定居所监视居住的强制措施。就是特别重大的贿赂犯罪也不是都要适用这样的强制措施。可以说，指定居所监视居住是检察机关侦查职务犯罪中适用强制措施的例外，只有少数案件才能适用。二是指定的居所不能是羁押的场所、专门的办案场所。也就是说，指定监视居住的居所当然不是指犯罪嫌疑人、被告人自己的住所。

郭书原：那政法各部门的办公地、办案点等场所可以吗？

王祺国副检察长：也不可以。各级纪检监察机关的办案场所因办案的对象是违纪违法人员，与检察机关职务犯罪侦查的对象性质不同，也不应作为检察机关指定居所监视居住的场所。除了上面我说的法律层面的两点外，还有一个就是指定居所监视居住只是监视居住执行方式的改变，依法应当由公安机关执行。检察机关对指定居所监视居住的决定和执行是否合法实行监督。检察机关指定居所监督居住的对象明确，应当在执行监视居住后二十四小时内通知被监视居住人的家属。指定居所监视居住带有一定的限制人身自由性质，依法应当折抵刑期，被判处管制的，监视居住一日折抵刑期一日；被判处拘役、有期徒刑的，监视居住二日折抵刑期一日。

郭书原：您刚才说，指定居所监视居住在法律范围内更加有效地侦破特别重大的贿赂犯罪的同时，也给检察机关提出了新的挑战，这些挑战是什么呢？

王祺国副检察长：这些挑战主要是实践中的一些问题。我认为有三个。第一，指定居所的建设问题。如我刚才所说，对特别重大的贿赂犯罪指定居所监视居住是修改后刑事诉讼法规定的特殊的监视居住方式，以往检察机关侦查职务犯罪并没有这样的执行监视居住的方式，因而绝大多数检察机关并没有这样执行监视居住的条件。同时，其他政法机关的办案场所并不适用检察机关对特别重大的贿赂犯罪指定居所监视居住的法律要求和办案实际。因此，建设符合指定居所监视居住的法律规定和侦查属性的场所是紧迫而必须的。这样的监视居住的居所首先必须要符合办案的安全，无论是建筑面积、楼层、设施、功能、通风、采光等要以安全为第一要义。第二，要体现贿赂犯罪讯问的特色和规律，场所必须威严、规范、文明，既能够对犯罪嫌疑人以一种法律上的威慑力，有利于瓦解其对抗、侥幸的心理防线，又能够反映尊重和保护人权，体现人文关怀。第三，要有相对独立、封闭的环境，周边环境安静、良好，远离嘈杂、复杂区域。同时，场所离检察机关通常的办公、办案地点和看守所不宜过远。此外，考虑到指定居所监视居住适用的特别重大的贿赂犯罪总数不多，加之建设这样专门性的场所需要大的投入，因此一般情况下以一个地市集中建设一个专门的场所就能够满足。区域特别大、交通不便捷的地方可以多建设或改建几个与办案任务相适应的小型的规范化监视居所场地。

郭书原： 您说的要求确实很符合指定居所监视居住的法律规定和侦查属性。但是建立好这些场所后，如何依法执行也是一个问题。

王祺国副检察长： 是的，这就是我说的第二个问题，指定居所监视居住的执行问题。按法律的规定，监视居住由公安机关执行，检察机关对指定居所监视居住的决定和执行是否合法实行法律监督。指定居所监视居住是监视居住的一种特殊的执行方式，应当由公安机关负责执行。这是毫无疑问的。检察机关对特别重大的贿赂犯罪嫌疑人指定居所监视居住，无论是作为侦查机关还是作为法律监督机关，如果自己决定自己执行就违反了分工负责、互相配合、互相制约的刑事诉讼基本原则，既不利于集中精力侦破案件，又违背了法律监督的职责，当然是不可取的。因此，对特别重大的贿赂犯罪嫌疑人检察机关决定指定居所监视居住后，就应及时通知相关的公安机关将特别重大的贿赂犯罪嫌疑人及时、安全地押解到检察机关指定的监视居住的居所。

郭书原： 这里有一个实际的问题就是，对一般的监视居住，公安机关执行和在监视居住期间监视犯罪嫌疑人、被告人遵守法律规定的义务具有连续性，检察机关对监视居住的决定和执行是否合法实行监督是独立的法律监督活动，两者不会发生重合。但是，在检察机关自行决定对特别重大的贿赂犯罪指定居所监视居住的情况下，决定机关和执行机关已经分离，然而对犯罪嫌疑人的侦查活动继续由检察机关实施，那么在监视居住期间对犯罪嫌疑人遵守法律规定义务和安全问题究竟应该由检察机关负责还是由公安机关负责？

王祺国副检察长： 我认为，在检察机关侦查的特别重大的贿赂犯罪中，公安机关把犯罪嫌疑人安全押解到检察机关指定的居所监视居住并将犯罪嫌疑人的有关证件依法保管后，在指定居所监视居住期间对犯罪嫌疑人的安全监管问题应当由检察机关负责。这是因为指定监视居住的居所已经成为检察机关对犯罪嫌疑人讯问的场所，讯问只能由检察机关的侦查人员进行，其他任何人都不能进入讯问活动的现场。公安人员自然也不能进入讯问场所参与讯问或保障安全问题。这无论从职责上还是办案保密上都是有充分理由的。也许有的同志会讲，在这种情况下，公安人员不能进入到讯问现场，但他们应当承担起指定居所的外围保护工作，如在讯问室的门口负责安全保护卫等。我认为职和责是一个统一体，在犯罪嫌疑人已经完全处于检察机关直接管控之中并不断讯问的情况下，把这种已经远离犯罪嫌疑人的安全保障工作交给公安机关是说不通的，也是不切实际的。由于特别重大的贿赂犯罪嫌疑人身份的特殊性和案情的复杂性，指定居所监视居住一般会有一段时间，而办案的安全保卫是不间断的持续性工作，公安机关现在的实际警力也不可能承担起此重任。因此，对指定居所监视居住的特别重大的贿赂犯罪嫌疑人的安全保障工作只能由办案的检察机关承担。其中，在居所内开展讯问期间的安全保障工作应当由办案的侦查人员承担，居所外的安全保卫工作则应由检察机关的司法警察承担，包括犯罪嫌疑人在讯问室外休息、就餐等期间的安全问题也应当由司法警察来承担。这里有一个侦查人员与司法警察安全责任的分工和衔接问题，需要检察机关以规范加以明确。当然，对特别重大的贿赂犯罪嫌疑人的确在指定居所监视居住需要公安机关协助执行安全任务的，检察机关应商请公安机关在特定阶段和特定场所配合检察机关完成办案的安全保障工作。

郭书原：您的职和责相统一的视角有力地解答了为什么指定居所监视居住的执行应当由检察机关负责。最后，请您谈谈指定居所监视居住给检察机关带来的第三个问题。

王祺国副检察长：第三个是指定居所条件的解除问题。指定居所监视居住是介于刑事强制措施宽严结合的一种监视居住执行方式，"宽"的一面是指，执行的场所不是专门的羁押场所，不完全限制人身自由，不会与其他犯罪嫌疑人关押在一起引起交叉感染、强化拒供心理，并在时间适用上相对灵活，侦查机关自主决定余地大；"严"的一面是指，它虽然不是完全限制人身自由的强制措施，但也不像一般的在住所监视居住那样有着相对的人身自由，被指定居所监视居住的犯罪嫌疑人必须在指定的居所接受调查、讯问，在解除监视居住措施之前的一定期限之内是不得离开指定的居所的，因而有相对限制人身自由的性质。而且，一般地讲，指定居所监视居住应当是在立案侦查之初的强制措施，适用这样的强制措施大致分为两种情况：一是对涉及特别重大的贿赂犯罪嫌疑人尚不具备刑事拘留和逮捕的适用条件，主要是认定犯罪事实的基本证据还没有完全到位的情形；二是虽然已经具备适用刑事拘留、逮捕的基本条件，但与涉及的特别重大的贿赂犯罪相比，直接采取刑事拘留、逮捕措施不利于全面、深入地侦查特别重大的贿赂犯罪案件。

郭书原：从司法实践中依法查处贿赂犯罪的一般规律上讲，您所说的两种情况可以单独存在，也可以交叉存在，那又该如何把握呢？

王祺国副检察长：关键看是否必要。必要性不仅体现在涉嫌贿赂犯罪特别重大的法定前提，而且主要表现为如下几种情形。第一，受贿犯罪嫌疑人是本地特别有影响的人物，实施异地羁押尚不具备条件，为使侦查工作更加顺利和保密，有必要在一定期限内指定居所监视居住。第二，涉嫌特别重大的贿赂犯罪的案情与公安机关相关人员有牵连，直接采取刑事拘留、逮捕措施不利于侦查工作的深入和扩大，有必要在一定期限内指定居所监视居住。第三，受贿犯罪嫌疑人反侦查能力强、抗拒心理严重，不主动交代重大的贿赂犯罪，直接采取刑事拘留、逮捕等羁押措施不利于讯问工作顺利进行，有必要在一定期限内指定居所监视居住。第四，涉及特别重大的行贿犯罪嫌疑人直接采取刑事拘留、逮捕不利于彻底查清其行贿事实，不利于深入开展调查取证，有必要在一定的期间内指定居所监视居住等。

郭书原： 从中我们能够看出，指定居所监视居住是有条件限制的，在条件已经基本丧失的情况下，也就是已经没有再继续采取指定居所监视居住的情况下，就应当及时解除这一措施。同时，相比其他强制措施而言，指定居所监视居住对侦查机关风险和压力大，人、财、物的投入也大。

王祺国副检察长： 是的。所以，指定居所监视居住监视居住应当是一种应急性、过渡型的强制措施执行方式，不能过度地长时间适用，变相地把指定居所成为另外的专门办案和羁押场所。在特别重大的贿赂犯罪侦查基本事实、主要供词已经到位后，应当在侦查阶段及时解除对犯罪嫌疑人指定居所监视居住，变更为刑事拘留、逮捕等羁押型强制措施，对少数情节较轻、认罪较好、社会危急性不大的犯罪嫌疑人则可以变更为取保候审的强制措施。指定居所监视居住虽然不是一种羁押措施，但辩护律师要会见犯罪嫌疑人应参照对特别重大贿赂犯罪律师会见在押的犯罪嫌疑人的规定，应得到检察机关的许可，这自然包括变更为刑事拘留、逮捕强制措施之后。

郭书原： 十分感谢您的解答，感激您在百忙之中还接受我们的采访，谢谢您！

王祺国副检察长： 我也很荣幸，不客气。

巩富文简介：

　　1966年1月生，汉族，甘肃正宁人，1989年1月参加工作，1997年10月加入中国农工民主党，中国政法大学诉讼法专业毕业，博士研究生学历，法学博士学位，教授。现任陕西省人民检察院副检察长。曾主持和承担过国家社会科学基金重点项目等国家级和省部级研究课题81项。著有《中国侦查监督制度研究》、《中国古代法官责任制度研究》两部个人专著，合著《有序民主论》等著作41部，主编《检察实践创新与思考》等著作6部。在《人民日报》、《光明日报》、《中国法学》等百余种报刊上发表学术论文300余篇。兼任中国刑事诉讼监督专业委员会副主任，中国检察文联理论研究协会常务理事，中国刑事诉讼法研究会理事，中国检察学研究会理事，陕西省检察官协会副会长，陕西省政协常委暨社会和法制委员会副主任，农工党中央教育工作委员会副主任，农工党陕西省委会常委。

刑事诉讼法律监督的新修改和
检察机关面临的新挑战及应对策略

——访陕西省人民检察院副检察长 巩富文

郭书原：巩副检察长您好！感谢您能接受我的采访！2012 年 3 月 14 日十一届全国人民代表大会五次会议审议通过了《全国人民代表大会关于修改〈中华人民共和国刑事诉讼法〉的决定》（以下简称《决定》），《决定》共 111 条，对 1996 年首次大修改后的我国现行刑事诉讼法再次作了全面的修改。检察机关作为国家法律监督机关，其法律监督职能贯穿于刑事诉讼活动的始终。那么新刑诉法的修改，对检察机关的法律监督尤其是刑事诉讼法律监督职能会有哪些影响呢？对此您能否给读者详细谈谈？

巩富文副检察长：好的。《决定》中关于刑事诉讼法律监督方面的新修改，从总体上来看，可以概括为四句话三十二个字，即"监督范围有所扩大、监督措施趋向具体、监督程序逐步规范、监督效力更加明确。"法律监督权作为一项国家公权力，其来源、范围、手段、程序、效力等方面都需要法律的明确规定。近十六年来的法律监督实践以及理论探索，为我国刑事诉讼法律监督制度的完善提供了实践经验和理论支持，这次重新修改刑诉法吸收了多年来的相关理论研究成果，解决了一些长期困扰和阻碍刑事诉讼法律监督工作的难题，对于刑事诉讼法律监督工作的科学发展具有非常重要的意义。

郭书原：那么在这次刑诉法的修改中，刑事诉讼法律监督内容有哪些具体的新变化呢？

巩富文副检察长：从广义上讲，检察机关参加刑事诉讼的一切职能活动都是在履行法律监督职责，《决定》的所有内容都会对检察工作产生影响。我想将其中对刑事诉讼法律监督工作有直接关系的内容选择出来进行分析。《决定》共 111 条，其中主要有 15 条与刑事诉讼法律监督工作有直接关系，具体又可以为监督范围、监督措施、监督程序、监督效力等四类。

郭书原：那么监督范围方面有什么新变化？

巩富文副检察长:刑事诉讼监督范围的大小直接决定刑事诉讼监督的力度和效果。在近十六年来的诉讼监督实践中,从实务部门到理论界都发现刑事诉讼监督工作还存在着一些盲区和薄弱环节,此次刑诉法的修改在侦查、起诉、审判、执行方面也增添了许多新的内容,对于一些新增加的刑事诉讼行为也需要相应的监督机制。修改后的刑诉法关于刑事诉讼监督范围的新变化主要体现在侦查监督、审判监督、执行监督以及特别程序中的法律监督等四个方面。从总体上看,监督范围有所扩大。

郭书原:这四个方面的变化还请您详细介绍一下。

巩富文副检察长:好的。首先说说侦查监督方面吧。侦查监督方面,新刑诉法增加了这些内容:一是增加了对非法取证行为的监督。此次刑诉法的修改,在证据制度方面一个重要内容是确立了非法证据排除制度,相应的,对非法取证行为也应当加强监督。《决定》第十八条规定:"人民检察院接到报案、控告、举报或者发现侦查人员以非法方法收集证据的,应当进行调查核实。对于确有以非法方法收集证据情形的,应当提出纠正意见;构成犯罪的,依法追究刑事责任。"将此作为修改后的《刑事诉讼法》第五十五条。此条将非法取证行为纳入人民检察院刑事诉讼监督的范围,取证是侦查活动的主要内容,公检法三机关都有排除非法证据的义务,但对取证行为进行法律监督是检察机关的法定职责。二是扩大了对刑事强制措施的监督范围。主要包括:增加了对指定居所监视居住的决定和执行是否合法实行监督,指定居所监视居住是此次刑诉法修改新增加的内容。尽管法律严格限定了指定居所监视居住的适用条件以及对犯罪嫌疑人、被告人合法权益的保护,但在实践中,这种强制措施容易被滥用,刑诉法草案征求意见时,就有部分学者提出指定监视居住容易演变为变相羁押,因此对这种强制措施确有加强监督的必要。《决定》第二十四条规定"人民检察院对指定居所监视居住的决定和执行是否合法实行监督。"将此作为修改后的《刑事诉讼法》第七十三条;增加了对逮捕后的羁押必要性审查,过去对逮捕必要性的审查主要是集中在审查逮捕程序,此次修改延伸了对逮捕必要性的审查环节。《决定》第三十二条规定:"犯罪嫌疑人、被告人被逮捕后,人民检察院仍应当对羁押的必要性进行审查。对不需要继续羁押的,应当建议予以释放或者变更强制措施。有关机关应当在十日以内将处理情况通知人民检察院。"将此作为修改后的《刑事诉讼法》第九十三条。刑事强制措施的正确适用,对于保证刑事诉讼的顺利进行和保障人权具有重要意义。过去对强制措施的监督主要在审查批准逮捕方面,此次修改将监视居住也纳入监督范围,同时强调了对逮捕后的羁押必要性审查,进一步强化了对刑事强制措施的诉讼监督。三是增加了对侦查措施的监督内容。《决定》第三十九条的规定对采取查封、扣押、冻结等措施有违法行为的，赋予了当事人和辩护人、诉讼代理人、利害关系人的控告、申诉权，同时也规定了人民检察院有责任对上述行为进行法律监督。

郭书原：那么在审判监督方面，在新刑诉法中有哪些变动？

巩富文副检察长：审判监督是刑事诉讼法律监督程序的一个重要环节。新刑诉法对审判监督的修改主要体现在这些方面：一是对适用简易程序审理的公诉案件应当进行监督。过去对简易程序审理的公诉案件，检察机关可以不派员出庭。对于简易程序审理的案件，审判活动是否合法，出庭可以更为有效地进行监督，检察机关不出庭，不利于对审判活动进行监督。《决定》第八十二条规定："适用简易程序审理案件，对可能判处三年有期徒刑以下刑罚的，可以组成合议庭进行审判，也可以由审判员一人独任审判；对可能判处的有期徒刑超过三年的，应当组成合议庭进行审判。适用简易程序审理公诉案件，人民检察院应当派员出席法庭。"将此作为修改后的《刑事诉讼法》第二百一十条。人民检察院派员出席法庭，既是支持公诉也是对庭审活动进行法律监督。二是增加了对死刑复核程序的监督。《决定》第九十三条规定："最高人民法院复核死刑案件，应当讯问被告人，辩护律师提出要求的，应当听取辩护律师的意见。在复核死刑案件过程中，最高人民检察院可以向最高人民法院提出意见。最高人民法院应当将死刑复核结果通报最高人民检察院。"将此作为修改后的《刑事诉讼法》第二百四十条。死刑复核程序改革以来，对死刑复核的法律监督一直是理论和实务界关注的热点问题。此次修改，明确了人民检察院对死刑复核程序的法律监督权。三是增加了对再审程序的监督。《决定》第九十六条规定："人民法院按照审判监督程序重新审判的案件，由原审人民法院审理的，应当另行组成合议庭进行。如果原来是第一审案件，应当依照第一审程序进行审判，所作的判决、裁定，可以上诉、抗诉；如果原来是第二审案件，或者是上级人民法院提审的案件，应当依照第二审程序进行审判，所作的判决、裁定，是终审的判决、裁定。人民法院开庭审理的再审案件，同级人民检察院应当派员出席法庭。"将此作为修改后的《刑事诉讼法》第二百四十五条。明确了人民检察院对再审程序的法律监督职责，再审程序启动后，重新进行的审判活动理应纳入刑事诉讼监督的范围，此次修改完善了对审判程序的监督。

郭书原：那么在执行监督方面，新刑诉法有哪些新变化？

巩富文副检察长：执行监督方面的新变化，新刑诉法中有这么几点表现：一是增加了对暂予监外执行的法律监督。暂予监外执行问题一直是执行监督方面的重点。《决定》第一百条规定："监狱、看守所提出暂予监外执行的书面意见的，应当将书面意见的副本抄送人民检察院。人民检察院可以向决定或者批准机关提出书面意见。"将此作为修改后的《刑事诉讼法》第二百五十五条。确定监狱、看守所向检察机关提交暂予监外执行的书面意见的义务，可以使检察机关了解相关情况，发现问题及时采取监督措施。二是增加了对减刑、假释的法律监督。《决定》第一百零五条规定："被判处管制、拘役、有期徒刑或者无期徒刑的罪犯，在执行期间确有悔改或者立功表现，应当依法予以减刑、假释的时候，由执行机关提出建议书，报请人民法院审核裁定，并将建议书副本抄送人民检察院。人民检察院可以向人民法院提出书面意见。"将此作为修改后的《刑事诉讼法》第二百六十二条。过去检察机关对减刑、假释的法律监督主要是事后监督，法律也未规定法院的裁定书副本和监狱管理部门批准通知书送达检察机关的时限，这些都影响了监督的效果，此次修改基本建立了对减刑、假释进行同步监督的制度，强化了检察机关对减刑、假释诉讼监督的力度。

郭书原：我们了解到，特别程序是此次刑事诉讼法修改增加的程序。那么新刑诉法对特别程序监督有哪些规定呢？

巩富文副检察长：《决定》第一百零六规定增加一编作为《刑事诉讼法》第五编，也就是"特别程序"。其中，修改后的《刑事诉讼法》第二百七十二条规定："在附条件不起诉的考验期内，由人民检察院对被附条件不起诉的未成年犯罪嫌疑人进行监督考察。未成年犯罪嫌疑人的监护人，应当对未成年犯罪嫌疑人加强管教，配合人民检察院做好监督考察工作。"明确了人民检察院对附条件不起诉的未成年犯罪嫌疑人的监督考察职责。第二百七十八条规定："双方当事人和解的，公安机关、人民检察院、人民法院应当听取当事人和其他有关人员的意见，对和解的自愿性、合法性进行审查，并主持制作和解协议书。"明确了人民检察院对刑事和解的监督职责。第二百八十九条规定："人民检察院对强制医疗的决定和执行实行监督。"明确了人民检察院对强制医疗的决定和执行的监督权。

郭书原：从刚才您讲的四个方面的新修改可以看出，《决定》进一步扩大了人民检察院对刑事诉讼活动的监督范围。我们知道，监督范围中也有监督措施、程序和效力方面的内容。对于监督措施的修改，您能否简要介绍一下？

巩富文副检察长：好的。要实现刑事诉讼的监督目的，必须赋予检察机关相应的监督手段和措施。这次刑诉法的修改，在监督措施方面增加了一些具体规定，使得监督手段更具有可操作性。具体来说有这么一些：一是明确了人民检察院对非法取证行为的调查权和监督纠正权。具体措施包括：人民检察院认为可能存在非法取证行为时，有权进行调查核实。对于确有以非法方法收集证据情形的，有权提出纠正意见；如果侦查人员的非法取证行为构成犯罪的，人民检察院还可以通过法定程序如侦查、起诉，依法追究其刑事责任。二是明确了对违法刑事强制措施和侦查措施的纠正权。对于相关部门在采取和执行刑事强制措施和侦查措施中有违法行为的，人民检察院有权通知其予以纠正。

郭书原：程序正义向来是诉讼法的价值所在。那么对于监督程序，新刑诉法有哪些规定？

巩富文副检察长：科学合理的程序是实现刑事诉讼目的的重要保障，这次刑诉法的修改，在监督程序方面增添了许多新的内容，监督程序更加规范。例如对于人民检察院直接受理的案件，检察机关违法采取强制措施和侦查措施的，明确了级别管辖，规定当事人和辩护人、诉讼代理人、利害关系人可以向上一级人民检察院申诉；在审查批准逮捕程序中，明确了应当讯问犯罪嫌疑人的情形以及应当听取辩护律师的意见。《决定》第三十条规定："人民检察院审查批准逮捕，可以讯问犯罪嫌疑人；有下列情形之一的，应当讯问犯罪嫌疑人：（一）对是否符合逮捕条件有疑问的；（二）犯罪嫌疑人要求向检察人员当面陈述的；（三）侦查活动可能有重大违法行为的。人民检察院审查批准逮捕，可以询问证人等诉讼参与人，听取辩护律师的意见；辩护律师提出要求的，应当听取辩护律师的意见。"将此作为修改后的《刑事诉讼法》第八十六条。在对决定或者批准暂予监外执行的监督中，要求人民检察院认为暂予监外执行不当的，应当自接到通知之日起一个月以内将书面意见送交决定或者批准暂予监外执行的机关。

郭书原：在访谈开始您就谈到，新刑诉法进一步完善了刑事诉讼监督制度，监督范围有所扩大、监督措施趋向具体、监督程序逐步规范，可是刑事诉讼监督如何保证取得预期效果？如何体现监督权威呢？

巩富文副检察长：这两个问题总结为一点，那就是监督效力如何实现。在新刑诉法里，监督效力通过立法得到了相应的保障。一是在逮捕后的羁押必要性审查中，人民检察院认为对不需要继续羁押的，应当建议予以释放或者变更强制措施。有关机关应当在十日以内将处理情况通知人民检察院。二是在对决定或者批准暂予监外执行的监督中，决定或者批准暂予监外执行的机关接到人民检察院的书面意见后，应当立即对该决定进行重新核查。

郭书原：这样看来，新刑诉法的修改内容确实如您所总结的四句话那样，环环相扣。我们知道，立法的修改必然带来司法和执法的调整变化。那么这次刑诉法大修，给检察机关的实际工作带来了哪些影响呢？

巩富文副检察长：其实说带来挑战更贴切。对于检察机关来讲，首先就是维护社会稳定的责任更加重大了。

郭书原：这点还请您详细谈谈。

巩富文副检察长：好的。这次刑诉法修改的一个最大亮点就是将尊重和保障人权作为刑事诉讼法的一项重要任务规定下来，尊重和保障人权是一项宪法原则，刑事诉讼法作为基本法必须贯彻落实宪法的规定。修改后的刑诉法不仅确立尊重和保障人权是刑事诉讼的一项重要任务，而且将其作为指导原则贯穿于刑事诉讼的始终。尽管尊重和保障人权不仅仅是指尊重和保障犯罪嫌疑人和被告人的人权，也包括保护被害人和其他公民的人权。但是刑事诉讼中许多制度都是围绕保障犯罪嫌疑人和被告人权利而设计的。查明和惩罚犯罪也是刑事诉讼的重要任务之一。虽然查明和惩罚犯罪与尊重和保障人权并不必然对立，但是二者在客观上也有一定冲突，对犯罪嫌疑人和被告人权利保护得越完善，查明和惩罚犯罪的难度也越大，这是无须回避的问题。注重尊重和保障人权，是刑事诉讼立法发展的必然趋势，但是在检察工作中如果只注意尊重和保障人权而忽略了查明和惩罚犯罪，将会造成对犯罪打击力度的减弱。另外，刑事诉讼的专业化和群众对法律的认知和理解会有一定距离。特别是对被害人及其家属来说，总是会从自身利益和情感出发，希望从快、从严惩处犯罪人，有时候当诉讼结果不能达到其要求时，就会产生不满。如果检察机关工作人员不能做好解释说服工作，就会引起矛盾激化，影响社会稳定。因此，检察机关在执行修改后的刑诉法时，一定要更加注重维护社会稳定的政治责任。

郭书原：除此之外，新刑诉法还给检察机关带来了哪些挑战？

巩富文副检察长：第二点挑战就是具体的配套措施要跟上。刑事诉讼法作为基本法规定了刑事诉讼中最基本、最重要的问题，对于一些具体程序，还需要通过相应的司法解释和工作制度、机制来明确。刑事诉讼法修改后，高检院制定的《人民检察院刑事诉讼规则》必将进行相应修改。各地检察机关过去制定的相关规章制度、办案流程等工作机制也需要修改，新刑诉法增加的一些规定，也需要建立相应的配套制度和机制来保证其得到贯彻落实。相应的，配套的人员也要跟上。因为办案压力增大也是一大挑战。修改后的刑事诉讼法进一步强化了检察机关对刑事诉讼的监督。这对检察机关来说，既是机遇也是挑战。当前检察机关特别是基层检察机关面临着案多人少的矛盾，随着新刑诉法的实施，简易程序、二审程序、审判监督程序对检察机关出庭支持公诉工作等方面都有新的要求，新刑诉法扩大了简易程序的适用范围，简易程序审理的案件数量势必大量增加，新刑诉法修改了二审案件开庭审理的条件，规定被告人、自诉人及其法定代理人对一审认定的事实、证据提出异议，可能影响定罪量刑的上诉案件，二审应当开庭审理，上诉人的异议是否会影响定罪量刑，往往只有通过开庭审理才能确定，这必将导致实践中二审开庭审理案件数量的增加。公诉部门要完成出庭支持公诉和法律监督的任务，需要相应的人员保证。

从陕西省的情况看，检察机关公诉部门的工作人员数量远远不能满足工作需求。如何处理好人力资源短缺和工作任务繁重的矛盾，成为检察机关面临的新问题。

郭书原： 人力资源短缺的问题相信不只体现在数量上，还体现在质量上。

巩富文副检察长： 是的。新刑事诉讼法对检察机关履行法律监督职能提出了更高要求，检察人员的业务素质也需要进一步提高。例如，在证据制度方面，不得强迫自证其罪原则的确立，使得侦查部门很难通过犯罪嫌疑人的供述获得定罪证据和其他案件线索，非法证据排除制度的建立，要求对证据的取得严格依法进行，非法取得的证据将不能在法庭上使用。这些都使得检察机关在办理自行侦查案件时要改变过去过分依赖口供的办案思路，改变工作模式，提高侦查能力和水平。辩护制度修改方面，辩护人介入刑事诉讼环节提前，辩护人在犯罪嫌疑人被侦查机关第一次询问或者采取强制措施之日起就可以进入诉讼。律师会见犯罪嫌疑人将更为容易，辩护律师会见犯罪嫌疑人、被告人时不被监听，使得犯罪嫌疑人、被告人翻供、串供的可能性增加，这些都增加了侦查和公诉工作的难度。检察机关工作人员要提高取证能力，提高侦查水平，在面对律师时，需要更加注意自己的工作方法。审判制度的修改，需要公诉部门更加娴熟的出庭技巧。执行制度的修改，需要监督能力进一步加强等。

郭书原： 我们知道，修改后的刑事诉讼法将于 2013 年 1 月 1 日起施行。那么针对这些挑战，检察机关在此之前需要做好哪些应对工作呢？

巩富文副检察长： 我认为，为贯彻落实修改后的刑诉法做好充分准备，检察机关应当切实采取这样一些策略：

第一，切实加强对新刑诉法的学习培训。学习贯彻修改后的刑事诉讼法，是当前检察机关面临的一项重要任务。修改后的刑诉法对检察工作提出了新的、更高的要求。要采取专家授课、岗位练兵等多种形式进行培训，使广大检察人员深刻认识到修改刑诉法的重大意义，真正领会新刑诉法的立法精神，熟练掌握新刑诉法的各项具体规定。要转变执法理念，树立人权保障意识。要规范执法行为，作为法律监督机关，要带头严格执行法律，把加强自身监督放到和加强法律监督同等重要的地位上，要提高执法水平，加强侦查能力、公诉能力和监督能力。为了提高培训效果，必须采取具体有效措施，例如组织对检察业务人员进行新刑诉法考试，把考试结果作为职务晋升的依据之一，对于考试不合格人员，要停岗学习。要结合新刑诉法开展岗位练兵活动，围绕在新形势下如何提高取证能力、如何处理控辩关系、如何依法监督等方面全面进行业务培训。

第二，切实加强调查研究。新刑诉法的许多规定赋予了检察机关新的任务和职责，如何更好地开展这些工作，需要按照新刑诉法的规定结合检察工作实际进行认真调查研究。特别是对于贯彻执行新刑诉法的重点、难点问题，要积极探索创新性工作方法。专职调研人员要注意调研方法，深入办案一线，注意发现问题并提出切实有效的解决办法，供领导决策参考。要激发办案人员的调研热情，发挥他们的优势，在贯彻执行新刑诉法的过程中，不断探索和总结好的经验。

第三，切实建立健全工作制度和机制。要贯彻落实好修改后刑事诉讼法，必须在配套工作制度和机制方面想办法。有的制度和机制需要在新刑诉法实施前制定好，有的需要在新刑诉法施行后，不断积累实践经验，根据各地情况逐步建立、健全。当前，应重点关注对违法取证、违法办案的法律监督程序，技术侦查工作机制，对特别程序的法律监督工作机制等。

第四，切实加强办案力量、机构建设和物质保障。面对案件数量的大幅度增长，必须加强和充实办案一线人员。一方面，要将贯彻执行新刑诉法的情况向当地党委和政府汇报，争取编制；另一方面，要合理调配检察机关现有人力资源，将有限的人力集中到办案任务重的部门。新刑诉法对办理未成年人犯罪设置了特别程序，《中共中央关于转发〈中央司法体制改革领导小组关于司法体制改革和工作机制改革的初步意见〉的通知》要求检察机关应逐步设立办理未成年人犯罪案件的工作机构，"六部委"《关于进一步建立和完善办理未成年人刑事案件配套工作体系的若干意见》也明确要求"最高人民检察院和省级人民检察院应当设立指导办理未成年人刑事案件的专门机构，地市级人民检察院和区县人民检察院一般应当设立办理未成年人刑事案件的专门机构或专门小组"。检察机关应当积极争取党委政府支持，加强未成年人刑事检察专门机构建设。为了贯彻落实好新刑诉法，必须开展大规模的教育培训工作，另外，新刑诉法实施后，对证人出庭的费用列入司法机关业务经费，这些都需要相应的经费保障，因此应当争取政府财政支持，加大物质保障的投入力度，确保新刑诉法的贯彻实施。

郭书原：您的建议确实很具有针对性，相信通过这样一些工作陕西省能够出色地完成贯彻落实新刑诉法的工作。再次感谢巩副检察长能抽出宝贵的时间接受我们的采访！

张文志简介：

　　1957 年生，黑龙江省哈尔滨市人。现为北京市人民检察院第二分院党组成员、副检察长，博士后，博士生导师。出版个人专著、著作、译著 10 余部，发表论文数十篇。

谈刑事和解的几个问题

——访北京市人民检察院第二分院副检察长　张文志

郭书原： 张副检察长您好！刑事和解诞生近 40 年，在化解加害人与被害人之间的矛盾、解决刑事纠纷、弥补监狱矫正的失败、节约司法资源、促使加害人回归社会、维护社会和谐稳定等方面发挥了重要作用。我国修改后的刑事诉讼法也规定了刑事和解制度，您作为检察业务方面的专家，相信您对此一定很有研究。所以，今天我们想请您就刑事和解制度的相关问题做些解答。

张文志副检察长： 好的，我对这个制度很有研究谈不上，但的确一直有所思考，希望能够解答你们的问题。

郭书原： 谢谢您。刑事和解制度一问世，即被许多国家认可并在立法上采用。2012 年 3 月 14 日第十一届全国人大第五次会议通过的修改后的《中华人民共和国刑事诉讼法》，根据中央关于司法改革的指示精神，吸收各地司法机关的改革成果，借鉴国外立法经验，在特刑程序中确立了刑事和解制度。这项制度的创立，对于贯彻宽严相济刑事政策，完善我国刑事诉讼制度，构建和谐社会有重要意义。我们想问的是，刑事和解制度演变的过程是怎样的？在其他国家中，这项制度又是怎样规定的呢？

张文志副检察长： 刑事和解制度最初是为解决未成年人的轻微犯罪而创建的，这一制度产生之后显现了巨大的生命力，发挥了重要作用，因此在有些国家被逐渐扩大适用到成年人犯罪。世界上最早的刑事和解计划产生于 20 世纪 60 年代的美国。在 1965 年到 1979 年的 14 年时间里，美国共设立了 34 个少年犯刑事和解计划。但是在美国，这一制度起初并未得到刑事司法机关的认可。

郭书原： 既然如此，那是什么原因促使美国确立刑事和解制度呢？

张文志副检察长： 原因是这样的，随着被害人犯罪学的兴起和刑罚功能的不断弱化，恢复性司法理念逐渐深入人心。与此同时，刑事和解的作用日益凸显，美国的刑事司法机关逐渐接受了这一制度。尤其是 20 世纪 90 年代中期，被害人援助国际组织批准了恢复性司法的社区模式后，美国的刑事立法和司法机关最终都认可了刑事和解制度。目前，美国刑事和解的适用对象已经从未成年人扩展到成年人，并得到官方经济方面的资助。英国牛津郡警察局于 20 世纪 80 年代，就已经探索将未成年犯与被害人召集一起进行调解，尝试解决未成年人犯罪的新路径。

郭书原：那现在有什么样的演变呢？

张文志副检察长：后来，在学习借鉴新西兰家庭会议制度的基础上，英国警方完善了未成年人犯罪的和解制度。目前，英国的未成年人犯罪后，由警察将未成年犯罪人及其家庭成员和被害人及其家庭成员，以及学校、社区志愿者和心理工作者召集一起，在警方主持下共同探讨解决未成年人犯罪的方法，最终达成和解协议。

郭书原：通过您的讲解，我们可以发现，刑事和解制度的诞生与其适用对象有着直接的关系，您能不能列举式地谈谈其他国家刑事和解制度的适用对象是哪些吗？

张文志副检察长：好的。我就举日本和德国的吧。日本的刑事和解制度也主要适用于未成年人犯罪和轻微刑事案件。日本的刑事诉讼制度把犯罪人犯罪后的"情况"，也就是"表现"，作为刑事和解的重要根据，《日本刑事诉讼法》第 248 条规定，根据犯罪人的性格、年龄及境遇、犯罪的轻重及情节和犯罪后的情况，没有必要追诉时，可以不提起公诉。这里所说的"犯罪后的情况"，应当指犯罪人是否真诚悔过，是否真心道歉，是否积极赔偿，是否获得被害人谅解等。如果满足上述条件，已与被害人达成和解，检察官即可免予起诉。日本于 2000 年通过的《刑事程序中保护被害人等附带措施的法律案》规定，在刑事诉讼程序中要引入民事和解制度，即犯罪人与被害人之间是否就民事方面达成和解将直接影响犯罪人的刑事责任。近年来，日本已将刑事和解扩大适用到成年人。

郭书原：看来，近年来在日本，刑事和解有扩大适用的趋势。那德国是怎样的呢？

张文志副检察长：在德国，未成年人犯罪和成年人犯罪都可以适用刑事和解，并把达成刑事和解作为减轻或者免除刑罚的重要条件。《德国少年刑事法》第 45 条第 2 款规定："如已执行教育处分，检察官认为法官已无判处少年刑罚的必要的，检察官可以免予追诉，可对违法少年命令教育处分，如与被害人和解。"《德国刑法典》第 46 条 a 规定："行为人具有下列情形之一的，法院可依据第 49 条第 1 款减轻其处罚，或者，如果可能判处的刑罚不超过 1 年自由刑或 360 单位日罚金之附加刑的，免除其刑罚：1. 努力与被害人和解的，其行为全部或大部分得到补偿，或努力致力于对其补偿的，或 2. 被害人的补偿要求全部或大部分得到实现的。"

郭书原：在美国、英国、日本和德国，刑事和解制度与未成年犯罪息息相关，那在我国是怎样的呢？是否只适用未成年犯罪呢？

张文志副检察长：我国修改后《刑事诉讼法》第二百七十七条规定："下列讼诉案件，犯罪嫌疑人、被告人真诚悔罪，通过向被害人赔偿损失、赔礼道歉等方式获得被害人谅解，被害人自愿和解的，双方当事人可以和解……"可见，我国刑事诉讼法规定的刑事和解制度，对适用对象并未作限制性规定，凡是符合该法第二百七十七条规定条件的，无论是未成年人犯罪还是成年人犯罪，都可适用刑事和解。

郭书原：为什么我们国家会这样规定呢？

张文志副检察长：我国修改后的刑诉法作出这样的规定主要有以下四方面原因：一是符合中央关于构建和谐社会的构想。二是体现了宽严相济刑事政策的基本精神。三是国外立法与司法实践已经成熟。四是我国司法机关进行了大量的有益探索，积累了丰富的经验。

郭书原：前面您说过，刑事和解制度是为矫正未成年犯的轻微犯罪而产生的，在司法实践中取得了明显的效果，因此被越来越多的国家所采用，而且刑事和解的适用对象从未成年人扩大到成年人，那么刑事和解适用的范围，也就是犯罪类型有什么变化吗？

张文志副检察长：随着刑罚轻缓化思潮和被害人犯罪学的影响，刑事和解制度有了长足发展，案件的适用范围也越来越广，目前已出现由轻罪向重罪发展的趋势。

郭书原：为什么您会这么说呢？

张文志副检察长：我以美国和俄罗斯的情况来谈谈吧。美国律师协会于1994年认可了刑事和解制度，《美国联邦刑事诉讼规则》也规定了辩诉交易的条件。目前，美国刑事和解的适用范围已从原来的财产犯罪、轻微人身伤害案件扩大到杀人、放火、强奸等严重暴力犯罪案件。在俄罗斯，2001年修改的《俄罗斯联邦刑事诉讼法典》第25条规定了刑事和解的条件：第一次因涉嫌或被指控实施轻罪或中等严重犯罪而受到刑事追究的人，如果犯罪人与被害人和解并弥补被害人的损害，经法院或检察长同意，根据被害人及其法定代理人的申请，有权终止提起刑事诉讼。这一规定表明，在俄罗斯，凡是中等严重犯罪以下的案件，均可适用刑事和解。

总的来说，虽然目前刑事和解制度适用严重暴力的国家还不多，但我们有理由相信，随着被害人犯罪学影响的扩大，刑罚轻缓化趋势的发展，刑事和解的适用范围会逐渐扩大。但是，无论怎样扩大，危害国家安全犯罪、暴力恐怖犯罪等没有被害人的犯罪案件是永远不能适用刑事和解的。

郭书原：我们也相信，随着刑事和解适用的范围扩大，刑事和解制度有利于恢复因犯罪破坏的社会关系的作用会越来越大。那么，我国这次刑诉法修改对刑事和解适用的范围是怎样规定的呢？

张文志副检察长：我国修改后的《刑事诉讼法》第二百七十七条规定了刑事和解的适用范围仅限于公诉案件。具体包括两大类：一类是因民间纠纷引起，涉嫌刑法分则第四章、第五章规定的犯罪案件，可能判处三年以下刑罚的。这类案件应当同时具备三个条件：首先是因民间纠纷引起，即公民之间因人身、财产权益和其他日常生活中矛盾引发的案件，例如，亲属间、邻里间及公民间发生的侵财犯罪和人身伤害犯罪案件。公民与其他民事主体发生的纠纷不能认定为民间纠纷。其次，犯罪类型仅限于刑法分则第四章和第五章规定的犯罪案件，即侵犯公民人身权利、民主权利罪和侵犯财产罪。

郭书原：对于侵犯公民人身权利和财产权利的犯罪适用刑事和解，在理论和实践层面都没有问题。但是，能否刑法分则第四章规定的全部罪名都可以适用刑事和解呢？

张文志副检察长：目前对此有两种观点：一是认为侵犯公民民主权利罪中的破坏选举罪、非法剥夺公民信仰自由罪等不能适用刑事和解。二是认为这两章中的检察机关自侦案件除外。我赞同第二种观点。一方面，检察机关自行立案侦查的案件，其犯罪主体多为国家机关工作人员。他们履行国家公务职能，在履职过中代表国家形象，这类犯罪的社会危害性更大，且属于从重或者加重处罚的犯罪。另一方面，这些犯罪的起因一般也不会由民间纠纷引起。因此，这两章中规定的检察机关自行侦查的案件不应适用刑事和解。

郭书原：修改后的刑诉法规定这类犯罪适用刑事和解的条件之一是"可能判处三年有期徒刑以下刑罚的"。这是不是意味着只能适用轻罪？

张文志副检察长：也可以这么说，这就是第三个条件。修改后的刑事诉讼法之所以把刑期限定在三年有期徒刑以下是因为"三年以下"属于轻罪。世界上采用刑事和解制度的国家，其立法上也多限于轻罪，如德国、日本、芬兰以及我国的台湾地区等。

郭书原：您刚才说刑事和解适用于两类案件，您能谈谈另外一类案件吗？

张文志副检察长：可以。另一类适用刑事和解的案件是除渎职罪以外的可能判处七年有期徒刑以下刑罚的过失犯罪案件。这类案件也必须同时具备三个条件：第一，必须是过失犯罪。与故意犯罪相比较，过失犯罪的主观恶性和社会危害性往往要小得多。第二，可能判处七年有期徒刑以下刑罚的案件。因为过失犯罪的最高刑罚为有期徒刑七年，因此，这一条件的规定似无必要。第三，渎职犯罪不能适用刑事和解。因为这类犯罪破坏了国家机关的正常职能活动，违背了国家公职人员的公正性和廉洁性，侵犯的多是公共利益，后果严重，因此，不应当适用刑事和解。另外，渎职罪中有些罪名是故意犯罪还是过失犯罪，理论界和实务部门还存在一些分歧，也为某些渎职罪适用刑事和解带来障碍。

此外，需要说明的是，犯罪嫌疑人、被告人在五年以内曾经故意犯罪的，也不能适用刑事和解。因为这些犯罪嫌疑人、被告人在故意犯罪后五年以内又犯新罪，说明其主观恶性深，人身危险性大，应当从重处罚。对他们适用刑事和解，无法实现促使其回归社会，修复社会关系，维护和谐稳定的社会秩序的目的。

郭书原： 刚才您讲解了我国刑事和解制度的适用对象和适用范围，接下来您能谈谈刑事和解的适用程序和法律结果吗？

张文志副检察长： 可以。修改后的《刑事诉讼法》第二百七十八条规定："双方当事人和解的，公安机关、人民检察院、人民法院应当听取当事人和其他有关人员的意见，对和解的自愿性、合法性进行审查，并主持制作和解协议书。"这一条规定了刑事和解的审查主体等内容。我们可以以此为切入点来谈。

郭书原： 好的，谢谢您的提醒。那就从审查主体开始请教您吧，您能详细地谈谈如何理解审查主体这方面内容吗？

张文志副检察长： 可以。根据修改后的刑事诉讼法的规定，我国刑事和解的审查主体是公安机关、人民检察院和人民法院。之所以这样规定，一方面是因为，在我国刑事诉讼活动是在公、检、法三机关的主导下进行的，它们是刑事诉讼活动的"主角"。除此之外，任何国家机关和个人无权对和解的自愿性、合法性进行审查。另一方面，由于刑事诉讼活动是分不同阶段进行的，因此，不同诉讼阶段的审查主体应当是有区别的。侦查阶段的审查主体应当是承办案件的公安机关，因为这个阶段案件由公安机关办理，检察和审判机关并不了解案件情况，案件也未进入审查起诉或者审判阶段，检、法机关自然无权也无法审查。同理，审查和解的公安机关只能是承办该案件的公安机关，它的上级无权审查，也不应交给其下级审查。审查起诉和审判阶段的审查主体分别是检察机关和审判机关。

郭书原： 也就是说，刑事诉讼程序结束前的任何阶段都可进行刑事和解。那么，刑事和解的方式都有哪些呢？

张文志副检察长： 和解的方式一般有两种：双方当事人自行和解或者在第三方的主持下达成和解。当事人包括犯罪嫌疑人、被告人和被害人。从实践来看，双方当事人自行和解的并不常见。因为犯罪行为发生后，短时间内被害难以平息心中的愤懑，难以消除对加害人的仇恨，也就难以接受加害人的直接悔过。而第三方主持下的和解，由于第三方一般情况下都与案件无利害关系，并且多为与被害人有较亲密关系的人，如被害人的亲友，也有的虽是加害人的亲友，但在被害人面前是有一定威望或者为被害人可信任的人，这些人的说服、劝导容易为被害人所接受，因此，这种和解的成功率往往会很高。

郭书原：您这里提到的第三方都包括哪些主体呢？

张文志副检察长：一般多为当事人的近亲属、朋友、同事或基层政权、调解组织等，也可以是律师。

郭书原：那这些第三方如何参与到刑事和解中呢？

张文志副检察长：在犯罪嫌疑人、被告人真诚悔罪的基础上，第三方既可以应任何一方当事人之邀或在公、检、法机关的协调下介入刑事和解，也可以主动参与到刑事和解之中，就赔礼道歉、精神抚慰、赔偿损失、恢复原状等民事责任进行调解。在征得被害人同意的前提下，可以代表被害人向公、检、法机关提出依法从轻、减轻处罚犯罪嫌疑人、被告人的意见。

郭书原：公、检、法机关对双方当事人达成和解协议的，要认真听取双方当事人的意见，以审查判断是否是当事人的真实意思表示。那为什么要听取其他有关人员的意见呢？

张文志副检察长：先说明一下，这里的"其他有关人员"是指参与和解的第三方。听取他们的意见是为了深入了解和解达成的过程，来证实当事人和解内容的真实性。

郭书原：公、检、法机关在对和解内容审查后，认为符合自愿性、合法性原则，和解的内容的确出于双方当事人的真实意思表示，主持制作和解协议书后会产生怎样的法律结果呢？

张文志副检察长：和解协议书是具有法律效力的诉讼文书，对双方当事人具有法律约束力，一经制作，双方当事人都应当正确履行和解协议书的内容。和解协议书制作后经双方当事人和有关人员确认即发生法律效力。协议书生效后意味着案件已经和解。达成和解协议的案件在不同诉讼阶段会产生不同的法律后果。

郭书原：您能具体谈谈吗？

张文志副检察长：可以。侦查阶段达成和解的案件，公安机关可以向人民检察院提出从宽处理的建议。值得强调的是，公安机关对于达成和解协议的案件不得撤销案件或者以其他方式结案，只能在向检察院移送起诉的同时提出从宽处理的建议。因为修改后的《刑事诉讼法》第一百六十条规定："公安机关侦查终结的案件，应该做到犯罪事实清楚，证据确实、充分，并且写出起诉意见书，连同案件材料、证据一并移送同级人民检察院审查决定。"

郭书原：也就是说，公安机关对于构成犯罪的案件，侦查终结后只能向检察机关移送审查起诉，而不能以任何方式结案。

张文志副检察长：是这样的。

郭书原：那在审查起诉阶段，和解后的法律结果又是怎样的呢？

张文志副检察长：检察机关对于达成和解协议的案件有两种处理结果：一是对于情节严重不能免予刑事处分的案件，在向法院提起公诉时在公诉书中应当说明当事人已经达成和解协议，建议法院从宽处罚。二是对于犯罪情节轻微，不需要判处刑罚的和解案件，可以作出不起诉的决定，即加害人履行了和解义务后不再追究其刑事责任。这种不起诉的性质属于酌定不起诉。按照我国刑事诉讼法的规定，酌定不起诉的适用对象主要是行为虽然构成犯罪但情节轻微，依法不需要判处刑罚或者社会危害不大、可以免除刑罚的。根据这一规定，已经达成和解的轻罪案件，没有追究刑事责任的必要，应当作不起诉处理。

郭书原：这里有个问题想向您请教，对于在侦查阶段、审查起诉阶段已与被害人达成和解协议，检查机关未作不起诉处理的犯罪嫌疑人、被告人，审判机关应当如何处理呢？

张文志副检察长：应当依法从宽处理。所谓"从宽"处理，根据2010年最高人民法院《关于贯彻宽严相济刑事政策的若干意见》，主要有以下三种情况：一是对于犯罪情节轻微、主观恶性较小、人身危险性不大的被告人，可以依法从轻、减轻或者免除刑罚；二是对于具有一定社会危害性，但犯罪情节显著轻微危害不大的行为，不作为犯罪处理；三是对于依法可不判处监禁刑的，尽量适用缓刑或者判处管制、单处罚金等非监禁刑。

郭书原：修改后的刑事诉讼法虽然规定了公、检、法机关都有权主持和解并制作和解协议书，但对在审判阶段达成和解的被告人如何处理，并未作明确规定，我们应当如何理解呢？

张文志副检察长：我认为"人民法院可以依法对被告人从宽处罚"，就已经包含我刚才说的"从宽"处理的三种情况，人民法院应根据不同情况分别作出处理。

郭书原：感谢您在百忙之中接受我们的采访，最后，您能概括性地谈谈您怎样看待我国刑事和解制度的确立吗？

张文志副检察长：你客气了。我认为，设立刑事和解制度，是我国刑事诉讼法律的重大进步，标志着我国刑事诉讼理念的重大转变。我国刑事诉讼制度已经完成了单一的以国家为核心的追诉方式向国家和被害人共同参与的转变。

这是"尊重和保障人权"宪法原则在刑事诉讼制度中的具体体现。我们完全有理由相信，刑事和解制度必将在修复社会关系、化解社会矛盾、节约司法成本、建设和谐社会中发挥重要作用。

郭书原：再次感谢您，谢谢。

张朝霞简介：

  1970年2月生，汉族，河北唐海人，中共党员。北京大学法律系研究生毕业（法学理论专业），法学博士，博士后，全国检察业务专家、全国检察理论研究人才。现任北京市人民检察院第二分院党组成员、副检察长、检察委员会委员、三级高级检察官、中国政法大学兼职教授。

  在《中国法学》、《比较法研究》、《法学家》、《中外法学》、《法学杂志》、《法制与社会发展》、《人民检察》、《国家检察官学院学报》等刊物上发表论文40余篇。著有《中德刑事不起诉研究》、《首都检察十大精品案例》、《法律监督的理论与实证研究》等学术著作。译有《我们人民：宪法的根基》等学术书籍。曾主持或参加"刑事和解与程序分流"、"非法证据排除规则"等多个国家级课题研究及北京市检察机关、国家检察官学院的多项科研项目。2011年3月，获评"首都十大杰出青年法学家"。

违法所得没收程序中的检察职能

——访北京市人民检察院第二分院副检察长 张朝霞

郭书原：张副检察长您好！感谢您能抽出宝贵时间接受我们的采访！今天想就违法所得没收程序请教您几个问题。我们知道，近年来，如何在跨国贪污贿赂犯罪等重大犯罪案件中追回涉案资产，已成为国际社会面临的一个突出难题。为此，我国 2012 年新修订的刑事诉讼法增设了犯罪嫌疑人、被告人逃匿、死亡案件违法所得的没收程序，您能否谈谈这个程序设计的背景？

张朝霞副检察长：好的。根据我国 1996 年《刑事诉讼法》第十五条规定，在犯罪嫌疑人、被告人死亡的情况下，不追究其刑事责任；已经追究的，应当撤销案件，或者不起诉，或者终止审理，或者宣告无罪。《人民检察院刑事诉讼规则》第二百四十一条规定："侦查过程中，犯罪嫌疑人长期潜逃，采取有效追捕措施仍不能缉拿归案的，或者犯罪嫌疑人患有精神病及其他严重疾病不能接受讯问，丧失诉讼行为能力的，经检察长决定，中止侦查。"该规则第二百七十三条规定："在审查起诉过程中犯罪嫌疑人潜逃或者患精神病及其他严重疾病不能接受讯问，丧失诉讼行为能力的，人民检察院可以中止审查。"同时，最高人民法院《关于执行〈中华人民共和国刑事诉讼法〉若干问题的解释》第一百八十一条规定："在审判过程中，自诉人或者被告人患精神病或者其他严重疾病，以及案件起诉到人民法院后被告人脱逃，致使案件在较长时间内无法继续审理的，人民法院应当裁定中止审理。"由此可见，我国原有的刑事诉讼法并未设置独立的违法所得没收程序，一旦贪污贿赂犯罪的犯罪嫌疑人、被告人逃匿或死亡而无法到案时，就无法继续进行刑事诉讼程序，使上述犯罪的涉案财产长期无法得到追缴。

随着世界经济和政治格局的深刻变化，贪污贿赂犯罪呈现出复杂化、隐蔽化和跨国化的发展趋势，不仅对我国的政治稳定和经济社会发展造成严重损害，而且演变成为国际社会的共同威胁。根据世界银行的统计数据，全球每年跨境流动的犯罪资产、腐败所得和偷逃税款等高达 1 万亿美元至 1.6 万亿美元，其中约半数来自发展中国家和经济转轨国家。在这两类国家中，每年被跨境转移的腐败官员的资产就高达 200 亿至 400 亿美元。与我国反腐败形势持续严峻情况相类似，贪污贿赂犯罪嫌疑人、被告人外逃的问题十分严重，外逃官员的级别越来越高，涉及的资产金额也越来越大，犯罪手段也表现得越发巧妙和多样。如中国银行广东开平支行原行长余振东等人采取银行内外勾结非法发放贷款、赌博、地下钱庄洗钱、串通涉外企业转汇等手法，贪污挪用公款达 4.83 亿美元，并潜逃美国；广东省中山市实业发展公司原经理陈满雄夫妇潜逃泰国长达 5 年之久，挪用公款高达 7 亿元人民币。虽然没有官方公开的较为系统的统计数据，但仅从一些个案来看，贪污贿赂犯罪等重大犯罪案件的犯罪嫌疑人、被告人外逃之后，往往伴随着涉案财产的处置问题。在实践中，这些犯罪分子甚至依托某个经济实体，以商业活动的名义进行洗钱活动，一旦事发，即迅速将违法所得或其他涉案资产转移至境外，甚至个别腐败分子通过自杀方式来终止诉讼，从而达到"牺牲我一个，幸福一家人"的目的。为此，我国在 2012 年修订的刑事诉讼法中规定了违法所得没收程序，一旦法院作出没收违法所得的生效裁定，该裁定即具有权威性和稳定性，对涉案财产的追缴和没收也将是永久性的。

郭书原：相信这个措施不但能够挽回腐败犯罪所造成的经济损失，而且能够压缩腐败分子外逃的空间，截断其逃匿的经济基础。我们知道，目前对贪污贿赂犯罪的追查具有我国特色，那么没收程序应该何时启动，前提是什么？

张朝霞副检察长：在刑事诉讼中，犯罪嫌疑人、被告人是指被公安机关立案侦查或被检察机关审查起诉的人，这意味着没收违法所得应当以刑事立案为必要的前置程序。立案是刑事诉讼活动的基础，只有经过这一程序，侦查活动才获得了合法进行的资格，检察机关才可以启动违法所得没收程序。

郭书原：那么，没收程序的对象具体是指那些？

张朝霞副检察长：凡是能成为法律意义上的财产，至少应具备三个基本特征，即效用性、可支配性和可计量性。随着我国经济的高速发展和金融业的逐步开放，涉案财产不仅仅是现金和存款，还可能以不动产、股票、债券、基金、权证、保单、期货仓单、贵金属等形式出现。独立财产没收程序的对象包括两类：一是违法所得。即犯罪嫌疑人、被告人通过违法行为包括犯罪所获取的财物，这部分财物在来源和取得方式上都具有明显的违法违规性。二是其他涉案财产。从理论上讲，涉案财产的范围要比非法所得更大，是指刑事案件中与犯罪有关的一切财产，包括违法所得、与犯罪有关的款物、作案工具和非法持有的违禁品等。此外，没收的对象不仅包括违法所得和其他涉案财产，还应包括可能产生的天然孳息、法定孳息以及利用该财产经营所获得的财产性利益。

郭书原：研读新修订的刑事诉讼法后我们发现，检察机关是申请财产没收的唯一主体，法院不能在没有申请的情况下主动作出没收裁定。检察机关向法院提出没收违法所得的申请时，应当提供与犯罪事实、违法所得相关的证据材料，但是并未明确举证责任和证明标准问题。对此您怎样看？

张朝霞副检察长：这确实是立法上的一个不足。我认为，违法所得没收程序可以参考民事诉讼的"谁主张谁举证"原则，由检察机关证明有关财产与违法犯罪之间存在实质性联系；如果利害关系人认为对有关财物享有权利或者认为没收的范围过大，则同样负有举证的责任。此外，违法所得没收程序是区别于普通刑事程序的特殊程序，相对于"综合全案证据，对所认定事实已排除合理怀疑"的刑事审判而言，证明标准不宜限制得过于严格。从国际社会的通行做法来看，这里的证明标准应当遵循盖然性原则，即各种证据的证明力足以使法官相信该项财产存在与犯罪相关的盖然性，当这种盖然性达到优势证明力时，就使法官形成了内心确信，可以作出没收该笔财产的裁判。

郭书原：新刑诉法的最大特色就是鲜明地将保障人权写入了刑诉法。具体到没收程序，有没收行为，就应当有对没收的抗辩和异议。对此新刑诉法是怎样规定的？

张朝霞副检察长：违法所得没收程序必须注意对财产法律属性的甄别，为利害关系人提供适当机会和时间提出抗辩和异议。根据我国刑事诉讼法规定，涉案财产的利害关系人享有知情权、申请异议权和独立上诉权等诸多救济性权利。如人民法院受理没收违法所得的申请后，应当发出为期六个月的公告，确保犯罪嫌疑人、被告人的近亲属和其他利害关系人能够通过可能的途径知悉该笔财产的情况；犯罪嫌疑人、被告人的近亲属和其他利害关系人有权申请参加诉讼，也可以委托诉讼代理人参加诉讼。利害关系人对没收违法所得的申请有异议的，人民法院应当开庭审理；在犯罪嫌疑人、被告人缺席的情形下，如果利害关系人对法院没收财产的裁定不服，有权独立地提出上诉，启动二审程序。

郭书原：在违法所得没收程序中，检察机关既要履行侦查、向法院提出申请等诉讼职能，又要履行立案监督、侦查监督、审判监督乃至执行监督等诉讼监督职能。那么，在违法所得没收程序中检察职能的特点有哪些？

张朝霞副检察长：总体看来，违法所得没收程序中的检察职能具有这样一些特点：

第一是一体性，也就是诉讼职能与监督职能并存。在我国，诉讼与监督这两种职能之所以共存于检察权中，是因为两者有着共同的属性，即权力控制性和诉讼性，都是法律监督的实现方式和途径。就违法所得没收程序而言，检察机关集诉讼职能与监督职能于一体，两者应当定位于两种类型、内容完全不同的检察职能，不能因为都归属于检察机关而将其混淆。对检察机关这一职能特点，要辩证、理性地加以分析，既要看到其弊，更要看到其利；既要看到追诉与监督矛盾、冲突的一面，更要看到它们兼容、协调的一面。诉讼与监督一体的职权配置模式有利于减少重复性程序操作，提高办案效率，及时发现监督线索。如果完全割裂两者之间的内在联系，就不可能达到维护司法公正之目的。一方面，检察机关法律监督职能的有效行使不能脱离具体的诉讼职能而单独存在。检察机关提出没收违法所得的申请，对涉案财产的种类、数量、所在地及查封、扣押、冻结的情况有着清晰的把握，对于公告期限、庭审程序也有直接的了解，能够对诉讼活动进行更具针对性的监督。另一方面，检察机关在立足客观公正义务的基础上，通过纠正违法、提出抗诉等手段，及时纠正侦查、审判活动的违法或错误情况，保障其更好地履行诉讼职能。当然，诉讼与监督一体化模式也存在"角色冲突"的问题，如检察官作为违法所得没收程序的启动者，在心理上有主动、积极的倾向。而作为监督者则应尽量保持客观中立，超然于控方利益之上，两者可能产生矛盾。这就需要检察机关内部职权的优化配置，将监督职能交由专门机构或人员行使，通过诉讼职能与监督职能的适度分离，更好地实现法律监督的总体目标。

第二是独立性，就是说不依附于定罪程序。在传统的刑事诉讼法框架下，财产没收制度总是依附于定罪程序而存在，它被定位于普通刑事程序之中并且被确定为犯罪人的一种刑事责任。在腐败犯罪嫌疑人、被告人逃匿或者死亡的情况下，检察机关即使能够证明某些财物属于违法所得，由于刑事诉讼处于停顿状态或者被终止，也无法通过刑事审判宣告对有关财物的没收。当然，我国也存在未定罪的财产没收规定，如1998年最高人民法院、最高人民检察院、公安部、国家安全部、司法部、全国人大常委会法制工作委员会《关于刑事诉讼法实施中若干问题的规定》第十九条规定，对于在侦查、审查起诉中犯罪嫌疑人死亡，对犯罪嫌疑人的存款、汇款应当依法予以没收或者返还被害人的，可以申请人民法院裁定通知冻结犯罪嫌疑人存款、汇款的金融机构上缴国库或者返还被害人。但是，上述规定存在没收对象范围狭窄、程序模糊以及无法应对犯罪嫌疑人逃匿等问题，难以满足司法实践的需要。根据新修订的刑事诉讼法规定，即使犯罪嫌疑人、被告人逃匿或死亡，检察机关只要能够明确指出哪些财物与犯罪有关，并出示相关证据材料证明这些财物确系违法所得或涉案财物，即可单独启动违法所得没收程序，并不依附于批准逮捕、提起公诉或法院作出有罪判决等其他程序。

第三是及物性，就是说针对违法所得及涉案财产。在现代法治国家，刑事诉讼应当具有社会防卫和人权保障的双重价值，除了惩罚罪犯、维护社会秩序之外，还要保护被告人的合法权利。因此，在追究被告人刑事责任的庭审程序中，只有控辩双方到达审判现场，通过举证质证和法庭辩论环节，才能查明案件情况，进而有效限制国家公权力之滥用。否则，缺席审判容易异化为公权力对被告人及利害关系人的权利侵害。然而，相对于传统的刑事没收而言，违法所得没收程序是一种对物不对人的诉讼制度，它更加注重的是追回资产和防范犯罪。违法所得没收程序解决的核心问题是财产的归属问题，即被怀疑的某项财产是否属于违法所得或其他涉案财产，如果检察机关能够证明财产与违法犯罪行为之间存在充分的联系，法院即可通过作出没收裁定，切断该财物与其持有人的法律关系，将其强制收归国有。该程序通过法律拟制把特定的财物作为诉讼法律关系的当事人一方，被怀疑的涉案财产在程序中获得了虚拟的人格，成为诉讼中的被告，财产的持有人并不是诉讼的被告，其没有任何应诉的义务，只有提出相关权利主张的权利。财物的所有人是否实施了违法行为，是否应当承担刑事责任或者行政责任以及是否参加诉讼程序，都不影响对物的诉讼结果。除了物的归属问题以外，检察机关并不过问和追究财物获取人或者持有人的其他法律责任。

第四是涉外性，就是说可能涉及国际刑事司法协助。目前，深入开展国际合作和司法协助，最大限度地追捕外逃腐败分子和追缴腐败资产，成为各国检察机关的共同愿望和迫切要求。根据《联合国反腐败公约》第54条规定："对于本公约所涵盖的腐败犯罪所得的财产，被请求国在对相关财产没收后，应给予请求国法院作出的生效判决，才能将所没收的资产返还请求国，被请求国也可以放弃对生效判决的要求。"根据上述规定，如果请求他国对被转移到其境内的资产予以追回，被请求国的法律通常要求提供关于没收财产的生效法院裁决，并以这种裁决作为提供协助的前提条件。就我国而言，检察机关在国际刑事司法协助中的作用日益突出，不仅承担着办理司法协助案件工作，还在一些双边司法协助条约中作为中方的中央机关负责司法协助案件的联络工作。根据新修订的刑事诉讼法规定，即使腐败犯罪嫌疑人、被告人外逃或将财产转移至其他国家，检察机关也可以启动违法所得没收程序，通过司法途径确认外流财产的所有权，请求资产流入国承认并执行这一司法结果。在这样的情况下，检察机关不仅要依据国内法开展工作，还要通过多种国际刑事司法合作渠道，查明境外涉案财产的种类、数量和所在地，以及该项财产与犯罪嫌疑人、被告人的联系。

郭书原： 听完您的介绍，我们发现，检察机关作为宪法规定的法律监督机关，在违法所得没收程序中具有独特地位，发挥着其他国家机关无法代替的重要作用。最后，再请教您一个问题，您认为检察机关在今后的违法所得没收程序中还需要哪些改进工作？

张朝霞副检察长：在新的时代背景下，检察机关应当以刑事诉讼法再修改为契机，有效运用违法所得没收程序这一新举措，提升惩治贪污贿赂犯罪等重大犯罪的水平和能力，进一步提高法律监督的整体成效。为了使检察机关更好地履行法律监督职能，还需要开展以下工作：一是制定违法所得没收程序的实施细则。最高人民检察院应在调查研究的基础上，及时制定规范性文件，对违法所得没收程序的具体适用进行规范，如行使该项职权的内设部门、向法院提出没收违法所得的申请文书格式、检察人员出庭规则、审查法院裁定的程序等。二是加强检察机关与行政执法部门之间的信息交流。我国反洗钱法等法律法规规定了对贪污贿赂犯罪的反洗钱措施，并要求国务院反洗钱行政主管部门，国务院有关部门、机构和司法机关在反洗钱工作中应当相互配合。反洗钱行政主管部门应当将受理的行政执法案件及其处理情况及时通报检察机关，检察机关通过对相关信息进行审核、甄别，发现是否存在贪污贿赂犯罪的违法所得或其他涉案财产，及时启动没收程序。三是加强对检察机关的外部监督。在违法所得没收程序中，检察机关必须把强化自身监督与对外监督同等重要的位置，对于人民检察院自行查办的贿赂犯罪案件，犯罪嫌疑人、被告人逃匿或死亡，需要提出没收违法所得申请的，应当纳入人民监督员的监督范围，避免该程序由"特殊程序"异化为办案机关专以没收财物、增补办案经费为目的的"常规程序"。四是积极参与社会管理创新。检察机关在适用违法所得没收程序的过程中，发现金融监管、出入境证件管理、边境管理等领域存在制度漏洞或需要加强或改进管理监督工作的，可以发出检察建议，督促有关部门整改落实。

郭书原：相信从这四点着手，检察机关在违法所得没收程序中的作用也将会越来越大，惩治腐败的效果也会越来越显著。再次感谢您能接受我们的采访！

焦慧强简介：

　　1973 年 6 月生，山西省洪洞县人，汉族，1995 年加入中国共产党，硕士研究生。现任北京市人民检察院第一分院党组成员、副检察长。

　　1991 年 9 月至 1995 年 7 月就读于中国政法大学经济法系，获学士学位；1995 年 8 月至 2004 年 8 月在北京市人民检察院工作，历任书记员、助理检察员、办案组长、副处长；2000 年 6 月至 2002 年 6 月攻读清华大学法学院民商法研究生；2004 年 8 月至 2009 年 5 月在北京市人民检察院第一分院工作，任检察员和民事行政检察处处长；2007 年 9 月至 2010 年 6 月攻读首都师范大学宪法与行政法硕士研究生，获硕士学位；2009 年 3 月任北京市人民检察院第一分院检察委员会委员；2009 年 5 月至 2011 年 4 月任北京市人民检察院第一分院侦查监督处处长；2011 年 4 月至 2012 年 3 月任北京市人民检察院第一分院检察长助理，2012 年 3 月至今任北京市人民检察院第一分院党组成员、副检察长。

　　撰写《北京市人民检察院关于办理民事行政抗诉案件的试行规定》等文件 17 篇；与中国人民大学法学院博士生导师杨立新等合著《侵权行为法理论与实务》上下两册；撰写和主编《首都检察十大精品民行检察监督案例》；撰写和统稿《民事诉讼检察监督论》；先后在《人民检察》、《北京检察》、《检察理论研究》等期刊上发表多篇文章。2006 年获评北京市首届检察业务专家。

关于开展重大刑事案件关键人员
出庭作证工作的访谈

——访北京市人民检察院第一分院副检察长　焦慧强

郭书原：首先感谢您接受这次采访。新修订的刑事诉讼法对证人、鉴定人、侦查人员出庭作证问题进一步予以规定。但在我国，证人不出庭作证的现象十分普遍，严重阻滞了我国刑事诉讼司法改革的顺利推进。我们知道，在处理这个实践中的难题上，北京市检察院第一分院是走在全市前列的，尤其重大刑事案件关键人员出庭作证工作更是取得了很好的成绩。所以，今天我们来就此向您请教些问题。

焦慧强副检察长：也感谢你们对我国刑事工作的关心。有什么问题你们问吧，我都会尽力回答的。你们说得没错，北京市人民检察院第一分院（以下简称"市检一分院"）一直很重视证人出庭工作，早在2006年就开始了重大刑事案件关键人员出庭作证的初步尝试。几年来，通过对证人出庭作证制度的理论研究与实践探索，市检一分院建立了一系列工作规范与机制，在强化公诉案件庭审效果、提高案件诉讼质量方面均取得了显著成效。

郭书原：为什么市检一分院在这项工作上下这么大的工夫和花费这么多的精力？

焦慧强副检察长：市检一分院在开展证人出庭作证的司法实践过程中，对其制度价值进行了深入的分析与论证后，认为刑事证人出庭作证作为一项诉讼制度蕴涵着丰富的价值，这也是它逐步被我国刑事诉讼法所确认的深刻原因。因此，我们十分重视这项工作。

郭书原：您能说说这项工作都有哪些价值吗？

焦慧强副检察长：好的。我们认为主要有六种制度价值。第一，证人出庭作证有利于辨别证言真伪，查明案件事实。第二，证人出庭作证有利于保障被告人质证权，实现控辩平等。第三，证人出庭作证是直接言词原则和交叉询问原则的要求，是我国建立控辩制诉讼模式的重要保障。第四，证人出庭作证有利于提高诉讼效率。第五，证人出庭作证有利于加强司法公信力。第六，证人出庭作证有利于提高执法与守法者的法治意识，促进法治国家建设。

郭书原：您能依次分别谈谈吗？

焦慧强副检察长：好的。先来谈"有利于辨别证言真伪，查明案件事实"这个价值。我们知道，证人证言作为言词证据，是对客观事实的主观反映，不可避免地会受到证人记忆、感知、表述等主客观因素的影响，其证言可能存在大量不实之处，真假难辨；同时，书面证言又不可避免地受到取证者的问答方式、记录人对证言的理解、文字表达能力等局限，可能出现漏记、误记的情况，甚至可能会存在掺杂反映记录人个人主观认识的内容，使证人证言的可靠性进一步遭受质疑。

郭书原：也就是说，这些问题光靠审查书面证言显然无法解决，因而存在"误判"的风险。

焦慧强副检察长：没错。为保证证人证言的真实性，证人出庭是一种最佳的途径。证人出庭作证，受庄重严肃的庭审氛围影响，其对案件事实的陈述会更加慎重与客观，与在庭外形成的书面证言相比，减少了证言内容的随意性及因不当询问方式造成的曲解，同时通过控辩双方的交叉询问，使得其书面证言中的矛盾之处、模糊之处、可疑之处能够通过法庭质证得以解决，从而使法官能够准确认定案件事实，形成正确的裁判结果。

郭书原：从您的回答中，我们是不是可以这样推理，证人出庭作证后，其证言才能更充分地接受控辩双方的质证？

焦慧强副检察长：是这样的。证人出庭作证有利于使控辩双方的平等性得到有效践行，也符合被告人质证权的要求。《公民权利与政治权利国际公约》将被告人的质证权确认为被告人的一项基本权利，这是刑事诉讼程序正义的体现。尤其在我国，控诉方在证据的调查与获取上具有天然的优势，为平衡刑事诉讼控辩双方力量比例的先天失衡，更应充分保障被告人的质证权。而证人出庭作证，是实现被告人质证权的客观基础，只有证人出庭作证，才能使被告人及其辩护人在对证人的质询中充分行使辩护权利，防止法官的偏听偏信和主观臆断，实现真正的控辩平等。

郭书原：被告人的质证权附属于辩护权，但我国刑事诉讼法没有明确规定直接言词原则、交叉询问原则。为什么您说证人出庭作证是直接言词原则和交叉询问原则的要求，是我国建立控辩制诉讼模式的重要保障呢？

焦慧强副检察长：您说得没错，但这是过去或者现在，任何事物都会发展和变革。查明案件事实一直都是世界各国刑事诉讼首要解决的问题。抛开案件事实，任何形式上的公平或者正义都是难以立足的。为帮助裁判者查明事实，当事人主义诉讼模式和职权主义诉讼模式分别设置了不同的证据规则，而这些规则的适用，均以证人出庭作证为必要。我国自1996年刑事诉讼法实施以来，刑事诉讼庭审模式逐渐由纠问式向英美等国家的对抗式转变。与此相对应，刑事诉讼法虽然没有明确规定直接言词原则、交叉询问原则，但借鉴吸收了上述原则的精神，从而一定程度上增强了刑事审判的控辩对抗。顺应庭审模式的改革，在直接言词原则和交叉询问原则的要求下，证人应出庭作证，接受控辩双方的质询，否则对抗式的法庭审判仍将流于形式，摆脱不了"卷宗主义"的老路，控辩式诉讼在发现真实方面的优势也将无从体现。

郭书原：您说得很有道理。那直接言词原则、交叉询问原则和提高诉讼效率有关联吗？您能举例谈谈为什么证人出庭作证有利于提高诉讼效率吗？

焦慧强副检察长：好的。直接言词原则和交叉询问原则都意味着要口头表达。由于口头表达具有传递信息快速、便捷的特点，因此，证人出庭，在法庭上以言词的方式，直接作出陈述，并接受控辩双方的质询，能够使法官及时发现证言中存在的问题并加以解决，从而提高庭审效率，推动刑事审判活动快速、有效地向前进行，否则就庭审就有可能拖沓。例如，当控辩双方对书面证言或专家证人出具的鉴定意见有异议时，法官会因难以决断而被迫中止庭审，退回补充侦查，这将大大降低庭审的效率，造成案件久拖不决，使当事人长期为诉所累，这就不利于其合法权益的保护和业已破坏的社会关系的修复。

郭书原：看来证人出庭的确从形式上提高了诉讼效率，避免了不必要的繁赘工作。那为什么说证人出庭作证有利于加强司法公信力？

焦慧强副检察长：证人出庭作证，接受控辩双方的交叉询问，使对证人证言的质证更加充分和公开，使社会公众感受到法院判决是在严格遵守程序，充分保障被告人权利的基础上形成的，从而容易获得社会公众对法院裁判及法律的认同感，树立法律权威。此外，证人出庭作证，被告人通过行使质证权，加大了对裁判结论制作过程的有效参与，使其认识到法律程序对自己权益的关注，体会到受到了法律的公正待遇，即使最终裁判结果对其不利，其也会对诉讼结果表示信服。

郭书原：您刚才的讲解很深刻，无论是对于公正、高效的办理刑事案件，依法维护被告人的权利，还是加强司法公信力，证人出庭作证都显得尤为重要。那证人出庭作证又如何有利于提高执法与守法者的法治意识，促进法治国家建设这个价值呢？

焦慧强副检察长：对于这个问题，我想从以下几个方面来谈。首先，与宣读书面证言不同，证人出庭作证，在接受询问的过程中，可能会暴露出取证过程的一些问题，可能会发现一些书面证言中未涉及的与案件认定有关的细节，从而影响其证言的证明力和审判的结果。因此，对控方而言，证人出庭作证，在增强指控力度的同时，也加大了指控的难度。证人出庭，无疑是对侦查机关、检察机关此前执法行为的一种检验，有助于强化其证据意识，规范其执法行为。其次，一个国家的法律仅靠司法机关的执行是不够的，还需要全体公民对法律的遵守。证人通过亲自出庭作证，参与庭审，能够强化其对法律的理解及对法律权威的感知，从而加强其遵纪守法的法治意识。此外，刑事案件中证人出庭作证，还可以一定程度上弘扬惩恶扬善的社会风气，营造良好的法制环境。

郭书原：如您所说，证人出庭作证制度蕴涵着丰富的诉讼价值，但是，在司法实践中，证人出庭难仍是一种普遍现象。您认为主要问题有哪几个方面呢？

焦慧强副检察长：我国证人出庭难有着一定的原因，我想从证人、立法者和司法者的角度分别去梳理会有助于我们更加清晰地认识这个问题的本质。从证人的视角来看，证人出庭难的原因主要有心理原因、思想根源和直接诱因三个方面。我说的心理原因是指"厌诉"、"畏诉"的中国传统法律文化。以儒家思想为基础的"无讼"观是中国法律文化的核心，其不仅对中国古代社会产生过深远的影响，对现今人们的法律观念仍具有潜移默化的影响力。儒家思想提倡"礼"与"仁"，强调德治，在"人"与"法"的关系上，重"人"轻"法"。在这种传统思想的熏陶下，逐渐形成了"厌诉"、"畏诉"的文化心理。在这种心理的支配下，证人对出庭作证有着一种天然的心理排斥。在司法实践中，尽管法律明确规定出庭作证是证人应尽的义务，尽管司法人员费尽心机做其思想工作，但仍收效甚微。这种"以和为贵"、"息事宁人"的传统观念及"涉诉为耻"的文化积淀严重干扰着证人出庭作证的决断，成为其走向法庭的一大心理障碍。

郭书原：既然心理原因是"厌诉"、"畏诉"这样一种文化传统，那思想根源和心理原因有何不同？您说的思想根源又是指什么呢？

焦慧强副检察长：这两者是不同的。心理原因是从长久的历史文化积淀对人的内心影响来说的，而思想根源是从对法律的认识层面看的。这里的思想根源是指淡薄的法律意识。尽管近来年在建设社会主义法治国家的大环境下，通过普法教育、法制宣传，我国公民的法律意识较之以往有了很大提高，但与法治文明的要求还相去甚远。有法不依的现象还大量存在，尤其对证人出庭这一程序法的规定，更是缺乏必要的正确的认识。

郭书原：如此看来，要想使出庭作证像依法纳税、依法服兵役一样融入到广大公民的意识中，根植于其脑海里，还是一个长期而艰巨的过程。

焦慧强副检察长：可以这么理解。

郭书原：那什么是直接诱因呢？

焦慧强副检察长：直接诱因就是指证人对经济损失与人身安全的担心。证人出庭作证，首先面临的问题就是由此产生的费用，包括交通费、住宿费、误工费等由谁承担。从目前的司法实践来看，这部分费用大多数是由证人自掏腰包，自己承担。对证人而言，出庭作证不但花费时间、精力，而且还要承担由此带来的经济损失，因此缺乏出庭作证的动力。此外，证人出庭作证，其身份将曝光于法庭之上，当庭发表不利于被告人的证言，必然会使其人身安全、财产安全处于一种危险境地。如果法律不能提供切实有效的全方位的保护，从而消除证人出庭的后顾之忧。那么，处于自身安全的考虑，证人大多选择明哲保身，远离法庭这个"是非之地"。新修订的刑事诉讼法虽然对证人保护和经济补偿作出了进一步规定，有助于上述问题的解决，但落实到实践中还需要更具可操作性的细化规定。因此，彻底解除证人对经济、安全的思想顾虑，使证人自愿出庭作证还有很长的一段路要走。

郭书原：如您所说，从证人角度来看，他们不出庭是有一定主客观原因的。我国的法律，尤其刑事诉讼法没有相关制度解决上述问题吗？

焦慧强副检察长：这就是我要说的第二个角度，也就是从立法者的视角看证人出庭难的原因。我国新修订的刑事诉讼法对证人出庭及相关配套机制进行了规定，弥补了原有法律的空白，加强了对证人不出庭的制约及对证人安全、经济等方面的全方位保护。因此，原来广为理论界和司法实践界所诟病的立法缺陷问题得到了较好的解决和完善，但仍存在一些缺憾，需要司法解释进一步加以细化。例如强制证人到庭的具体措施、经济补偿的具体标准、程序等都尚未有配套的程序规定。此外，新修订的刑事诉讼法对证人的保护尚未突破人身安全保护的范畴，缺乏对证人财产安全的保护措施。现实中，打击报复证人的行为多种多样，有针对证人及其近亲属人身安全的，也有针对其财产安全的，新修订的刑事诉讼法将证人的人身安全纳入到法律的保护范围中，并规定了较为具体的保护措施，而对财产安全方面的保护没有涉及。因此，从证人保护力度、保护角度、保护效果方面，立法上仍存在进一步完善的空间。

郭书原：从证人角度来看，存在问题，从立法者角度来看，存在不足，践行法律的司法者方面也存在需要改进的地方吗？

焦慧强副检察长：是的。虽然整体来说我国的司法人员在各方面都有值得肯定的地方。但在证人出庭作证方面，他们还是存在能动性和积极性发挥不足的问题。按照社会主义法治理念关于"执法为民"的要求，司法人员应尽力促使证人出庭作证，以保障刑事诉讼各方当事人的合法权益。但是现实中存在的一些"思想顾虑"使得公检法三机关在证人出庭问题上显得内动力不足。

首先，侦控目的不统一，使得某些侦查人员不愿出庭作证。在法庭上成功地指控犯罪，是侦查的最终目的，因此，配合检察机关，就侦查活动合法性等问题出庭作证，有力地支持公诉，是侦查人员侦查活动的合理延续。但是，实践中，只管"破案"不管"断案"的现象大量存在，侦查人员往往以种种理由拒绝出庭作证。

其次，由于言词证据的易变性，证人出庭作证，受法庭环境、表达能力、心理承受能力等多方面因素的影响，有可能改变证言内容，甚至出现"翻证"现象，从而打乱公诉人原有的指控计划。为此，公诉人不仅需要做好大量的庭前准备工作，而且需要具备较强的庭审驾驭能力。出于这些因素的考虑，某些公诉人对安排证人出庭存在一定的"顾虑"。

最后，面对我国居高不下的案件量，作为庭审"核心"的法官，承受着巨大的办案压力，"速审速结"的办案倾向普遍存在，这就使得法官更钟情于书面证言的简便易行，不愿"弃简就繁"，费时费力地安排证人出庭作证。

郭书原：除了侦查人员、公诉人和法官各方面顾虑之外，有没有其他客观的困难制约了证人出庭作证呢？

焦慧强副检察长：这也是有的。

首先，大中城市人口流动频繁，造成司法实践中证人出庭困难重重。某些案件中，关键证人都是居无定所的"打工族"，流动性较大。法律又不能像对待犯罪嫌疑人那样要求证人在整个诉讼过程中不离开案发城市。因此，实践中，某些证人在侦查阶段作完证，出于上述种种自身原因，往往选择离开案发地，更换通信号码或地址，在司法人员面前突然"失踪"，使得证人出庭作证客观不能。

其次，高发案率、高开庭率带来的高成本，是司法者面临的一大难题。证人的高出庭率是建立在法院的低开庭率的基础上的，否则司法将不堪重负。我国不同于西方国家，存在辩诉交易制度，可以使大量的刑事案件被分流，不必走到庭审环节。在这种情况下，如果要求每一个案件的证人都出庭作证，其诉讼成本可想而知，这对本来就人均司法资源严重不足的我国来说，无疑是雪上加霜。

郭书原：证人出庭作证有着诸多的困难，我们很想知道市检一分院在开展证人出庭工作方面的基本情况。您能介绍一下吗？

焦慧强副检察长：好的。为寻求证人出庭难的解决途径，实现证人出庭作证的制度价值，市检一分院进行了多年的实践探索，在开展证人出庭工作的过程中，遵循司法工作规律，科学、合理把握发展进度，由点到面、循序渐进、稳步推进，确保了证人出庭工作取得实效。

郭书原： 您能具体谈一下吗？

焦慧强副检察长： 好的。我就根据近三年出庭案件的总体情况来说吧。我院自 2006 年下半年开始着手加强刑事诉讼活动中证人出庭作证工作并进行了初步尝试，并于 2006 年 7 月与北京市第一中级人民法院就证人出庭工作达成共识，共同签署了《关于落实关键证人出庭工作的会谈纪要》（以下简称《会议纪要》）。根据《会议纪要》相关规定，2007 年至 2008 年我院公诉一处以办理危害公民人身权利、民主权利案件的两个主任组为试点，开始开展证人出庭的实践和调研工作。2009 年至今，我院在总结实践经验的基础上，全面开展重大刑事案件关键人员出庭工作，将案件范围逐渐延伸至经济犯罪领域和外国人犯罪案件中，出庭作证的人员范围扩展至对查明案件事实或情节起关键作用的所有人员，包括证人、被害人、鉴定人和侦查人员。2010 年"两个证据规定"出台，这对关键证人、鉴定人、侦查人员出庭作证作出了明确规定，使得证人出庭工作备受司法实践的关注与推行，该年的证人出庭案件数量及比例与 2009 年相比，也增长显著。

郭书原： 有没有具体的数据统计呢？

焦慧强副检察长： 有。2009 年至 2011 年三年内，我院出庭作证的案件数量高达 62 件。其中，2009 年 9 件，出庭率，即出庭作证案件占提起公诉案件的数量比例为 3.4%；2010 年 28 件，出庭率为 10.9%；2011 年 30 件，出庭率为 14.2%。从上述数据我们就可以看出，出庭作证案件的数量和比例均呈增长态势。

郭书原： 经过市检一分院的努力，证人出庭工作确实取得了很大成效。这么多出庭作证案件有没有什么特点或成因呢？

焦慧强副检察长： 积累了较多的出庭作证案件，有利于我们进行类型化的分析。首先，从案件范围来看，我院出庭作证案件涉及故意杀人、故意伤害、抢劫、盗窃、诈骗、合同诈骗、虚开增值税专用发票、私分国有资产、挪用公款、贪污、受贿等各种罪名。其中，以故意杀人、故意伤害等可能判处死刑的严重暴力犯罪及诈骗、合同诈骗等诈骗类经济犯罪为主。以 2011 年为例，诈骗类案件 10 件、故意杀人案件 9 件、故意伤害案件 8 件，分别占该年出庭作证案件的 33.3%、30.0% 和 26.6%。

其次，从出庭作证的人员来看，被害人及其亲属占多数，鉴定人、侦查人员出庭的案件较少。以 2011 年为例，关键证人出庭的案件有 13 件，占 43.3%。被害人或其亲属作为关键证人出庭的案件有 14 件，占总数的 46.7%。侦查人员出庭案件有 2 件，占 6.6%。鉴定人出庭案件有 1 件，占 3.3%。

郭书原：为什么鉴定人和侦查人员出庭的案件这么少呢？

焦慧强副检察长：一方面，被害人及其亲属与案件的处理结果有直接的利害关系，因此与一般的证人相比，参与庭审的主动性和积极性更高。另一方面，鉴定人、侦查人员出庭在实践操作中欠缺有效、顺畅的沟通、衔接工作机制，许多案件公诉人面对鉴定人、侦查人员所在单位的巨大阻力，无能无力。

郭书原：还有其他特点吗？

焦慧强副检察长：还有两个特点。一个是从提出作证需求的主体来看，以检察机关提请为主。以 2011 年证人出庭的案件为例，除人民法院要求出庭的 1 件和辩护人申请出庭的 1 件以外，其余 28 件，约占 93.3%，都是由检察机关申请证人出庭的案件。这种现象存在多方面的原因：一方面，检察机关作为公诉机关，出于指控犯罪的需要，特别是对一些社会关注、重大的刑事案件，为加大公诉力度，取得较好的庭审效果，一般对申请能够证明犯罪事实、戳穿被告人当庭诡辩的控方证人出庭较为积极、主动。此外，检察机关内部的考核机制也一定程度上成为公诉人促使证人出庭的内动力。另一方面，法院受职权主义诉讼模式的影响，重"打击犯罪"，轻"人权保障"。因此，对于检察机关申请的控方证人出庭一般比较支持，而对于辩护人申请的为证明被告人无罪或罪轻的辩方证人出庭则采取较为"严苛"的态度，一定程度上打击了辩护人申请证人出庭的积极性。此外，我国刑事辩护人的职业能力良莠不齐，加之有的辩护人责任心不强，开庭如"走过场"，因此对较为牵扯精力、能力要求较高的证人出庭工作热度不高。

另一个是从出庭作证所证明的内容来看，既包括被害经过、目击案发过程等影响定罪的情节，也包括案件起因、到案情况、案发后悔罪表现等影响量刑的情节；既包括证明犯罪事实的实体内容，也包括证明鉴定程序合法、没有刑讯逼供等程序问题的内容。总体上看，出庭作证所证明的内容都是对案件定罪量刑起关键作用，对排除非法证据、保障程序公正有重要价值的内容，这也是出庭作证必要性的体现.

郭书原：我们可以看到，近年来，经过数十个案件的锤炼，市检一分院在重大刑事案件关键人员出庭的数量、质量、相关机制规范的建设等方面积累了大量实践经验。您能谈谈开展证人出庭工作的主要做法吗？

焦慧强副检察长：可以。市检一分院在司法实践中逐步拓展证人出庭工作的深度与广度，也总结了一些经验。其中，加强组织领导，全力推进关键人员出庭工作是这项工作取得进展的重要原因。市检一分院院领导高度重视重大刑事案件关键人员出庭作证工作，近年来一直将"推进关键人员出庭工作，提高指控和证明犯罪的质量"列为院内工作要点。

郭书原：具体实践过程中，是如何操作的呢？

焦慧强副检察长：一是主管检察长亲自督办落实，在部分案件因鉴定人员出庭遭遇阻力时，出面沟通协调，争取相关部门的理解和支持，确保证人出庭工作顺利开展。二是公诉部门在年初工作计划中，对推进证人出庭工作分阶段、分步骤进行细化，结合实际进行安排与部署。三是将证人出庭开展情况引入绩效考核评价机制，通过量化管理，将出庭率作为干警评优评先的主要指标，激发干警自觉加大证人出庭工作力度，例如在年终评优评先时采取"一票否决制"，对没有证人出庭案件的承办人一律取消其评选资格。四是设立证人出庭案件备案制度，并结合证人出庭开展情况，定期开展经验交流研讨，鼓励干警对出现的新问题、新思路、新方法，及时进行梳理与总结，以推动证人出庭工作向更规范、更有效、更贴近司法实践的方向纵深发展。

郭书原：证人出庭作证是刑事庭审的一个环节，因此需要审判机关的支持与配合，才能顺利推动和开展。这方面市检一分院有什么好的经验吗？

焦慧强副检察长：加强沟通协作，形成促进证人出庭工作合力也是十分必要的。《会议纪要》明确规定死刑案件，上级督办、交办案件，疑难、复杂案件等重大刑事案件中出庭作证的人员范围、程序及相关保障工作。一方面，细化了《刑事诉讼法》及相关司法解释的规定，使得证人出庭工作在实践中有规可依；另一方面，与审判机关就证人出庭若干问题达成一致，为今后开展工作创造了良好的外部环境。

郭书原：《会议纪要》的具体规定有哪些呢？

焦慧强副检察长：我举例来说吧。根据《会议纪要》的规定，证明控辩双方争议事实的关键证人、被害人；对于搜查、勘验、检查等侦查活动中形成的笔录存在争议，需要负责侦查的人员以及搜查、勘验、检查等活动的见证人出庭陈述有关情况的侦查人员、见证人；控辩双方存在争议的鉴定结论的鉴定人；控辩双方存在争议的涉及自首和立功、犯罪未遂、犯罪中止、正当防卫等法定量刑情节的证人；被告人提出侦查中存在刑讯逼供、诱供等违法侦查问题所涉及的侦查人员；提供过不同证言的主要证人；当事人和辩护人、诉讼代理人申请通知出庭的新证人；主动要求出庭作证并经人民法院许可的证人等八类关键人员应出庭作证。同时，综合考虑证言内容与案件核心事实的关联性及证人身体状况、表达能力等客观因素，对可不出庭作证的证人范围进行了原则性规定。此外，为规范证人出庭的法律手续，完善检法在证人出庭问题上的衔接机制。《会议纪要》明确规定：提起公诉时，人民检察院应当在移送人民法院的证人名单中对需要出庭作证和可以不出庭作证的证人分别列明，对需要出庭作证的证人详细注明其性别、年龄、职业、住址和联系方式。人民法院对证人名单进行审查后，如认为需要出庭作证的，应当于庭审五日前通知人民检察院。由人民法院根据人民检察院对于拟出庭证人工作情况及时联系证人并向其送达出庭通知书。多年来，上述规定通过内化为我院《证人出庭工作规程》，在实践中运转正常。

总的来说，检、法间的沟通与协作，减少了来自司法机关内部的阻力，一定程度上确保了刑事审判中证人的出庭率，推动了我院证人出庭工作的开展。

郭书原： 领导如此重视，制度如此健全，能够较大程度上提高证人出庭作证的比例，那市检一分院是如何确保证人出庭质量与效果的呢？

焦慧强副检察长： 就是加强出庭必要性与风险评估。我们可以称为必要、审慎原则和及时性原则。

郭书原： 什么是必要、审慎原则呢？

焦慧强副检察长： 对案件及出庭人员的选择应我国目前刑事诉讼的高开庭率，要求所有案件、所有证人都出庭作证既不可能也不必要，因此需要公诉人合理审慎地进行选择。这就是必要和审慎原则。这个原则要求我们重点考虑两方面因素：一是证言内容是否重要，二是所证实的事实是否有争议，即出庭作证的必要性。

郭书原： 您能举个例子吗？

焦慧强副检察长： 好的。例如，我院办理的金某某等 6 人私分国有资产案，6 名被告人以单位名义将 A 公司存放在其中 3 名被告人个人名下银行卡中的公款人民币 180.2 万元，私分给本单位 13 名职工。公诉人从必要性原则出发，考虑三点因素，申请 A 公司会计刘某某出庭作证：其一，刘某某是案发单位的会计，在六被告人实施犯罪的过程中，始终在公司工作，了解案件的整体情况；其二，本案是私分国有资产的案件，涉及大量的票证及现金流转，刘某某具有财会专业知识，是最了解这部分关键事实的证人并能精确解读所有涉案财物凭证；其三，刘某某在侦查阶段的三次证言内容一致，表述清晰准确、逻辑性强。在法庭审理过程中，通过公诉人、6 名被告人及其 9 名辩护律师的交叉询问，刘某某如实、准确地陈述了本案的基本事实，并且对相关财物凭证作出简要说明，并明确指出被告人是 A 公司副总经理，是本案的主要责任人，从而为法庭辩论阶段公诉人驳斥辩护人提出的被告人只是工程技术人员，没有被正式任命为公司副总经理，也未参与私分国有资产的合意等辩护理由提供了有利依据，取得了良好的开庭效果。

郭书原： 那什么是及时性原则呢？

焦慧强副检察长： 及时性原则是指全面考虑到证人的身体状况、表达能力及案件办理过程中出现的新情况、新问题，实时评估作证风险，适时调整出庭方案，发现有不适宜出庭作证的新情况的，应及时汇报并作出是否变更的决定，确保证人出庭能够取得良好的庭审效果。例如，对于被害人众多的涉众型经济案件，在证人出庭的安排上就要充分考虑该类案件的特点，避免引发社会矛盾和冲突。我院办理的刘某合同诈骗、非法经营一案，公诉人根据案件情况安排了一两名被害人代表出庭作证。开庭前公诉人得知拟出庭作证的被害人联络纠集了其他近百余名被害人聚集在法院门口，情绪激动，要求参加庭审，否则就不予出庭作证。为维护法庭秩序，保障庭审顺利进行，公诉人果断决定取消了证人出庭，从而防止出庭作证演变为聚众闹访。

郭书原：有了好的制度和好的原则后，在提高公诉人庭审驾驭能力方面，市检一分院是怎么做的呢？

焦慧强副检察长：为保障证人出庭工作实效，我院明确要求案件承办人庭前充分准备、庭上积极应变，围绕证人出庭做好五方面工作。

首先，庭前认真梳理证据，并根据案件具体情况，周密设计出庭预案。证人出庭作证，使得庭审的对抗性加大，出现突发状况的概率增加。公诉人只有对案件全部证据谙熟于心，根据不同案件特点，精心制作询问提纲，预测辩方提问及应对方案，合理安排庭示证顺序、预设突发情况处理措施等，才能在庭审中完全掌控庭审节奏和方向，使证人出庭达到预想的效果。

其次，通过电话、约谈等方式庭前与证人反复沟通，耐心细致地做好证人工作，打消其思想顾虑，确保其到庭作证。从司法实践来看，证人安全、经济、人情等多方面的考虑，一般不愿出庭作证，即使庭前沟通时表示同意，但在开庭时不到庭的情况也时有发生。因此，公诉人在庭前要与证人反复沟通、针对证人出庭顾虑，做好思想工作，必要时，可以联系证人所在单位协助做好说服工作，为证人出庭积极创造便利条件。例如，金某某等六人私分国有资产一案，关键证人刘某某的出庭就得到了其所在单位纪委部门的理解与支持，开展顺利。

再次，围绕证人权利义务、庭审程序对证人进行必要的庭前指导，并根据证人表达、记忆、情绪及心理特点，及时调整庭审询问方案，包括询问方式和问题设置，必要时，还可与证人就询问提纲及预测的辩方提问进行模拟庭审训练。例如，我院办理的朱某某故意杀人一案，被告人供认自己驾车与他人发生刮蹭及再次撞车的情况，但对于开车撞向被害人的关键情节，辩称因酒后记忆不清。为再现案发当时的情景及证明被告人的驾车撞击行为与被害人死亡结果之间的因果关系，公诉人申请鉴定人及证人刘某某出庭作证。开庭前，公诉人与鉴定人、证人再次进行了沟通，针对询问的内容、方式及辩方可能提出的问题进行了深入沟通，并告知其对于辩方提出的与案件无关的、带有诱导性的问题可以拒绝回答。同时，因证人刘某某系被害人的丈夫，公诉人庭前还向其讲明法庭审理的重要意义，对其进行必要的劝慰和疏导，避免庭审过程中，证人因情绪过于激动而无法顺畅作证。

复次，庭审中积极应变，掌控庭审节奏和方向。再精细的庭前准备，也不可能完全预测到庭审中出现的所有问题。特别是证人出庭作证，面对辩方提出的其事先毫无准备的问题时，往往会因情绪紧张，不知所措，或易受辩方错误引导，从而作出不利于公诉的证言。为此，要求公诉人具备较强的庭审应变和掌控能力。庭审过程中，认真倾听被告人及辩护人对证人的发问，发现询问内容与本案无关或询问方式具有诱导性或有辱证人人格时，应及时提请审判长予以制止，从而保护证人合法权益，确保庭审向有利于公诉方的方向发展。

最后，采取必要措施，确保出庭作证人员的人身安全。新修订的刑事诉讼法对证人、鉴定人、被害人作证保护问题进行了详细规定。我院在多年的司法实践中，也致力于探索有效的证人保护方式，进行了大胆的尝试，取得了一定的实践经验。例如，吕某贩卖毒品一案中，考虑出庭作证的关键证人、鉴定人身份特殊，承办人与审判机关协调，在当庭作证过程中让证人、鉴定人在磨砂玻璃屏风后作证，在保证证人出庭效果的同时保护了证人的人身安全。

郭书原： 想必经过采取这五点措施，公诉人的庭审驾驭能力一定能得到很大的提升。市检一分院在证人出庭作证方面还有其他经验吗？

焦慧强副检察长： 除了上面我说的四方面外，还有加强规范化建设，不断完善证人出庭工作相关机制这一方面。近年来我院在开展重大刑事案件关键人员出庭实践的同时，也一直致力于相关工作的调研、分析与总结，逐步形成了一套科学、合理的工作机制，全力推进重大刑事案件关键人员出庭工作的深入开展。

首先，建立与法院、公安机关等相关部门的联动配合机制，消除来自司法机关内部的阻力。一方面，与法院会签文件、达成共识，加强证人出庭工作的程序衔接；另一方面，与公安机关加强配合，安排侦查人员旁听庭审，为推进侦查人员出庭完善条件。同时，与市院技术部门达成协议，为推动鉴定人出庭工作搭建平台。在申请公安机关侦查人员、鉴定人出庭作证的案件中，为解决行文对等问题，经多次协商决定，由我院致函市院公诉部门，再由市院致函市局法制处，由市局法制处统一安排相关人员出庭作证。实践中，这种程序安排，理顺了关系，加强了上下级院、相关业务单位的沟通与协作，并且在上级院的支持和公安机关的配合下，鉴定人、侦查人员出庭有了更强有力的组织保障。

其次，以我院主任检察官责任制为依托，设立层级审批机制，加强证人出庭风险防控。要求承办人在结案报告中对出庭作证人员的基本情况、证明内容、出庭作证的必要性及可能产生的诉讼风险进行详细说明，报主任检察官审批。特殊案件层报检察长决定。督办、交办案件还应征求督办、交办单位及上级检察机关的意见。

最后，加强对出庭情况的数据统计与研究，建立专项备案跟踪调研机制。要求承办人对出庭作证的证人类型、证明内容、作证形式逐一进行详细登记备案，并安排专人跟踪案件的处理结果，定期开展调研，为进一步完善证人出庭机制设计提供实践依据。

郭书原：联动配合机制、审批机制、调研机制相辅相成，有力地促进了证人出庭作证工作的进展，那市检一分院是否有某种考评机制呢？毕竟无考核等于无总结。

焦慧强副检察长：考评机制是有的。为了奖罚并举，促使承办人员在实践中自觉推行证人出庭工作，市检一分院设立了考核考评机制。证人出庭工作一直以来都是我院公诉部门的工作重点，在推行证人出庭工作之初，承办人对证人出庭作证的制度价值缺乏了解，对庭审驾驭能力缺少经验和信心，因而存在一定的抵触心理。为促进证人出庭工作的开展，激发案件承办人落实该项工作的主观能动性，我院公诉部门将关键人员出庭作证的开展情况引入个人绩效考核评价机制，通过量化管理，将出庭率作为评优评先的主要指标，从而增强了承办人开展证人出庭工作的内动力。

到这里，我将市检一分院近几年来总结的五方面的工作经验都介绍完了。

郭书原：感谢您的讲解，市检一分院开展证人出庭工作有这么多好的经验，肯定也取得了良好的工作进展，接下来请您谈谈市检一分院在这项工作中的主要成效。

焦慧强副检察长：好的。我们主要有四个方面的成效，可以概括为强化证据意识，提高办案质量；增强指控力度，提升庭审效果；贯彻"两个证据规定"，确保死刑案件成功公诉；维护当事人合法权益，提高矛盾化解能力。

郭书原：您先谈第一个吧。市检一分院如何经过一系列的努力，从强化证据意识入手提高办案质量的呢？

焦慧强副检察长：好的。这个方面主要体现为三点。

首先，证人出庭工作推行以来，公诉人更加注重对关键证据的审查与核实，严格遵循"印证证明模式"的思维方式对易变的言词证据进行判断。在对案件事实和证据把握越来越精准的同时，公诉人的庭审应变能力、驾驭能力也在与被告人、辩护人的交叉询问中不断增强。例如，曹某贪污抗诉案，因关键证人书面证言前后存在反复，致使一审法院对部分犯罪事实未予认定，被告人被判处缓刑。二审期间，我院充分认识到该份证据的重要性，通过安排证人出庭作证，对矛盾的证言内容进行解释说明。经过法庭质证，二审法院最终采纳了该份关键证据，改判被告人有期徒刑十一年。

其次，通过侦查人员出庭作证的个案引导，实现检察机关对侦查机关取证行为的规范和指导作用，使侦查人员跳出只管"破案"、不管"断案"的思维定式，更加注重侦查行为的合法性及出具相关材料的严谨性，从而推动侦、控、审证据标准的进一步统一，从源头上提高案件质量，一定程度上减少案件退补率。例如，我院2011年侦查人员出庭的两件案件，一件是为证明侦查过程中，没有刑讯逼供行为，被告人的有罪供述真实可信；另一件是因侦查机关出具的到案经过内容过于简单、表达不够严谨，且与其他证据之间存有矛盾点，影响到自首情节的判断，故由侦查人员出庭对到案经过予以解释说明。上述两个案件一方面强化了侦查人员的证据意识，有助于规范今后的侦查取证行为；另一方面，通过出席法庭，使侦查人员对法庭采纳证据的标准有了更加深刻的感性认识，对其今后出具类似的证据材料具有规范和指导作用。

最后，证人出庭作证，加强了控辩双方的抗辩程序，一定程度上改变了以往法官对书面证言过度迷信的态度，使其对案件事实判断的依据从卷宗转移到法庭质证上来。通过与证人的直接接触，聆听控辩双方对证人的交叉询问，法官得以准确鉴别证言的真伪，审查认定的事实也将最大限度地接近于客观真实，从而确保案件质量的提高。

郭书原：证据意识得以强化后，会增强公诉人对犯罪的指控力度，也会提升庭审效果吧？

焦慧强副检察长：会的。公诉人具有较强的证据意识后有利于他们核查证据的合法性、真实性和关联性，也就有利于增强指控力度。这也就是我想说的第二点。我院开展证人出庭工作以来，证人出庭的案件多为被告人不认罪、翻供或者对关键证据存有争议的疑难、复杂案件。这些案件一般庭审难度较大，而证人出庭工作的开展，不仅增强了指控力度，而且取得了良好的庭审效果。

被告人不认罪的案件在经济犯罪案件中尤为突出，例如，在2010年我院公诉二处证人出庭的11件案件中，被告人完全不认罪的案件就有7件之多，占63.6%。在这类案件中，公诉机关申请关键证人出庭与被告人当庭对质，戳穿、揭露被告人的不实辩解，取得了良好的庭审效果。例如，郝某某合同诈骗一案，被告人在侦查及审查起诉阶段，拒不承认其合同诈骗的犯罪事实，辩称实施诈骗所用的虚假的批复文件是一个叫张强的人提供的，并且该案大部分钱款都交给了张强及张强引荐的人。考虑到此案部分关键情节均为一对一证据，关键证人证言对于定案尤为重要，公诉人向法庭申请证人张强出庭作证。庭审中，证人通过公诉人、被告人及其辩护律师的交叉询问，使得案件的本来面目得以呈现法庭，进一步揭露了被告人编造的谎言，取得了良好的庭审效果。

郭书原：在被告人不认罪的案件中，证人出庭工作的开展使得庭审效果良好。那被告人认罪的案件中，这项工作又有怎样的成果呢？

焦慧强副检察长：在被告人认罪的案件中，控辩双方关注的重点则主要集中在自首、被害人过错等影响量刑的情节上，因此对量刑证据的采用、量刑情节的认定存有争议的案件成为我院开展证人出庭工作的另一重点。例如，因婚姻家庭矛盾引发的崔某某故意杀人一案，在法庭调查阶段，被告人将案件起因归咎于其妻子有婚外恋，反复强调被害人存在过错。为此，公诉人申请被害人的哥哥出庭作证，重点围绕被告人与被害人的婚姻家庭状况对证人进行询问，证人将其知晓的被告人因脾气粗暴、性格多疑而多次对被害人实施家庭暴力、限制人身自由、经济控制，迫使被害人向被告人提出离婚的事实向法庭作了详细陈述，还当庭提供了因被害人没有生活来源，其给予资助的相关书证。面对上述证据，被告人哑口无言、低头认罪。法院判决书亦采纳了公诉意见，没有认定被害人过错这一量刑情节，依法判处被告人死刑缓期二年执行。

郭书原：从案件的庭审效果来看，您能总结一下市检一分院在三年证人出庭工作的司法实践中取得的成效吗？

焦慧强副检察长：可以，我认为主要有两点。一方面，与公诉人发表"被告人没有如实供述"的传统做法相比，证人出庭对质更具法庭说服力。通过证人出庭作证，有的案件被告人的虚假辩解被揭穿，有的案件被告人自愿当庭认罪，有的案件使得有争议的证据经庭审得以确认或排除，避免因二次开庭导致诉讼的久拖不决，提高了诉讼效率。另一方面，从法院判决结果来看，证人出庭所作的证言经法庭质证，均被法院判决所采纳。证人出庭作证增加了合议庭对案件定罪、量刑的内心确认，使得检察机关关于定罪量刑的公诉意见能够被法院判决所接受，提高了案件质量。

郭书原：下面请您谈谈第三点成效？

焦慧强副检察长：好的。就如我刚才所说，贯彻"两个证据规定"，确保死刑案件成功公诉，这就是第三点成效。"两个证据规定"出台后，我院公诉部门积极组织学习，并结合已开展的证人出庭工作经验，注重在死刑案件中推行关键证人、鉴定人、侦查人员出庭作证工作。经实践检验，效果显著。多起死刑案件因关键人员出庭作证而成功获判。

郭书原：您给我们列举两个例子谈谈吧！

焦慧强副检察长： 好。我就举邓某某抢劫案和谢某某抢劫案吧。

在邓某某抢劫一案中，辩护人认为确定被告人作案嫌疑的关键证据——指纹鉴定书是在被告人交代了犯罪事实后作出的，因此被告人具有自首情节。为此，公诉人申请破获该案的刑侦支队的技术人员出庭作证。侦查人员当庭说明其作为技术人员，具备一定的指纹鉴定能力，案发后其从现场提取了可疑指纹，经初步比对，该指纹系被告人所留，故确定被告人有重大作案嫌疑，经传讯被告人，其对犯罪事实供认不讳。后由鉴定机关出具了正式的鉴定意见。该案因侦查人员出庭，对案件侦破过程及抓获被告人经过作了详细说明，使得庭审争议得以解决，最终法院采纳了我院的公诉意见，没有认定自首情节，依法判处被告人死刑立即执行。

再如，谢某某抢劫一案，被告人辩称公安机关有刑讯逼供行为。开庭审理时，公诉人向合议庭申请侦查人员出庭作证，并从证据取得的时间、地点，方式等多个方面对侦查人员展开询问，侦查人员则逐一予以说明，充分证实了有罪供述系被告人自愿作出，侦查人员在讯问过程中没有威胁、引诱、欺骗、刑讯逼供等违法行为，讯问完毕后均让其阅读笔录，在核对无误的情况下签字确认。面对警方坦坦荡荡、掷地有声的陈述，被告人最终低头认罪。该案法院判决驳斥了被告人关于受刑讯逼供的辩解，依法判处被告人死刑，立即执行。

郭书原： 死刑案件的公诉工作需要十分慎重，市检一分院通过贯彻"两个证据规定"来推动证人出庭作证，确保公诉成功。这个经验值得推广。我们知道化解社会矛盾、做好息诉罢访工作，已成为当前检察机关执法公信力的重要内容和检察职能的重要体现。这是不是与您说的"维护当事人合法权益、提高矛盾化解能力"相契合？

焦慧强副检察长： 可以这么说。从实际情况来讲，我院涉众型经济犯罪案件被害人众多，上访情况突出。所以我院将证人出庭工作与化解矛盾、释法说理工作相结合，就是为了能够取得双向效果。

例如，张某等多人以销售经济适用房名义进行合同诈骗一案，针对众多被害人因该案认定诈骗数额与其诉求不一致等原因多次到我院上访的问题，我院决定申请对事实认定存在争议的 20 余名被害人、证人出庭作证。该案由于出庭作证人员众多，为保证庭审的正常进行，承办人事先制作了周详的接待预案，由市一中院法警处、刑二庭等相关部门配合，确保出庭有序，突发事件能够及时有效处置。同时，在庭审辩论环节加强释法说理，就该案的审查过程、事实认定、证据采信及法律适用进行充分论证，针对被害人的有关疑问进行解答。经过庭审对质，公诉人向各方当事人揭示了犯罪事实，证明了公诉方指控的犯罪数额，明确了赃款去向，使被害人对起诉书认定犯罪事实的依据有了正确的认识，消除了对司法机关的误解，避免了受害人的再次上访，从根源上化解了矛盾，增强了司法公信力。

郭书原： 我们了解到，证人出庭工作的开展存在着诸多无法回避的现实问题，严重制约了该项工作的进一步开展。市检一分院在新形势下如何继续开展这项工作呢？

焦慧强副检察长： 随着新修订的刑事诉讼法的颁布与实施，证人出庭工作开展中存在的问题有的有了解决的依据与途径，有的还需在司法实践中进一步摸索。具体而言，我们认为有三方面问题需要进一步解决。

郭书原： 请您具体谈谈。

焦慧强副检察长： 首先，法律规定需进一步细化。从我院多年开展证人出庭工作的司法实践来看，证人能否出庭作证主要取决于证人的内心意志。实践中，证人往往出于安全、经济及人情等因素，拒绝出庭作证。对此，司法机关也只能是晓之以理，尽量取得证人的理解与配合，此外别无他法，从而导致证人出庭工作难以有效开展。

郭书原： 新修订的刑事诉讼法对强制证人出庭、证人保护及经济补偿等制度进行了规定，弥补了法律的空白，会不会推动证人出庭工作的进一步开展？

焦慧强副检察长： 会的。但这些规定要具体运用到司法实践中，还需要更具可操作性的细化规定。例如，新修订的刑事诉讼法规定了强制证人到庭制度，但对如何强制没有规定；规定了禁止特定的人员接触证人、鉴定人、被害人及其近亲属，但对采取什么方式禁止没有具体规定；规定了对证人作证而支出的相关费用给予补助，但对补助的标准、申请程序、给付机关没有明确规定。这些都是适用法律过程中面临的难以操作的实践难题，需要在司法实践中逐渐摸索解决的途径，并最终通过司法解释加以细化。

郭书原： 那第二个问题是什么？

焦慧强副检察长： 就是沟通配合机制需进一步完善。证人出庭除需做好证人工作以外，有些案件还需要取得证人所在单位的同意与支持，特别是侦查人员、鉴定人出庭的案件，其所在单位的意见往往直接决定了证人能否出庭。但是审视证人出庭工作在司法实践中的开展现状，我们发现，由于与这些单位的配合机制还不健全，在一定程度上影响了证人出庭工作的开展。例如，郭某某、韩某某故意杀人一案，被告人韩某某翻供否认殴打过被害人。公诉人经审查发现，尸体检验鉴定书显示被害人右肩背部可见条形挫伤，检验意见是钝器可以形成。据此结合其他证据可以充分证明被告人韩某某在共同犯罪过程中，积极实施了犯罪行为，全面否定其无罪辩解。故开庭前公诉人多次联系该鉴定人及其单位负责人，讲明要求、说明原因，希望能配合检察机关工作，安排鉴定人出庭，加强指控。但最终因鉴定人所在单位上级机关未予批准而未果。类似的问题均需在工作机制层面加以完善和解决。

郭书原： 除了证人所在单位会对证人出庭有所制约，有没有其他情况呢？

焦慧强副检察长： 这也是有的。个别案件法院对证人出庭的态度过于保守，对公诉人庭审掌控能力缺乏信心，出于维护法庭秩序的考虑，对公诉人提出的证人出庭申请持否定态度。例如，连某故意杀人、敲诈勒索一案，公诉人申请关键证人被害人的父亲出庭作证，证实被告人通过手机短信对其进行敲诈勒索的犯罪事实。为保障庭审的顺利进行，公诉人进行了大量工作，安抚证人悲愤情绪，讲明开庭要客观陈述、理性表达诉求，证人表示能够遵守法庭秩序，如实作证。但在与法院沟通的过程中，法官认为被害人亲属当庭面对手弑亲人的被告人，情绪难以控制，出于保障庭审顺利进行的考虑，没有同意证人出庭。

我直接把第三个问题也说完吧。我们认为工作程序也是需要进一步规范的。由于证人出庭工作的司法实践刚刚起步，在具体案例的适用过程中，没有统一的、细节化的程序规定，使得个案的处理、做法不尽相同，不仅容易出现工作衔接过程中相互推诿，而且一定程度上影响证人出庭诉讼价值和效果的实现。例如，被害人对案件鉴定结论存在异议，申请鉴定人出庭作证，是应由法庭的主持者法官来协调，还是应由与被害人具有同样控诉犯罪诉求的检察机关来安排，缺少明确的规定。再如，证人出庭后是否宣读其以前的书面证言，没有具体规定，实践中做法不一，有的案件考虑证人的表达能力、情绪状态，会先宣读其以前证言，再就关键情节进行详细询问，证人出庭所体现出的直接、言词原则会受到一定程度的质疑。

郭书原： 在刑事诉讼法修改的新形势下，市检一分院已经对继续开展证人出庭工作可能存在的问题分析得很清晰，接下来会采取什么措施应对，或者说有什么工作上的构想吗？

焦慧强副检察长： 多年来，市检一分院在推进证人出庭工作方面积累了大量的实践经验，取得了一定成绩。但随着"两个证据规定"的颁布与施行，以及刑事诉讼法的逐步修改与完善，证人出庭工作将面临新的挑战，为进一步拓展证人出庭的深度与广度，我们提出四方面的工作构想。

郭书原： 都是哪四方面呢？

焦慧强副检察长： 第一是进一步完善与证人出庭工作相关的检察机关工作规范；第二是进一步加强证人保障制度建设；第三是进一步推动侦查人员、鉴定人出庭工作；第四是进一步加强法制宣传和教育。

郭书原： 新修订的刑事诉讼法对证人出庭作证的范围、强制出庭制度和证人保护制度已经进行了规定，还需要相关的检察机关工作规范吗？

焦慧强副检察长： 当然需要。其实，新修订的刑事诉讼法为我院进一步开展证人出庭实践已经提供了更为明确的法律依据。但实践过程中，这些法律依据还需要细化的、可操作性强的工作流程设计。为此，我院将结合刑事诉讼法的修改及多年开展证人出庭工作的经验做法，对已有的相关规范性文件进行整合与修订，对经实践检验运行顺畅、行之有效的工作模式，特别是与该项工作相关的检察机关工作规范予以完善，同时与刑事诉讼法的新规定、新要求相衔接，进行必要的修改和补充。

郭书原： 从您谈的角度来说，证人保障制度建设这个方面应该也需要细化的吧？

焦慧强副检察长： 您说得对。虽然修改后的刑事诉讼法从人身安全和经济补助两方面对证人保护制度进行了规定，但经我院在已开展的司法实践中，对阻滞证人出庭制度推行的证人保护问题进行了有益的探索与实践尝试后，我们发现即使根据新修订的刑事诉讼法的相关规定执行，审查起诉阶段对于证人出庭工作涉及的经济补偿的范围、标准、申请、审批程序，协调相关部门实现侦查、审查起诉、开庭审理以及庭审后的证人保护的"无缝对接"，加强与法院、公安等单位的工作衔接，构建完善的证人保障体系，等等，这些都需要进一步细化和完善。只有这样，证人保障制度才能落到实处。

郭书原： 市检一分院在侦查人员、鉴定人的出庭工作方面已经取得了不错的成绩，为什么还要继续推动这项工作呢？

焦慧强副检察长： 这是因为，我院在推行证人出庭工作的司法实践中发现，侦查人员、鉴定人出庭工作仍然存在认识不统一、沟通渠道不畅等问题。刑事诉讼法的修改，为我们下一步推动该项工作提供了法律根据。我们将以此为契机，与侦查部门、鉴定部门达成共识，加强协作，切实落实新刑事诉讼法关于侦查人员、鉴定人出庭的规定。

郭书原： 进一步加强法制宣传和教育，是想要通过各种形式的法制宣传和教育，提高公民的法律意识，增强全社会对法律的认知与认同吧？

焦慧强副检察长： 是的。这样可以逐渐改变我国公民"厌诉"、"畏诉"的传统观念，增强刑事诉讼证人参与诉讼的主动意识，从而解决我国证人出庭难的司法难题。特别是刑事诉讼法修改后，增设了证人出庭作证安全保护和经济补偿等方面的规定，明确规定了强制证人到庭及拒绝出庭或出庭后拒绝作证的惩罚措施，这些新的规定都将直接影响到证人对出庭作证所持的心理态度和应对方式，从而影响到证人出庭工作的开展。检察机关作为司法机关，对新修订的刑事诉讼法的宣传与推广负有不可推卸的责任。例如，可以借助新闻媒体，通过庭审直播等方式，使广大公民对证人出庭的庭审程序有一个感性的认识，认识到出庭作证对于查明案件事实，依法惩治犯罪的重要意义，消除其对出庭作证的不必要的担心与误解，从而推动证人出庭工作的顺利开展。

总之，加大证人出庭工作的力度，全面开展证人出庭工作，一直以来都是我院公诉工作的重点。我们将及时总结，不断完善，立足检察职能，以刑事诉讼法的修改完善方向为导向，进一步健全机制，加强规范化建设，全面积极稳妥地推进证人出庭工作，实践"强化法律监督，维护公平正义"的检察工作主题。

郭书原：感谢您接受我们的采访。您结合实例为我们讲解，让我们能够直观地感受到市检一分院是如何在证人出庭工作方面取得成功的。再次感谢您。

叶文胜简介：

　　研究生学历。1976年至1981年，在中国人民解放军第153医院服兵役；1982年4月至2002年4月，在北京市东城区人民检察院工作，历任书记员、助检员、检察员、检委会委员、党组副书记、副检察长；2002年5月至2008年12月，任北京市检察院控申处处长；2009年1月至2011年8月，任北京市检察院第二分院党组成员、反贪局局长；2011年9月至今，任北京市丰台区人民检察院检察长。

基层检察院如何应对新刑事诉讼法提出的挑战

——访北京市丰台区人民检察院检察长　叶文胜

郭书原： 叶检察长您好！新修改的刑诉法对检察机关的刑事诉讼工作和诉讼监督工作增设了 10 余项新任务，对基层检察院的多项工作也提出了诸多新课题。作为一名经验丰富的基层检察院检察长，您从检 30 年，一定对这次刑诉法修改有很深的感触，相信您也有独道的见解。所以今天我们特意请教您一些有关基层检察院如何实施新刑诉法的问题。

叶文胜检察长： 你们过奖了，我会尽力解答的。对于基层检察院如何应对新刑诉法提出的挑战这个问题，我一直在思考，确实有些感触。总的来说，我想，基层检察院应及时开展培训和学习，加大理论研究和研讨，尽快建立健全相关的各项工作机制。

郭书原： 为什么要建立健全相关的各项工作机制呢？

叶文胜检察长： 因为修改后的刑诉法对检察工作，尤其是基层检察工作提出了更高的要求，所以需要建立健全相关工作机制来适应这些新要求。

郭书原： 您能谈谈都提出哪些更高的要求吗？

叶文胜检察长： 好的。一共有三点。首先，在诉讼中检察机关要更加注重人权保障。刑诉法修正案第二条在阐释刑诉法的任务时，增加了"尊重和保障人权"一句。这主要体现在以下方面：一是强化了委托辩护权；二是强化了辩护律师和辩护人的诉讼权利；三是强化了犯罪嫌疑人、被告方的控告申诉权；四是强化了非法证据排除规则。从这四个方面我们不难看出新刑诉法对犯罪嫌疑人的人权保障力度更大，内容更具体。

其次，新刑诉法对检察机关的刑事诉讼工作提出了新要求。一是明确要求在批捕环节开展提讯工作；二是对捕后羁押必要性开展审查；三是强化出庭支持公诉的工作力度；四是强化对电子证据的收集和运用；五是强化对证人、鉴定人等的保护；六是进一步强化和规范未成年人刑事检察工作；七是增加了当事人和解的公诉案件诉讼程序；八是增加了违法所得的没收程序；九是增加了对不负刑事责任的精神病人的强制医疗程序，对于符合法定强制医疗条件的精神病人，由检察机关负责向人民法院提出强制医疗的申请。这些内容分别规定在修改后的刑诉法中。从中我们可以看到，无论是从提讯等常规性工作而言，还是从办理当事人和解的公诉案件等新增加的工作而言，新刑诉法都对刑事诉讼工作提出了新的要求。

最后，新刑诉法对检察机关的诉讼监督工作提出了新要求。一是对于当事人、辩护人和诉讼代理人提出的关于刑事司法机关阻碍其依法行使诉讼权利或者违法行使诉讼权力的行为，刑诉法规定由检察机关接受他们的控告并且进行审查；二是检察机关接受控告、举报或者发现侦查行为可能违法时，应当开展调查工作予以核实；三是要对监视居住的决定和执行是否合法进行监督；四是监狱、看守所提出暂予监外执行的书面意见的，应当将书面意见的副本抄送检察机关。检察机关应当进行审查，并向决定或者批准机关提出书面意见；五是对强制医疗的决定和执行实行监督。从这五方面来说，无疑都需要检察机关加大力度，不断强化诉讼监督工作。

郭书原：那么在这样的新要求下，基层检察工作会面临怎样的挑战、困难或者问题呢？

叶文胜检察长：刑诉法对基层检察工作提出了新的要求，这些要求对于基层检察工作来说无异于是一种挑战，其中突出体现在以下方面：

一是对检察人员依法办案和人权保障理念提出了更高要求。刑诉法修改后对人权保障给予了更多的重视，客观上要求检察队伍必须从观念上更加重视对人权的正当保护。同时作为法律监督机关，检察机关还承担着监督其他刑事司法和执行机关刑事诉讼活动的职责。欲正人，则必先正己。要赢得人民群众以及其他机关对检察机关诉讼监督权威与职能的认可，检察机关必须首先做到身清气正，不违法办案和行事。所以对于检察机关和检察人员来说，进一步强化依法办案与人权保障的理念显得尤为重要。

二是给检察机关带来了更大的工作压力和挑战。从刚才的梳理中可以看出，修正后的刑诉法给基层检察机关增加了 14 项新的工作任务，其中属于刑事诉讼职能方面的是 9 项，属于诉讼监督职能方面的是 5 项。而目前我院在履行现有工作职能时已经面临着较大的工作压力。数十项新任务的出现，一方面，使检察机关面临着缺乏工作经验、缺乏成熟的工作规范和制度等困难；另一方面，新的标准和要求也使检察机关的传统工作面临着更大的压力，如在职务犯罪侦查方面，对传统"重口供、重实体、轻程序"的侦查理念和模式提出了挑战，此外对人权保障程度的提高强化了犯罪嫌疑人的对抗心理和能力。在公诉工作方面，庭审方式及程序、证据制度、简易程序等方面的修改和完善对公诉人的庭前准备能力、临场应对能力等提出了更高的要求。

三是给检察机关带来了更多的理论和实践难题。

郭书原：理论与实践永远是分不开的，您能否列举一些实践难题的例子谈谈这个问题？

叶文胜检察长：好的。我从三个方面来谈这个问题。其一，检察机关职能配置的特殊性即在于其既是刑事诉讼中的一个司法机关，又是刑事诉讼中的监督机关。如对于监视居住和强制医疗程序，检察机关既是决定者或参与者，又是监督者；检察机关本身承担着职务犯罪侦查、审查批捕和审查起诉等刑事诉讼职能，同时又要对自身的这些工作进行监督，等等。如何在工作中将这两项存在一定着冲突的职能全面履行好，本身就是一个需要破解的理论难题。其二，立法规定的相对简单给检察机关的工作带来了新的问题。如刑诉法规定检察机关要对诉讼违法行为开展调查，但是检察机关如何有效履行这项职能则面临着诸多困惑：例如，检察机关在审查起诉期间收到了嫌疑人关于侦查人员对其刑讯逼供的控告，检察机关就同时面临着两个问题：一是要继续查明犯罪嫌疑人是否确实犯罪，二是要查明侦查人员是否刑讯逼供。从理论上讲，侦查人员刑讯逼供直接影响到嫌疑人供述的可采性，因而解决第二个问题是解决第一个问题的必然前提。但是具体如何操作则需要研究和思考一系列问题：如检察人员接到控告后应该怎样处置，向谁汇报；由谁来决定是否开展诉讼监督事前调查；由谁去调查，调查期间本案如何处理，等等。此外，事前调查的方式方法也必须从程序的角度予以考虑和设计，如事前调查有哪些应当遵循的基本策略，能够采用哪些手段，使用哪些资源，针对哪些单位和个人，在时间地点上有哪些限制，等等。如果缺乏这样一套硬性的程序，对于诸如刑讯逼供、违法扣押等控告的事前调查就必然会出现随意和虚化。其三，检察机关开展羁押必要性审查工作需要其他机关及时提供更多的工作信息。检察机关侦查监督部门要有效开展捕后审查羁押必要性工作，必须掌握案件的诉讼进程，而目前侦查监督部门在这方面缺乏知情渠道。在侦查阶段，检察机关侦查监督部门人员完成捕前审查工作后，侦查机关基本不会再就案件情况与侦查监督部门联系，所以侦查监督部门人员往往不再接触案件。在审查起诉阶段，由于案件不是必须经过侦查监督部门，所以侦查监督部门也很难知道案件的后续情况。总而言之，由于审查逮捕工作属于刑事诉讼过程中比较靠前的诉讼环节，这就使得其在开展批捕后羁押必要性审查工作缺乏必要的工作信息。

郭书原：您谈问题的角度实践性很强。您思考过这些问题，应该也想出了应对之策吧？

叶文胜检察长：问题是用来解决的，想问题是要想解决对策的。我就以我院为例来谈谈吧。面对新刑诉法提出的挑战，我想有三点基本对策或者说思路。首先，加大教育培训和学习力度。我们把开展学习培训新刑事诉讼法，作为今年核心价值观教育实践活动和全员检察业务培训的重要内容，通过邀请专家学者举办专题辅导，组织专题研修、网络培训、知识竞赛等形式，灵活运用讲授式、研究式、模拟式等培训方法，扩大培训的覆盖面和参与度。同时，重点加强对领导班子成员、检委会委员、业务部门负责人、兼职教师和执法办案一线人员的培训。开办新刑事诉讼法学习专栏，加强干警学习交流互动，释疑解惑，深化认识。其次，加强理论研讨，尽快建立健全新的内外工作机制。我们针对新刑事诉讼法正式实施后可能增加的任务、需要面对的问题、亟待完善的制度，组织调研骨干深入调查研究，提出应对之策。一是针对新刑事诉讼法进一步优化检察机关的职权配置和程序设置；二是及时清理、修改和完善现有工作规范，及早制定相关配套制度和措施；三是完善内部部门之间的沟通与协作机制，并进一步加强与公安、法院和司法行政机关的沟通协调，主动做好同新刑事诉讼法的衔接工作；四是运用案件管理中心切实加强案件质量宏观调控力度，抓好案件质量考核工作。最后，大力加强职务犯罪侦查和公诉等传统工作。这里，我主要谈一下职务犯罪侦查和公诉两个方面。在职务犯罪侦查方面，一是要充分利用特别重大、复杂案件传唤和拘传时间延长的规定，切实研究讯问方法、提高讯问水平，切实做好初查，把突破的工作重心放在初查阶段以及口供认罪之前的准备工作上。二是要充分运用法律赋予检察机关的技术侦查权，使其真正陈给突破疑难职务犯罪案件的有效工具。三是可适当改变侦查策略，对于已经掌握的案件线索或犯罪事实，不妨考虑"以事立案"，通过其他侦查措施进一步收集、固定证据，待时机成熟转化为"以人立案"。在公诉工作方面，一是应该加强同法院和公安之间的横向交流和协作，逐步统一常见多发性犯罪的证据证明标准，引导公安机关逐步提高证据收集、运用的水平，进而提高公诉案件质量。二是探索和创新简易程序的办理模式，对于拟起诉的同类案件争取同批公诉，同批开庭审判，以降低诉讼成本，提高诉讼效率。三是要根据庭审方式的改变进一步完善公诉人的工作流程，不断增强自身的抗辩能力。

郭书原：您谈的职务侦查与公诉工作都离不开证据的收集、运用。我们知道，这次修改中，争议很大的焦点之一就是有关非法证据排除规则的修改，您能不能谈谈这个方面的内容？

叶文胜检察长：好的。为从制度上遏制刑讯逼供等非法取证行为，维护司法公正，保障诉讼参与人的合法权利，修正后的刑事诉讼法对证据的收集和审查提出了新的要求，特别是严格了非法证据排除规则，这确实对基层检察工作特别是证据收集和审查工作也提出了新的挑战。

郭书原：那么新刑诉法最终对这一制度是如何规定的呢？

叶文胜检察长：整体的看，修改后的刑诉法对非法证据排除制度的规定的较为体系化，主要有七个方面。

第一，明确规定非证据排除规则。新刑诉法明确规定，对于非法言词证据，在侦查、审查起诉、审判时应当及时依法予以排除，不得作为定案的依据。

第二，明确规定必须予以排除的证据情形。新《刑事诉讼法》第五十四条规定，采用刑讯逼供等非法方法收集的犯罪嫌疑人、被告人供述和采用暴力、威胁等非法方法收集的证人证言、被害人陈述，应当予以排除。收集物证、书证不符合法定程序，可能严重影响司法公正的，应当予以补正或者作出合理解释；不能补正或者作出合理解释的，对该证据应当予以排除。也即，同时具备以下情形时，排除非法取得的物证、书证：（1）物证、书证不符合法定程序；（2）该违法可能严重影响司法公正；（3）该违法不能予以补正或者作出合理解释。

第三，强化了检察机关对非法取证行为的监督。新《刑事诉讼法》第五十五条规定，人民检察院接到报案、控告、举报或者发现侦查人员以非法方法收集证据的，应当进行调查核实。对于确有以非法方法收集证据情形的，应当提出纠正意见；构成犯罪的，依法追究刑事责任。

第四，增加了对证据合法性的法庭调查程序。新《刑事诉讼法》第五十六条规定，法庭审理过程中，审判人员认为可能存在本法第五十四条规定的以非法方法收集证据情形的，应当对证据收集的合法性进行法庭调查。

第五，明确了当事人及其辩护人、诉讼代理人申请排除非法证据的权利。新《刑事诉讼法》刑诉法第五十六条规定，当事人及其辩护人、诉讼代理人有权申请人民法院对以非法方法收集的证据依法予以排除。申请排除以非法方法收集的证据的，应当提供相关线索或者材料。

第六，明确了检察机关对证据合法性的证明责任。新《刑事诉讼法》第五十七条规定，在对证据收集的合法性进行法庭调查的过程中，人民检察院应当对证据收集的合法性加以证明。

第七，明确了法庭审理非法证据排除的原则与标准。新《刑事诉讼法》第五十八条规定，经过法庭对证据合法性的审理后，对于具有下列两种情形之一的，应当对有关证据予以排除：一是确认以非法方法收集证据的；二是不能排除存在第五十四条规定的以非法方法收集证据可能的。

郭书原：这么看来，非法证据排除制度对基层检察工作也提出了新的要求和挑战。

叶文胜检察长：是这样的。

郭书原：您能具体谈谈吗？

叶文胜检察长：好的。主要有三个方面。

一是对检察人员的执法观念和程序意识提出了更高的要求。正如我刚才所说，这次刑诉法修改一个重要的特点是强化了人权保障和程序正义，除了在第二条加入"尊重和保障人权"的内容和明确规定"不得强迫任何人证实自己有罪"以外，还对非法证据的排除规则作了细化处理，增加了检察人员证据合法性的审查和证明责任。这些新增的规定对检察人员的执法理念和执法观念提出了更高的要求，是一次重大挑战，需要我们积极应对。

二是对检察人员证据收集和审查的能力提出了更高要求。在刑事诉讼中，检察工作涉及从立案到执行的每一个环节，同时还承担着诉讼监督、维护司法公正的职能。刑诉法对证据规则的完善对检察人员的证据意识和证据审查能力都提出了新的、更高的要求。一方面，每一个检察人员要时刻绷紧证据合法这根弦，要严格依法收集证据，严格排除非法证据。另一方面，更要增强证据审查的能力，既要审查证据的内容是否真实客观、形式是否合法完备，也要审查证据收集过程是否合法；既要依法排除非法证据，也要做好瑕疵证据的审查补正和完善工作。

三是对检察人员的监督意识和能力提出了更高的要求。新刑事诉讼法规定，人民检察院接到报案、控告、举报或者发现侦查人员以非法方法收集证据的，应当进行调查核实，对于确有以非法方法收集证据情形的，应当提出纠正意见，必要的时候，可以建议办案机关更换办案人。这是刑诉法对诉讼监督工作的进一步强化，也是赋予检察工作的新职能、新要求。为适应新的要求与任务，检察人员要进一步增强证据合法性审查的观念和意识，强化证据监督意识，及时发现和纠正诉讼中证据违法行为，对有关非法方法收集证据的报案、控告、举报，应当及时调查，保障公民合法权益、维护司法公正。

郭书原：从您的讲解中，我们可以知道非法证据排除制度对检察工作人员观念、意识、能力等方面都提出了不少新要求。那么，检察机关应该如何达到这些要求呢？

叶文胜检察长：为了更好地贯彻新刑诉法的有关规定，积极应对新刑诉法的新要求，我认为应当做到以下几点：

一是要提高思想认识、更新执法理念，坚持处理好惩治犯罪与保障人权的关系，增强程序公正意识。既要保证准确及时地查明犯罪事实，正确应用法律惩罚犯罪分子，又要保障无罪的人不受刑事追究，尊重和保障人权，保障公民的诉讼权利和其他合法权利。

二是要全面提高收集、分析、判断和运用证据的能力。在收集证据时，要严格依法办事，依照法律的规定开展侦查工作，既依法保障公民的合法权益，又客观全面地收集案件证据；在分析证据时，既要分析现有的指控证据能否形成完整的有罪证据链，也要分析每个证据的证明力度，分析证据上的瑕疵和薄弱环节，也要审查分析辩方提出的无罪证据是否合理；在审查判断证据方面，要审查判断非法证据和监督纠正非法取证行为并重。

三是要增强证据合法性的证明意识和能力。对证据的合法性进行证明，是检察机关依法指控犯罪、强化诉讼监督、保证办案质量的一项重要工作。在工作中，既要坚持对证据的合法性进行严格审查，依法排除非法证据，又要提高出庭公诉水平，做好证据合法性证明工作。在发现或收到反映相关证据是非法取得的意见等有关材料后，应当及时根据提供的相关证据或者线索进行审查，经查证不存在非法取证行为的，要认真做好证据合法性证明的准备工作。

四是要进一步健全相关工作机制，切实遏制非法取证等违法行为。首先，侦监、公诉、渎职侵权检察、监所检察等部门要进一步加强合作，完善情况通报、案件线索发现、证据移送、案件查办等各环节相互协调的工作机制，进一步提高对刑讯逼供、暴力取证等违法犯罪的发现能力和查办水平。其次，公诉、侦查监督部门要进一步健全和完善介入侦查引导取证工作机制，加强与侦查机关或部门的配合与制约，对于需要介入侦查以及侦查机关或部门要求介入侦查的案件，应当及时介入，参与勘验、检查、复验、复查，参与对重大案件的讨论，对证据的收集、固定和补充、完善提出建议，发现侦查活动有违法情形的，应当及时依法提出纠正意见。最后，要加强与公安机关、审判机关的沟通与协调，通过联席会议、案件质量评析通报等形式，研究分析证据的收集、审查、判断、运用中发现的问题，共同研究解决。

郭书原：您的回答贴近检察工作实际，论解精到，感谢您接受我们采访。

第二部分

陈光中简介：

著名法学家、法学教育家。浙江省永嘉县人，1930 年 4 月出生，1952 年 7 月毕业于北京大学法律系。中国政法大学前校长，终身教授，博士研究生导师，中国政法大学诉讼法学研究院名誉院长。现主要社会兼职有：中国法学会学术委员会副主任；中国法学会刑事诉讼法学研究会名誉会长；最高人民法院特邀咨询员；最高人民检察院专家咨询委员会委员。从事法学教育和科研工作近 60 年，共出版专著 36 部，教材 18 本，论文 195 篇，其创新务实的法学思想对诉讼法学理论界和实务界产生了重大影响，是我国社会主义刑事诉讼法学的奠基人之一，诉讼法学界大师，国际认可的法学大家。

主要获奖项目有：北京市第四届哲学社会科学优秀成果特等奖，教育部高等教育第二届人文社会科学研究成果法学一等奖，司法部法学教材与法学优秀科研成果一等奖，英国文化协会授予的"文化交流奖"等。

关于《刑事诉讼法》再修改的若干问题

—— 访中国政法大学教授、博士生导师　陈光中

郭书原： 陈教授您好！关于我国刑事诉讼法的修改已经完成，此次的《刑事诉讼法》修改可谓是举世瞩目，理论界及实务界针对这次修改也展开了激烈的争论。请您先简单介绍并分析一下我国刑事诉讼法再修改的相关情况。

陈光中教授： 好，我国《刑事诉讼法》于 1979 年制定，在 1996 年作了较大的修改，并取得了较大的成功，向诉讼民主化、科学化迈进了一大步。但仍然存在一些问题没有解决，而且已规定的内容经实践证明还不够务实，已经跟不上时代的步伐，需要改革完善。特别是随着改革开放的深入，依法治国，建设社会主义法治国家，国家尊重和保障人权等方针政策规定进入宪法以后，我国《刑事诉讼法》相关内容明显过于滞后。在现实生活中，刑事诉讼程序中刑讯逼供与冤假错案现象的屡禁不绝，造成了恶劣的社会影响，比如"杜培武案"等重大冤假错案的发生，使人们认识到我国的《刑事诉讼法》并不能很好地杜绝实体不公与程序不公的现象。十届人大《刑事诉讼法》的修改被列入修改计划之中，但由于种种原因被搁置下来。2008 年，中央政法委根据十七大的要求牵头制定了《司法体制和工作机制改革的意见》，其内容如非法证据排除、防止刑讯逼供等和刑事诉讼法的修改直接相关，从而将刑事诉讼法的修改同国家司法体制与工作机制的改革联系起来，促使刑事诉讼法的修改重新提到十一届人大的立法修改日程之上。目前，刑事诉讼法再修改工作已在紧锣密鼓地进行当中，全国大人法工委连续召开三次刑事诉讼法修改座谈会，对刑事诉讼法再修改相关内容进行讨论。刑事诉讼法草案可能在不久后提交人大进行审核。

郭书原： 刑事诉讼法修改的草案中对审前程序作了较大的改动，请您介绍一下此次修改都涉及了哪些具体的审前程序。

陈光中教授： 关于此次刑诉法修改中涉及的审前程序的问题大概有五个方面，范围从强制措施、律师辩护问题、非法证据排除问题到侦查、起诉阶段的一些实务操作，可以说涉及修改的范围是十分广泛的。

郭书原：那就请您具体介绍一下上述几个方面都有哪些重大的变化，以及这些变化之中所蕴涵的理念。

陈光中教授：先谈谈强制措施问题。《刑事诉讼法》是为了保证诉讼程序的顺利进行，规定了五种强制措施，包括拘传、取保候审、监视居住、拘留和逮捕。这些强制措施都是针对人身自由，法律没有规定关于物的强制措施。对于强制措施的实施，要贯彻保障人权与惩罚犯罪相结合的原则与精神，这一原则既是贯穿于刑事诉讼各个环节的基本精神，同时也是刑事诉讼法再修改的基本精神。以前，刑事诉讼程序过于强调打击犯罪而忽略保障人权。在刑事诉讼法再修改当中，应当强调重视保障人权，既要保障可能被定罪的犯罪嫌疑人与被告人的合法权益，也要保障无辜者的合法权益。强制措施中也要严格贯彻惩罚犯罪与保障人权相结合的原则。

郭书原：具体是如何在强制措施的运用过程中是如何具体体现打击犯罪与保障人权的统一呢？请您举例说明一下。

陈光中教授：对于强制措施，可以从以下几个方面来看。首先从监视居住看。《刑事诉讼法》规定，监视居住在犯罪嫌疑人的固定住所进行，没有固定住所的，公安司法机关可以指定居所进行。而在司法实践中，监视居住基本上都不是在犯罪嫌疑人住所中进行，都是强制其在指定的地点进行。原因在于公安司法机关对犯罪嫌疑人在住所进行监视存在人力、财力不足的困难。立法本意是以在住所中进行监视居住为原则，在特殊情况下，犯罪嫌疑人没有固定住所的，比如间谍特务等流窜犯才指定处所进行监视。但在司法实践中，公安司法机关基本上都指定居住进行监视，加上监视居住的时间长达半年，被监视居住人享有权利少，监视居住在某种意义上变相成为逮捕拘禁，严重侵犯了人权。法律规定监视居住同取保候审是处于一个档次的强制措施，适用条件相同。此次刑诉法再修改将把监视居住独立出来，设立独立的适用条件，严于取保候审，而轻于逮捕。规定适用条件比取保候审严格。一般的刑事案件不采用监视居住，只有不需要逮捕，又必须适当限制人身自由的情况下才适用。对犯罪嫌疑人采取监视居住的，要通知其亲属。此次监视居住再修改的争论还有被监视居住者的权利是否应当比逮捕者的多，被监视的力度是否要宽松些，适用的面要严，防止监视居住变相成为拘禁。其次关于逮捕问题是最严格的强制措施，我国逮捕目前存在的问题在于逮捕率过高，据相关统计，公诉案件只要提起公诉，80%—90%的案件中犯罪嫌疑人都要被逮捕，导致看守所人满为患。相比在西方国家，羁押率很低，因为大部分被羁押人都有权获得保释，羁押率不到全部刑事案件的一半。对减少逮捕羁押已形成共识，但还存在争论。主要是对逮捕适用条件的争论，有学者主张应从现有的可能判处徒刑以上刑罚的标准，提高到判处三年以上刑罚的标准。实务部门认为不应当提高适用逮捕的标准，因为很多可能判处三年以下徒刑的罪犯如果不对其进行逮捕，之后会很难对其进行抓捕。现行的有证据证明有犯罪事实的标准是比较低的，而证据确实充分的标准又过高，有证据证明有犯罪事实存在重大嫌疑的程度，即概率在90%以上的，才可以适用逮捕。对于被逮捕者中，大部分是外来打工人口，尤其是在沿海城市，存在很多外来打工人口，这些人的犯罪构成了逮捕犯罪者中的一大部分。如果不逮捕，犯罪者一旦逃跑，就很难予以逮捕。同时未成年人的犯罪案件比率也逐渐攀升，对于此类案件，要采取更加宽大的政策，教育为主，惩罚为辅，要严格逮捕的标准。对于具体的逮捕标准，是否应当限定于三年以上的徒刑，仍在讨论研究。

郭书原： 此次刑诉法草案公布之后出现了一种强烈的质疑之声，许多学者和网友都表示了对于延长拘传最长时限至 24 小时的反对，认为这是侦查权扩张挤压公民权利的表现，对此您有何看法？

陈光中教授： 对于其他强制措施，是否马上讯问的时间问题，现行法律规定采取强制措施后马上进行讯问，并且讯问不得超过 12 小时。实务部门强烈要求延长，要持续讯问才能达到讯问的目的，12 小时时间不够，但讯问时间过长容易造成疲劳讯问，侵犯被讯问者人权。立法部门提出可延长 24 小时，但中间要求休息几个小时。但实务部门有可能滥用此规定赋予的权力。我认为 24 小时容易造成疲劳讯问，侵犯人权。可以规定 12 小时，但可以延长 4 小时，至 16 小时。

郭书原： 刑事诉讼中对犯罪嫌疑人、被告人辩护权的保障以及律师诉讼地位和相应权益的保障一直都饱受各方诟病，您认为新刑事诉讼法会对这个问题有所突破吗？

陈光中教授： 此次刑事诉讼法再修改对于辩护的规定有较大的突破，在保障人权方面取得了较大的进步。《律师法》虽有所突破，但由于其相关内容并没有规定于《刑事诉讼法》中，因此在实践中贯彻得并不理想。此次再修改将律师法有关规定在刑事诉讼法中体现出来。第一，在侦查阶段介入的律师，有可能明确其辩护人的身份。现行法律规定在犯罪嫌疑人第一次接受讯问或者采取强制措施之时起，可以聘请辩护人为其辩护，在侦查阶段律师仅仅是帮助犯罪嫌疑人的身份。这既不利于保障当事人的合法权益，也不符合国家通例。控诉方自追究犯罪之时就成为控诉方，而不是自控诉之时，同时在追究犯罪之时就相应的产生了辩护方，被追诉者与其辩护人在国家机关追究犯罪时即成为辩护方。1996 年刑事诉讼法修改中对此规定作了妥协，规定在侦查阶段律师可以介入诉讼程序，但不是以辩护人身份，而且享有的权利相对要少。这次修改将明确侦查阶段律师的辩护人身份，并且权利作相应扩大。第二，将《律师法》规定的律师权利吸收进《刑事诉讼法》。比如律师凭借"三证"到看守所可以直接会见当事人，《律师法》中规定的是在任何案件中，而《刑事诉讼法》规定涉及国家秘密的案件需要经过批准。基于现实考虑，涉及国家秘密的案件需要经过批准。争论点在于除国家秘密案件外，其他案件是否需要批准，比如恐怖案件、涉黑案件、毒品犯罪案件、反腐败案件等。对于涉及国家秘密的案件，我这么认为，由于案件容易泄密，应当取得相关机关的批准；反恐案件由于需要采取特殊程序，比如美国爱国者法中，公民人身自由受到较大限制，也需要批准。对于其他案件，则不需要批准。第三，讯问时不被监听。《律师法》规定的不得监听既包括不得采取技术上的监听，即采用高科技技术与设备进行监听、录音、录像，同时也包括侦查人员不得在场，现行刑事诉讼法规定侦查人员在讯问时可以在场。第四，法律援助范围扩大。现行刑诉法规定法律援助阶段在审判阶段，指定辩护限于聋哑盲人、未成年人与可能判处死刑的被告人，适用范围比较狭窄，还规定了经济困难等可以进行法律援助的范围。刑事诉讼法在修改当中将法律援助的阶段提前，提前到起诉阶段。并将法律援助案件的范围扩大到老年人、可能判处无期徒刑的被告人。我国的法律援助相对于西方滞后很多，这与我国经济情况的发展状况不相符合。对于法律援助的投入不多，我国全国两百多个县没有律师机构。有必要加大法律援助，在县一级建立法律援助的律师机构。要建立以法律援助为主要任务的乡镇律师事务所。辩护是体现诉讼民主与法治的主要标志，此次刑事诉讼法的再修改对于辩护的规定有了较大的突破，刚才我提到几点在即将进行刑事诉讼法再修改中大部分甚至全部都有可能得以实现。

郭书原：去年出台的"两个证据规定"可以说是开启了我国证据制度发展的新篇章，此次刑事诉讼法的修改对于证据问题，尤其是非法证据排除问题多有涉及。请您谈谈对刑诉法修改中关于证据制度修改的情况。

陈光中教授：证据问题是此次刑事诉讼法修改的重点问题，证据问题的理论性与实践性都很强。首先，关于证据的定义与种类《刑事诉讼法》第四十二条规定，证明案件真实情况的一切事实，都是证据。包括物证、书证等七种，证据必须经过查证属实，才能作为定案的根据。该规定中存在逻辑矛盾，能够证明就说明证据是真实的，而需要查证的则不是真实的证据，存在逻辑矛盾。有两个解决方案，一是将证据定义取消，民事诉讼法、行政诉讼法不存在证据的定义，并且证据的定义在理论上存在很多争议，立法部门考虑统一三大诉讼法典关于证据的规定，考虑将刑事诉讼法中证据的概念予以删除。也有人提出保留，但修改表述，不要提证明案件真实情况，改为能够证明事实情况。

我倾向于取消证据的定义，但后半句证据查证属实要予以保留。关于证据的种类，有些学者主张物证、书证规定在一起，我认为二者应是各自独立的，具有各自不同的特点。物证是以其外形特征、外形等外部形态证明案件情况，书证是以其内容证明案件情况的证据。关于电子证据，比如说邮件，视听资料已经不能涵盖这类的证据，应当在视听资料后增加一类电子证据。还应当增加一类"其他的证据"这类兜底的证据种类，以适应社会形势的变化发展。但有学者提出反对，认为兜底规定会对一些不具有法律效力的证据，比如测谎鉴定产生影响。我认为可以规定这类兜底规定，但新的证据种类的出现应当由司法解释来予以认定。此项修改还提出将鉴定结论修改为鉴定意见。鉴定结论容易使人误解为其具有确定的效力，而经过鉴定出来的意见的效力都是不确定的，其裁决权属于案件事实的裁决者即法院来认定。几个鉴定意见不一致时，由法院来进行裁决。其次，增加非法证据排除的规定。非法手段收集的证据，不能作为认定犯罪嫌疑人有罪的证据加以使用。非法是指收集证据的手段违法。1996年修改时对非法证据排除就有所涉及，但是立法部门认为时机不成熟，就没有对此予以规定。非法证据排除规则一方面可能将真实的证据排除，但更重要的是它可以将刑讯逼供等非法手段获取的不具有真实性的证据排除掉，以保证案件正确定案，防止类似佘祥林等冤假错案的发生。2010年6月"五部委"《关于办理刑事案件非法证据排除若干规定》（以下简称《办理非法证据排除规定》）已经规定了非法证据排除规则。但范围仅限于言词证据的排除，没有达到联合国禁止酷刑公约的规定。我国禁止的是刑讯逼供以及其他非法手段收集的证据，排除的仅是刑讯逼供等获取的证据，而且要比禁止的范围要窄，一些威胁、利诱行为获取的证据，比如诱供，并不一律予以排除，可见，我国非法证据的排除范围仅限于严重的非法取证。

对于实物证据的排除，在刑事诉讼法再修改中也将规定于法律。《办理非法证据排除规定》规定的非法实物证据的排除条件比较严格，根据第十四条的规定，物证、书证的取得只有同时满足"明显违反法律规定"和"可能影响公正审判"两个条件，才不能作为定案的根据。与西方国家相比，我国的规定使法官对非法实物证据的排除拥有更大的自由裁量权。在当前我国仍然存在重惩罚轻保障、重实体轻程序的现实背景下，非法实物证据排除规则几乎注定不可能得到有效执行。在修改刑事诉讼法时，应当对实物证据排除的条件加以修改。建议删除"可能影响公正审判"和"予以补正"这两个条件，改为"物证、书证的取得明显违反法律规定，又不能作出合理解释的，该物证、书证不能作为定案的根据"。以使实物证据排除的条件更加清晰，难度适当降低，更符合惩治犯罪和保障人权相平衡的要求。目前，对于非法实物证据，在程序上严重违反法定程序，结果上严重影响司法公正的，予以排除。程序严重违法，比如没有搜查证而进行搜查的。世界大多数国家对实物证据都采取裁量排除，因为实物证据具有客观性、不可代替性等特点，对实物证据排除要留有余地。另外，我国也没有规定毒树之果的排除，即排除毒树，而食用毒树之果。《办理非法证据排除规定》规定了审查起诉阶段的非法证据排除，具有中国特色。在西方，非法证据的排除限于审判阶段，负责非法证据排除的人与负责审判的人是分离的。在我国，负责非法证据的排除与审判的都是同一审判者，因此非法证据有可能影响审判者独立心证的形成。检察机关在审查起诉阶段排除非法证据，可以阻止非法证据进入审判，从而防止非法证据影响审判者心证。我国检察机关是法律监督机关，有职责维护法律的尊严与统一。检察机关在审查起诉阶段排除非法证据不仅是我国的特色，非法证据排除的重点也应当放在审查起诉阶段，检察机关应当着重将非法证据予以排除，而不应放到审判阶段再予以排除。侦查机关是收集证据的机关，如果让其自我排除证据，会具有内部性、行政性的特征，很难发现自我的非法证据，我不建议将侦查机关自我排除非法证据规定入法律，而必须由另一部门进行审核。检察机关在批准逮捕时排除非法证据与审查起诉时排除非法证据，前者时间较短，后者是重点。再次，《刑事诉讼法》规定证明标准为"案件事实清楚，证据确实、充分"。争议在于对该标准内容是否进一步进行解释。《办理死刑案件证据规定》本着对死刑案件采取最高最严格的证明标准的要求，在总结实践经验基础上进一步细化了该证明标准，即第五条规定："办理死刑案件，对被告人犯罪事实的认定，必须达到证据确实、充分。证据确实、充分是指：（一）定罪量刑的事实都有证据证明；（二）每一个定案的证据均已经法定程序查证属实；（三）证据与证据之间、证据与案件事实之间不存在矛盾或者矛盾得以合理排除；（四）共同犯罪案件中，被告人的地位、作用均已查清；（五）根据证据认定案件事实的过程符合逻辑和经验规则，由证据得出的结论为唯一结论。"基上可见，"证据确实、充分"就是要求运用确实的证据构成一个完整的证据链，对犯罪事实的证明达到唯一性的程度。其中，"确实"体现了证据的质量，指每个证据的质量都是真实的，而不是虚假的；"充分"指证据的数量达到了足以准确认定案件事实的程度。如果证据只有一个或两个，即便证据是真实的，也难以得出可靠的案件事实结论。只有证据既确实又充分，才足以得出案件事实的唯一性结论。结论唯一，指犯罪事实肯定发生，对于死刑，从重的情节要结论唯一。此次刑诉法修改对于结论唯一要不要写入，排除合理怀疑要不要写入，立法部门认为既写结论唯一，又写排除合理怀疑。我不赞成同时写入，结论唯一是指结论没有任何其他可能性，排除合理怀疑不是达到确定性，而是接近唯一性，概率是95%以上，两者内涵与程度是不同的。对于案件事实清楚，证据确实、充分的标准，有人认为是客观证明标准，而西方排除合理怀疑、自由心证、内心确信是主观证明标准，因此，我国的案件事实清楚，证据确实、充分的标准，再加上排除合理怀疑，会更加合理。我认为案件事实清楚是一个主观标准，证据确实、充分是客观标准。案件事实是一个客观的存在，"清楚"是指办案人员对于案件事实的认定在心理上、主观上的认识，是其内心的状态，其根据的是确实、充分的证据，证据确实、充分是一个客观的标准，西方的标准是一个主观的标准。我国结合了主客观的标准，既要每个证据确实，又要证据形成证据链，是数量与质量的统一。如果再加上排除合理怀疑，显得多此一举。

郭书原：本次刑诉法修改的亮点同时可能也是争议点就在于对侦查程序作了较大的改动，您能介绍一下这方面的情况吗？

陈光中教授：侦查阶段增加了特殊侦查手段来收集证据。所谓特殊侦查手段，《联合国反腐败公约》与《联合国打击跨国有组织犯罪公约》中都有提到，我国《人民警察法》与《国家安全法》中规定了技术手段。而特殊侦查手段既包括技术手段，也包括诱惑侦查、卧底、线人等策略侦查手段。我国在通过这些方式获取证据后如何转化为合法证据，从程序上讲不符合程序法治。对于这些特殊侦查手段，不仅适用于反恐案件、反腐败案件等特殊案件，而且要在程序上加以限制。

郭书原：刑诉法修改草案提到了在反腐及职务犯罪中运用特殊侦查手段，但有一个很大的争议就在于在检察机关自侦案件中如果需要运用上述特殊侦查手段应该由哪个机关决定，又由哪个机关行使呢？请您解答这个疑问。

陈光中教授：检察机关在反腐败案件中有权力决定采用特殊侦查手段，问题在于具体由谁来，是由检察机关还是公安机关行使，检察机关希望其有权决定有权执行，公安机关执行可以节约司法资源。我认为，由检察机关执行比较合适，检察机关反腐败案件主要进行监听，所需要的人力、物力不是很大，其他策略侦查比如诱惑侦查、卧底等由公安机关进行。

郭书原：此次修改对于起诉阶段也有所涉及，例如对未成年人可以适用附条件不起诉。关于附条件不起诉请您介绍一下相关的情况以及在实务操作中可能存在的争议。

陈光中教授：起诉阶段关于附条件不起诉，现行法律没有相关规定。对于检察机关具有裁量权的不起诉，只规定了相对不起诉，即犯罪事实轻微，依照法律不需要判处刑罚或免予刑罚的，可以不予起诉。对于是否建立附条件不起诉，还存在争论，但是对于未成年人建立附条件不起诉存在一致共识。主要争议在于其适用范围的大小，对于未成年人犯罪案件，可能判处三年以下有期徒刑的，可以适用附条件不起诉。

郭书原：除了对审前程序的修改，此次刑诉法草案对于审判程序也有较大改动，其中也不乏亮点。请您介绍并评价一下审判程序方面作出的改动。

陈光中教授：首先，审判程序中简易程序的适用范围要扩大，《刑事诉讼法》规定简易程序适用于可能判处三年以下有期徒刑的案件，还存在普通程序简化审。立法部门意图将两套程序合并为一套，设立简易程序，规定所有基层法院审理的可能判处无期徒刑以下的刑事案件，只要事实清楚，被告人供认犯罪事实的，就可以适用简易程序。对于罪轻的，可以独任审判，对于罪重的，适用合议庭审判。学者对此意见很大，认为对于所有案件，不分案件事情情节轻重，一律适用简易程序，损害实体公正与程序公正。其次，延长审理期限现行法律规定，一审、二审审限都是一个月，有必要的话可以延长一个月，再有必要延长需要经过批准。法院普遍认为一个月比较紧张，要求延长审限。最高人民法院提出一个月的起点改为两个月，必要时延长半个月。一审、二审都是两个月的审限，必要时延长半个月。还有意见维持现在的审限。我认为，可以对审理期限进行延长，因为从世界范围来看，我国的审理期限还是比较短的，很多司法机关变相延长审限，还不如在法律上对审理期限进行延长，避免司法机关变相延长审限。再次，保证证人出庭问题。目前，我国证人出庭率普遍很低，在1%左右，实践中都是在庭审中宣读证人证言。在证人证言真假难辨情况下，辩护人不能在庭审中对证人进行质证，影响了辩护权的行使与案件真实的发现。在要求证人出庭作证的同时，也不能要求所有证人都出庭，这在现实中也是做不到。法律应规定，对于证人证言，控辩双方有分歧的，并且证人证言对于认定案件事实有重要作用的，证人必须出庭。对于此类案件中证人不出庭的，应当设立程序性制裁措施。对于证人出庭产生的相关费用，由法院负责。最后，完善上诉不加刑制度。我国目前的上诉不加刑制度，在二审中，对于事实不清、证据不足的发回重审，存在变相加刑的问题。刑事诉讼法再修改中，对于发回重审的，没有发现证据有重大变化的，不得加重刑罚，该种规定太过于原则。《刑事诉讼法》第一百八十九条第（三）项规定："原判决事实不清楚或者证据不足的，可以在查清事实后改判；也可以裁定撤销原判，发回原审人民法院重新审判。"二审除了查明案件事实的可以改判外，对于事实不清、证据不足的，只能发回重审。而对于事实不清、证据不足的案件，发回重审的，仍有很大可能事实查不清楚。二审法院应当有权对于事实不清、证据不足的案件作出处理，判处无罪或轻罪，贯彻疑罪从无原则。还需要指出的是，对上诉不加刑的"刑"的理解是指刑罚还是指罪名存在争议，西方遵循不利益禁止变更原则，对于不利于被告人，包括罪名也包括刑罚，均不能作出不利于被告人的判决。

郭书原：刑诉法草案除了对主体程序作了较大的修改之外，对一些辅助性的特别程序也进行了相应的修改完善，例如，之前在各地广泛开展的刑事和解的司法实践被刑诉法草案纳入，一方面肯定了刑事和解的积极效果，另一方面也为刑事和解的正当性提供了法律基础。关于刑诉法修改草案中这些特别程序具体有哪些值得一谈之处请您简单分析介绍一下。

陈光中教授：有四种特别程序。第一，未成年人诉讼程序。教育、感化、挽救的方针，教育为主、惩罚为辅的原则，惩罚的轻型化，由专门司法机构与组织负责，不公开原则，分开处理原则等原则与方针均在法律中有所规定。第二，当事人和解程序即刑事和解制度，这也是我这几年大力提倡的制度。最高人民法院对于死刑案件中，可杀可不杀的案件，对于当事人进行和解，被告人进行补偿的，被害人表示可以从轻追究的，可以不判处死刑。法律可以规定对于可能判处三年以下有期徒刑的案件，被告人及其亲属同被害人及其亲属、律师进行和解后，达成和解协议，被害人表示不追究或者从轻追究的，可以从轻、减轻或者免除被告人的处罚。第三，不经定罪即没收赃款、赃物程序，这主要针对腐败案件，但不仅限于腐败案件，还包括走私、贩毒等案件。这种程序主要针对那些被告人抓不到，如逃跑到国外，但是对于事实的认定不存在疑问的案件。由于我国不存在缺席判决，对于这些被告人如果不予以处罚，则不利于打击腐败等案件。此程序建立加强了打击腐败案件的力度，符合国际公约的精神与规定。第四，精神病人的强制医疗程序。精神病患者在行为上已经严重地危害了社会，构成犯罪的行为要件，虽然构成犯罪不是其本意造成的，不具有犯罪主观要件，但将其继续放在社会上有危害社会的危险。经过法院正式审理决定，认定其行为已构成犯罪，并经过精神病鉴定确定为精神病患者，不具有刑事责任能力，对于此类精神病者，必须将其强制进行精神病医疗。

郭书原：非常感谢陈教授接受我们的采访，也感谢您一直在关心和支持我们检察工作。

樊崇义简介：

　　1940 年出生，现任教育部人文社会科学重点研究基地中国政法大学诉讼法学研究院名誉主任、教授、博士研究生导师，享受突出贡献政府津贴；兼任中国法学会行为法学研究会副会长、侦查行为研究会会长、中国法学会刑事诉讼法研究会顾问、刑事专业委员会委员、最高人民检察院专家咨询委员会委员、中纪委咨询委员会委员、北京市诉讼法学会副会长等社会职务。代表作有《迈向理性刑事诉讼法学》、《侦查讯问程序改革实证研究》、《侦查询问中律师在场、录音、录像制度试验》（主编）等；先后发表论文 150 余篇，其中《客观真实管见——兼论刑事诉讼证明标准》、《论刑事诉讼法律观的转变》等数篇论文在理论界和实务界有重大影响。

修改《刑事诉讼法》的理性思考

——访中国政法大学教授、博士生导师　樊崇义

郭书原： 樊教授您好！日前，刑事诉讼法迎来了它的第二次大修，全国人大常委会审议了刑事诉讼法修正案（草案），您能否对此进行简要的评价？

樊崇义教授： 好的。刑事诉讼法的修改已经正式启动了，作为一名刑事诉讼法学的专业工作者，听到这一消息后，激动不已，十分兴奋。因为已经盼了十年了，全国人大早在上一个五年就把刑诉法的再修改纳入了立法计划，由于种种原因一直拖到了这一个五年。

我国刑事诉讼法典的诞生，大家知道是 1979 年 3 月党的三中全会总结历史的经验，特别是"文化大革命"的惨痛教训，作出了把党和国家工作的重点从以阶级斗争为纲转移到社会主义现代化建设上来的战略决策，并着重指出必须在"发展社会主义民主，健全社会主义法制"的背景下而制定和出台的。

经过 16 年，我国刑事诉讼法于 1996 年 3 月 17 进行了第一次修订，把1979 年刑诉法从 164 条增加到 225 条。这次大范围的修改，是针对刑事诉讼法实施 16 年来，我国社会主义民主和法制建设不断发展，社会情况有了变化，司法实践中积累了不少经验，也反映出一些问题，需要总结实践经验，联系现代法制的发展，对刑事诉讼法进行补充修改。这次修订的针对性重点解决的问题有四个：一是完善刑事诉讼过程中的强制措施，取消收容审查；二是进一步保障诉讼参与人的权利，确立不经人民法院判决不得定罪，修改律师参与诉讼的时间，保障犯罪嫌疑人、被告人的诉讼权利，同时强化对被害人的权利保障；三是完善庭审方式，并对职能管辖、免予起诉等进行了修改；四是加强了刑事诉讼各个环节的监督。这些问题的解决，一方面总结我们司法实践的经验，把成功的经验法典化，另一方面标志着我国民主与法制的进程，要适应现代法制的进展，充分凸显程序的价值。尤其是关于"无罪推定"合理内核的吸收，即未经人民法院判决不得确定任何一个公民有罪，还有大大提前律师介入诉讼的时间和被害人法定地位的变化，以及赋予被害人的各项权利，等等，在世界范围内反响强烈，西方媒体纷纷评论，中国民主与法制的进程所取得的

成绩可谓举世瞩目!

郭书原: 在新的经济社会形势下,您觉得刑事诉讼法再修改应当注意哪些方面?

樊崇义教授: 刑事诉讼立法所取得的成绩和经验已经告诉我们,这次刑诉法的修改必须继续坚持与时俱进、吃透国情,做到修改要有针对性。

1996 年刑诉法距今已经有 15 个年头了, 15 年来国家的变化可谓翻天覆地, 民主与法制进程中所积累的经验需要认真总结, 前进中出现的新情况新问题更需慎重反思, 尤其是社会、政治、经济、思想、文化等方方面面发生的变化, 对刑事诉讼活动所产生的深刻影响, 要求立法者认真思考。否则, 就很难做到有针对性地解决实际问题, 更难做到科学修法。

我认为这次刑诉法的修改, 需要认真思考的一个重点就是如何正确地评估和认识中国现实社会的阶段性特征问题, 这一问题全面制约和决定着刑事诉讼程序的修改、完善和设计。近年来, 由于经济体制的改革与转型, 市场经济在逐步地形成与转轨, 城市化进程的加快, 全球化和风险社会时代的到来, 社会利益分配格局发生着巨大的变化, 引发了大量的社会问题, 产生了许多管理的真空和"盲点"。我国已经从一个"整体社会"转变为"多样化的社会", 即经济成分和经济利益分配多样化, 社会生活多样化, 社会组织形式多样化, 就业岗位和就业形式多样化。基于这些变化所出现和产生的新问题, 人民内部矛盾凸显, 贫富之间的差距拉大, 社会纠纷和刑事犯罪不断地攀升, 社会事务大量出现。信访多, 告状多, 土地、拆迁、物业等矛盾纠纷引发的群体性事件多, 网络沉迷现象严重。同时, 由于现代社会又是一个高风险、全球化、信息化社会, 风险的传输、扩散, 放大了风险危机的影响, 如司法机关处理的一件小小的案件而产生的不公或冤假错的问题, 进入媒体、网络后, 很快就会引起社会震荡和强烈的反响, 对和谐社会的建构带来不利影响。鉴于此, 党中央对司法工作及时地提出了"化解社会矛盾, 创新社会管理, 廉洁公正执法"三项重点工作要求, 这次刑诉法修改就是要针对上述问题的解决, 在刑事诉讼法程序的设计上加以体现。例如, 针对上访、告状、翻案等, 如何完善上诉、抗诉、申诉程序, 为化解社会矛盾, 促进社会和谐, 如何构建当事人和解程序, 如何保障和完善犯罪嫌疑人、被告人的诉讼权利, 包括律师辩护制度的完善, 如何保障被害人的权利, 构建被害人救助制度, 对未成年人犯罪的刑事案件的处理程序, 老年人犯罪案件的处理程序, 更应特别关照, 可否作出特别规定, 以促进社会的和谐和矛盾的化解, 等等。

另外, 对于不断增多的刑事犯罪案件, 我们也要具体情况具体分析。许多调研报告显示, 90% 以上的刑事犯罪均属人民内部矛盾, 有数字显示, 可能判处三年以下的案件要占 30% 左右，可能判处五年以下的刑事案件要占 65% 左右，真正与我为敌的刑事犯罪，包括恐怖犯罪、毒品犯罪、极其严重的腐败犯罪，毕竟是少数，甚至不到 5%。对于这种认识和评估，反映在刑诉立法上，如何在程序设计上贯彻区别对待、宽严相济的刑事政策，也是一个重大课题，它关系到刑事和解的范围和条件，关系到不起诉的扩大与处置，更关系到简易程序的设置与设计，等等。

在新的形势下，对社会危害比较严重的刑事犯罪的处置，人民群众比较关心，因为它关系到群众的安全感和社会的公平正义问题，因此，刑事诉讼立法关于特别严重的刑事案件的处理，如群众关心的腐败案件的处理程序，"三股势力"的破坏行为的处理，毒品犯罪，洗钱犯罪，严重的杀人、放火等暴力犯罪，等等，刑诉法的修改仍然要坚持"惩罚与保护"相结合的原则，要强化对这些少数犯罪行为依法进行严厉惩罚，在程序的设计上，要给手段、给时间、给方法，要体现一个"严"字，要区别于 90% 以上的普通刑事案件的处理程序。这是我们在强调权利保障的同时，绝不可忽视的一个问题。

郭书原：司法体制改革也是近来备受理论界和司法实务界关注的热点问题，刑事诉讼法再修改与司法体制改革之间是什么关系呢？

樊崇义教授：总的来说，就是司法体制改革的成果要进法典。近年来，党中央一直高度重视司法体制机制改革工作，继 2004 年转发中央司法改革领导小组《关于司法体制和工作机制改革的初步意见》后，又于 2008 年年底转发了《中央政法委员会关于深化司法体制和工作机制改革若干问题的意见》，从优化司法职权配置、落实宽严相济刑事政策、加强政法队伍建设、加强政法经费保障四个方面，就深化司法改革工作作出了总体部署。在党中央的统一领导和具体部署下，近两年来，就以四个方面，列出六十个专题，分工到各个政法工作部门，通过调查座谈、试点实验、实证研究、专家论证等各种方法，在全国范围内掀起了大规模的司法改革热潮，现已取得了明显的成效。这些成果与刑事诉讼法的修改有关的内容，主要表现在两个方面：一是政法机关的职权划分进一步明确，职权配置更加科学，上下级关系更加协调，司法监督进一步完善，人民群众反映强烈的执法不作为、乱作为等问题得到了有效缓解，执法活动更加公开公正，法律制度进一步健全；二是着力完善政策法律，在落实宽严相济刑事政策上也取得新成绩。

郭书原：您能否为我们介绍一下司法体制改革中需要刑诉法修改加以吸收的主要成果？

樊崇义教授：好的。诉讼职权配置方面有五点：一是着力加强诉讼中监督制约机制，包括立案监督、侦查监督，看守所监督程序，建立审查批捕阶段讯问犯罪嫌疑人制度，等等；二是解决诉讼监督手段单一，监督刚性不足的问题，按照最高检会同最高法、公安部、国家安全部、司法部联合下发的《关于对司法工作人员在诉讼活动中的渎职行为加强法律监督的若干规定（试行）》，明确检察机关对司法工作人员在诉讼活动中的渎职行为可以采取调查、建议更换办案人员等方式进行监督；三是针对职务犯罪案件的侦查、逮捕在同一检察院内操作，制约效果不明显的问题，决定省级以下人民检察院立案侦查的案件，需要逮捕的犯罪嫌疑人，报经上级人民检察院审查决定；四是强化人民检察院内部监督制约机制和全面推行的人民监督员制度；五是加强辩护职能，改革完善刑事辩护制度，以解决我国刑辩率低下和辩护难的问题。例如，新律师法所确立的律师在诉讼中的会见权、阅卷权、有限的案件事实调查权和庭审言论的豁免权等必须写进刑诉法典，以提高诉讼权利的法律位阶；还有律师的会见不受监督，取消侦查人员在场的问题，阅卷的范围问题，介入诉讼的时间，把在侦查阶段的介入从法律帮助权上升为辩护职能的行使，等等。确定进行改革和完善，要采取坚决的措施，改变我国的刑辩率低下的状况。

诉讼程序改革的重大成果有四点：一是将量刑纳入庭审程序。最高人民法院近两年来全面推行量刑规范化改革试点工作，先后在全国120多个中级人民法院和一些基层人民法院进行量刑程序改革的实证研究，改变了过去量刑程序不公开的传统做法，使量刑程序从秘密转变为阳光下进行，增加了庭审的透明度，使当事人及人民群众看得见，摸得着公平正义在哪里。各个试点的经验已经证明刑事案件的上诉率、抗诉率、发回改判率大幅度下降。由此可见这一改革成果的重要性，刑诉法的修改一定要增设量刑程序。

二是关于二审程序、审判监督程序和死刑复核程序的改革和完善问题，对于这三个诉讼程序在1996年刑诉法修改后所暴露出来的问题，根据司法改革中出台的一些对策与举措，一定要加以吸收和修订。例如，在二审程序中全面彻底贯彻和实行上诉不加刑的原则，对于二审发回重审的案件，应当立法规定明确的范围、条件、发回的次数，以保障上诉不加刑原则的彻底贯彻执行；又如，审的审理方式的改革，如何坚持做到"以开庭审理为原则，以不开庭审理为例外"；再如，二审程序的全面审查规则的贯彻，如何从实际出发，保证全面审查与重点审查相结合，真正解决上诉、抗诉的事实与理由，以确实当事人的上诉权和检察机关的抗诉权。同时，还要注意，在诉讼结构方面，保持控辩平等对抗，以确保二审程序的权利救济和纠错功能。关于审判监督程序的改革，一方面要解决"申诉难"的问题，尤其是当前出现的"缠访"、"缠诉"，与申诉程序的缺陷密不可分，在诉讼程序的设计上，要完善申诉程序，确保当事人的申诉权；另一方面对审判监督程序的启动和审理程序存在的问题，要先易后难，逐步解决。诸如，如何科学地启动再审的理由，将再审理由具体化、法典化。明确再审的期限和次数，乃至是否建立一个独立的再审程序，不受原来审理程序和审级之影响，以及再审中的法律援助和被害人的救助制度的设立，都是值得在修法中给以考虑和研究的问题。关于死刑复核程序的改革问题，根据现实的国情，还不宜搞什么三审终审制，更不能实行完全的诉讼化改造，我认为，要从现实出发，在原有死刑复核程序规定的基础上，要采取措施往前推进一步，诸如辩护律师的介入、参与问题，死刑案件到二审程序全部开庭问题，如何从诉讼程序上严格地控制和减少死刑问题，还有死刑立即执行的在裁判前核准的合议庭会见被告问题，等等，在这次修改中应把这些改革的成果加以明确规定和吸收。

三是提起公诉程序的改革，包括在新的形势下，为促进和谐社会的建构，如何改进不起诉制度，扩大不起诉的范围，在司法改革中许多检察机关有创造性地通过试点、实验"附条件不起诉"的做法，能否上升为法律，应该认真研究和总结。还有在诉讼中如何加强各个诉讼环节的监督问题，立案监督、侦查监督、监所监督、执行监督等，出台的一些新举措、新方法，包括检察机关内部制约和监督措施，都有一些新的改革成果，对于这些成果均应加以吸收。

四是侦查程序的改革与完善。第一，是对法定的拘留、逮捕、取保候审、监视居住等强制措施的完善，尤其是在加强其实用性、可操作性方面，刑诉法应作出较为详细、具体的规定。第二，是对侦查手段，尤其是对技术侦查、秘密侦查、特殊侦查措施的增加与适用程序，现在我国适用这些措施的条件已经具备，需要立法加以明确和规范。对于这些手段如何在职务犯罪中加以适用，是一个更为慎重的问题，我认为，当前，我国职务犯罪的侦查手段十分欠缺，不利于反腐斗争的深入展开，同时，职务犯罪的特点与普通刑事犯罪不同，技术手段、秘密手段应当赋予检察机关独立适用，要改变当前由公安、安全代为行使的做法。第三，是讯问犯罪嫌疑人程序的改革与完善，要重点解决刑讯逼供、"车轮战"、超期羁押等问题，增加规定讯问过程中的录音、录像制度，严格规定传唤、拘传以及讯问时间，尤其是应当保证犯罪嫌疑人有必要的饮食、休息的时间，等等。第四，涉案财产的处理程序，包括当事人不服的救济机制和检察机关对涉案财产的监督机制。

在司法改革中，关于证据制度的改革成效更为显著，其突出表现是最高人民法院、最高人民检察院、公安部、国家安全部、司法部于2010年6月13日印发的《关于办理死刑案件审查判断证据若干问题的规定》和《关于办理刑事案件排除非法证据若干问题的规定》。这两项重要法律文件，归纳起来有四大成果可写进刑诉法典：一是刑事证据规则的确立，包括证据裁判原则、非法证据排除规则、程序法定规则、质证规则、证据关联性规则、意见证据排除规则、原始证据优先规则、补强证据规则；二是排除非法证据的程序；三是对法定的物证，书证，证人证言，被害人的陈述，犯罪嫌疑人、被害人的陈述与辩解，现场勘验、检查笔录，鉴定人的意见，视听资料，电子数据证据等九种证据的收集、审查、判断程序；四是对全案证据的综合审查、判断程序和证明对象与标准。另外，对诉讼中证据的收集和运用，必须按照现代法制的要求，确立"不得强迫任何一个公民自证其罪"的规则，立法必须作出明确规定。还有证人、鉴定人、侦查人员出庭作证问题，证据种类的增加，把电子证据列入诉讼证据，等等。

郭书原： 众所周知，宽严相济刑事政策是我国的基本刑事政策，刑事诉讼法再修改是否应当有所体现呢？您是如何看待的？

樊崇义教授： 我认为，宽严相济刑事政策不仅适用于刑事案件的实体处理，也适用于刑事案件的诉讼程序，宽严相济不仅是一个实体法问题，也是一个程序法问题。

程序本身体现了对犯罪行为人的处理是宽还是严。其主要体现有三点：一是某些程序措施或手段的采用会改变当事人的处境而影响到当事人的合法权益，在这种情况下，是否采取某种措施实际已经体现了对该当事人的处理是宽还是严。最明显的如何对犯罪嫌疑人、被告人采取的强制措施，由于不同强制措施的严厉程度是不一样的，是否采取强制措施，是采取逮捕措施，还是取保候审，就已明显地体现了对犯罪嫌疑人、被告人的处理是宽还是严；二是起诉和不起诉体现了从严或从宽处理。因为不起诉将被不起诉人及时从诉讼程序中解脱出来，其本身就已体现了对被不起诉人的从宽处理；三是适用普通程序还是简易程序，是自诉程序还是公诉程序，是基层法院管辖还是中级以上法院管辖的选择等也体现了处理的宽或严。因为根据我国刑事诉讼法，适用简易程序、被告人认罪程序、自诉程序或由基层法院管辖的案件一般处刑较轻，而适用普通程序、公诉程序或由中级法院以上法院管辖的案件一般处刑较重，适用何种程序进行审理实际已预示了被告人将会判处何等刑罚，从而也体现了案件处理是从轻还是从重。

程序是保证宽严相济刑事政策得以正确贯彻实施的重要条件。刑事政策与法律规范相比较，灵活性是其本质。这种灵活性在宽严相济刑事政策中的体现是司法机关可以在法律规定的范围内根据犯罪行为、犯罪人的主观恶性以及社会危害性等，结合当时的犯罪与社会治安情况选择从宽或从重处理。这种选择权也就是我们常说的自由裁量权。因此，实行宽严相济的刑事政策也就意味着刑事法律必须赋予司法机关相应的自由裁量权，没有这种自由裁量权，刑事政策在司法中也就没有存在的余地。但这种自由裁量权真正是一把"双刃剑"，合理使用可以克服法律形式正义的缺陷，实现实质正义；如被滥用则容易引起腐败或反复无常，难以达到刑事政策的目的。为了抑制宽严相济刑事政策这消极的一面，必须通过诉讼程序来规范司法机关的自由裁量权。因为程序实际上是一种角色分派体系，其内容在很大程度上是一种角色规范，目的是使管理和决定非人情化，从而限制恣意、专断和过度的裁量，保证一种理性的选择。因此，通过诉讼程序，使法官保持中立，诉讼当事人有机会参与法官的决定过程，对犯罪行为人的处理过程和结果置于公众监督之下，就可以使宽严相济刑事政策在刑事司法实践中被正确地贯彻实施，对犯罪行为人"严"得恰当，"宽"得合理。

基于上述理由，近两年司法改革的过程中，中共中央《关于深化司法体制和工作机制改革若干问题的意见》中，把落实宽严相济刑事政策作为司法改革的一项重要内容，它不仅对刑法改革定罪量刑提出了具体的指导意见，还对建立健全宽严相济的刑事诉讼程序提出了具体要求，而且这些要求经过近两年的实践，已经取得了明显的效果，其主要内容包括四点：一是完善保护国家安全和打击恐怖犯罪、黑社会性质犯罪的诉讼程序。同时建立健全查处流动性、团伙性、跨区性犯罪案件的管辖制度和工作程序；二是建立和完善从宽处理的法律制度和程序。包括未成年人案件特别诉讼程序的建立，老年人犯罪案件的从宽处理机制，自诉案件和轻微刑事案件的刑事和解程序，轻微刑事案件的速决程序，扩大简易程序的适用，建立非监禁刑的执行和社会防控机制，推进社区矫正的立法工作，等等；三是建立健全贯彻宽严相济刑事政策的协调制度。包括完善立、撤案标准，完善逮捕条件，健全宽严相济的审查起诉制度，设立附条件不起诉，建立健全行刑执法有效衔接制度，使因从宽处理未追究刑事责任的人依法受到党政纪或治安行政处分；四是健全贯彻宽严相济刑事政策的保障制度。诸如完善错案认定标准和错案追究制度，建立被害人救助制度，完善刑事赔偿制度，健全法律援助制度，构建贯彻宽严相济刑事政策的法律监督制度，等等。

总之，在刑事诉讼立法中如何贯彻宽严相济的刑事政策问题，不仅是一个重大的理论问题，更重要的是一个实践问题。从2008年以来，广大司法干警踊跃探索，在法律允许范围内，对以上种种程序都进行了科学的实验和论证，有许多项目已经取得了很好的社会效果，诸如未成年人案件诉讼程序、当事人和解程序、附条件不起诉、简易程序、被害人救助制度、社区矫正，等等，我认为，要认真总结实践经验，有计划、有步骤地使这些成果在刑事诉讼法典中有所体现，把宽严相济的刑事政策实实在在地落实到诉讼的过程中。

郭书原：刑事诉讼法再修改是否还要注意与国际接轨问题？还有没有其他问题需要认真对待？

樊崇义教授：是的。2011 年 1 月 24 日吴邦国委员长在《形成中国特色社会主义法律体系座谈会上的讲话》中明确指出："党的十七大，强调要坚持科学立法、民主立法，完善中国特色社会主义法律体系，坚定不移地发展社会主义民主政治，对新时期立法工作提出了新的要求。"我认为，党中央对立法工作的新要求的核心是立法的质量问题，立法的质量又决定了法律规定的内容是否正当，是否科学。在新的历史时期，立法工作要实践科学发展观，法律的正当性与科学性的标准，首先要遵循规律，违背规律当然就会失去正当性与科学性。当前，我国正处于转型时期，刑事诉讼法修改的正当性与科学性，应该是既要放眼世界，又要着眼于中国特色，既要认真理解和学习作为全人类共同探索和遵循的诉讼规律，又要解决中国的实际问题。学会处理这两个方面的正确关系，以防止走偏方向，其正当性和科学性才能显现出来。结合这次刑事诉讼法的修改，按照诉讼规定的要求，我认为有以下几个突出问题，必须认真对待：

一是关于刑事诉讼法指导思想和任务的规定中，一定要把"保护人民"，修改为"保障人权"。这不仅是因为我国于 2004 年把"尊重和保障人权"写入了宪法，还因为任何一个国家的刑诉法的任务与功能都把惩罚犯罪与保障人权作为定性和定位的二元价值目标，这是全人类的一项共同的诉讼规则。因此，这一次刑诉法之修改应予重视并落实。

二是关于诉讼的结构和方式。任何一个国家的刑事诉讼，近现代刑事诉讼结构的标准，就是要科学地配置控诉、辩护、审判三种职能，缺少或削弱任何一种职能，这个诉讼必然是一种不完整或者不健康的诉讼，针对此三种诉讼职能的要求和标准，当前我国刑事诉讼仍有 70% 左右的刑事案件律师辩护缺位，形成这种格局的原因很多，其中法律规定不完备是一个主要因素，我们一定要做出最大的努力，把刑事辩护制度的完善问题作为修法的一个重点，尤其是新律师法所确立的刑辩律师的权利保障问题，即律师的会见权、阅卷权、调查权、法庭上的言论豁免权等，一定要提高立法位阶，使这些内容进入基本法——刑事诉讼法，以展示我国刑事诉讼制度的科学性。

三是坚持世界各国共同奉行的刑事案件证明责任的理论和标准，即在刑事案件中的证明责任由控方承担，犯罪嫌疑人、被告人不负证明责任，而且在刑事诉讼活动中不能随意搞什么证明责任"倒置"。按照这一全人类共同的诉讼规则，对我国《刑事诉讼法》第九十三条所规定的"犯罪嫌疑人对侦查人员的提问，应当如实回答"的规定应予废除，因为这一规定适用的结果，必然要把案件的证明责任转嫁到被告人身上。因此，1996 年刑诉法保留的这一做法，在国内外反映强烈，不少国内外会议上对此规定提出了质疑。

四是增加诉讼的透明度和公开性，防止用行政手段代替诉讼手段，严格限制暗箱操作。透明、公开是刑事诉讼的一项重要的原理和原则。我国现行刑诉法违背这一原则的地方比较多，例如，公开审判原则的贯彻存在相当差距，尤其是二审开庭问题，证人出庭问题，书面审理问题，"审者不判，判者不审"的问题，还有执行中的诉讼问题的解决，减刑、假释程序的公开问题，死刑复核程序的行政性问题，上下级人民法院的关系问题，还有侦查讯问律师在场问题，如此等等，其透明性和公开性都存在相当差距，我们要积极创造条件，对这些问题逐一加以解决，按照先易后难的原则，在这次刑诉法的修改中给予高度重视，以推动刑事诉讼制度的科学、民主的进程。

五是正确处理监督与制约的关系，既要按照诉讼规律搞好诉讼分工、制约和配合，又要强化诉讼中的法律监督。刑事诉讼法律关系告诉我们，监督和制约是两个既有联系又有明显区别的概念，诉讼的过程不能混淆适用，必须做到准确定位而不错位，否则就会影响诉讼的质量。人民检察院是国家的法律监督机关，对刑事诉讼的法律监督，理所当然，不容质疑，司法改革中已初步解决了不敢监督、不会监督，把监督逐步地由软变硬。但是，与此同时，我们必须正确处理两个关系，一个是诉讼监督与诉讼职能的关系；另一个是监督与制约的关系，要注意尊重诉讼规律，把监督变得更加正当而科学。

郭书原：非常感谢樊教授接受我们的采访！

卞建林简介：

中国政法大学教授，刑事诉讼法学和证据法学博士研究生导师，教育部人文社会科学重点研究基地中国政法大学诉讼法学研究院院长，兼任中国法学会刑事诉讼法学研究会会长、国务院学位委员会法学学科评议组成员、最高人民检察院专家咨询委员，中国人民公安大学、国家检察官学院、中南财经政法大学、华东政法大学、西北政法大学等兼职教授。

著作《刑事起诉制度的理论与实践》获全国第一届中青年诉讼法学优秀科研成果专著类一等奖，论文《直接言词原则与庭审方式改革》获全国第二届中青年诉讼法学优秀科研成果论文类一等奖，主编教材《证据法学》获司法部第一届法学教材与法学优秀科研成果三等奖，合著教材《外国刑事诉讼法》获司法部第二届法学教材与法学优秀科研成果二等奖，主编《刑事证明理论》获北京市第九届哲学社会科学优秀成果一等奖，主编《中国刑事司法改革探索》获教育部人文社会科学优秀成果二等奖。

关于新《刑事诉讼法》若干问题的思考

——访中国政法大学教授、博士生导师 卞建林

郭书原：卞教授您好！自 2011 年 8 月 24 日十一届全国人大常委会第二十二次会议初次审议《中华人民共和国刑事诉讼法修正案（草案）》（以下简称"草案"）以来，因其修改补充条文较多，修改面较大，被誉为刑事诉讼法 15 年来的首次"大修"。作为诉讼法学方面的专家，您能否结合新中国成立 60 余年来，特别是改革开放 30 余年来中国刑事诉讼制度的发展历程和轨迹，简单地介绍一下我们国家诉讼法律制度的情况。

卞建林教授：好的。刑事诉讼法是国家重要的基本法律之一，是中国特色社会主义法律体系的重要组成部分。1979 年第五届全国人大第二次会议通过的《中华人民共和国刑事诉讼法》是新中国的第一部刑事诉讼法典，它的颁布施行标志着我国刑事诉讼活动初步走上法制轨道。但是应当指出，我国刑事诉讼法草案的起草工作，并非从粉碎"四人帮"之后才开始，早在 20 世纪 50 年代中期，便着手进行刑事诉讼法草案的起草工作。1957 年 5 月在最高人民法院主持下完成的《中华人民共和国刑事诉讼法草案（草稿）》和 1963 年 4 月在中央政法小组领导下形成的《中华人民共和国刑事诉讼法草案（初稿）》，均为刑事诉讼法的制定提供了基础和蓝本。1979 年刑事诉讼法的起草，即以 1963 年《初稿》为基础进行修订，先后拟定出《修正一稿》和《修正二稿》，于 1979 年 6 月将《修正二稿》提交五届人大二次会议审议，7 月 1 日正式通过，7 月 7 日予以公布。公布施行的刑事诉讼法共 4 篇 164 条。

刑事诉讼法施行以来，对于惩治犯罪，维护社会治安，保障公民权利，保障改革开放和社会主义现代化建设的顺利进行，发挥了重要作用。但由于我国社会主义民主和法制建设不断发展，社会情况有了变化，司法实践中积累了不少经验，也反映出一些问题，需要总结实践经验，因应现代法制建设的发展，对刑事诉讼法进行补充修改。1996 年 3 月 17 日第八届全国人大第四次会议审议通过关于修改刑事诉讼法的决定，修改后的刑事诉讼法条文由原来的 164 条增加到 225 条。1996 年对刑事诉讼法的修改，是我国刑事诉讼制度的重大改

革，反映了我国民主法制建设的进步和成就。时至今日，随着我国经济社会的快速发展、民主法制建设的不断推进和人民群众司法需求的日益增长，刑事诉讼制度在某些方面出现了一些不相适应的问题，有必要进一步完善。2011 年 8 月 24 日，草案提交第十一届全国人大常委会第二十二次会议审议。9 月 1 日，全国人大常委会将草案全文向社会公布，征求意见。12 月 26 日，第十一届全国人大常委会第二十四次会议对草案修改情况再次进行审议，并决定将草案提请第十一届全国人大第五次会议审议。可以预期，这次对刑事诉讼法的重大修改将使我国的刑事诉讼法律制度进一步健全和完备。

郭书原：1979 年颁布的刑事诉讼法，奠定了我国基本的诉讼模式、诉讼制度和诉讼程序，对于理解我们现在的刑事诉讼法很重要，那么 1979 年刑事诉讼法体现了哪些时代特色？

卞建林教授：1979 年党的十一届三中全会总结历史经验，特别是"文化大革命"的教训，作出了把党和国家工作的重点从以阶级斗争为纲转移到社会主义现代化建设上来的战略决策，标志着我国民主政治生活进入崭新的时代。1979 年刑事诉讼法就是在"发展社会主义民主，健全社会主义法制"的背景下制定和颁布的，并注意吸收十年动乱的惨痛教训。总体来看，这部法律主要有以下几个特点：

第一，突出刑事诉讼法的指导思想，明确刑事诉讼法的任务。1979 年刑事诉讼法第一条开宗明义规定，刑事诉讼法的指导思想是"以马克思列宁主义毛泽东思想为指针，以宪法为根据，结合我国各族人民实行无产阶级领导的、工农联盟为基础的人民民主专政即无产阶级专政的具体经验和打击敌人、保护人民的实际需要制定"。第二条规定的任务是"保证准确、及时地查明犯罪事实，正确应用法律，惩罚犯罪分子，保障无辜的人不受刑事追究"。刑事诉讼法所规定的各项诉讼职权、诉讼制度、诉讼程序都是为贯彻此指导思想、为实现此任务而规定，而服务的。

第二，确立公安司法机关分工负责、互相配合、互相制约的刑事办案体制和机制。刑事诉讼法明确划分了公安司法机关在刑事诉讼中的职权，强调公安司法机关进行刑事诉讼，实行分工负责、互相配合、互相制约的原则，以保证准确有效地执行法律，共同完成惩罚犯罪、保护人民的任务，并对如何加强公安司法机关相互之间的配合与制约，以及如何更好发挥检察机关在诉讼活动中的法律监督作用，作出许多规定和制度上的落实。

第三，强调以事实为根据，以法律为准绳。要求人民法院、人民检察院、公安机关进行刑事诉讼，必须以收集到的真凭实据和借以认定的案件事实为依据，以刑法、刑事诉讼法和其他有关法律为准绳，正确地定罪量刑，处理案件。换句话说，就是要求公安司法机关进行刑事诉讼，必须尊重事实，服从事实，忠实于事实真相；必须尊重法律，服从法律，忠实于法律制度。对如何保证公安司法人员客观、全面地收集、审查和判断证据，如何保证诉讼参与人真实地提供证据、证言，特别是对严禁刑讯逼供，防止诬告、伪证等方面，作了许多有针对性的规定。

第四，注意保障当事人和其他诉讼参与人依法享有的诉讼权利，特别是保障被告人及其辩护人充分行使辩护权。明确诉讼参与人对于审判人员、检察人员和侦查人员侵犯公民诉讼权利和人身侮辱的行为，有权提出控告。强调对于一切公民，在适用法律上一律平等，在法律面前，不允许有任何特权。这个精神，体现在刑事诉讼中，就是要求公安司法机关对于一切公民的合法权益，不分民族、种族、性别、职业、社会出身、宗教信仰、教育程度、财产状况和居住期限，一律依法予以保护；对一切公民的违法犯罪行为，不管他是任何人，都必须依法给予应得的惩处，在法律面前人人平等，绝不允许有任何特权。

第五，根据原则性与灵活性相结合的方针和法律条文应力求简明扼要、通俗易懂的精神，着重从诉讼程序方面对公检法机关的职权及其相互关系以及诉讼参与人的权利、义务等问题作出规定，简化了公检法机关内部办事手续方面的内容。内部办事手续方面的内容，留待公检法机关在实施刑事诉讼法的过程中，根据需要另订工作细则加以解决。所谓"宁简勿繁、宜粗不宜细"，因此法律条文总数仅 164 条，总体而言比较粗疏、原则，另外作为初创法律，规定难免疏漏，导致实践中难以把握和操作。

郭书原：1996 年对刑事诉讼法作了比较大的修改，达一百多处，总体来说变化比较大，那次修改都取得了哪些成就？

卞建林教授：1996 年八届全国人大四次会议通过的关于修改刑诉法的决定，总结了刑事诉讼法施行 16 年来司法实践的经验，适应我国民主法制建设的发展和司法实践的需要，对刑事诉讼法作了一系列修改补充，条文总数也由原来的 164 条增加到 225 条。主要涉及以下方面：第一，完善刑事强制措施，不再保留作为行政强制手段的收容审查。第二，进一步保障诉讼参与人，特别是被告人和被害人的权利。明确规定，未经人民法院依法判决，对任何人都不得确定有罪；犯罪嫌疑人在被侦查人员第一次讯问后或者采取强制措施之日起，可以聘请律师为其提供法律帮助；在案件侦查终结移送人民检察院审查起诉之日起，可以委托律师为辩护人。第三，根据公、检、法三机关分工负责、互相配合、互相制约的原则，完善庭审方式，发挥公诉人、辩护人在法庭审理过程中的作用；扩大不起诉的范围，不再使用免予起诉；对职能管辖作了修改。第四，加强对刑事诉讼各个环节的监督，等等。总体而言，修改是成功的，变化是显著的，体现了现代法治观念与刑事诉讼理论的影响，也注意解决了一些司法实践中突出存在的问题。

郭书原： 现在看来，1996 年修改刑事诉讼法的一些规定，在十几年间并没有得到不折不扣的实施。随着我们国家经济社会的不断变化和法治的日益健全，遗留下来的老问题与一些新产生的问题，能否经过立法机关、实务部门和专家学者的共同努力，在新的修改中得以解决？

卞建林教授： 毋庸讳言，1996 年刑事诉讼法的总体实施情况并不令人满意。修改后的一些规定至今尚未得到有效的贯彻落实，立法所取得的一些进步也大多成为一纸空文。在修法后的很长时间里，困扰我国刑事诉讼制度的诸多问题并未消除。例如，在辩护制度方面，1996 年刑事诉讼法修改允许律师在侦查阶段便介入诉讼，旨在发挥辩护律师作用，维护当事人合法权益，使案件得到正确处理。但实践中，法律的规定没有得到切实有效的执行，律师履行辩护职能困难重重，举步维艰，律师执业环境不是改善而是恶化，风险加大。在保障诉讼参与人诉讼权利方面，违法取证，甚至刑讯逼供的现象依然存在，久禁不绝。

另外，法律修改后，在实施过程中又出现了一些新的问题。比如，在庭审方式上，1996 年刑事诉讼法引入对抗制和交叉询问制度后，实践中证人普遍不出庭，庭前笔录特别是侦查笔录是法庭调查的主要对象和定案的主要依据，导致法庭审理流于形式，控辩双方的作用难以发挥。又如，1996 年刑事诉讼法明确了"疑罪从无"，证据不足要作指控罪名不能成立的无罪判决，但实践中"疑罪从无"变成了"疑罪从轻"，很多应当宣告无罪的案件却作了"留有余地"的定罪处理，等等。

此外，随着我国经济、政治、社会形势的发展变化，现行刑事诉讼制度出现了一些不相适应的情况，需要转换诉讼观念，创新诉讼制度。例如，为创新社会管理，有效化解矛盾，司法实践中在探索刑事和解制度；为贯彻宽严相济的刑事政策，对于未成年人犯罪探索适用附条件不起诉或者暂缓起诉；为了应对刑事案件高发和司法资源有限的矛盾，需要探索提高诉讼效率，扩大简易程序适用，实行程序分流；为应对犯罪日趋隐蔽化、复杂化、智能化的现状，需要提升侦查水平，丰富侦查手段侦查手段，等等。这些都对刑事诉讼法律的修改和刑事诉讼制度的完善，提出了新的要求和期待。

针对司法实践中的问题和现象，司法实务部门和法学专家学者对刑事诉讼法的修改和完善陆续提出了很多意见和建议，中央关于深化司法体制和工作机制改革的意见也对进一步完善刑事诉讼制度提出了具体明确的要求。自 2002 年十届全国人大开始准备刑事诉讼法的第二次修改以来，全国人大常委会法制工作委员会一直按照常委会立法规划的要求，对刑事诉讼法相关问题进行调查研究，在 2009 年着手起草刑事诉讼法修正案后，更是反复与最高人民法院、最高人民检察院、公安部、国家安全部、司法部等部门进行研究，多次听取全国人大代表、基层办案部门、律师和专家学者的意见，最终形成了当前的刑事诉讼法修正案草案。综观此次刑事诉讼法的修改，可以说对以上内容均有所涉及：第一，在辩护制度方面，此次刑事诉讼法修改针对当前司法实践中刑事辩护面临的困境，吸收了 2007 年《律师法》的相关内容，力图通过辩护制度的完善进一步保障犯罪嫌疑人、被告人获得辩护的权利。包括明确了律师在侦查阶段的辩护人地位；扩大法律援助适用范围；解决实践中存在的辩护律师"会见难"、"阅卷难"、"调查取证难"的"三难"问题，进一步保障了律师的合法执业权利。第二，在强制措施方面，刑事诉讼法修改将监视居住与取保候审进行了区别，改造其为独立的羁押替代措施，明确了监视居住的适用条件；进一步完善了逮捕制度，对逮捕条件作了严格限制，将"社会危险性"进行了细化，并增加了检察机关审查批准时讯问犯罪嫌疑人、听取辩护律师意见，逮捕后对羁押的必要性进行审查等规定。第三，在遏制刑讯逼供、纠正非法取证方面，刑诉法修改作了较为全面的规定。首先，在侦查讯问制度方面强调不得强迫任何人证实自己有罪，要求犯罪嫌疑人被送交看守所羁押以后，侦查人员对其进行讯问，应当在看守所内进行，并规定了全程同步讯问录音录像制度。其次，确立了非法言词证据和非法实物证据排除规则，明确了非法证据的证明责任，规定了较为可行的排除程序。第四，在审判程序方面，调整了简易程序适用范围；完善了证人出庭作证制度；对二审程序明确了开庭审理案件范围，完善了发回重审制度。第五，在特别程序方面，增设了四种特别程序，包括了公诉案件的当事人和解程序。应当说，此次刑事诉讼法的修改具有较强的针对性和务实性，致力于解决司法实践中存在的问题。总的原则，既要保证准确及时地查明犯罪，惩罚犯罪，又要保障无辜的人不受错误追究，保障诉讼参与人的合法权益。

郭书原：证据，是司法机关查明案情、认定犯罪、进行诉讼活动的基础。此次刑事诉讼法修改，涉及证据制度的立、改、废，既有不少亮点，也引来多方热议，您作为证据法学方面的专家，能给我们简要地介绍一下证据制度的补充或修改吗？

卞建林教授：证据制度是贯穿全部诉讼活动始终的一项重要制度，对于公正司法、正确处理案件具有关键作用。针对现行刑事诉讼法中证据规定较原则、难以满足实践需要的缺陷，此次修改将规定刑事证据的条款扩容了近一倍，从多个方面进行了补充或修改：

第一，在证据的概念与种类上，首先将证据的概念由"证明案件真实情况的一切事实"修改为"可以用于证明案件事实的材料都是证据"，更加符合客观情况。其次，对证据种类，增加了增"辨认、侦查实验笔录"、"电子数据"，顺应了证据表现形式扩大的趋势；同时将"鉴定结论"改为"鉴定意见"，更为科学合理。

第二，在举证责任分配上，增加规定"公诉案件中被告人有罪的举证责任由公诉机关承担，自诉案件中被告人有罪的举证责任由自诉人承担，但是，法律另有规定的除外"，明确了控方承担证明被告人有罪的证明责任分配原则。

第三，在证明标准上，将"案件事实清楚，证据确实、充分"的要求具体细化为三个方面：（1）定罪量刑的事实都有证据证明；（2）据以定案的证据均经法定程序查证属实；（3）综合全案证据，对所认定的事实已排除合理怀疑，以促进公安司法机关在办案中准确把握证明标准，正确办理案件，防止错案发生。

第四，确立非法证据排除规则。为进一步遏制司法实践中存在的非法取证特别是刑讯逼供现象，刑事诉讼法修改确立了非法证据排除规则，规定采用刑讯逼供等非法方法收集的犯罪嫌疑人、被告人供述和采用暴力、威胁等非法方法收集的证人证言、被告人陈述，应当予以排除；违反法律规定收集物证、书证，严重影响司法公正的，对该证据也应当予以排除；在侦查、审查起诉、审判时发现有应当排除的证据的，应当依法予以排除，不得作为起诉意见、起诉决定和判决的依据。立法修改还明确了人民法院、人民检察院和公安机关都有排除非法证据的义务，设计了在侦查、审查起诉、审判阶段排除非法证据的程序，形成了一套完整的非法证据排除体系，将非法证据排除规则落到实处。

第五，为解决当前普遍存在的"证人出庭难"问题，修改中建立了证人强制出庭制度，明确了证人必须出庭的案件范围，赋予法院强制证人到庭的权力。与之相对应，证人保护与补偿制度也得到了相应的完善。

郭书原：此次修正案草案对侦查终结、提起公诉和作出有罪判决的证明标准进行了细化，规定"证据确实、充分"应当符合一定条件，其中"综合全案证据，对所认定事实已排除合理怀疑"，是对证据确实、充分的最好注解吗？

卞建林教授：对于这个问题，我是这样看的。证明标准是法律关于负有证明责任的诉讼主体运用证据证明争议事实、论证诉讼主张所须达到的程度方面的要求。从哲学角度来看，证明标准实质上是法律规定的主观认识与客观事实相符合的程度，证明标准的设立是通过法律要求办案人员主观认识尽可能符合客观事实。证明标准的设定，需要考虑三点：首先，证明标准的设立是为诉讼当事人和事实裁判者进行诉讼提供基准和参照，故证明标准应当是一种明确的具体的可操作的法律标准。其次，诉讼证明总是在特定时空范围内进行，受司法资源的制约，考虑成本、效益、效率等因素，证明标准应当是大多数诉讼在时空限制和资源许可情况下所能达到的标准。最后，证明标准应根据诉讼性质的不同加以区别。国外具有代表性的刑事证明标准即英美法系的"排除合理怀疑"与大陆法系的"内心确信"，一般认为二者虽措辞不同，但实质上是同一证明标准的互为表里的两种表述。"排除合理怀疑"这一证明标准，表面看似简单，实际上比较复杂，故而对其确切内涵存在着各种各样的解释因而没有定论。大陆法系实行完全的自由心证主义，法律对证据采信、证明力强弱以及认定案件事实的标准等并不作详细的规定，即完全凭悉法官依据"良心"和"理性"判断证据而不设任何限制和框架。

我国刑事诉讼法中对有罪判决规定了"犯罪事实清楚，证据确实、充分"的证明标准，一般认为这一标准过于笼统、模糊，实践中不好掌握，因此要求细化证明标准的呼声很高，学界对此也纷纷发表了各自的看法。其中对"证据确实、充分"的解释一直存在争议，最具有代表性的即"结论唯一"与"排除合理怀疑"的抉择问题。"结论唯一"即确定无疑，无任何其他可能。"排除合理怀疑"，根据美国联邦最高法院判决解释，是指要求"达到接近对有罪确定无疑的主观状态"，即"证据不一定要达到确定的地步，但它必须达到极大可能性的程度，超越怀疑的证据，不是达到没有一丝怀疑的程度"。"结论唯一"与"排除合理怀疑"被认为是两个层面的证明标准，即要求的严格程度有所区别。赞成"结论唯一"者认为将"结论唯一"作为刑事定罪标准，从认识论角度来看是可以达到的；从价值取向角度来看，为维护公民权利，是必须达到的。主张以"排除合理怀疑"作为"证据确实、充分"者则认为，"结论唯一"的要求过于严苛，无法达到，采"排除合理怀疑"说法较为合理。

2010年"两院三部"《办理死刑案件证据规定》第五条对"证据确实、充分"作出了解释，其中第五点要求"根据证据认定案件事实的过程符合逻辑和经验规则，由证据得出的结论为唯一结论"，采纳了"结论唯一"的观点；而刑事诉讼法修正案草案中则作出了"综合全案证据，对所认定事实已排除合理怀疑"的表述，显然区别于"两院三部"的规定。但是，需要指出的是，尽管立法"排除合理怀疑"的说法是为了细化"证据确实、充分"的要求，但在一直实行"排除合理怀疑"证明标准的英美法系国家，对"排除合理怀疑"的内涵解释也存有争议。可以预见，当立法关于证明标准的修改通过后，对"排除合理怀疑"的把握也将成为证据理论和司法实践中的一大难题，需要深入研究探讨，作出进一步的解读。

　　郭书原：非法证据的排除规则，一直是我们刑事诉讼法修改和证据立法里面的一个热门话题。此次刑事诉讼法修改过程中，吸收了"两个证据规定"的精神和实践经验，从立法层面完善非法证据排除制度，是否能真正加强对司法实践中认定为非法手段获得的证据而排除的可操作性？我们应对"非法"如何进行界定？提出"非法证据"之后，又如何把证明证据是非法的这一工作落到实处？

　　卞建林教授：确立非法证据排除规则，是规范执法行为、保障诉讼人权的重要举措，是实现司法公正和诉讼民主的必然要求。就我国而言，确立非法证据排除规则是重在解决司法实践中屡禁不止的刑讯逼供问题，具有更加明确的现实意义。

　　刑事诉讼法修改中吸收了2010年"两院三部"《非法证据排除规定》的有关内容，确立了较为完善的非法证据排除规则，将现行刑事诉讼法第三十二条规定的"严禁刑讯逼供和以威胁、引诱、欺骗以及其他非法的方法收集证据"进一步落到实处，我认为具体体现在：

　　1. 界定了排除非法证据的范围。规定通过刑讯逼供等非法方法收集的犯罪嫌疑人、被告人供述和采用暴力、威胁等非法方法收集的证人证言、被害人陈述以及违反法律规定收集的物证、书证，严重影响司法公正的，为非法证据，应当予以排除。

　　2. 明确了排除非法证据的诉讼阶段。规定在侦查、审查起诉、审判时发现有应当排除的证据，应当依法予以排除，不得作为起诉意见、起诉决定和判决的依据。

　　3. 细化了排除非法证据的程序。规定程序启动由当事人及其辩护人、诉讼代理人提出申请，并提供相关线索或证据；规定法庭对非法证据的审理与调查；规定由公诉方承担证据合法的证明责任及侦查人员出庭作证的证明方法；明确了排除非法证据的证明标准，即"确认属于以非法方法收集证据的，或者存在重大疑点，不能排除以非法方法收集证据可能性的"，应当依法予以排除。

　　4. 强调了司法机关排除非法证据的职责。规定人民检察院发现非法取证情形应进行调查核实、纠正非法取证行为并对涉嫌非法取证侦查人员依法进行追究，明确审判人员在法庭审理过程中发现非法取证情形的，应对证据合法性进行调查。

　　从这些规定可以看出，我国刑事诉讼法修改中，已在立法层面正式确立非法证据排除规则，并明确了非法证据排除的范围、阶段、程序、证明责任和证明标准等，形成了较为完整的体系，具有可操作性，今后的任务是在法律的施行过程中认真执行，有法必依，同时及时总结经验，不断完善。

关于对"非法"的界定问题，从广义上讲"非法"的含义是比较宽泛的。如有人认为，非法的含义包括：收集证据的主体非法，收集证据的程序非法，收集证据的方法或手段非法，证据的形式非法，作为定案根据的证据没有按法定程序出示和质证，等等。但是应当指出，产生非法证据排除规则的本意是，执法人员违反法定程序，采用严重侵犯公民合法权益或者妨碍司法公正的方法收集或获取的证据不得作为认定被告人有罪的根据，旨在规范侦查人员的取证行为，通过不让执法人员从违法行为中获取好处而对执法人员起到威慑或阻吓作用。从我国实际来看，建立非法证据排除规则的主要目的，就是规范办案人员的取证行为，遏制实践中采取刑讯逼供等严重违法方法收集证据的现象。但何谓"刑讯逼供"，是一个难以掌握并可能产生争议的问题。按照联合国《禁止酷刑公约》以及有关国家的立法例，刑讯逼供应当包括任何的"酷刑"和"变相酷刑"行为，采列举的方式主要包括：（1）以殴打、捆绑、违法使用械具或者以较长时间冻、饿、晒、烤等肉刑或变相肉刑损害身体健康的方法；（2）以威胁、引诱、欺骗的方法；（3）以非法拘禁为手段进行强迫的方法；（4）其他残忍、不人道或有辱人格的方法。

在对非法证据的证明方面，应当注意以下几个方面：首先，在举证责任问题上，修正案草案明确规定了"由人民检察院对证据收集的合法性加以证明"，即由公诉方负举证责任。对当事人在启动排除非法证据程序时，"应当提供相关线索或者证据"的规定，则更应当看作是当事人行使辩护权的重要方式，而不应混同于"举证责任"。其次，在证明方法问题上，修正案草案作出了"人民法院可以通知有关侦查人员或者其他人员出庭说明情况"的规定，执行中可以参照《关于办理刑事案件排除非法证据若干问题的规定》第七条所列举的其他证明方法，包括提供讯问笔录、提交原始的讯问录音录像、提请法庭通知有关在场人员出庭作证等。最后，在证明标准问题上，修正案草案规定了"确认属于以非法方法收集证据"及"存在重大疑点，不能排除以非法方法收集证据可能性"的证明标准，较为科学合理，有利于非法证据排除规则在实践中的贯彻执行。

郭书原：修正案草案规定"不得强迫任何人证实自己有罪"的规定，与"犯罪嫌疑人对侦查人员的提问，应当如实回答"是否矛盾？在保护犯罪嫌疑人合法权利和打击犯罪之间，平衡点究竟在哪里？

卞建林教授：不被强迫自证其罪是一项基本人权。对被追诉人而言，内涵包括三方面：第一，被追诉人没有义务为追诉方向法庭提供任何可能使自己陷入不利境地的陈述和其他证据；第二，被追诉人有权拒绝回答追诉方或法官的讯问，有权在讯问中始终保持沉默，警察、检察官或法官应及时告知其享有此项权利，法官不得因被告人的沉默而使其处于不利境地或对其作出不利裁判；第三，被告人有权就案件事实作出有利或不利于己的陈述，但须是出于其真实意愿，并在意识到行为后果的情况下作出，法院不得将非出于自愿的陈述作为定案根据。修正案草案增加规定了"不得强迫任何人证实自己有罪"，理论上应当承认上述三项具体权利。但同时保留了"犯罪嫌疑人对侦查人员的提问，应当如实回答"的内容，却是客观上否定了犯罪嫌疑人保持沉默的权利，因此，两个规定表现出一定的冲突。但从立法技术上来看，修正案草案未将不被强迫自证其罪规定为一项基本原则，或者被追诉人的一项重要权利，而是规定在严禁刑讯逼供和以其他非法方法收集证据之后，体现为对办案人员的严格要求，因此也很难根据这一规定主张被追诉人的沉默权。修正案草案如此规定，重点在于解决或者遏制司法实践中以非法方法特别是刑讯逼供获取被追诉人口供的现象，同时也考虑到当前司法实践中以获取和查证口供为主要破案方法的侦查现状，担心赋予犯罪嫌疑人、被告人沉默权可能给侦查工作造成的消极影响。这也是立法修改不彻底的遗憾之一。

尊重和保障人权是现代法治社会的基本要求，是民主法治的核心价值。刑事诉讼法作为国家公权力行使的典型场域，公权力的运行随时可能对公民自由、尊严、财产隐私等基本权利造成侵害。因此，保障人权特别是犯罪嫌疑人、被告人的合法权利显得尤为重要。在我国，"尊重和保障人权"已经载入宪法，需要在刑事诉讼中予以贯彻，并在具体诉讼制度和程序上加以落实和保障。这就涉及诉讼目的的调整和诉讼观念的转换。在此次刑事诉讼法修改过程中，很多人主张对现行立法第一条和第二条进行修改或者合并，体现惩罚犯罪与保障人权并重的理念，明确在实现准确及时查明犯罪、惩罚犯罪任务的同时，要注意保障无罪的人不受错误追究，保障所有诉讼参与人特别是被追诉人的合法权益。特别要注意克服"重打击轻保护，重实体轻程序"的传统观念影响，纠正那种"为了打击犯罪可以不择手段"的错误思想，加强权力制约意识和权利保障意识，通过正当程序规范和约束国家公权力的行使，通过正当程序保障公民个人权利不受非法侵犯。要树立正确全面的刑事诉讼目的观，坚持惩罚犯罪与保障人权并重，实体公正与程序公正并重，在立法和司法实践中把握好尺度，实现惩罚犯罪与保障人权的动态平衡。

郭书原：证人出庭作证对于查明案情、核实证据、正确判决具有重要意义，但根据调查显示，近几年来证人出庭率不足5%，证人应当出庭作证而不出庭的问题一直比较突出，此次修正案中进一步明确了证人出庭作证的义务、范围，能否缓解现状？证人出庭作证除了面临打击报复的风险，也会对其生活、学习、工作带来一定的影响，修改后的刑事诉讼法如何解决证人保护和证人补偿问题？

卞建林教授： 1996 年刑事诉讼法修改在庭审方式上引入了对抗制和交叉询问制度，要求"证人证言必须在法庭上经过公诉人、被害人和被告人、辩护人双方讯问、质证，听取各方证人的证言并经过查实以后，才能作为定案的根据"。但现实情况却是，证人普遍不出庭或者基本不出庭，法庭调查主要针对证言笔录等书面证据，法院判决不是基于庭审而是依赖案卷笔录。公正审判要求控辩双方在法庭上享有平等地、充分地表达自己意见的机会，包括对己方和对方证据的意见。证人不出庭，而代之以宣读书面证言的形式，不仅不利于案件事实的查明，更妨碍了辩护方的质证权，影响了审判的程序公正。此次刑事诉讼法修改，针对司法实践中证人出庭作证率低的突出问题，进一步明确证人应当出庭作证的案件范围，规定"证人证言对案件定罪量刑有重大影响，并且公诉人、当事人或者辩护人、诉讼代理人有异议的，或者人民法院认为证人有必要出庭作证的，证人应当出庭作证"。为落实证人出庭制度，修正案草案还建立了强制证人出庭制度，赋予法院强制证人出庭作证的权力，规定"对证人没有正当理由不按人民法院通知出庭作证的，人民法院可以强制其到庭"，"证人没有正当理由逃避出庭或者出庭后拒绝作证，情节严重的，经院长批准，处以十日以下的拘留"。可以预期，刑事诉讼法的修改对扭转证人不出庭作证的现状将发挥积极作用。

考虑到权利义务的平衡，在完善证人出庭作证制度时，还应当考虑建立健全证人保护制度和证人补偿制度。保护证人不受打击报复，是证人出庭作证的重要保障措施。现行《刑事诉讼法》第四十九条规定的"人民法院、人民检察院和公安机关应当保护证人及其近亲属的安全"，"对证人及其近亲属进行威胁、侮辱、殴打或者打击报复，构成犯罪的，依法追究刑事责任"的规定，较为原则，需要进一步加以明确。此次修改，增加规定了在危害国家安全犯罪、恐怖活动犯罪、黑社会性质的组织犯罪、毒品犯罪等案件中，对证人因作证而导致本人或近亲属人身安全面临危险的情况，公安司法机关应当予以保护，并具体列举了下列五类保护措施：（1）不公开真实姓名、住址和工作单位等个人信息；（2）采取不暴露外貌、真实声音等出庭作证措施；（3）禁止特定的人员接触证人、被害人及其近亲属；（4）对人身和住宅采取专门性保护措施；（5）其他必要的保护措施。另外，缺乏经济保障也是证人不出庭作证的重要原因之一。为解决证人作证在经济上的后顾之忧，修正案草案增加规定"证人因履行作证义务而支出的交通、住宿、就餐等费用及误工损失,应当给与补助",同时还明确了补助的来源,即"对证人作证的补助,列入司法机关业务经费,由同级政府财政予以保障"。

郭书原: 非常感谢卞教授接受我们的采访。您精彩的讲述,使我们受益匪浅。再次感谢您一直以来对我们检察工作的关心与支持。

陈卫东简介：

  1960 年 7 月生，山东蓬莱人，法学博士，中国人民大学教授，博士生导师。1979 年考入中国政法大学法律系，1983 年毕业，获法学学士学位，同年考入中国人民大学法律系攻读诉讼法学研究生，1986 年毕业，获法学硕士学位，并留校任教，之后攻读并获得法学博士学位。历任助教、讲师、副教授，1997 年晋升为教授。现为中国人民大学诉讼制度与司法改革研究中心主任、中国人民大学律师业务研究所所长，兼任中国法学会诉讼法学研究会副会长、中国法学会董必武法学研究会理事、北京市法学会理事、北京市诉讼法学会副会长，河北省人大常委会、深圳市人民检察院、北京市公安局、北京市第二人民检察分院、北京市东城区人民检察院、西城区人民检察院、海淀区人民检察院、海淀区人民法院专家咨询委员会委员，重庆大学法学院特聘教授。并受聘为西南政法大学、华东政法学院、河北大学、湘潭大学等兼职教授。2007 年获长江学者殊荣，1999 年被评选为北京市优秀青年法学家，2001 年获国家教育部"高校青年教师奖"。在《中国法学》、《法学研究》等学术刊物上发表论文 200 余篇，出版专著《审判监督程序论》等 8 部，主编、参编各类教材、著作等 50 余部。

关于新《刑事诉讼法》有关修改问题的问答

——访中国人民大学教授、博士生导师 陈卫东

郭书原：陈教授您好！首先十分感谢您接受我们的采访。您是我国刑诉法的学术领军人物，我们今天想针对我国刑诉法修改的一些问题采访您。请您不吝赐教。

陈卫东教授：很高兴有这次采访，我将就自己了解的情况尽量予以答复。

郭书原：好的。此次刑诉法修改涉及面较广，但是从公布的条文中我们看到有创设的内容，也有修改的内容。您认为此次修法最大的亮点是什么？为什么？

陈卫东教授：这一次修正后的《刑事诉讼法》第二条，增写了"尊重和保障人权"，我认为这是本次修改最大的亮点。"尊重与保障人权"是国际社会发展的一个趋势，也是落实我国宪法尊重与保障人权这个原则在刑事诉讼法中得到体现的一个重要举措。规定这个原则，彰显了我国立法与司法全新的理念，刑事诉讼不仅仅是为了打击犯罪、惩罚犯罪，保障人权也是其中不可或缺的一项重要功能。这条在修改的过程中可以说经过反复讨论，最后达成共识，把它写在第二条，作为刑事诉讼法的任务。可以说，中国的刑事诉讼法在刑事诉讼的进步性和科学性，以及保障人权的程度方面有了一个非常大的提升。

郭书原：法治国家不仅追求保障人权，同时追求"方正社会"。"方正社会"里公、检、法、律分别处于四个顶角。新刑诉法下的公检法律之间的关系是怎样的？

陈卫东教授：刑事诉讼是国家为了追究犯罪而进行的专门活动，是实现国家职能的表现形式。作为一个初衷在于追究犯罪的过程，刑事诉讼是由一系列的诉讼活动构成的。值得指出的是，完整的刑事诉讼包括侦查机关的侦查活动、检察机关的起诉活动、法院的审判活动，还包括犯罪嫌疑人、被告人自始至终进行的防御活动，其中的当事人特别是犯罪嫌疑人、被告人不是可有可无的，不是可以忽视的存在，而是一方当事人，是刑事诉讼中的积极力量。必须强调，刑事诉讼除包括国家追究犯罪的活动外，还包括犯罪嫌疑人、被告人的

辩护活动。辩护制度作为现代法治国家法律制度的重要组成部分，鲜明地反映了一国诉讼制度和司法机关执法的民主性与公正性程度，对于促进和保障司法公正、诉讼民主有着十分重要的意义。实行辩护制度，有利于公安、司法机关正确处理案件，防止办案人员主观片面，做到兼听则明，以避免冤、假、错案的发生。

新《刑事诉讼法》贯彻宪法关于公、检、法三机关分工负责、互相配合、互相制约的原则，在职权配置上较好地体现了分工与制约的关系，在程序设置上较好地体现了民主与监督的关系。如审查逮捕程序中的三角形构造，侦查终结前和审查起诉时要求听取辩护律师的意见，最高人民法院的死刑复核增加听取意见和通报程序，对未成年人犯罪附条件不起诉设定的听取意见程序和复议、复核程序，违法所得没收程序和精神病人强制医疗程序中公安机关提出意见、检察机关提出申请、人民法院审理决定的分别授权，以及利害关系人等参加诉讼、提出上诉和申请复议等。

郭书原：那么，在这样的关系状态下，检察机关应该如何处理好这样的关系？

陈卫东教授：检察机关要牢固树立自觉接受监督制约的观念，认真贯彻与公安机关、人民法院分工负责、互相配合、互相制约的原则，依法接受律师和诉讼当事人的监督制约，与公安、法院和律师一道共同执行好新《刑事诉讼法》。

郭书原：您刚才说"辩护制度对于促进和保障司法公正、诉讼民主有着十分重要的意义"。也就是说，律师是刑事诉讼关系的一极，起着衡平诉讼关系的重要作用。我们知道，规制律师行为的法律是《律师法》。而现行《律师法》与旧刑诉法有些出入。那么此次刑诉法修改与律师法有没有衔接？

陈卫东教授：是有一定衔接性的。辩护权的问题，可以说是犯罪嫌疑人、被告人在诉讼过程中的一个基本权利，也是标志一个国家诉讼法制文明程度的重要体现，多年以来我们国家的刑事辩护制度一直存在着会见难、阅卷难、取证难，所谓的"三难"，由于这"三难"导致了我国刑事案件辩护率一直不高。我们这一次刑事诉讼法的修改在辩护制度问题上可以说下了很大工夫，着力解决实践中存在的问题，特别是2007年我国修改的《律师法》，这次刑诉法的修改也是和《律师法》关于律师辩护权一些修改内容相互的衔接。

郭书原：您能具体地谈一下表现在哪些方面吗？

陈卫东教授：好的。首先，第一次在中国实现了犯罪嫌疑人、被告人从被追诉起就可以请辩护人，实现辩护与被追诉的同步化，这是很重要的进步。现行刑事诉讼法规定，犯罪嫌疑人、被告人在侦查阶段只能聘请律师提供法律帮助，只有到了审查起诉、审判阶段，才可以委托辩护人。提供法律帮助是解答法律上的疑问，提供法律上的建议，仅此而已，没有诉讼上的名分、地位、权利和义务。辩护人是诉讼中的参与人，可以行使辩护人职责。

其次，我认为力度是比较大的，关于会见的问题，就规定了律师凭"三证"，也就是持委托函、职业证书、律师事务所的证明到看守所就可以会见，除了三种特定的案件，就是危害国家安全犯罪的案件、恐怖活动犯罪的案件和特别重大贿赂犯罪案件，会见要事先经侦查机关批准，其他所有案件看守所都必须立即给予安排会见，最迟不得超过 48 小时。

更重要的是，这一次取消了以往律师会见侦查人员在场的规定，而是强调会见时不被监听，也就是说律师和委托人之间的谈话是不能被监听的，这个规定可以说极大地推动了律师辩护在会见问题的解决，我个人认为，只要实践中各个执法部门能够严格贯彻落实这一规定，辩护难的问题有望解决。

郭书原：防范刑讯逼供方面一直是关注的焦点之一。无论是民众、社会媒体，还是法律界都聚焦于此争论不止。那么，在这一方面此次刑诉法修改有哪些变化？

陈卫东教授：防范刑讯逼供非法取证行为导致冤、假、错案发生，这是刑事诉讼法修改重点。要防止此类情况的发生，就是要斩断暴力取证的原动力，刑讯逼供获得证据不能作为定案证据，就不会有刑讯逼供。新《刑事诉讼法》除在第五十条增加不得强迫任何人证实自己有罪外，还在第五十四条至第五十八条对非法证据排除问题进行专门规定。

郭书原：那么您认为检察机关在防范刑讯逼供中应当起到怎样的作用？

陈卫东教授：检察机关要加强对证明"言词证据取得合法性"证据的收集和固定。根据非法证据排除规则，侦查机关不仅要收集、固定证明犯罪事实和情节的证据，而且要收集、固定证明"言词证据特别是犯罪嫌疑人口供取得合法性"的证据。所以，检察机关应当强化证据的合法性审查意识，负起对证据收集的合法性进行证明的责任；强化非法证据排除意识，对法律规定的采用非法方法收集的证据坚决予以排除，确保办案质量，在防范刑讯逼供中起到"桥头堡"、"排头兵"的作用。

郭书原：从某种意义上说，防范刑讯逼供也是"不得强迫自证其罪"的内容之一。您曾经指出过"不得强迫自证其罪"是刑事诉讼的原则之一。那么，在司法实务中，我们应当如何理解和运用"对于侦查机关的讯问，应当如实供述"这一条款？

陈卫东教授：新《刑事诉讼法》第五十条增加了不得强迫任何人证实自己有罪的规定，这是联合国《公民权利和政治权利国际公约》关于不得强迫任何人自证其罪原则的体现，可以说也是落实宪法尊重与保障人权原则在刑事诉讼法中的具体体现，不得强迫任何人证实自己有罪，基本含义是，公安司法机关在办理刑事案件过程中，不得采取任何以暴力、威胁甚至是殴打，使人在身体上、心理上带来巨大痛苦的行为去获得证据，包括犯罪嫌疑人在内的任何人在诉讼中他说还是不说，说什么或者说他承认什么，都必须以自我真实意愿为前提，不能强迫。

然而，遗憾的是，第五十条与第一百一十八条中的"犯罪嫌疑人对侦查人员的提问，应当如实回答"有矛盾之处。对此，即将出台的司法解释应明确：犯罪嫌疑人对侦查人员的提问，可以援引第五十条规定不予回答，但如果回答则应当按第一百一十八条规定"如实回答"。因此，"对于侦查机关的讯问，应当如实供述"这一规定，我的理解是，对于侦查机关的讯问，犯罪嫌疑人或被告人有权选择说还是不说，即追诉机关在追诉犯罪的时候，不能采用强制方式让犯罪嫌疑人或被告人去供述自己有罪；但是，一旦犯罪嫌疑人或被告人选择说，那么就得如实陈述。

郭书原：新刑诉法修改了很多内容，我们还想从检察机关的角度来请教您一些问题。

陈卫东教授：好的。

郭书原：我国《宪法》规定了检察机关具有法律监督职能。《刑事诉讼法》又是最能体现《宪法》规定的部门法。请您谈谈，此次刑诉法修改中，在检察监督职能的延伸方面有何动作？检察机关应当如何在实践中体现这些职能延伸？

陈卫东教授：新刑诉法修改过程中，立法机关广泛充分听取了各界声音。总体上来看，强化了法律监督，特别是对侦查、执行、特别程序的监督。具体来看，涉及检察机关的修改内容主要包括九个方面：

第一个是辩护权的强化与检察职能的延伸。修正后的刑诉法赋予了犯罪嫌疑人侦查期间委托律师辩护的权利，检察机关办理自侦案件在第一次讯问或对其采取强制措施时，应当告知其有权委托辩护人。律师侦查期间会见特别重大贿赂犯罪案件犯罪嫌疑人应经检察机关批准，检察机关应事先通知看守所。会见时不被监听。审查起诉之日起，辩护律师可以查阅、摘抄、复制本案的案卷材料。辩护人认为侦查、审查起诉期间公安机关、人民检察院收集的证明犯罪嫌疑人、被告人无罪或罪轻的直接材料未提交的，可以申请人民检察院调取。与此同时辩护人收集的有关犯罪嫌疑人不在犯罪现场、未达到刑事责任年龄、属于依法不负刑事责任的精神病人的证据应当及时告知检察机关。办理自侦案件涉嫌律师伪证，应当由办理辩护人所承办案件的侦查机关以外的侦查机关办理，是律师的还要及时通知其所在的律师事务所或者所属的律师协会。此外，此次修改扩大了法律援助的范围，在侦查、起诉期间都涉及检察机关通知法律援助机构指派律师为其提供辩护。

第二个是赋予了检察机关对侦查监督的投诉处理权。新《刑事诉讼法》第一百一十五条首次建立了对各种违法侦查行为的投诉处理机制，其中规定人民检察院为申诉或控告的处理机关，以及其他条文规定的检察机关排除非法证据的环节，这都是对侦查监督程序的进一步赋权与完善。此外，还增加规定了人民检察院对指定居所的监视居住进行监督的职责。

第三个是细化逮捕条件、完善批捕审查程序、建立羁押定期审查机制。新《刑事诉讼法》第七十九条细化且降低了逮捕条件，除明确"社会危险性"条件的具体情形外，增加规定了应当逮捕的情形。同时，为进一步体现对剥夺公民自由权的审慎，参照近年来检察机关的自身实践探索经验，完善了审查批准逮捕的程序，即规定了"必须"讯问犯罪嫌疑人的具体情形，包括对逮捕条件有疑问、嫌疑人要求当面陈述、侦查活动可能有重大违法行为的，且规定了听取律师意见的环节。

郭书原： 您谈到"逮捕"这个问题，我们想到"羁押必要性审查"这个命题，我们如何理解新《刑事诉讼法》的规定呢？

陈卫东教授： 新《刑事诉讼法》第九十三条创设了逮捕后对羁押的必要性进行定期审查机制，虽然何为"定期"、如何审查等具体规定并未在法律中加以明确，但这一新制度已经为检察机关继续探索羁押必要性审查机制奠定了良好的基础。其中，对于不需要继续羁押的，应当建议予以释放或者变更强制措施。如何理解这一规定，我认为审查中的检察机关不能直接决定释放或变更，只能建议逮捕措施的提请机关或决定机关予以释放或变更，这样体现了诉讼职能和诉讼监督职能分离，有利于办案部门根据案件的具体情况作出相应的决定。

郭书原： 谢谢您的回答，您谈的涉及检察机关剩下的修改内容是什么呢？

陈卫东教授： 第四个是职务犯罪侦查权的完善。侦查权修改的主要意图有二点：一是完善各项侦查手段、提高打击犯罪的能力；二是增强侦查讯问程序的规范性，严防刑讯逼供。从前一方面来看，新《刑事诉讼法》延长了传唤、拘传的时间、新设了指定居所的监视居住，增加了询问证人的地点、增加了强制采样作为人身检查的一个子类、扩充了"查冻扣"的对象范围；特别是授予了检察机关办理自侦案件过程中决定采取技侦手段的权力，在此，权力是无执行权的，这些都有助于解决长期以来自侦案件侦查手段受限的实际困难。从另一方面来看，严格规范侦查讯问程序的相关修改也给自侦案件的办理带来新的挑战：拘留或逮捕后应当立即送看守所羁押，至迟不得超过 24 小时；讯问必须在看守所内进行等，这些规定都对自侦部门侦查讯问的合法性提出了更高的要求。

第五个是证据制度中的职权变化。新《刑事诉讼法》第四十九条规定，公诉案件中被告人有罪的举证责任由人民检察院承担，从而明确了检察机关公诉案件的举证责任。非法证据排除与检察机关关系亦极为密切。在侦查、审查起诉时发现有应当排除的证据的，应依法排除，不得作为起诉意见、起诉决定的依据。另外，赋予了对非法证据的调查核实权。非法证据的庭审调查由检察机关承担证据收集合法性的证明责任，证明的手段应结合"两个证据规定"的内容。第六十二条规定了危害国家安全犯罪、恐怖活动犯罪、黑社会性质组织犯罪、毒品犯罪四种案件的证人保护，在该条条文之后还有"等"字，对于检察机关而言，所要予以重点探讨的是在查办职务犯罪中哪些案件、什么情形需要证人保护，以及如何保护的问题。

第六个是公诉制度的修改。公诉程序主要有两点修改：一是把没有犯罪事实作为法定不起诉的情形之一，两次补充侦查仍然证据不足，人民检察院应当作出不起诉的决定；二是提起公诉须将案件材料、证据材料移送法院。

第七个是审判程序的调整对公诉职能的行使提出新挑战。新刑诉法将简易程序的适用范围扩大至基层人民法院审理的案件事实清楚、证据充分、被告人认罪的案件，同时为保持合理的诉讼结构，要求检察官在适用简易程序审理的公诉案件中应当一律到庭支持公诉；在一审程序中还增加规定了"与量刑有关的程序"，即"法庭审理过程中，对与定罪、量刑有关的事实、证据都应当进行调查、辩论"。所以，公诉部门应当总结前期量刑程序改革中的相关经验，做好量刑建议、量刑辩论的相关工作。

郭书原：我们看到，二审程序、死刑复核程序和再审程序也有一定的修改。二审程序明确了"应当开庭"的范围，特别是对于被告人一方对一审认定的事实、证据提出异议，可能影响定罪量刑的上诉案件，也应开庭审理。这对检察机关有怎样的影响呢？

陈卫东教授：确实有所修改。二审程序的这一变动将增加上级人民检察院出席二审法庭的工作量；对于死刑复核，此次刑事诉讼法修改也强化了最高人民检察院的监督职责，最高人民检察院可以向最高人民法院提出意见，最高人民法院也应当将死刑复核结果通报最高人民检察院，这是死刑复核程序提出的新挑战，最高人民检察院应当继续探索有效表达监督意见、强化监督效果的路径，以更好地履行新《刑事诉讼法》所赋予的职责。此外，新《刑事诉讼法》还强化了检察机关对再审案件的参与，规定对于开庭审理的再审案件，人民检察院应当派员出庭。

郭书原：审判程序中有涉及检察机关的修改内容。那么执行程序还有新设立的特别程序也有相应的变动吧？

陈卫东教授：是的，这就是我想要谈的"加强对执行活动的监督"以及"特别程序中增加检察机关法律监督"这两个内容。

对于加强对执行活动的监督这方面，新刑诉法主要强调了对暂予监外执行以及减刑、假释的监督。就对暂予监外执行的监督而言，以往只有在有关机关作出决定之后，才将暂予监外执行的决定抄送检察机关，这是一种事后的监督方式。此次刑诉法修改加强了监督的力度，要求监狱、看守所提出暂予监外执行的意见的，应当同时抄送人民检察院。人民检察院可以向批准或者决定机关提出书面意见。这就将人民检察院的监督由事后监督扩展到了事中监督。与检察机关对暂予监外执行的监督相同，新刑诉法要求检察机关对减刑、假释进行事中监督，执行机关提起减刑、假释的，应当将建议书副本抄送人民检察院，人民检察院可以向人民法院提出书面意见。

而特别程序中增加检察机关法律监督的新内容。新增"特别程序"一编是此次刑事诉讼法体例上的重大调整，四项特别程序均与检察权的行使息息相关，比如未成年人刑事诉讼程序中的附条件不起诉制度，刑事和解制度，犯罪嫌疑人、被告人逃匿、死亡案件违法所得的没收程序，对强制医疗程序的参与与监督等都是新增的赋权规定。检察机关需要厘清自己在这些特别程序中的角色、定位、职权和职能，特别是没收程序与强制医疗程序过去实践中没有经验基础，立法中规定得又比较宽泛，需要检察机关完善司法解释、探索实施经验。

郭书原：您谈的第五个内容就提到公诉案件由检察机关承担举证责任，那这一立法的出发点是什么？请您谈谈。

陈卫东教授：根据刑事证明责任理论，公诉人作为控方的代表，负有证明被告人有罪的责任，不仅负有证明被告人有罪的一般责任，而且负有证明被告犯罪构成要件成立的具体责任。然而，在目前的司法实践中，有些公诉人尚不能完全适应控辩式庭审方式对控方举证责任的要求，未能充分承担起应有的责任。有的公诉人不知道从哪些方面进行举证，对一些案件的证明对象搞不清楚，或证明达不到法定的证明要求。有时是控方在法庭开庭时方意识到证据存在瑕疵，或者该收集的证据未予收集，这显然是公诉人不适应庭审方式改革带来的角色变化而产生的结果。此外，公诉人掌握的证据质量问题也是重要因素。公诉人掌握的证据的质量、数量，取决于侦查机关取证的合法性与全面性。受制于公诉人有限的举证能力，法官难免介入本应由控辩双方进行的举证活动。这与控审分离、控辩平等对抗以及法官中立的理想状态尚有很大距离。法官本不应介入到庭审证据调查之中，但不如此，法庭调查难以顺利进行，难以完成"审判任务"。

郭书原：那么会不会有较为极端的表现，比如法官帮助公诉人进行法庭调查以及"疑罪从无"难以贯彻？

陈卫东教授：有可能。由于公诉人尚不能真正承担与实现控诉职能，完成在法庭上的举证责任，加之法官因袭的心理定式，致使法官的控诉倾向仍然难以完全避免。在这种情况下，控审分离并未充分实现，控、辩、审三者之间控辩平衡、审判中立的等腰三角形的结构尚未真正确立。为了适应庭审方式的改革，必须尽快提高公诉人的业务水平。公诉人应当强化举证意识，培养辩论技巧，提高公诉的水平。正是在这种背景下，新《刑事诉讼法》第四十九条明确规定"公诉案件中被告人有罪的举证责任由人民检察院承担"，从而实现控审分离、控辩平等对抗以及法官中立等基本的刑事诉讼理念。

郭书原：不采用证明责任的表述是否还有另外考虑？

陈卫东教授：有，因为不能完全排除法院的证明责任，我国法律规定有调查核实证据的职责，合议庭对证据有疑问可以采取勘验、检查、查封、扣押、鉴定和查询、冻结，说明即使控方证据有疑问法院不能当然判无罪，应当庭外调查，实际上就是一种补充性证明责任，如果立法采用证明责任的提法就等于免除了法院的责任。

郭书原：新刑诉法对简易程序公诉案件实现了从检察机关派员"可以出庭"到"应当出庭"的转变，我们知道，以前此类案件检察院可以不派员出庭，全国简易程序案件出庭率很低。这样修改的立法背景是怎样的？

陈卫东教授：1996年的《刑事诉讼法》第一百七十五条规定："适用简易程序审理公诉案件，人民检察院可以不派员出庭。"对于适用简易程序审理的公诉案件，人民检察院是否派员出庭向来存有争议。一种观点认为，基于简易程序的特殊性，对此类案件检察官不必出庭，从而节省大量的人力、财力资源投入。对于起诉书的宣读工作，完全可以由书记员代为宣读。与之相左，另一种观点则支持检察官出庭，因为这是维持诉讼基本构造的需要。新《刑事诉讼法》第二百一十条修改了1996年刑事诉讼法的规定，作出了完全相反的规定，"适用简易程序审理公诉案件，人民检察院应当派员出席法庭"。至此，立法采纳了第二种观点，适用简易程序审理的案件，人民检察院派员出庭支持公诉是其应当承担的一项基本义务。

郭书原：那您认为此次新刑诉法作出"适用简易程序人民检察院应当派员出庭支持公诉"的修改的意义何在？

　　陈卫东教授：实际上，在简易程序中检察官出庭支持公诉发挥着重要的功能。简易程序在本质上属于诉讼程序，也应当遵循诉讼的基本规律，这是简易程序的本质要求。在简易程序改革中，不能够因为追求程序的效率价值而放弃基本的诉讼规律。在正当程序的视野下，诉讼应当符合"控辩平等、审判中立"的基本诉讼构造。在这种诉讼构造中，控诉方一方面与辩护方形成相互制约的关系，维持权利与权利平等对抗的诉讼格局，确保裁判在程序公正的前提下进行；另一方面控诉方和辩护方的控诉权和辩护权的行使又形成了对审判权的制约，使得审判权的运作必须在控辩双方对抗的结果上进行，避免了审判权的恣意。如果检察官不出庭支持公诉，简易程序的诉讼特征将被抹杀，简易程序将蜕变为行政性的处罚程序，演变为一方对另一方单方面的制裁，使得审判机关集控诉职能与审判职能于一身，无疑是一种巨大倒退。而且，在我们国家，人民检察院承担着实施法律监督的重要职责。适用简易程序审理案件，在提供诉讼效率的同时，也在一定程度上意味着对被告人保护能力的减弱，因而简易程序中更有实施法律监督的必要。人民检察院派员出庭支持公诉将有助于发挥人民检察院的法律监督职能，确保简易程序的正确适用，以维护被告人的合法权益。全国人大常委会法制工作委员会副主任郎胜在《关于〈中华人民共和国刑事诉讼法修正案（草案）〉的说明》中也明确指出"为强化制约和检察职能，规定适用简易程序审判公诉案件，人民检察院都应当派员出席法庭"。显然，立法者对人民检察院派员出庭支持公诉有了新的认识，遵循了诉讼规律的基本要求，是一种进步。

　　郭书原：本次刑诉法修改为破解"证人出庭难"，增加了专门的条款，规定了证人强制出庭，但同时却规定了配偶、父母、子女不被强制出庭的例外。我们知道，中国人在生活中往往很顾及人情，不愿意得罪人。老百姓也没有认识到出庭作证是一种公民义务。您认为新刑诉法规定证人近亲属出庭作证豁免权的立法初衷是什么呢？

　　陈卫东教授：这个主要是考虑证人作证可能会导致其家庭或者相关亲属不理解，因其作证行为导致家庭遭到破坏或者亲属关系受到影响。不能因为打击犯罪、惩罚犯罪而去影响社会最重要也是最基本的组织，也就是家庭，强迫家庭亲属成员之间相互指证犯罪，有违伦理亲情。从中国古代到国外的法律，都有类似于"亲亲相隐"这样的一种规定，体现了法律的人性化精神。

　　过去一直强调国家利益高于一切，于无形中漠视了公民的个人利益和对其权益的维护。这次刑诉法的修改，把这样一条原则写进去，也许会影响到案件证据的收集和犯罪的追溯。但两害相权，我认为更重要的是维护了社会关系的稳定。没有了一种证据还可以有其他的证据。另外，公安司法机关办案，也不能建立在靠亲人之间相互检举揭发的基础上，这也可以使他们将来把办案重点转移到其他证据上。

郭书原：谢谢您刚才专业的解答。现在想针对技术侦查措施问您几个问题。完善侦查措施，赋予侦查机关必要的侦查手段，是打击犯罪、保护人民群众生命财产的必然要求。新《刑事诉讼法》在"侦查"一章中增设了"技术侦查措施"一节，明确对技术侦查措施予以授权。我们应如何理解检察机关法律监督职能下的技术侦查措施？

陈卫东教授：在未来增强对技侦手段控制程度与监督机制的过程中，检察机关作为侦查监督部门应当发挥更多、更实的作用。从长远制度完善的角度来看，技侦手段的适用应当采取法官审查的司法审查程序，而侦查机关提出适用申请应当经由检察官作出相应的申请决定，这样检察官对技术侦查的监督作用方可切实实现。从目前的改革实践情况来看，作为过渡阶段，可以考虑将技侦手段的审批权交由检察官负责，初步建立起技侦外部审批机制。

同时，技侦过程的监督主要依赖于对所获材料的知悉与审查，目前技侦材料完全掌握在技侦部门手中，提供给侦查部门的内容仅仅为技侦部门处理、筛选后的大致结果与相关信息。即使是这些仅仅载明结果的信息，在诉讼卷宗中都不允许有任何记载。这种技侦结果的保密规定排除了一切外来监督，为打破目前一家垄断、缺乏外来监督的局面，应增设相关规定要求技术侦查获取的所有材料均应移送检察官审查或者备存，且由检察官决定是否用于对犯罪嫌疑人进行追诉，这种技侦材料的共享，也将大大有助于增强技术侦查的透明度。

郭书原：关于技术侦查权的配置，未来应当改革吗？

陈卫东教授：在未来技术侦查权配置改革过程中，检察机关将承担起更多的监督职责，也就不宜同时再享有直接适用技侦手段的权力，以防止决定权、执行权与监督权三者合一导致监督流于形式。从整体立法方案协调的角度出发，我主张仍然维持现有的关于技术侦查适用主体的规定，检察机关有权决定适用技术侦查手段，但需要由公安机关执行，同时着重强化检察机关对技术侦查手段监督权。

郭书原：新《刑事诉讼法》在"侦查"一章中增设的"技术侦查措施"结束了技术侦查措施"秘而不宣"的立法状态，破解了技术侦查措施"证据合法性"的司法困境。但同时，技术侦查措施往往容易侵害公民的隐私权，如何保障这项措施不被滥用，成为大家备受关心的话题。我们应该怎样理解技术侦查措施的运用与公民隐私权的保护之间的关系？

陈卫东教授：技术侦查的本质是对公民隐私权的干预。隐私权的存在根据在于个人的自由价值和个人的创造力的维护。隐私权之所以重要是因为他保护的是公民的人格与自治。人类如果没有隐私的空间，人的尊严、自治和人格都将难以存在。这个道理很简单：试想如果你的每一个行动都处在他人监视之下，如果你的每一个想法与愿望都为人所知或者被记录，甚至被人用于他途，在这种情况下，人的尊严、自治或者人格将会被摧毁，或者至少会被严重扭曲。对公民隐私权的侵犯给个人带来的最大损害在于将产生一种"抑制"效果，因为人们可能感到自己时时正处于外来的监视之下，这种"抑制"效果将在公民心中留下阴影，令其生活在抑郁之中，自由的精神将不复存在，整个社会的想象力与创造力也将随之下降。

技术侦查手段权利干预程度要远远重于常规侦查手段，侦查对象无论何时何地使用何种通信方式与外界进行联系，即使与犯罪活动毫无关系，都会落入侦查机关的监控当中，对侦查对象的权利限制扩及到了侦查对象日常生活的方方面面。即使是最为隐私的卧室谈话也难逃监控，足以说明在现代科技支撑下兴起的各种秘密监控手段使得公民很难找到一片免受外来干预的安全空间。技术侦查的使用具有明显的由人到事的特征，聚焦在某人身上的多种监控手段将彻底把被监控人变为"玻璃人"，24 小时处于监控之下，毫无任何秘密与隐私可言。

郭书原：那么，我们应当如何使用技术侦查措施呢？

陈卫东教授：技侦权力行使的特性必然要求技侦权的适用主体、执行主体应当被控制在最小范围之内。适用主体的些许扩大将使得隐私权受损范围与程度倍增。无论打击职务犯罪、治理贪污贿赂的历史任务有多么艰巨、正当，只有在穷尽其他所有选择的前提下，才有理由考虑赋予自侦部门技侦权的问题。

郭书原：最后再请教您一个问题。近年来，随着云南昆明杜培武案、湖北京山佘祥林案、河北唐山李久明案等一系列错案的出现，死刑复核程序被推向了舆论的风口浪尖。目前，关于死刑复核程序的性质，存在很大的分歧，主要有"行政审批说"、"特别程序说"以及"审判程序说"三种观点。您是怎样看待这个问题的？

陈卫东教授：我国现实国情还不可能废除死刑。但是，我国对于死刑的政策是严格限制死刑、慎重适用死刑。在诉讼程序上，就有一个控制死刑的死刑复核程序，2007 年我国收回所有死刑案件的核准权，一律由最高人民法院行使，但是死刑复核程序在适用的过程中，行政化色彩比较浓厚，人民法院复核死刑一般是不开庭，没有控辩双方出庭，没有法庭上对于证据的质证与辩论，而主要是由审判人员以阅卷的方式决定。最高人民法院对这个问题极为重视，强调死刑案件一律要提审，强调死刑案件要听取辩护人意见。但是由于缺乏法律规范，这样的一种规定不严谨，这次刑事诉讼法的修改对于死刑复核程序修改的最主要方向就是要增加死刑复核程序的诉讼性，增加这种死刑案件的司法性，而不是强调它的行政性，所以修正案草案就规定讯问被告人。

另外，如果律师提出要求的，必须要听取律师意见，这是辩方的一方面。此外，修正案草案还规定要听取最高人民检察院的意见，这样就使得死刑复核程序作为在复核的过程中，听取了控辩双方意见，在此基础上再作出裁定或者判决。如果说一种程序像这样的一种死刑复核在两审、终审之后又实行了由法官主持，秉承中立，由控辩双方参与，在控辩双方意见的基础上形成裁判，这似乎是又一个诉讼程序。这样的改造是不是三审，我觉得提得非常专业，我个人的意见是死刑复核程序将来发展完善的方向就是要把它改造成彻头彻尾的第三审程序。

郭书原：十分感谢陈教授精彩的回答。感谢您一直在关心支持检察工作，谢谢！

宋英辉简介:

　　河北人,1957 年 5 月出生,法学博士。1982 年毕业于河北师范学院,获哲学学士学位;1989 年毕业于中国政法大学研究生院,获诉讼法学硕士学位,并留校任教;1992 年于该校获得诉讼法学博士学位。自 1989 年 7 月,先后被聘为中国政法大学讲师、副教授、教授,任中国政法大学诉讼法学研究中心常务副主任、执行主任等职务。2006 年 7 月,作为"985 工程"创新团队人员,被北京师范大学聘为刑事法律科学研究院教授,任刑事法律科学研究院副院长、刑事诉讼法研究所所长、刑事诉讼制度改革研究中心主任。

新《刑事诉讼法》中的刑事和解制度

——访北京师范大学刑事法律科学研究院
教授、博士生导师 宋英辉

郭书原：宋教授您好！很高兴您能接受我的采访。新的刑事诉讼法对旧的刑事诉讼法进行了一系列的修改，其中尤为引人注意的是新的刑事诉讼法为刑事和解制度正名。请您谈谈刑事和解制度产生的背景是怎样的，刑事和解制度的理论基础、功能是什么，您能否给我们简单介绍一下？

宋英辉教授：说到刑事和解制度产生的背景，得从刑事和解的基础谈起。第一，和谐社会理论是刑事和解产生的直接的、根本的理论基础。和谐社会理论所要求的价值多元化，以及随之产生的以多元方式解决矛盾的要求，从根本上为刑事和解提供了理论支持。第二，宽严相济是刑事和解正当性的刑事政策基础。宽严相济强调的区别对待、全面衡量、依法从宽或者从严、注重修复关系与社会和谐、强调办案的社会效果，以及在案件处理方式上的多元化，为公诉案件刑事和解的正当性提供了刑事政策支持。第三，司法实践的客观需要是刑事和解正当性的现实基础。对于办案机关、被追诉人、被害人来说，刑事和解可能实现"利益兼得"。第四，联合国司法准则是刑事和解正当性国际标准方面的基础。联合国文件规定及各国的经验表明，刑事和解作为解决案件的方式之一，已经为国际社会所认可。我国刑事和解在司法实践中的产生和发展，符合使不同争端在不同的程序层面上予以解决的国际趋势。第五，刑事和解体现的价值多元与手段多样是其正当性的法理基础。

那么，为什么这次刑事诉讼法修改要重视刑事和解制度呢？这就涉及刑事和解的功能了。通过理论研究和国外实践经验，我们认识到，刑事和解的功能主要体现在四个方面。第一，可以补偿被害人与促使犯罪者回归社会。刑事和解可以促使加害人悔过，有利于加害人的复归社会；刑事和解充分体现出对当事人的尊重，在此基础上双方达成谅解，可以增加被害人的满意感和安全感。第二，可以更好地实现控制犯罪。刑事和解通过加害人与被害人的交流，重新将社会规范、道德、情感等法律外的因素引入法律的程序，使刑事惩罚以外的诸种因素发挥其对犯罪者的制约力量，从而达到控制犯罪的目的；同时，被害人对和解结果的满意，也可以有效防止私力救济和潜在的犯罪。第三，有利于恢复因犯罪而受损害的社会关系。刑事和解采用加害人与被害人对话、沟通和协商的方式，在处理案件的过程中较为关注加害人与被害人的关系，有利于化解当事人之间的矛盾和修复其关系。第四，能减少审前羁押和短期自由刑的适用。刑事和解采用赔礼道歉、赔偿、社区服务等方式代替短期自由刑的适用，可以有效减少审前羁押和短期自由刑适用所带来的弊端。

郭书原： 就像您所说的，刑事和解制度有着多种功能，但是仍然有人担心，刑事和解与传统刑事司法价值目标是否冲突呢？

宋英辉教授： 刑事和解并不否定对传统价值的追求，更不能取代对传统价值的追求，而是对传统刑事司法二元价值的补充。传统的刑事司法主要强调惩罚犯罪与保障人权、实体公正与程序公正。刑事和解强调的尊重当事人意愿、相互妥协和谅解、修复关系，体现了刑事案件解决机制对多元化价值的追求。与传统刑事司法主要强调惩罚犯罪与保障人权、实体公正与程序公正相比，刑事和解追求的主要是一种利益兼得和修复关系。惩罚犯罪与保障人权、实体公正与程序公正、利益兼得和修复关系等，其根本追求是实现社会的有序与和谐。所以说，刑事和解与传统刑事司法方式一样，都以促进社会和谐为根本目的，只是关注点不同而已。

郭书原： 我国 1996 年《刑事诉讼法》并未明确规定公诉案件的刑事和解，《刑事诉讼法修正案（草案）》第五编"特别程序"设专章规定了"当事人和解的公诉案件诉讼程序"。您能否给读者简单介绍下这几年我国刑事和解的现状？

宋英辉教授： 司法实践中，不少地方公安机关、检察机关和法院对当事人达成和解的公诉案件予以宽缓处理这一案件办理方式进行了积极探索，取得了良好的社会效果。为规范刑事和解的操作，一些地方的公、检、法、司等机关还单独或联合出台了有关刑事和解的规范性文件。总的来说，实践中的刑事和解具有以下特点：

第一，刑事和解的参加者包括加害人、被害人及双方亲友等。在有调解者参与的刑事和解中，刑事和解分为公安机关、检察机关、法院等机关的办案人员主导模式和人民调解员主导模式。绝大部分地区采用的是办案人员主导的模式或者混合模式。

第二，刑事和解遵循平等、自愿原则。刑事和解必须在刑事案件当事人自愿要求或自愿同意的基础上进行，一方当事人或公、检、法机关不得强迫一方或双方进行和解。和解协议的达成应尊重双方当事人的意愿。加害人和被害人有权在和解过程中自愿退出和解。

第三，刑事和解有一定案件范围的限制，并需满足一定条件。总的来说，各地的刑事和解主要适用于以下两种情形：一种情形是加害人可能被判处三年以下有期徒刑、拘役、管制或者单处附加刑的轻微刑事案件；另一种情形是某些特定类型的刑事案件，如未成年人、在校学生犯罪的案件等。实践中，对于属于和解范围的刑事案件，还需满足一定条件才能启动和解。这些条件主要包括：有明确的被害人；犯罪事实基本清楚，证据确实；加害人认罪并有悔罪表现；加害人具备考察帮教条件等。

第四，实践中，刑事和解的方式包括赔礼道歉、经济赔偿、劳务补偿、公益劳动、恢复原状等多种方式。此外，有的地区还对某些特殊案件尝试了一些新的做法，例如交通肇事致死案件采取加害人自愿赡养老人的方式达成和解，失火烧毁山林案件中采取加害人栽种树木以恢复原状的方式达成和解。

第五，对和解成功的刑事案件，案件的处理方式包括由公安机关撤销案件、由检察机关作出不起诉处理和由法院定罪免刑、从轻量刑和适用缓刑等。此外，对于在刑罚执行阶段和解的，还可作为减刑、假释的考量因素。

从内容上来看，刑事和解中虽然当事人直接处分的是民事权益，但也包含了当事人对刑事部分的宽容、原谅、理解等和解的意思表示；刑事和解的过程体现出当事人对刑事程序的充分参与，以及希望通过这一过程表达自己所受到的伤害、诉求、忏悔、谅解，修复被犯罪破坏的关系。

郭书原：刑事和解采用赔礼道歉、赔偿损失、社区服务等方式代替短期自由刑的适用，相信被告人都会追求刑事和解。是否所有的刑事案件都可以进行刑事和解呢？

宋英辉教授：根据《刑事诉讼法修正案（草案）》的规定，不是所有的案件都可以进行刑事和解，刑事和解的案件应当符合一定的案件范围和适用条件。

根据《刑事诉讼法修正案（草案）》第二百七十四条的规定，对于下列公诉案件，犯罪嫌疑人、被告人自愿真诚悔罪，通过向被害人赔偿损失、赔礼道歉等方式获得被害人谅解的，双方当事人可以达成和解协议：（1）因民间纠纷引起，涉嫌《刑法》分则第四章、第五章规定的犯罪案件，可能判处三年有期徒刑以下刑罚的；（2）除渎职犯罪以外的可能判处七年有期徒刑以下刑罚的过失犯罪案件。犯罪嫌疑人、被告人在五年以内曾经故意犯罪的，不适用本章规定的程序。

根据上述规定，刑事和解适用的案件范围，是侵犯被害人人身、财产权利，可能判处三年以下有期徒刑的案件，以及除渎职犯罪以外可能判处七年有期徒刑以下刑罚的过失犯罪案件，排除了危害国家安全犯罪、公务人员职务犯罪、黑社会性质组织犯罪等严重犯罪，也排除了五年内曾经故意犯罪的人实施的犯罪。

除此之外，刑事和解也规定了一些适用的条件。

根据《刑事诉讼法修正案（草案）》第二百七十四条、第二百七十五条的规定，对于刑事和解的案件，应当同时满足以下条件：（1）加害人自愿真诚悔罪。刑事和解并非简单地以认罪换取较宽缓的处理，而是要充分关注加害人回归社会，以及修复当事人之间的关系，因此应以加害人自愿真诚悔罪为必要条件。（2）双方当事人平等、自愿、合法地进行协商，犯罪嫌疑人、被告人通过向被害人赔偿损失、赔礼道歉等方式获得被害人的谅解，并达成和解协议。（3）公安机关、人民检察院、人民法院在听取当事人和其他有关人员的意见的基础上，对和解协议的自愿性、合法性进行审查，并主持制作和解协议书。

在实践中，各地在进行刑事和解时还要求案件的基本事实必须已经查清。也就是说，有查证属实的证据证明有犯罪行为发生，且证明加害人实施了该犯罪行为。对于事实不清的案件，通常不能进行刑事和解。

郭书原：刑事和解程序的启动及适用阶段，是否适用于整个诉讼阶段，包括侦查、起诉、审判阶段？

宋英辉教授：根据《刑事诉讼法修正案（草案）》的规定，公、检、法三机关都可以进行和解。因此，在整个刑事诉讼过程中，包括侦查、起诉、审判阶段，甚至是执行阶段，只要符合刑事和解的适用范围和条件，都可以进行和解。

郭书原：那么，刑事和解的主体有哪些？

宋英辉教授：根据《刑事诉讼法修正案（草案）》第二百七十五条的规定，对于双方当事人自行和解的，公安机关、人民检察院、人民法院应当听取当事人和其他有关人员的意见，对和解协议的自愿性、合法性进行审查，并主持制作和解协议书。据此，刑事和解的主体应当是双方当事人，公安机关、人民检察院、人民法院是和解自愿性、合法性的审查主体，也是制作和解协议的主持主体，其他有关人员是和解过程的参与主体。

首先，刑事和解围绕犯罪嫌疑人、被告人与被害人之间的刑事纠纷而展开，双方当事人对于能否达成刑事和解起着根本作用，是刑事和解的当然主体。

其次，刑事和解是在刑事诉讼程序内实施的诉讼活动，在不同的诉讼阶段，双方当事人达成的和解协议需要经过公安机关、人民检察院或者人民法院的审查和认可。

最后，刑事和解可能还会吸收其他有关人员参与其中，从而成为参与刑事和解的主体。例如，人民调解员或者主持当事人调解的其他组织或个人、社区代表、学校教师、犯罪嫌疑人、被告人的亲友、被害人的亲友等。

郭书原：也就是说刑事和解的主体还是比较广泛的。那么，刑事和解的方式有哪些？

宋英辉教授：《刑事诉讼法修正案（草案）》第二百七十四条规定了"赔偿损失、赔礼道歉等方式"。因此，除赔偿损失、赔礼道歉之外，双方当事人在自愿合法的基础上，可以采用其他适当方式达成和解。从理论上讲，刑事和解的方式应当是多元化的，因案制宜、因人制宜。实践中，刑事和解的方式主要包括赔礼道歉、经济赔偿、劳务补偿、公益劳动、恢复原状等。其中，适用最多的方式是一次性经济赔偿和赔礼道歉。有的地区积极开展了刑事和解方式多元化的探索。例如，交通肇事致死案件采取加害人自愿赡养老人的方式达成和解，失火烧毁山林案件中采取加害人栽种树木的方式达成和解。这些灵活的和解方式通常与当地的乡土风情、风俗习惯、道德观念等因素相联系，更加切合被害人一方的实际需求。

郭书原：因案制宜、因人制宜，多元化的刑事和解方式确实更为高效，但是在这么一种高效的制度构架中如何保障赔偿的公平性呢？

宋英辉教授：保障赔偿的公平性，要求公、检、法机关对刑事和解的过程与和解协议进行严格审查。一方面，对赔偿数额进行审查。刑事和解中的赔偿问题与单纯的民事处分不同，公、检、法机关应当综合考虑案件的性质、犯罪行为造成后果的严重程度、双方当事人的经济状况、当地经济发展水平等因素，对刑事和解的赔偿数额予以审查。经济赔偿的数额，应当以被害人实际遭受的物质损失为标准，可以包括一定的精神损害赔偿，但是应当明确设定赔偿金的上限，防止被害人"漫天要价"。此外，不同地区、不同类型的案件，赔偿数额可能会存在一定差异；即便在同一个地区，赔偿数额也没有一个统一的尺度，有的类型案件可能赔偿的多一些，有的类型案件可能赔偿的少一些。只要不是显失公平，得到双方当事人的自愿认可，就可以确认和解协议的效力；显示公平的，不能确认和解协议的效力。

另一方面，设置多元化的赔偿方式。在没有金钱或者金钱不足以赔偿被害人所受损失的情况下，加害人也可以通过交付实物的形式来折抵金钱作为赔偿。此外，对于加害人暂时没有经济能力的，可以采取分期赔偿的方式，也可以采取一定的保障措施。例如，扣押加害人一定的财物，如果在规定期限内加害人不赔偿的，则变卖该财物赔偿给被害人，但是应当保留加害人维持生活的必需品；由加害人提供保证人，如果在规定期限内加害人不赔偿的，则由保证人代为赔偿；由加害人所在单位每月划拨部分工资予以赔偿；由政府设立专项基金，对于没有经济能力又无法通过其他方式与被害人达成和解的加害人，在符合一定条件的情况下，可以申请该基金代为补偿，再由国家行使对加害人的追偿权。

郭书原：达成刑事和解协议后，犯罪嫌疑人、被告人似乎都可以得到从宽处理。这样一来理论界和实务界都有一种担心，刑事和解可能诱发"以钱赎刑"的问题，对此您怎样看？

宋英辉教授：根据《刑事诉讼法修正案（草案）》第二百七十六条的规定，对于达成和解协议的案件，公安机关可以向人民检察院提出从宽处理的建议。人民检察院可以向人民法院提出从宽处罚的建议；对于犯罪情节轻微，不需要判处刑罚的，可以作出不起诉的决定。人民法院可以依法对被告人从宽处理。

至于你说的"以钱赎刑"的担心，实际上，刑事和解与以钱赎刑是完全不同的两个问题。"钱"并非决定刑事和解的核心要素，不是说有钱就可以进行和解，也不是说没钱就不能进行和解。刑事和解的关键环节在于犯罪嫌疑人、被告人自愿真诚悔罪，并通过赔礼道歉、支付一定的经济赔偿来适当弥补被害人一方的损失，从而得到被害人一方的谅解，双方当事人自愿合法地达成和解协议。在本质上是一种建立在平等对话和自愿协商之上的内心沟通过程，这才是真正的刑事和解。那种纯粹以支付金钱的方式来换取从宽处理的做法，不是刑事和解，在实践中应当予以避免。

郭书原：还有一个与"以钱赎刑"相关的担心，就是刑事和解是否可能诱发司法腐败问题？

宋英辉教授：刑事和解与诱发司法腐败没有必然联系。不能说有了刑事和解就会诱发司法腐败，没有刑事和解就不会产生司法腐败现象；即使没有刑事和解，刑事诉讼中也可能会产生司法腐败的现象。预防和杜绝司法腐败是一个社会综合治理的问题。从理论上讲，任何一种司法制度都有诱发司法腐败的潜在风险，不能因为可能诱发司法腐败就彻底否定一项制度的价值。对于刑事和解来说，也是如此。通过设置相关的配套机制，可以避免刑事和解中出现司法腐败的现象，也可以更好地发挥刑事和解的作用。

郭书原：关于您刚才提到的设置相关的配套机制，您能否详细介绍一下？

宋英辉教授：好的。刑事和解取得良好法律效果与社会效果，需要相关配套制度的支持。我认为一个好的配套机制应当主要包括七个方面：

第一，被害人国家补偿制度。制定刑事被害人国家补偿法，或者制定特困刑事被害救助法。这有利于刑事和解将重点放在化解当事人矛盾、促进社会和谐方面，也有利于贫穷的人适用刑事和解，保证适用和解上的平等性。

第二，强制措施制度。通过完善立法，适度扩大取保候审。为此，需要确立以原则和例外相结合的取保候审条件体系，明确不得取保候审的情形，强化取保候审的约束力，规定灵活多样的保证方式，赋予办案机关在决定取保候审时附加相应义务的裁量权，对于遵守取保候审义务、为减少犯罪影响积极赔偿或作出其他努力、主观恶性已大大降低的犯罪嫌疑人、被告人，应当在案件处理上体现从宽处理。

第三，社区矫正、帮教制度。应当完善社区矫正、帮教制度，将被不起诉的人纳入社区矫正范围之内，并加大社区矫正制度建设力度，鼓励各地探索完善社区矫正的途径与方法；针对在本地无固定住所的犯罪嫌疑人、被告人，可以委托有关单位监管、帮教，或者由当地企业等安排就业、帮教和监督。公安机关、人民检察院和人民法院与企业签署协议，对外地犯罪嫌疑人、被告人，由企业协助安排工作，同时监督其履行有关义务。政府应当制定相关政策，给予政策上的优惠，以鼓励企业在这方面作出贡献。

第四，考核考评指标与办案流程管理。以办案人员是否有过错，是否取得良好法律、社会效果为依据确定考核指标；应根据案件情况设立不同的案件管理流程。同时，鉴于案件情况的复杂性，应当在严格条件下规定一定的灵活性，赋予办案机关根据具体案件情况酌情处理的裁量权。考核考评指标直接关系办案机关的工作导向，其本身十分复杂，不宜草率改革。应当在广泛调研，设计的方案经过试点验证的基础上，慎重推进改革。

第五，防止刑事和解过程中的权力滥用与司法腐败。建立当事人投诉、调查机制，以及由办案机关纪检、监察、案件质量监督部门回访当事人的机制。该机制与其他制度、程序共同作用，可以有效防止权力滥用和司法腐败。

第六，办案机关人员编制。刑事和解往往牵涉办案人员较多的时间和精力，对于外来人口较多、外来人口犯罪较多地区的办案机关，应当按照管辖区常住人口而非户籍人口来确定办案人员的编制。

第七，刑事和解技能培训。对主导刑事和解的人员进行法律和技能培训；为相关人员提供具有可操作性的风险评估指导手册。

郭书原：法谚道，有权利就有救济。对于刑事和解，有没有相应的制约和救济呢？

宋英辉教授：制约肯定是有的。制约主要涉及公、检、法三家的关系。第一，公、检、法机关要对当事人的和解协议进行审查，并主持制作和解协议书。刑事和解不单纯是双方当事人之间的"民事契约"，同时还关涉到刑事案件的处理。因此，《刑事诉讼法修正案（草案）》第二百七十五条规定，对于双方当事人自愿达成和解的，公安机关、人民检察院和人民法院要听取当事人和其他有关人员的意见，对和解协议的自愿性、合法性进行审查，并主持制作和解协议书。第二，公、检、法三机关的相互制约。双方当事人在侦查阶段达成和解协议的，公安机关不能径自作出从宽处理的决定，可以向人民检察院提出从宽处理的建议。在审查起诉阶段达成和解协议的，只有那些属于犯罪情节轻微，不需要判处刑罚的案件，可以作出不起诉的决定，其他案件只能由人民检察院向人民法院提出从宽处罚的建议。在法庭审判阶段达成和解协议的，人民法院可以依法对被告人从宽处理。

关于刑事和解的救济，应当区分不同情形加以处理：

和解协议不是出于犯罪嫌疑人、被告人或被害人的自愿或真实意思表示，或者和解协议的内容违反法律规定，公安机关、人民检察院和人民法院应当作出和解协议无效的决定，并依照普通诉讼程序审理该案件。首先，对于和解协议无效的决定，犯罪嫌疑人、被告人或被害人及其他有关人员，可以提出异议或向有关机关申诉。其次，对于人民检察院作出的和解不起诉决定，可以赋予公安机关、被害人、犯罪嫌疑人提出异议或者申诉的权利。再次，对于人民法院基于和解协议而作出的判决，人民检察院有权提起抗诉，被告人有权要求检察机关提起上诉，被害人有权请求检察机关提起抗诉。最后，对于未能达成和解协议的，应当遵照普通诉讼程序进行审理，不能因为和解不成而加重犯罪嫌疑人、被告人的刑罚。

郭书原：宋教授，您的讲解使我们进一步了解新刑事诉讼法中刑事和解的有关问题，受益匪浅，再一次非常感谢您对我们访谈工作的支持。

汪建成简介：

　　1962 年生于安徽省太湖县，法学博士，北京大学法学院教授、博士生导师，中国法学会刑事诉讼法学研究会副会长，最高人民检察院专家咨询委员会委员，国家司法考试命题委员会委员。比利时鲁汶大学（Katholic University of Leuven）访问学者，美国耶鲁大学（University of Yale）富布莱特研究学者。主要学术专长为刑事诉讼法学和刑事证据学。出版学术作品6 部，在《法学研究》、《中国法学》、《中外法学》、《政法论坛》等刊物上发表学术论文百余篇。曾被评为"全国优秀老师"和"教育部新世纪人才"，多次获得省部级科研成果奖。

刑事证据制度的重大变革及其展开

——访北京大学教授、博士生导师 汪建成

郭书原： 汪教授您好！日前，刑事诉讼法迎来了它的第二次大修，全国人大常委会即将审议《刑事诉讼法修正案（草案）》（以下简称《修正案（草案）》）。我们知道，证据制度是刑事诉讼法的一个重要组成部分，在刑事诉讼法中发挥着不可替代的作用。您认为在新的经济社会形势下证据制度再修改应当注意哪些方面？

汪建成教授：《修正案（草案）》对刑事证据制度进行了重大修订，在充分肯定本次修订的成果和意义的同时，有必要从运用证据的基本原则、证据种类、证明责任、证明标准、非法证据排除规则和证人制度等方面进行全面深入的讨论，使之更臻完善。

郭书原： 此次修改中关于"证据运用的基本原则"相关规定的变动，您能简要介绍一下吗？

汪建成教授： 好的。《修正案（草案）》中并没有专条规定运用证据的基本原则，但有一条引人注目的增补，即第四十九条规定："不得强迫任何人证实自己有罪。"这一规定，是我国刑事证据制度的一个重大突破，它以立法的形式公开宣示了强迫公民认罪的非正当性。然而，上述规定与国际社会通行的"不得强迫任何人自证其罪"原则仍有一定距离。联合国大会通过、我国已经签署的《公民权利和政治权利国际公约》中对这一原则的准确表述是任何人"不被强迫作不利于他自己的证言或被强迫承认犯罪"。也许从汉语的表述习惯以及中国刑事诉讼的结构来看，《修正案（草案）》中的表述更加符合中国的实际，但问题的关键不在于表述的语式，而在于"证实"一词的使用。联合国《公民权利和政治权利国际公约》中的表述是行为描述，因为不管是"作不利于他自己的证言"还是"承认犯罪"所指的都是一种行为状态；而《修正案（草案）》中的表述则是结果描述，因为"证实"一词所指的是证明后的结果状态，而不是证明行为本身。如此看来，使用"证实"一词，无论在理论研究上还是在司法实践中都容易引起歧义，即这条规定的目的究竟是禁止

强迫认罪的行为，还是禁止将强迫认罪行为的结果作为认定案件事实的依据。何者为本，何者是标，才是需要认真思考的一个问题。有鉴于此，我建议将《修正案（草案）》中的本条规定修改为："不得强迫任何人证明或者承认自己有罪。"与此相关的一个问题是本条规定的地位问题。从刑事诉讼理论上讲，"不得强迫任何人自证其罪"是一条带有基本原则性的帝王条款，许多国家的刑事诉讼法都是将其作为刑事诉讼法的基本原则予以规定的，有些国家甚至规定在宪法中。也许，从我国目前的现实情况来看，将其作为刑事诉讼法的基本原则予以规定不太现实，规定在宪法中更是奢谈，但作为一条运用证据的基本原则专条进行规定应该能够为广大民众所认同和接受。显然，《修正案（草案）》没有采取这样的立法方式，而是将这一重要的具有指导原则性的规定，作为禁止刑讯逼供的保障性规定而隐藏在《修正案（草案）》第四十九条之中，难以彰显其应有的地位。此外，不被强迫自证其罪原则与犯罪嫌疑人如实供述的义务之间肯定存在不可调和的矛盾。这也是很多学者援引不被强迫自证其罪原则来解释沉默权正当性的原因。如果承认这一原则，那么就有必要对现行《刑事诉讼法》第九十三条中的有关规定进行修改。

除了不得强迫任何人自证其罪原则之外，证据裁判主义原则和客观全面原则是刑事证据运用的另外两个重要原则。如果说客观全面原则在《修正案（草案）》第四十九条的规定中已经体现的话，那么，证据裁判主义原则未能入律则是《修正案（草案）》的另一缺憾。去年，最高人民法院、最高人民检察院、公安部、国家安全部和司法部联合公布并施行的《关于办理死刑案件审查判断证据若干问题的规定》（以下简称《死刑案件证据规定》）在总结司法实践经验和教训的基础上，对此原则专条进行了规定："认定案件事实，必须以证据为根据。"这一规定是我国对证据裁判主义原则的首次法律表述，它对于强化执法和强化司法人员的证据意识，避免冤、假、错案的发生具有重大的意义，施行一年多来，已经得到了广大民众的高度拥护，取得了很好的社会效果。

郭书原： 那么，您对此问题有没有具体的建议呢？

汪建成教授： 结合《死刑案件证据规定》第一条、第二条、第三条以及《修正案（草案）》第四十九条，我建议：

第一，在《修正案（草案）》第四十七条前增加一个条文，专门规定运用刑事证据的三个原则，共分三款。其中，第一款规定："认定案件事实，必须以证据为根据。"第二款规定："侦查人员、检察人员、审判人员应当严格遵守法定程序，全面、客观地收集、审查、核实和认定能够证明犯罪嫌疑人、被告人有罪或者无罪、犯罪情节轻重的各种证据。"第三款规定："不得强迫任何人证明或者承认自己有罪。"

第二，《修正案（草案）》第四十九条只保留后半段，即改为"审判人员、检察人员、侦查人员必须保证一切与案件有关或者了解案情的公民，有客观地、充分地提供证据的条件，除特殊情况外，并且可以吸收他们协助调查"。这些内容放在《修正案（草案）》第四十八条规定的证明责任之后，作为证明责任实现的保障性条款仍有重要意义。

第三，删除现行《刑事诉讼法》第九十三条、《修正案（草案）》第一百一十七条中的"犯罪嫌疑人对侦查人员的提问，应当如实回答。但是对于与本案无关的问题有拒绝回答的权利"的规定。

第四，将《修正案（草案）》第四十九条规定的"严禁刑讯逼供和以其他非法方法收集证据"与《修正案（草案）》第五十三条关于非法证据排除规则的规定合并，作为第五十三条第一款。这样既有证据收集方法的禁止性的规定，又有违反该禁止性规定的程序制裁后果，两者相得益彰，更能体现我国设立非法证据排除规则的目的。

郭书原： 非常感谢您所提出的立法建议，确实受益颇丰。提到具体的证据制度，大家首先想到的应该是证据种类的问题，您能简单介绍一下这次草案对证据种类的变动吗？

汪建成教授： 好的。《修正案（草案）》对刑事证据种类部分的增补或者修订主要涉及以下几个方面的内容：第一，对证据的定义进行了修订。将《刑事诉讼法》第四十二条中的"证明案件真实情况的一切事实，都是证据"修改为"可以用于证明案件事实的材料都是证据"。这一修订表明了立法者对证据定义的态度，针对学界长期以来在证据定义上存在的"事实说"、"材料说"和"根据说"的争论，《修正案（草案）》放弃了现行刑事诉讼法中的"事实说"，改采"材料说"。我非常赞同这一修订，因为只有"材料说"能够准确反映诉讼证据和一般证据的区别，能够表明个体诉讼证据上的客观和主观统一性，能够显示在刑事诉讼过程中对各种证据进行审查、判断和认定的必要性。

第二，将"鉴定结论"修改为"鉴定意见"。这一修订是对《死刑案件证据规定》对此问题修订办法的再次肯定，其有利之处是多方面的。首先，它直接指明了鉴定结果的意见证据属性，显示了不同于其他言词证据的品格；其次，它明确了鉴定意见只是证据的一种，没有当然地高于其他证据证明力的价值，能否作为定案的根据，同样要综合全案证据进行判断，这对于改变过去司法实践中唯鉴定结论是从、多次鉴定、重复鉴定的现象有很大作用；最后，它为后面有关鉴定人出庭条款的设置打下了基础，因为意见与作出意见的人是不可分的，而结论则通常可以采取书面形式。

第三，在勘验、检查笔录之后增加规定了辨认和侦查实验笔录，并将四者合一，合称为"勘验、检查、辨认、侦查实验笔录"。这一修订十分必要，辨认和侦查实验也是法定的侦查方法，而现行刑事诉讼法中对其笔录的地位却没有予以明确，这给司法实践带来了很大的困难，不明确其证据地位便很难在法庭上予以出示和质证。从它们的制作主体都是侦查机关，制作的时间都是在侦查过程中，制作的功能都是对相应侦查活动的固定等方面的相同属性来看，将二者与勘验、检查笔录并提也是可行的。

第四，增加规定了电子数据。将现行的第七种证据视听资料，修改为："视听资料、电子数据"。随着科技的发展，电子数据在刑事诉讼中的广泛运用，已是不争的事实，将其作为一种新的证据形式予以规定顺应了时代发展的要求。而基于电子数据和视听资料的载体都是高科技产品，它们在制作、收集、固定和审查判断上都采用高科技方法等共同特点，将视听资料和电子数据放在一类中进行规定也有其充分合理性。与《死刑案件证据规定》做法不同的是，本次修订只是概括规定了电子数据，而未列明电子数据的具体形式。我非常赞同这一修订办法，因为现代科技日新月异，新的证据形式必然会不断涌现，只对电子数据作概括性规定，而不规定具体的电子数据形式，可以为新的电子数据形式的出现留下空间，更具前瞻性。

第五，增加规定了行政执法过程中获取的有关材料的证据地位问题。《修正案（草案）》第五十一条规定："行政机关在行政执法过程中收集的物证、书证等证据材料，经过司法机关核实，可以作为证据使用。"这一增补具有一定的现实合理性，它对于加强行政执法与刑事司法之间的衔接，提高诉讼效率具有重要作用。而且从专业性来看，有些案件，例如涉及工商、税务、工程和产品质量、专利技术等类问题的刑事案件，经过司法机关核实，使用这些部门所收集和固定的证据材料，可能更有利于对案件事实的准确认定。

郭书原：那么您觉得关于证据种类的问题，还有哪些需要完善的地方？

汪建成教授：在充分肯定《修正案（草案）》关于证据种类修订的同时，也应指出仍有一些值得推敲的问题：第一，物证和书证仍然作为一类证据进行规定是否合适。我认为，证据理论研究和证据运用的实践均已表明，物证和书证除了在载体上有相似性之外，在对案件的证明方式以及收集、审查和认定的方法上都有很大的不同，因此几乎所有的证据教科书都是将其作为两种独立的证据分别阐述的。而从立法例来看，无论是英美法国家还是大陆法国家均将两者分立，我国无论是民事诉讼法还是行政诉讼法也都遵循这样的立法例。因此，刑事诉讼法的本次修订不应再固守前两部刑事诉讼法的做法，而应当果断地将二者分开，作为两种独立的证据予以规定，以达成三大诉讼法在这一问题上的统一。

第二，犯罪嫌疑人、被告人供述和辩解可否改为"犯罪嫌疑人、被告人陈述"。我认为，尽管中国有着几千年的"口供"称谓传统，国外亦有被告人自白的叫法，犯罪嫌疑人、被告人供述和辩解仍然不是一种十分科学的指称。首先，这一称谓与其他证据相比，明显带有贬义的价值判断；其次，"辩解"一词容易产生歧义，到底是针对事实的辩解还是对辩护理由的申述很难分清。而代之以"犯罪嫌疑人、被告人陈述"，则上述问题都可得到解决。这一主张既与国内不少学者的观点相契合，又同民事诉讼法和行政诉讼法的规定相协调。

第三，视听资料、电子数据可否改为"音像、电子资料"。我认为，如果仔细研究就不难发现，视听资料这个名称并不十分严谨，因为它同其他证据种类的划分标准是不一致的。其他证据种类均是以证据的载体或表现形式作为其命名的根据，视听资料却是以人们对此类证据的感受方式而命名。从逻辑上讲，视听资料同其他证据种类不是处在同一逻辑位阶上。所以有学者曾敏锐地指出："如果从人们对证据的感受方式来看，几乎所有的证据都可以称为视听资料。"而关于电子数据的名称同样需要斟酌，因为用做证据使用的其实不是电子本身，而是通过电子数据这种特殊介质所承载的资料。基于上述理由，我建议可以将"视听资料、电子数据"统称为"音像、电子资料"。

第四，对行政执法过程中所获取的有关材料的证据地位应否予以适当限制。我认为虽然在上文肯定了《修正案（草案）》中关于这一问题规定的现实合理性，但不得不指出的是，这一规定也会带来很大风险。因为我国行政执法机关的范围非常广，除了前文提到的几类行政执法机关以外，必须考虑到公安机关和各级人民政府的监察部门也都有行政执法职能。而公安机关同时又是普通刑事案件的侦查机关，监察部门也负责职务犯罪的大量前期调查工作。如此一来，如果不在行政执法主体上进行适当限定，就会导致实质上的侦查程序前置，也不能排除为了克服办案期限短的困难而在刑事案件立案前大规模采用行政手段收集证据的现象，这是任何一个主张刑事法治和程序安定的人都不愿意看到的。为此，我建议应将《修正案（草案）》第五十一条增补的部分修改为"公安机关和监察部门之外的其他行政机关在行政执法过程中收集的物证、书证等证据材料，经过司法机关核实，可以作为证据使用"。

郭书原：说到这里，您能否为我们再简单介绍一下证明标准的相关问题呢？

汪建成教授：好的。《修正案（草案）》中仍然坚持将"案件事实清楚，证据确实、充分"作为我国刑事诉讼的证明标准，但此次修订的一个重大突破是对这一标准的具体化，规定了证据确实充分的三个必要条件：一是定罪量刑的事实都有证据证明；二是据以定罪的证据均经法定程序查证属实；三是综合全案，对所认定事实已排除合理怀疑。其中，第一个条件确定了证据量的规定性，即证据充分的参照坐标是证明对象，只有与定罪量刑有关的全部证明对象都有证据证明才达到了证据充分的标准。司法实践中有些错案的出现，并不是由于没有证据，而是证据指向的证明对象不全面，在有些证明对象上有证据证明，甚至有大量的证据证明，而在另外一些比较关键和重要的证明对象上却没有证据证明。规定这一条件就是要避免这一现象的出现。第二个条件确定了证据的质的规定性，即对证据确实提出了具体要求，既强调了用以定案的证据是查证属实的结果，又强调了对各种证据查证属实的过程，即经过法定程序查证属实，强调后者的目的在于保证各种证据均具有法定的证据能力。第三个条件确定了证据的综合运用法则，综合运用的过程既是证立的过程，又是证伪的过程。从证立的角度来讲，要求全案证据应当相互印证；从证伪的角度来讲，又包含两方面的内容：一是用以定案的证据之间不能存在矛盾，如果有矛盾要得到合理排除；二是根据经验和逻辑法则，对案件事实的认定，不能违背一般的生活经验和常理。《修正案（草案）》中对证明标准问题的重大完善，对切实保证案件事实的认定质量，防止冤案错案的发生必将发挥重大的作用。

然而深究之，仍有几个重大理论问题值得进一步思考。第一，证明标准究竟应当是一个客观范畴还是一个主观范畴。考察我国和西方国家在证明标准问题上的差异，不仅在于外在表述方式上的差异，而且在于深层次的哲学思维模式上的差异。大陆法系使用"法官内心确信"，英美法系使用"排除合理怀疑"来作为刑事诉讼证明标准的表述，虽然表述方式不同，但二者殊途同归。两者的共同本质是，都承认证明标准是一个不能脱离事实认识主体而独立存在的主观范畴。我国传统上使用"证据确实、充分"这一证明标准的表述，则认为证明标准是一个可以脱离事实认识主体而独立存在的客观范围。正因为如此，在21世纪初，我国诉讼法学界展开了一场涉及证明标准理论根基的"客观真实"和"法律真实"的大讨论，且其波及效应延续至今。《修正案（草案）》显然有意回避了这场论争，在仍然坚持使用"证据确实、充分"标准的基础上，即对"证据确实、充分"的具体条件作出了实质上与"排除合理怀疑"标准基本相同的规定，实际上已经承认证明标准是一个主观范畴，甚至可以说已经在一定程度上降低了"证据确实、充分"的要求。这种"旧瓶装新酒"、"犹抱瑟琶半遮面式"的做法，容易引起理论研究上的极大混乱。与其这样，不如干脆舍弃"证据确实、充分"的表述而改采"排除合理怀疑"

表述。

第二，侦查终结、提起公诉和作出有罪判决能否使用相同的证明标准。证明标准解决的实质是承担证明责任的主体需要将案件事实证明到何种程度，才能让法官接受或确认本方所证明的事实进而作为裁判基础的问题。在侦查和起诉阶段，不存在作为被说服者的法官，当然也就不存在证明活动。准确地说，侦查人员在侦查阶段的侦查行为和检察人员起诉阶段的起诉行为，对案件事实的认定均不是证明，而是查明，因而不具有终局的意义。尽管他们为了保证所起诉的案件事实能够最终被法院所采纳，在工作中也要尽可能考虑证明标准的要求，但并不表明对侦查终结和提起公诉规定同作出有罪判决一样的。证明标准就具有正当性。而且，从司法实践来看，对侦查终结、提起公诉和作出有罪判决规定相同的证明标准也有危害。因为既然三个阶段的证明标准都一样，那么在逻辑上凡是侦查终结的案件，检察机关就得起诉；凡是提起公诉的案件，法院就得作出有罪判决。也正因为如此，近年来暴露出来的一些类似杜培武、佘祥林、赵作海等重大错案，哪一件不是这样畅通无阻，一错再错。与其让统一的证明标准成为实践中拒绝纠正错误的借口，不如实事求是，对侦查终结和提起公诉的事实认定提出不同的要求。我建议侦查终结阶段对事实认定的要求宜表述为："犯罪嫌疑人已被查获，犯罪事实已经查明。"提起公诉阶段对事实认定的要求宜表述为："被告人的犯罪事实已经查清。"

第三，在刑事和解案件中，对案件事实的认定能否采用与其他案件相同的证明标准。《修正案（草案）》已经规定了刑事和解这一特别程序，那么对刑事和解案件中的事实证明是否也应达到"犯罪事实清楚，证据确实、充分"的程度呢？我对这一问题的回答是否定的。我认为，在诉讼证明理论上有严格证明和自由证明之分，刑事和解中的证明应当属于自由证明的范畴。因为刑事和解本来就是以被告人自愿认罪和悔罪作为前提条件的，被告人的自愿认罪与民事诉讼中的当事人自认无异，法院完全可以按照自认的规则来认定案件事实，而不必要求达到"证据确实、充分"的程度。而且，从刑事和解的实践上来看，有些情况下，如果在案件事实问题上过分纠缠不清，反而可能不利于和解协议的达成。因此，有学者主张入案事实只要达到立案标准即可，出案事实定位为基本事实清楚为宜。同时，在刑事和解中也应当承认合意事实的存在。

第四，死刑案件应否规定更高的证明标准。死刑案件人命关天，一旦执行便没有纠正的机会，因此，无论是在程序设置还是在刑事政策上都充分体现了慎用死刑和控制死刑的精神。在证明标准上同样应当比一般刑事案件更为严格，国际社会基本上认同将"以排他的与令人信服的证据为根据"作为死刑案件的标准，联合国《关于保护死刑犯权利的保障措施》第四条作了更为详尽的规定："只有在对被告的罪行根据明确和令人信服的证据而对事实没有其他解释余地的情况下才能判处死刑。"有些国家为落实这一证明标准，还在合议庭评议规则上采取一票否决制。我认为我国死刑案件也应当使用比一般案件更高的证明标准。在具体做法上，对一般案件的证明标准表述为"排除合理怀疑"，对死刑案件的证明标准则应表述为"证据确实、充分"，在具体解释上仍然延用过去传统的解释，即在具体解释死刑案件的证明标准时，将《修正案（草案）》第五十二条中的第三个条件修改为"综合全案证据得出的结论是唯一的，排除任何其他可能性"。同时，鉴于刑事诉讼法中有专章规定死刑复核程序，可以将关于死刑案件的证明标准规定在"死刑复核程序"一章中。

郭书原：您能给我们谈谈《修正案（草案）》中关于证明责任的相关规定以及存在的问题吗？

汪建成教授：好的。《修正案（草案）》第四十八条规定："公诉案件中被告人有罪的举证责任由公诉机关承担，自诉案件中被告人有罪的举证责任由自诉人承担。但是，法律另有规定的除外。"这一规定是本次修订刑事诉讼法的一个重大成果，证明责任条款入律，对于如何在刑事诉讼中处理事实真伪不明的疑难案件，具有重大的指导意义。然而，正是由于首次对证明责任问题进行规定，上述规定尚不够十分精细，必须面对如下几个理论上的追问：

第一，使用"举证责任"一词代替"证明责任"是否合适。关于证明责任的构成，学界已基本达成共识，即由行为责任和结果责任两部分组成，前者指提供证据的责任，后者指如果不提供证据将承担不利于己方的诉讼后果。当然这一区分法在不同国家也有不同的称谓，德国证据理论上一般将行为责任称为主观上的证明责任，将结果责任称为客观上的证明责任。美国证据理论则将行为责任称为举证责任，将结果责任称为说服责任。从证明责任的功能上来讲，结果责任是核心责任，因为从举证行为上来看，不一定只有责任规范会引起举证行为，权利规范一样会驱动举证行为，唯有结果责任才会对诉讼的结果发生实际影响。如果承认证明责任规范的发明就是为了解决事实真伪不明的疑难情况下确定诉讼后果的需要，那么行为责任就是形式，结果责任才是实质。行为责任和结果责任相辅相成，才构成证明责任的完整内涵。基于此，我建议上述规定中的"举证责任"一词应当替换为"证明责任"。

第二，被告人有罪的证明责任是否可以有例外。"谁主张，谁举证"是一条关于证明责任的最古老的公式。在刑事诉讼中，被告人有罪的主张都是由控方而不是被告人提出来的，尤其现代刑事诉讼中，在无罪推定和不得强迫任何人自证其罪成为刑事诉讼基本原则的时代背景下，被告人有罪的主张更不可能来自被告人，因此，刑事诉讼中被告人有罪的证明责任当然只能由控方承担且不能转移。这一证明责任的分配方式在任何情况下都是不应当有例外的，我们无法想象在什么情况下，被告人要承担自己有罪的证明责任。那么，在有些国家，例如英美法国家，有证明责任的例外规定，这些例外又是如何出现的呢？仔细研究，便不难发现，这些例外其实不是被告人有罪的证明责任分配规则的例外，而是被告人不承担证明自己无罪的证明责任规则的例外。因此，作为一项普遍性规则"被告人不承担证明自己无罪的责任"，是必不可少的。没有这句话作为前提，"但是，法律另有规定的除外"就从真理走向了谬误。为此，建议将《修正案（草案）》第四十八条分作两款，第一款为："公诉案件中被告人有罪的证明责任由公诉机关承担，自诉案件中被告人有罪的证明责任由自诉人承担。"第二款为："被告人不承担证明自己无罪的责任，但是，法律另有规定的除外。"

第三，应当确立哪些被告人就特定事项负有证明责任的例外规定。"规则＋例外"作为一项立法技术的出现，是利益平衡和价值选择的正常结果。然而，在法治社会中，"例外"的规定必须明确具体，否则"例外"就有可能演化成脱缰的野马，占领"规则"的阵地。然而，《修正案（草案）》第四十八条只是简单地规定"但是法律另有规定的除外"，而对法律到底有哪些另有规定却语焉不详，这是我所不能赞同的。借鉴国外的立法例以及我国的实际情况，我认为，被告人应当就其所主张的下列事实承担证明责任：一是不在犯罪现场的事实；二是不具有刑事责任能力或者未达到刑事责任年龄的事实；三是具有正当防卫、紧急避险等违法阻却事由的事实；四是推翻法律规定的推定事实。

第四，如何处理现行《刑事诉讼法》第一百六十二条、《修正案（草案）》第一百九十五条第三款的规定。证明责任制度与裁判制度密切相关，依据证明责任的分配规则，负有证明责任的主体如果不能证明被告人有罪，就应当承担被告人无罪这一不利的诉讼后果。因此，几乎所有的国家或地区对于不能证明被告人犯罪的案件和依据法律被告人的行为不构成犯罪的案件都一样宣告为无罪，而不在二者之间进行区别。鉴于此，我建议取消上述条文中第三项，即"证据不足，不能认定被告人有罪的，应当作出证据不足、指控的犯罪不能成立的无罪判决"，而将其与第二项合并为："依据法律规定，被告人的行为不构成犯罪，或者不能证明犯罪的，应当作出无罪判决。"需要说明的是，证明标准是法定的、统一的，"证据不足，不能认定被告人有罪的"，就是不能证明犯罪。只要承认证明标准规则，就应当将其与没有证据证明犯罪同等看待，结果都是"不能证明犯罪"。

郭书原：非法证据排除规则正式入律，是《修正案（草案）》的又一亮点，您能简单地介绍一下相关的情况吗？

汪建成教授：好的。此次修改关于这一方面的具体内容包括：第一，明确了非法证据的排除范围。《修正案（草案）》第五十三条第一款规定："采用刑讯逼供等非法方法收集的犯罪嫌疑人、被告人供述和采用暴力、威胁等非法方法收集的证人证言、被害人陈述，应当予以排除。违反法律规定收集物证、书证，严重影响司法公正的，对该证据应当予以排除。"第二，将非法证据排除规则的运用提前到侦查和起诉阶段。《修正案（草案）》第五十三条第二款规定："在侦查、审查起诉、审判时发现有应当排除的证据的，应当依法予以排除，不得作为起诉意见、起诉决定和判决的依据。"这一规定的好处不仅在于及时纠正非法取证行为，而且在于尽可能阻断非法获取的证据同审判人员之间的联系。第三，规定了非法证据的排除程序，包括启动、调查和处理三个方面。《修正案（草案）》第五十五条第一款规定："法庭审理过程中，审判人员认为可能存在本法第五十三条规定的以非法方法收集证据的情形的，应当对证据收集的合法性进行调查。"第二款规定："当事人及其辩护人、诉讼代理人有权申请人民法院对以非法方法收集的证据依法予以排除。申请排除以非法方法收集证据的，应当提供相关线索或者证据。"第五十七条规定："对于经过法庭审理，确认属于以非法方法收集证据的，或者存在重大疑点，不能排除以非法方法收集证据可能性的，对有关证据应当依照本法第五十三条的规定处理。"上述规定确定了非法证据排除启动程序上的依职权启动和依申请启动两种模式、确立了区别和独立于案件实体审理的调查和处理程序。对于增强非法证据排除规则的可操作性意义重大。第四，确立了非法证据排除中的证明责任。《修正案（草案）》第五十六条第一款规定："在对证据收集的合法性进行法庭调查的过程中，由人民检察院对证据收集的合法性加以证明。"第二款规定："人民法院可以通知有关侦查人员或者其他人员出庭说明情况。经依法通知，侦查人员或者其他人员应当出庭。有关侦查人员或者其他人员可以要求出庭说明情况。"这一规定从根本上否定了实践中让侦查部门就取证过程出具书面情况说明的做法，客观上也符合被告人及其他相关人员举证不能的现实，对非法证据排除规则的有效施行至关重要。上述关于非法证据排除规则的全面规定，使静态的规则与动态的程序紧密结合，必将对遏制刑讯逼供等暴力取证行为、充分保障人权发挥重大作用。

郭书原：正如大家所知，非法证据排除规则毕竟是一个舶来品，如何真正在我国的司法实践中实现其功能和价值，还是有很多问题需要进一步研讨的，您能简单地谈一下吗？

汪建成教授：好的。我认为有四个方面需要深入探讨：第一，对刑讯逼供的表现方式能否作出更为明确的界定。在被告人供述的排除问题上，《修正案（草案）》中没有将以威胁、引诱、欺骗的方法收集的被告人供述作为排除的范围。我对此也是赞同的，因为威胁、引诱、欺骗的方法并没有严重侵犯公民的基本权利，在这些情况下，被告人仍有意志选择的余地，而且从实践来看，很难将这些方法同正当的讯问技巧或者策略区分开来，在这个问题上收紧一点是可以理解的。但是在另一方面，对于刑讯逼供的范围就应当放开一些，不应仅仅限于字面上的理解。我认为凡是一切足以给被告人的肉体或精神造成难以忍受的痛苦，使其失去意思表达自由，而不得不进行供述的方法，都应当属于刑讯逼供。为避免在实践中对刑讯逼供作狭义理解，即仅仅将其理解成肉刑，而置其他严重违法手段于不顾，我建议在法律中对刑讯的范围进行明确的界定。参考联合国《反酷刑公约》，借鉴其他国家的立法例，具体方案是，在《修正案（草案）》第五十三条第一款后增加一款："前款中的刑讯逼供等非法方法是指下列方法：（一）使人身体产生剧烈疼痛的肉刑；（二）使人疲劳、饥渴的变相肉刑；（三）使人意志力和判断力丧失的服用药物和催眠术；（四）其他残忍、不人道和有辱人格的方法。"

第二，"严重影响司法公正"的标准是什么。我认为，如果承认保障人权是非法证据排除规则建立的正当性基础，那么严重影响司法公正的标准便只有一个，那就是非法取证行为严重侵犯了公民的宪法性权利。依据我国宪法的规定，公民的住宅权和隐私权都是受法律保护的宪法性权利。因此，对于被告人供述、被害人陈述和证人证言之外的其他证据的排除，以采用下述规定为宜："以非法侵入公民住宅的方法进行的搜查、扣押行为所获取的物证、书证等实物证据以及未经合法授权而进行的监听、采样、电信截留等行为所获取的证据，应当予以排除。"这样的规定比"严重影响司法公正"的规定更为明确，更具可操作性。

第三，非法证据排除应否有独立的裁决程序？依据《修正案（草案）》第五十七条规定，对于经过法庭审理，认为属于应当排除的依据第五十三条的规定处理。这一规定只是解决了处理的结果问题，而没有解决处理的程序问题。那么在实际操作中，是同案件的实体判决文书一起来写，还是单独就非法证据的排除作出一个裁决呢？我认为，应当采用后者，因为只有这样才能真正阻断应当排除的证据对案件实体裁判的影响，也只有这样才能充分体现非法证据排除程序的完整性和独立性。为此，我建议将《修正案（草案）》第五十七条中的"对有关证据应当依照本法第五十三条的规定处理"修改为"应当依法作出排除该证据的裁定"。

第四，如何理解"申请排除以非法方法收集的证据，应当提供线索或者证据"？我认为，这一规定强调的是申请人应当有一定的理由让法庭相信其所提出的关于非法证据排除的申请能够成为一项法庭必须关注和进行调查的争议，而不是关于非法取证行为的证明责任的规定。有关该问题的证明责任的规定在《修正案（草案）》第五十六条和第五十七条，已经非常明确，即人民检察院应当对证据收集的合法性加以证明。为了防止在执行过程中对此问题发生重大的理解上的偏差，我建议，将《修正案（草案）》第五十五条第二款修改为："当事人及其辩护人、诉讼代理人有权申请人民法院对以非法方法收集的证据依法予以排除，并且有权提供证据。申请排除以非法方法收集的证据的，应当提供相关线索。"

郭书原：相信《修正案（草案）》中的证据制度改了这么多，配套的证人制度也有不小的变化。您能谈谈证人制度改革的成果吗？

汪建成教授：证人制度的完善，也是本次刑事诉讼法修订的一个重点。《修正案（草案）》在以下几个问题上有重大突破：第一，明确规定了证人包括鉴定人应当出庭作证的范围。《修正案（草案）》第一百八十六条对此问题作出了三款规定。第一款规定："证人证言对案件定罪量刑有重大影响，并且公诉人、当事人或者辩护人、诉讼代理人有异议的，或者人民法院认为证人有必要出庭作证的，证人应当出庭作证。"第二款规定："人民警察就其执行职务时目击的犯罪情况作为证人出庭作证，适用前款规定。"第三款规定："公诉人、当事人或者辩护人、诉讼代理人对鉴定意见有异议的，或者人民法院认为鉴定人有必要出庭的，鉴定人应当出庭作证。经人民法院通知，鉴定人拒不出庭作证的，鉴定意见不得作为定案的根据。"第二，确立了强制出庭作证制度。根据《修正案（草案）》第一百八十七条的规定，证人、鉴定人没有正当理由不出庭作证的，人民法院可以强制其到庭，对于情节严重的，可以处以十日以下的拘留。第三，设立了有限的证人作证豁免制度。根据《修正案（草案）》第一百八十七条规定，作为强制作证制度的例外，不得强制被告人的配偶、父母、子女出庭作证。第四，对特定案件增设了证人保护措施。根据《修正案（草案）》第六十一条的规定，对于危害国家安全犯罪、恐怖活动犯罪、黑社会性质的组织犯罪、毒品犯罪等案件，证人、被害人因在诉讼中作证，本人或者其近亲属的人身安全面临危险的，人民法院、人民检察院和公安机关应当采取一项或者多项保护措施。同时还赋予了证人、被害人请求保护的申请权，规定："证人、被害人认为因在诉讼中作证，本人或者其近亲属的人身安全面临危险的，可以向司法机关提出予以保护的申请。"第五，规定了证人作证的补偿制度。根据《修正案（草案）》第六十二条规定："证人因履行作证义务而支出的交通、住宿、就餐等费用及误工损失，应当给予补助。对证人作证的补助，列入司法机关业务经费，由同级政府财政予以保障。"同时还在第二款规定："有工作单位的证人作证，所在单位不得克扣或者变相克扣其工资、奖金及其他福利待遇。"上述各项规定，充分体现了证人作证的国家义务观，解除了证人作证的压力和后顾之忧，保障了证人作证的经济利益。这些规定的出台，对于解决司法实践中证人和鉴定人出庭率过低的现象必将发挥重大作用。有利于提高法庭审理中质证的质量和效果，有利于保证案件事实的准确查明，有利于保障对抗式庭审方式的有效运转。

郭书原： 以上关于证人制度的相关变动确实对我国未来的证据制度的实施和运用可以产生重大的积极作用。但是，从更为严谨的角度看，您认为还有哪些需要改进的地方？

汪建成教授： 确实还是存在一些需要改进的地方。第一，证人应当出庭而没有出庭的，其庭前书面证言的证据能力应否受到影响？我注意到，《修正案（草案）》第一百八十六条中仅规定"经人民法院通知，鉴定人拒不出庭作证的，鉴定意见不得作为定案的根据"，而对证人应当出庭而不出庭的程序后果则没有涉及。我对这一做法不敢苟同，既然法律已经规定了应当出庭作证的范围，那么具有这些情形的证人出庭作证，就是法律设定的其证言证据能力的条件，一旦不出庭作证，其庭前书面证言就没有证据能力，因而不得作为定案的根据。其实，《死刑案件证据规定》中已经对这个问题作了一定的限定，而今修订刑事诉讼法只能在这个基础上前进，而不宜倒退了。在我国司法实践中，证人出庭率低的原因很复杂，有证人自身不愿出庭的原因，亦有司法机关不想让其出庭的原因。刚才提到的强制出庭作证制度、证人保护制度以及作证补偿制度，都只能解决证人不愿出庭作证的问题，而无法解决司法机关不想让证人出庭作证的问题。要想彻底解决司法机关不想让证人出庭作证的问题，必须从证据能力的规定入手。答案是将上述规定修改为："经人民法院通知，证人拒不出庭作证或者鉴定人拒不出庭发表鉴定意见的，该证人的书面证言或者该鉴定人的书面鉴定意见，不得作为定案的根据。"

第二，我国实行的到底是司法鉴定模式还是专家证人模式。关于这一问题，外国法中有两种不同的做法，英美法系实行专家证人模式，大陆法系则实行司法鉴定模式。不管是从立法规定上看还是从学界通说上看，我国与大陆法系相同，采取的也是司法鉴定模式。在司法鉴定模式下，鉴定人出庭就是发表鉴定意见，而不是出庭作证，因此，我认为，上述多条规定中均提到"鉴定人出庭作证"是不合适的，应当改为"鉴定人出庭发表鉴定意见"。

第三，强制出庭的手段是什么。前述规定中，赋予了司法机关对应当出庭而拒不出庭的证人，强制其出庭作证的权力。问题是如何强制呢？法警总不能根据法官的一句口头命令就去强制吧。为此，我建议借鉴许多国家的做法，将《修正案（草案）》第一百八十七条的部分条文修改为："证人或者鉴定人没有正当理由不出庭作证或者发表鉴定意见的，人民法院可以实行拘传，由合议庭签发拘传票，强制其出庭作证或者发表鉴定意见。"此外，在实体处理上，仅有拘留的措施力度是否太小，对于情节特别恶劣的，例如经拘传到庭后拒绝陈述或者以暴力抗拒拘传的，可否以蔑视法庭罪追究其刑事责任，也是一个值得研究的问题。

第四，证人的作证豁免制度能否更彻底一些。我认为，因亲属关系而免除作证的义务不仅是许多国家的做法，也是我国古代法律文化中的一个瑰宝。设立这一制度的根本目的在于维护家庭成员之间必要的伦理和亲情价值。有关领导在介绍《修正案（草案）》时也指出："考虑到强制配偶、父母、子女在法庭上对被告人进行指证，不利于家庭关系的维系，因此，规定被告人的配偶、父母、子女除外。"我的看法是，问题的核心其实不在于是否出庭，而在于是否作证，所以，在我国当前构建和谐社会的时代背景下，改革的力度应该更大一些，应直接规定："被告人的配偶、父母、子女有权拒绝提供不利于被告人的证言。"

郭书原： 感谢汪教授给我们带来的这次证据制度修改相关问题的精彩解答，这使我们对于证据制度有了更加全面和深刻的认识。非常感谢汪教授能接受我们的采访！

左卫民简介：

　　1964年12月生，法学博士，现为四川大学法学院教授、博士生导师，四川大学研究生院常务副院长，中国司法改革研究中心主任，社会矛盾解决研究中心主任，兼任四川大学学术委员会委员、学位委员会委员、中国法学会理事、中国法学会刑事诉讼法学研究会副会长、四川省法学会副会长、最高人民检察院专家咨询委员等职。主要研究领域为司法制度、刑事诉讼、民事诉讼与纠纷解决。2004年获得人事部首批"新世纪百千万人才国家级人选"，2004年获得第四届全国十大杰出青年法学家，2000年获得教育部首届"青年教师奖"，1997年获得教育部首批人文社科"跨世纪优秀人才"，2001年获得国务院政府特殊津贴，2003年获得四川省学术带头人。主要科研成果有：承担了包含国家社会科学基金重大招标项目《和谐社会的构建与人民内部矛盾解决体系的完善》（首席专家）在内的多项国家级、省部级等科研课题；独立或合作出版了《刑事诉讼的中国图景》、《价值与结构：刑事程序的双重分析》、《在权利话语与权力技术之间：中国司法的新思考》、《刑事诉讼运行机制实证研究》等作品；在《法学研究》等期刊上独立或合作发表学术论文逾百篇，其中有40余篇被《新华文摘》、《人大复印资料》、《高校文科学报文摘》、《中国社会科学文摘》等转载。先后获得部省级奖励十多项，如司法部科研成果一等奖等。

《刑事诉讼法》再修改与被追诉人财产权的保护

——访四川大学教授、博士生导师 左卫民

郭书原：左教授您好！2011 年 8 月 30 日全国人大常委会公布的《中华人民共和国刑事诉讼法修正案（草案）》（以下简称《草案》）修改、完善了被追诉人财产权利保护制度。如何解读与评价这一调整，值得深入思考。您能否聚焦这个问题，为我们进行一番评析。

左卫民教授：好的。毋庸置疑，当代中国正步入一个"财产社会"，财产权的勃兴构筑起中国社会一道亮丽的风景线。不仅《物权法》的出台是财产社会到来的重要刻度，而且众多为财产权而斗争的生动事例更是其精彩演绎。保障公民财产权相关法律的出台及为财产权而抗争的诸多事例显示了中国在公民财产权保护方面的制度与实践样态。毫无疑问，这将对刑事诉讼中被追诉人财产权的保护产生影响，促使相关制度改革及时跟进，以回应"财产社会"的到来。以此为宏观背景，值得探讨的重要问题是，被追诉人（包括利害关系人）财产权保护应归依何处？对此，《草案》以修改、完善被追诉人财产权利保护制度的方式作了初步回应。我认为，当代中国刑事诉讼立法应当建构被追诉人财产权的保护机制，未来应从中国社会变迁的整体背景及域外法治发达国家的司法经验两个方面考量被追诉人财产权的保护。而针对《草案》整体而论，不仅对被追诉人人身权利的保护体系进行了若干合理调整，而且对其财产权利的保护也给予一定关注，完善了被追诉人财产权利保护，在理念、制度与技术层面均有所着墨。

郭书原：您能否给我们介绍一下《草案》中关于被追诉人财产权利保护方面的亮点何在？

左卫民教授：好的。我认为有以下四点：一是被追诉人财产权利保护理念初步显现。无论 1979 年刑诉法还是 1996 年刑事诉讼法，主要关注权力的行使，即使关注"权利"，也主要是人身权利，忽视对财产权利的保障。然而，此次改革草案虽未言明，但隐含的是财产权的保护第一次事实上成为立法机构

的关注点。这突出体现为对"物品"一词的修改。《草案》将现行刑事诉讼法中的"物品"一词修改为"财物",这是价值取向上不容忽视的进步。在传统的刑事诉讼理论与制度中,物品基本上是以证据材料的姿态和形式存在,或者在被法院定罪之后视为"赃款赃物",关注重心也在于其所具有的证明犯罪嫌疑人与被告人有罪或无罪的证明价值。而将"物品"修改为"财物",某种程度上意在强调其民法上的财产属性。因此,"财物"一词的更换使得在"物品"语境下隐而不彰的"财产属性"得以凸显,财产权似乎在刑事诉讼制度价值取向上有了一席之地。这一改变虽不起眼,但见微知著,从此一细小改变或许可察觉到有所变化的端倪:刑事诉讼法对于被追诉人人权保障似乎已开始从以人身权利为中心向人身权利与财产权利并重的方向转变。

二是被追诉人到案情形下其财物最终处置的有限司法化。现行刑事诉讼法并未明确被查封、扣押、冻结的财物在诉讼终结时由谁处理以及该如何处理,只是针对其中与案件无关的财物,最高人民法院在司法解释中规定由法院通知扣押、冻结机关依法处理,其中并不涉及孳息问题。在上述情况下,被追诉人请求扣押、冻结机关及时返还相关财物时经常会遭遇重重阻碍,制度的欠缺导致实践运行中问题丛生,其被扣押、冻结财物的返还甚至可能取决于一些偶然因素。对此,《草案》进行了一定的司法化调整与改造,主要表现为明确规定法院在判决中应当对查封、扣押、冻结的财物及其孳息的处理作出决定。虽然《草案》这一司法化的改造显然更多是一种形式变化,因为其司法化的程度较有限,但这还是会在一定程度上对被追诉人的财产权保护带来积极作用。例如,司法判决确定了需要保护的被追诉人财产权的范围;司法判决的执行保护被追诉人受侦查、检察机关限制的财产权利得以恢复;司法判决执行不能时,该判决为被追诉人通过行政性或民事性途径的追索提供了依据或证据,等等。

三是针对被追诉人死亡或不到案情形下的特殊案件,设立违法所得的没收程序。结合全国人大常委会公布的《草案》说明,从立法本意上来看,设立该程序的目的有二:其一是解决在被追诉人死亡的情形下其违法所得如何处理的问题;其二是为加大打击贪污贿赂犯罪、恐怖活动犯罪的力度,通过限制其财产权利阻止进一步实施犯罪行为,同时也是为与《联合国反腐败公约》相衔接,解决目前我国司法机关在请求外国司法机关对从我国"卷款外逃"的犯罪嫌疑人、被告人转移到该外国的财产予以追缴和返还时遇到的难题。应当说,这一立法本意尤其是针对特殊案件不到案情况的有关规定值得肯定,在当前社会语境下也确有其存在必要。事实上,这一程序的设立并非横空出世,此前,司法机关的有关解释已有所涉及。虽然该特别程序设立的主要功能与目标在于加大对贪腐犯罪、恐怖活动犯罪的打击力度,重点是对被害人合法权利、国家财产权利的保障，但这种司法化的程序对保护被追诉人财产权利显然也具有一定助益，即通过司法化的审查明确划定违法所得及合法收益的各自范围，避免合法财产遭致侵犯。

四是规定某些合理的技术性规范。现行《刑事诉讼法》依旧坚持"宜粗不宜细"的立法风格。因此，其中技术性规范较为欠缺，这导致实践中出现大量无法可依的情形。虽然有关司法机构出台了一些规定，但仍然对实践需求的制度供应存在不足。针对上述问题，《草案》修改并增加了一些相对具体、细致的技术性规范，或者有限确认司法机关实践中的一些合理作法。例如，为保证被取保候审人保证金的即时返还，《草案》规定，"取保候审保证金的数额确定后，提供保证金的人应当将保证金存入执行机关指定银行的专门账户""犯罪嫌疑人、被告人在取保候审期间未违反本法第六十九条规定的，取保候审结束的时候，凭解除取保候审的通知到银行领取退还的保证金"。这一条款便是对《公安机关办理刑事案件程序规定》中有关条文的有限确认。再如，《草案》规定，当事人和辩护人、诉讼代理人、利害关系人认为司法机关及其工作人员违法采取搜查、查封、扣押、冻结等侦查措施或者应当解除查封、扣押、冻结不依法解除，侵犯其合法权益的，有权向该司法机关申诉或者控告。这一条款的修改也是对司法机构相关解释或文件规定的有限确认。这些修改或确认无疑提高了这些实践中合理的制度规定的法律位阶，使得对被追诉人财产权利保护的某些技术性规范更具强制力与可操作性。

郭书原：《草案》对被追诉人财产权利保护作上述调整有什么样的理论和现实背景？

左卫民教授：《草案》的调整不仅是对刑事诉讼人权保障理论的遵从与深化，也是对社会现实需求的回应。

首先，从理论上来看，人权保障的价值理念、司法公正的诉讼理念应当是刑事诉讼法保障被追诉人财产权利的理论基础。近代以来，财产权已上升为一种基本人权，人权保障的实质内容不断扩展。因此，以保障人权为价值追求的刑事程序，不仅要重视保护被追诉人的人身权利，同时应当关注对其财产权利的保障。换言之，刑事诉讼的人权保障理念要求在制度中必须坚持完整化的话语表述、逻辑体系与操作规则，人身与财产等基本人权的保障应当均衡、平等、统一与完整。这一点构成了强化保护最为基础的理论原点。同时，以人权保障价值理念为基础，在刑事诉讼中，应当坚持司法公正的诉讼理念，并依此构建程序性保护机制。明确上述理论要求后，对照《草案》文本的内容，可以认识到，《草案》对相关规定的调整，一方面大致指明了刑事诉讼法推进人权保障理念的应然方向，基本遵循了人权保障均衡化、完整化的方向性要求，另一方面以司法公正理念为基础完善了若干相关的程序性机制，被追诉人财产权利的保护得到强化。由此，被追诉人从 1979 年以来由客体化向主体化转变进程得以推进，刑事诉讼制度从权力化到权利化的发展获得深化。

其次，基于现实主义与理想主义相结合的渐进式理路考量，在中国当前刑事诉讼中能否或有无必要强化被追诉人财产权利保护的程序性机制，尚需中国社会环境等影响因素的背景支撑。对此，我认为，中国社会的整体变迁已经提出了在当前强化被追诉人财产权保护的客观要求。

毫无疑义，当下中国已成为一个以经济建设为中心的国家，以发展为追求，创造财产是重心。事实上，中国今天已成为财富剧增的国家。在此情况下，保护财产权的个人、社会举措频频生发，国家也相对主动，关注财产及其保护。实际上，有关问题目前已成为公众与媒体的视觉焦点。在保护合法财产权利的大背景下，强化在刑事诉讼中对财产的保护显然也是应有之义。同时，社会整体的变迁也促使我国法律体系中不断进行着财产权保护法律规范的调整。2004 年《宪法修正案》规定"公民的合法的私有财产不受侵犯"、"国家依照法律规定保护公民的私有财产权和继承权"，2007 年《物权法》的出台，2011 年《国有土地上房屋征收与拆迁补偿条例》等的颁布，都回应着保障公民合法财产权利的呼吁。伴随着这些法律规范的出台或修订，公民财产权保护的问题上目前已逐步构建初具雏形的法律规范体系，这些都对刑事诉讼法的当下修改产生影响并具有标示作用。因此，刑事诉讼制度改革应该符合中国法律体系发展与建设中加强保护财产权的要求，刑事诉讼制度与其他制度对此应当具有逻辑同一性。

郭书原：强化对被追诉人财产权利的保护是当代中国刑事诉讼制度与实践的应然内容。《草案》虽然从价值理念、制度设计与技术规范层面对此展开初步调整，但是否还有不足之处？

左卫民教授：《草案》虽然在某些方面强化了对被追诉人财产权利的保障，但我认为，《草案》依旧存在明显问题，至少表现在如下方面：

一是价值取向的明确度不够。《草案》虽然对人权保障似乎体现了一定程度均衡化、完整化调整的端倪，但细心的读者会指出，这种端倪可能并非立法本意，也许只是学者们一相情愿的"美好想象"，抑或仅仅是我的"过分解读"。这是因为，首先，从"物品"到"财物"修改虽然似乎隐现了其财产属性，但更多可能只是一种"话语变化"，而语词的变更很大程度上并不必然具有重大实质意义，更有可能仅仅是立法者为统一法律文本用语而进行的调整。其次，在全国人大常委会伴随《草案》公布的有关说明中，也无确凿证据足以支撑"加强对被追诉人财产权利保护"这一解读。最后，即便《草案》在价值追求上的确存有强化对被追诉人财产权利保护的立法本意，在其后具体的制度调整中也尚无完全明晰化的体现。因此，某种意义上可以说，《草案》在价值取向上以人身权利为中心到人身权利与财产权利并重的转换并未获得有效、完整与全面的展示。

二是对实践问题的回应不够。《草案》虽然对被追诉人财产权利保护的程序性机制进行了一些完善，但这些规定显然并未对实践中存在的问题进行全面回应。通过细致地思考与分析可以发现，《草案》回避了目前司法实践中亟须解决的诸多问题，特别是对于侦查程序中搜查、查封、查询、扣押、冻结等最易侵犯被追诉人财产权利、在实践中问题丛生的侦查措施，《草案》并未展开实质性的制度调整。

郭书原：您能具体谈谈这个问题吗？

左卫民教授：好的。首先，侦查程序中的财产强制行为并未得到有效的司法控制。从司法实践来看，滥用和不当使用搜查、扣押权，是继刑讯逼供、高羁押率之外我国所面临的一大问题。虽然侦查机关、检察机关等实务部门已开始认识到这一问题并采取了相应措施。但这显然不够。审前程序中的搜查、查封、扣押、冻结等限制财产行为依旧采取内部行政审查方式进行控制，这种明显违反司法公正理念的方式早已遭致学者的诟病。此外，虽然对上述侦查措施存在一些外部性控制手段，如检察机关可以通过侦查监督方式纠正侦查机关的违法行为，甚至人大代表被邀请参与监督，但这些方式并非诉讼法上的程序性制裁，既不符合司法公正的理念，而且其强制力也明显不足，无法达到有效保护被追诉人财产权利的作用。

其次，对于侦控机关违法侵害被追诉人财产权利的行为缺乏有效的程序性制裁包括惩罚后果，同时，被追诉人申请救济的措施也并不完善。对于侦查机关、检察机关进行违法搜查、查封、扣押、查询、冻结被追诉人财物的行为，现行刑事诉讼法并未规定程序性制裁的惩罚后果。虽然"两个证据规定"及《草案》规定的非法证据排除规则中涉及了对严重影响司法公正情形下的非法物证的排除，但由于对何谓"严重影响司法公正情形"的判断较为主观、模糊，难以在实践中运作，因此，程序性制裁也注定将处于无效或基本无效状态。此外，《草案》规定，当被追诉人认为司法机关及其工作人员侵犯其合法的财产权益时，只能向该司法机关申诉或者控告。这一规定也具有不完善之处，明显违背了"任何人不能做自己案件的法官"的司法公正理念。

再次，被处置财产的权属认定和处理程序不完善。《草案》虽然明确规定"人民法院在判决中应当对查封、扣押、冻结的财物及其孳息的处理作出决定"，但事实上这只是针对已进入法院审判的案件及法院所知晓的扣押财物而言。司法实践中，有一部分案件通过程序分流的方式被阻挡在审判程序之外，如在公安机关撤销案件，或者检察机关终止追诉等情况下，对已经扣押的"赃款赃物"，追诉机关不申请法院裁定而是自行处理时，立法并没有赋予被追诉人相应的司法救济权。此外，在追诉机关未向法院移送或少移送赃款赃物或其清单的情况下，法院对有关赃款赃物并不知情，也就不可能在判决中对其性质作出认定，被告人对追诉机关没收"赃款赃物"的做法无法寻求司法救济。

最后，某些具体操作规程仍稍嫌粗疏，对实践需求的供应不足。这主要体现在针对审前程序中侦控机关的搜查、查封、扣押、查询、冻结等侦查行为的控制，没有明确、统一的操作规程，或即使存在也过于粗疏，以至于实践中的问题依旧无法得到有效解决。对此，我通过对搜查运行机制进行实证研究发现，在中国，无论是立法、司法实践还是理论研究，搜查制度都没有得到足够重视，实践中的规避与替代行为频频发生。同时，目前也有调查和研究发现，实践中存在的侵犯被追诉人财产权利的行为主要涉及扣押赃物的范围过宽等明显侵犯个人财产权利的具体问题。《草案》虽然涉及了扣押物未及时返还这一问题并提出了一些操作规程，但仍旧比较流于形式和抽象化，且并未对扣押赃物的范围设定一个科学合理的范围或标准，这无疑是《草案》的缺憾。

郭书原：除了"价值取向的明确度不够"、"对实践问题的回应不够"，《草案》在强化对被追诉人财产权利的保障中还存在其他问题吗？

左卫民教授：还有一个问题，也就是第三个问题，即《草案》新设被追诉人违法所得没收程序的问题。对于该程序的定性，目前不少论者认为其事实上确立了我国刑事诉讼的"缺席审判"制度，但同时也有学者认为这并不是确立了缺席裁判，中国目前确立缺席裁判的条件还不成熟，并且许多国家废除了这一制度，因为不利于权利保障、证据也不好收集。我认为，不管对该程序如何定性，目前都有如何看待与设计刑事被告人、嫌疑人违法所得没收的公正程序问题，处理不好在实践中极有可能导致权力滥用与制度异化。

郭书原：为什么您会如此认为呢？

左卫民教授：首先，将违法所得没收程序规定在刑事诉讼之中，理论上尚需推敲。从逻辑上来讲，犯罪嫌疑人与被告人均属于尚未被法院确定有罪的行为人，在其尚未到案的情形下，推定其自愿放弃了基本诉讼权利，这明显侵犯了犯罪嫌疑人和被告人的辩护权。对此，理论界虽有一定辨析，但并未完全厘清。综观法治发达国家的相关规定，可以发现，正是基于对上述理论逻辑不统一的反思，在解决被追诉人死亡、外逃或者故意缺席刑事审判情况下其违法所得如何处理的问题时，美国、英国、澳大利亚等国家都将其纳入民事程序中予以规范。如美国确立了独立的民事没收制度，明确规定，对于任何财产，无论是不动产还是动产，只要能够证明该财产构成、起源或者来自于直接或间接通过犯罪取得的收益，即可单独地对之实行没收；英国《2002 年犯罪收益追缴法》明确将"意图用于非法行为的现金"列为可通过民事诉讼进行追缴的财物范围；澳大利亚《2002 年犯罪收益追缴法》虽然将被用于或者被意图用于实施犯罪的财物单独定义为"犯罪工具"，但是，对于与某些特定犯罪（如恐怖主义犯罪）相关的犯罪工具，则与犯罪收益一样适用民事没收制度。因此，《草案》在刑事诉讼法中确立这一违法所得没收程序不仅在理论上存在逻辑缺陷，同时也与法治发达国家先进司法经验相悖，值得反思。

其次，即便理论上能够解决将财产没收程序纳入刑事诉讼法的问题，《草案》的这一规定本身也存在不足，主要体现在"等重大犯罪案件"这一口袋条款的存在，为侦查机关在实践中任意解释和越权操作留下了空间。概因该程序是一种以"推定被追诉人自愿放弃诉讼权利"的方式剥夺其辩护权的制度，在此情形下，若不严格限制其适用，有可能导致制度在实践中被滥用，侵犯被追诉人的合法财产权利。

郭书原：听了您刚才的介绍和评析，感觉《草案》在对于被追诉人财产权利保护的问题上虽有突破，但也存有不少缺憾，那么您对此有何建言？

左卫民教授：近代以来，财产权利作为一项基本人权的观点已经得到域外法治发达国家与国际社会的广泛认可，以人权保障为主要价值取向之一的《刑事诉讼法》对财产权利的着重保护理应是当然之举。在"财产社会"到来的中国语境下，《刑事诉讼法》再修改强化对被追诉人财产权利的保护这一命题应予以重视。但正如朱苏力所言，中国法治最需要的也许是时间。我们不可能在某一个时间节点就完成西方国家数百年的法治历程，中国刑事诉讼制度的法治化包括对财产权利保障体系的法治化架构尚有基于国情的漫长道路需要跋涉。因此，立法必须展开继续不断的制度调整与完善。当然，在考虑中国社会整体变迁的语境下，刑事诉讼法的修改也需要借鉴域外法治经验，并且需要符合国际社会对财产权保护的普遍要求。

首先，我们要考察、借鉴域外法治经验。保护财产权，包括在刑事诉讼程序中保护被追诉人的财产权利是域外法治发达国家的普遍做法。其举措既直接为中国所参照，也在某种程度上超越意识形态的左右之争而得到公众支持。以美国为例，美国宪法与刑事诉讼法律对被追诉人财产权利的保障较为完整与全面，联邦宪法第四修正案明确规定："人民的人身、住宅、文件和财产不受无理搜查和扣押的权利，不得侵犯。除了依照合理根据，以宣誓或者代誓宣言保证，并具体说明搜查地点和扣押的人或物，不得发出搜查和扣押令。"而宪法第四修正案的内容在美国法律体系中一直都被视为刑事程序的重要组成部分。在德国，由于搜查和扣押经常影响到人的职业自由以及财产权利，因此，《德国刑事诉讼法》第 98 条规定，"是否扣押，只允许由法官决定，在延误就有危险时也可以由检察院和它的辅助机关作出决定。但对于在编辑部、出版社、印刷厂或者广播电视台的扣押，只能由法官决定"。也即对于扣押财物的行为实行司法审查，以加强对警察侵犯被追诉人财产权利行为的监督。由此观之，不管英美法系还是大陆法系，其刑事诉讼程序中均注重对被追诉人财产权利的保护，尤其是针对侦查阶段警察的搜查、扣押等行为更实行高规格的司法化规制。在迈向法治社会的进程中，域外法治发达国家的经验显然已经影响并从某种程度上改变了公众对我国法律制度的诸多看法，尤其是对于财产权利的保护，因其目前超越了意识形态的左右之争，更引起公众关注。因此，刑事诉讼法强化被追诉人财产权利保护程序机制的当前修改有其相当的必要性，而域外法治发达国家的相关经验也值得我们借鉴、参照。

其次，国际法律文件的相关要求更是思考如何建设与改革财产权保护制度的重要参考。保护财产权的国际压力对于刑事诉讼法加强对财产权的观照也不无影响。1948 年联合国大会通过的《世界人权宣言》第 17 条明文规定："（一）人人得有单独的财产所有权以及同他人合有的所有权。（二）任何人的财产不得任意剥夺。"在当前，中国人权状况的某些方面一直遭受域外某些国家的诟病，尽管许多批评是恶意与无理的。要改变这种状况，必须不断深入调整和完善法律制度，尤其需调整我国刑事诉讼相关制度。由于现行刑事诉讼制度对人身权利保护的制度完善已取得一定进步，并不断深化，因此，需要把部分重心置于比较薄弱的财产权利保护制度的调整上。在当前中国力图树立更好的国际形象，充分融入国际社会为重要追求的背景下，这一调整也凸显其重要性、紧迫性。

考虑我国社会整体变迁的背景、域外法治国家的司法经验及国际法律文件的相关规定，我认为，对于被追诉人财产权利的保护，刑事诉讼法的再修改应当遵从人权保障的价值理念和司法公正的诉讼理念，从而展开具体的程序性设计。一方面，刑事诉讼法首先需要明确确立财产权保护的重要地位，以符合人权保障理念全面化、完整化与均衡化的要求；另一方面，在积极稳妥推进改革的情形下，此次刑事诉讼法修改的《草案》也应当进一步调整相应的程序性机制。

郭书原：那么您认为具体的程序性设计应该是怎样的呢？

左卫民教授：具体而言，包括如下几点：

其一，人权保障均衡化、完整化的理念需进一步明晰。自财产权上升到一种基本人权之后，人权保障的涵括范围已不断扩展。因此，刑事诉讼法应当在价值理念中明确人权保障包含对被追诉人人身权利和财产权利的保障。事实上，从制度变迁的历史轨迹与应然趋势来看，刑事诉讼法的这一次修改以及此后的修改已经到了注重对财产权利的保护，均衡人权保障理念并使之完整化的时刻。我国 1979 年《刑事诉讼法》解决了新中国刑事诉讼制度史上规范文本欠缺的问题，具有进步意义；1996 年首次修改的刑事诉讼法，主要解决以人身自由权利及其相对应的公正审判的程序权利为中心的保障体系问题。而在社会背景变迁、域外法治国家经验的影响双重作用的状况下，此次刑事诉讼法的修改以及此后的刑诉法再修改，注重解决被追诉人财产权利的保障问题应当是符合制度变迁的历史轨迹和应然趋势的。

具体的改革建议是，在总则部分规定犯罪嫌疑人、被告人或其他利害关系人的合法财产权利不受侵犯，从而真正实现价值取向上从以人身权利为中心到人身权利与财产权利并重的方向转变，保障宪法规定的基本人权的全面实现。当然，即便不能像某些国家那样将对被追诉人财产权利的保护上升到宪法高度并以此指导刑事诉讼的制度与实践，至少也要在刑事诉讼法的修改思路中确立这样一个价值取向，并以此来完善刑事诉讼制度的程序架构并指导未来的刑事司法实践。

其二，建立侦查阶段财产限制行为的准司法化审查机制。在侦查阶段，基于公共秩序的需要，对财产权利的限制是可以的，只不过因其极易在此阶段受到权力机关的侵犯，因此，必须要有司法化的监督与防范。目前，侦查机关对被追诉人财物采取搜查、查封、扣押、查询、冻结等侦查行为时采取的是内部审核的形式，这种方式违背了司法公正的基本要求，应该逐步限制并取消。我认为，本着积极稳妥推进的原则，目前至少应该在对大额财产或可能严重影响被追诉人生活、工作的财产采取措施时，实行准司法化的审查，由检察机关来审查和监督侦查机关的行为。

其三，完善对侦查机关、检察机关违法使用搜查、查封、扣押、查询、冻结等措施时的程序性制裁后果。如有可能，对非法证据排除规则中排除物证时的认定标准——严重影响司法公正的情形——进行明确，以此来控制侦控机关违法适用上述侦查措施的欲望。

其四，完善对被追诉人的救济措施。目前，司法实践中存在较普遍的问题是对作为证据的财物长时间扣押或不及时返还，严重影响了所有人合法财产的使用权与收益权。针对该问题的解决，一方面，应当遵从司法公正理念，针对侦查机关、检察机关不予以返还合法财产的行为，规定被追诉人可以申请法院处理。需要注意的是，我国现行行政诉讼法明确规定对于刑事司法行为不能提起行政诉讼，同时，对于司法机关的这些侵权行为也不能提起民事诉讼。换言之，对于该问题的解决事实上缺乏程序设计。因此，可以考虑在刑事诉讼法中设立一个独立的财产处置特殊程序，规定被追诉人及其近亲属、利害关系人认为其诉讼中的合法财产遭致司法机关侵犯时，可以向法院申请解决，同时，将《草案》设立的违法所得没收程序纳入进来统一规划。如此也能解决程序分流没有进入审判阶段的案件中、追诉机关未向法院移送或少移送赃款赃物或其清单的情况下，被强制的财产的权属认定和处理程序不完善的问题。另一方面，诉讼进程中，在扣押、冻结财物作为证据确有必要的情况下，也应当视情形将被追诉人的合法财产予以暂时返还，以保障其使用权和收益权。对此，可借鉴日本的做法建立暂时返还制度，如日本《刑事诉讼法》第123条第2款规定，所有人可以提出暂时退还的请求，检察官在公诉提起后对于扣押物，为了尽可能让被告人和辩护人利用这些证据物，应当考虑灵活适用有关扣押物返还和暂时返还的规定。

其五，审判阶段，由于违法所得没收程序的首要目的在于保障被害人和国家的财产权利，如若该程序适用范围过宽或者其具体规定不明确、细致，极易导致侵害被追诉人的合法财产权利。因此，建议进一步完善该没收程序，严格限制其适用范围。首先，应该去掉"等重大犯罪案件"这个口袋，这种"宜粗不宜细"的立法风格应予以改变；其次，若运用查封、扣押、冻结等侦查措施便可限制犯罪嫌疑人或被告人的资金流动和移转的，最好不要一年期满后便没收其财产。当然，还需要指出的是，是否在没收财产的司法程序中首先明确设置被追诉人法律责任的确认阶段，也可以思考。长远来看，在条件成熟时，可考虑是否将违法所得没收程序剔除出刑事诉讼法，建立一种类似于美国民事没收程序的、独立的财产没收制度。这或许既能解决理论难题，也能较好地回应现实需要。

其六，对能够细化的操作性条款进一步细化。比如，明确设定扣押财物的范围或标准等。因为《刑事诉讼法》涉及的是多个利益部门的博弈，因此不能过于指望等待《刑事诉讼法》修改后，再以司法解释的方式进行细化，那样依旧会导致立法规范不统一，实践中矛盾冲突不断凸显的问题出现。

郭书原：让我们进一步关注和解决被追诉人的财产权利的问题，在未来能够建构更契合人权保障要求的程序性保障机制。感谢您接受我们的采访。

王敏远简历：

汉族，1959 年 11 月生于浙江杭州。1982 年西南政法学院（现为西南政法大学）法学学士，1985 年中国政法大学法学硕士；1985 年至 1987 年在全国人大法工委刑法室工作；1987 年至今在中国社会科学院法学研究所从事法学研究。现为中国社会科学院法学研究所研究员，中国社会科学院研究生院法学系博士生导师。

主要社会兼职为：中国法学会刑事诉讼法学研究会副会长、最高人民检察院专家咨询委员。主要研究领域为：刑事诉讼法学。曾在《法学研究》、《中国法学》、《中外法学》、《政法论坛》、《法学家》、《法学》等杂志上发表论文 60 余篇。主要代表作有《刑事司法理论与实践检讨》、《一个谬误、两句废话、三种学说——对案件事实、证据的哲学、历史学分析》。

关于《刑事诉讼法修正案（草案）》的若干修改意见

——访中国社会科学院法学研究所
研究员、博士生导师　王敏远

　　郭书原：王教授您好！2011 年 8 月 30 日全国人民代表大会常务委员会审议了《刑事诉讼法修正案（草案）》（以下简称《草案》），并向社会公布以征求意见，这是继 1996 年修改刑事诉讼法之后，我国为刑事诉讼法趋于完善所作出积极努力的一种展现。您作为专家，肯定对刑事诉讼法的修改有很多建设性意见，所以今天我们想请您详细谈谈您的看法。

　　王敏远教授：好的。

　　郭书原：目前《草案》公开征求意见后，仍有很多争议。您从总体上是如何看待这次《草案》的呢？

　　王敏远教授：最近公布的《草案》在一定程度上回应了我国社会政治、经济等各方面的进一步发展和继续改革开放的需要，从《草案》的内容来看，多数修正条款对完善我国刑事诉讼法也是具有积极意义的，应当予以肯定。但是，从进一步完善我国刑事诉讼法，推进法治进程、规范职权机关和加强保障人权以适应我国社会现实及发展需要的角度分析，《草案》还有应予修改、补充的内容。

　　郭书原：无论法律如何变革，总有指导变革的原则，您认为在修改和补充我国刑事诉讼法这一方面有没有原则呢？

　　王敏远教授：我认为是有的。总的来说，在依据宪法的基础上，《草案》应当进一步吸收这些年来全国人大及其常委会通过的法律、经过实践检验的司法解释所规定与刑事诉讼相关的内容，尤其是其中对于我国刑事诉讼法的完善具有积极意义的内容。比如，全国人大常委会通过的《律师法》、《关于司法鉴定管理问题的决定》、"两院三部"颁布的关于刑事证据的"两个规定"。其中的一些内容并未被《草案》所吸收。

郭书原：根据您提到的这个原则，您认为当前的《草案》应该有哪些部分需要修改和补充呢？

王敏远教授：我认为当前的《草案》还有十个方面需要进一步完善。一是刑事诉讼的任务和基本原则方面，二是强制措施和侦查方面，三是证据方面，四是辩护制度方面，五是未成年特别程序方面，六是移送案卷方式方面，七是死刑判决方面，八是刑事和解方面，九是社区矫正方面，十是刑讯逼供方面。

郭书原：您有十个方面的建议，那么接下来我们就根据您这些方面的先后顺序向您请教吧。

王敏远教授：好的。

郭书原：刑事诉讼法的任务和基本原则贯穿刑事诉讼法制定、执行及完善的整个活动中，有牵一发而动全身的影响。实务界与理论界也都一直对刑事诉讼法的任务和基本原则的现行规定有着诸多争议，《草案》并未涉及这一方面，您能谈谈您的看法吗？

王敏远教授：好的。《草案》确实未涉及刑事诉讼的任务和基本原则的修改。然而，由于现行刑事诉讼法的规定存在需要完善的内容，因此，我建议增加对这个部分的修改。主要包括三项内容：

首先是《刑事诉讼法》第一条的规定。我国现行《刑事诉讼法》第一条规定："为了保证刑法的正确实施，惩罚犯罪，保护人民，保障国家安全和社会公共安全，维护社会主义社会秩序，根据宪法，制定本法。"对此，《草案》未作修改。《刑事诉讼法》现行规定已经不适合我国《刑事诉讼法》所应规定的"任务"，《草案》应当反映新宪法所规定的"尊重和保障人权"的精神。而宪法所规定的"尊重和保障人权"的精神，最需要鲜明地体现在《刑事诉讼法》之中。所以《刑事诉讼法》第一条应该修改为："为了保证刑法的正确实施，控制犯罪，保障人权，根据宪法，制定本法。"

其次是无罪推定原则。现有规定对无罪推定未予明确肯定，而这项原则是现代《刑事诉讼法》的基石，应当予以明确规定。我们不应再将无罪推定仅仅视为"推定"，以至于主要从认识论的角度来看待。无罪推定原则是各相关国际公约的基本内容，有的公约我国已经批准参加，我国的刑事诉讼法应当予以肯定。我国现行《刑事诉讼法》第十二条规定："未经人民法院依法判决，对任何人都不得确定有罪。"这一规定与"无罪推定"原则相去甚远，而《草案》也没有明确规定"无罪推定"原则，所以我建议《刑事诉讼法》第十二条修改为"任何人在人民法院依法作出生效判决之前，都应当被视为无罪"。

最后是禁止双重危险原则。禁止双重危险原则是国际人权公约的规定，现代各国普遍予以明确肯定。对此，我国刑事诉讼法应当予以规定，而我国现行的刑事诉讼法以及《草案》中都没有禁止双重危险原则。所以，我认为应当增加一条规定作为其中一项基本原则，即"任何人已依法律及刑事程序被最后定罪或宣告无罪，不得就同一罪名再予审判或惩罚"。至于规定这项原则之后对我国刑事再审程序的影响，也应一并考虑。当然，如果因为时间紧迫，刑事再审制度的全面完善也可以在今后的进一步修改中予以考虑。但法院主动提起的不利于被告人的刑事再审应当禁止，因为这与其职责不符。

郭书原：《草案》中关于强制措施和侦查这方面作了较多修改，如修正案草案规定："将第七十一条改为第九十二条，第二款修改为：'逮捕后，应当立即将被逮捕人送看守所羁押。除无法通知或者涉嫌危害国家安全犯罪、恐怖活动犯罪等严重犯罪，通知可能有碍侦查的情形以外，应当把逮捕的原因和羁押的处所，在逮捕后二十四小时以内，通知被逮捕人的家属。'"那么，您是如何看待修正案草案中关于强制措施和侦查所作的修改呢？

王敏远教授：在强制措施和侦查方面，我认为《草案》仍需完善。例如你刚才提到的这一条我是不赞同的。危害国家安全等刑事案件的诉讼程序，不应予以过于特别的规定，因为刑事诉讼法应奉行无罪推定及程序法定等基本原则，宗旨应是规范职权、保障权利，对此，不应因为案件种类的差异而有根本的不同。就如同刑法规定罪与刑应遵循基本原则，不应因为危害国家安全等犯罪的性质严重而一律规定重刑一样，按照刑法的规定，该类罪甚至可以适用拘役等轻刑。以上是我对危害国家安全等刑事案件的诉讼程序这方面的看法，除此之外，还有五个方面需要进一步完善。

第一，对于指定居所的监视居住应设置司法审查程序。指定居所的监视居住可能引发的问题较多，如果不予严格限制，《草案》所规定的诸如"审讯应当在拘留所进行"的规定，其可能产生的积极意义，将会受到影响。

第二，通知家属不仅是职权机关的责任，也是被羁押人的权利。因此，对被采取强制措施的人，应增加规定"保障其自己通知其家属的权利"。

第三，"有碍侦查"不应是不通知的理由；即使在危害国家安全等刑事案件中，因为通知了家属而"有碍侦查"这种情况也十分罕见；另外，即使"有碍侦查"，也不能在通知问题上规定无时间限制。

第四，拘传期限不应改为 24 小时，这样长的时间，不符合拘传的本意，而且，不在看守所同时长时间的审讯会为刑讯逼供提供机会。这样做，既无多大实际意义，也有一种倒退的迹象。

第五，技术侦查应规定检察机关的审查。一方面，审查机关与执行机关的分离有助于防止滥用；另一方面，这样规定符合检察机关的职能定位。至于秘密侦查是否需要在刑事诉讼法中规定以及如何规定，应再研究。不宜与技术侦查同条规定。两者的性质及相关程序设置并不相同。

郭书原：《草案》除了对强制措施和侦查方面作了较多修改外，对证据的形式、证明责任、非法方法证据的排除以及证人、被害人的作证保护等方面作了修改。您认为对证据方面还有哪些需要修改或补充的？

王敏远教授：《草案》对证据方面作了较大修改，但我也有些自己的看法。

第一是关于证据形式的规定。现行刑事诉讼法和《草案》都列举了证据的形式。我认为这是没必要的。一方面，详细列举没有必要；另一方面，这样的列举总会有遗漏。而且，历史证明，证据形式是个发展变化较快的概念。这是其他国家一般都不以列举的方式规定证据形式的重要原因。所以《刑事诉讼法》第四十七条应该修改为"可以用于证明案件事实的材料，都是证据"。

第二是关于证明责任的规定。新的《草案》已经取消了被告人负举证责任的规定。我认为证明有罪的责任由控方承担应是不能动摇的原则。辩护方只是在特定的情况下对无罪有形式意义上的"举证责任"。两者不应混淆。

第三是关于证人保护的规定。证人保护应体现在所有刑事案件中，只是保护的条件、方式因案件不同有所区别。《草案》所规定的是特殊案件的证人保护，在其他案件中，如果有证据表明需要予以保护的，也应提供保护。

第四是关于亲属拒绝作证的规定。亲属拒绝作证的权利应予以进一步规定，不应仅限于可以拒绝出庭作证。一方面，依靠亲属作证才能破案不应鼓励；另一方面，父母、子女等可以拒绝作证这既是法律遗产，也是现代法律的精神体现。

第五，辩护律师掌握的无罪证据，在审前告诉控方，是一种权利，而非义务。《草案》将其规定为一种责任，会产生对辩护不利的后果。例如，佘祥林案件控方要抓捕目击"受害人"张在玉还活着的村民，就使辩护方失去了重要的证人。

郭书原：在刑事诉讼中，有控诉就有辩护，辩护制度对刑事诉讼程序的平稳运行起着巨大的平衡作用。在我国目前的辩护制度中，对"不被强迫自证其罪"、我国《刑法》第三百零六条以及证据开示制度也有着较大争议。您能结合《草案》谈一谈您的看法吗？

王敏远教授：好的。自我辩护是权利，不是责任。我认为应当取消"如实供述"。该规定的历史使命已经完成，其弊端日趋显现。不被强迫自证其罪规定的表述应当与国际公约的规定一致。《公民权利和政治权利国际公约》第十四条第三款第庚项规定："不被强迫做不利于自己的证言或强迫承认犯罪。"

对于《刑法》第三百零六条追诉辩护律师这方面，我认为应设置两个程序性限制条件。一是应在该辩护律师所经办的案件的裁判生效之后；二是应由异地的公检法机关办理。

至于证据开示的问题，《草案》并未规定证据开示程序，因此，我认为如何保障辩护律师的"先悉权"是个需要解决的问题，尤其是对控诉方隐瞒相关证据的，应设定程序性后果。例如，对隐瞒有利于被告人的证据等情况，应规定延期审理、发回重审或者提起再审等程序性后果。

郭书原：未成年是社会中的特殊人群，也是需要保护的弱势群体，我国《宪法》、《未成年保护法》等法律都对未成年作出了给予保护的规定。在刑事诉讼中，较之成年人犯罪，未成年犯罪有着不少特殊之处。《草案》又将未成年人犯罪案件诉讼程序作为第五编第一章予以规定，您是怎样看待的？

王敏远教授：对此我有三点看法。首先，《草案》所规定的原则是实体法原则，虽然也可以规定，但其适用应有相应的限制，比如，未成年人认罪并确认该认罪系自愿、真实后或在判为有罪之后适用。我认为应当规定程序法特有的原则，如未成年人特别保护原则等。

其次，应当对未成年人设置更加严密的保障措施。例如，强制性的合适成年人在场制度、律师在场制度、讯问全程录音录像以及特别严厉的非法证据排除规则，以有助于保障未成年人的合法权益。

最后，对未成年人适用附条件起诉的刑期应可以延长到三年有期徒刑，以有利于对这些符合条件的未成年人的特别保护。

郭书原：死刑的存废备受实务界、理论界甚至社会的争议，与死刑相关的问题也显得尤为重要，您是如何看待在刑事诉讼中的死刑判决的？

王敏远教授：鉴于死刑裁判应当建立在确实、充分的证据基础之上，应以无可争辩的事实为前提，也就是对事实没有其他解释，应当有效排除合理怀疑，因此，需要对死刑案件的评议作出特别规定。一是应当对死刑案件的评议分为事实、证据可否认定和是否适用死刑这两个部分；二是对事实、证据可否认定的评议，应当适用"全体成员认识一致"的原则，而不应是普通案件评议所实行的"多数原则"。如果对事实和证据尚存在疑问，即使这是少数人的疑问，也意味着证据的确实、充分尚未达到，或者对事实可以有其他解释，因此，不能判处死刑。这是预防、避免死刑案件出现不可挽回的错误的程序基础。

郭书原：刑事和解在我国已经有较长时间的实务探索，有学者赞同，有学者反对，您可以谈谈对刑事和解的看法吗？

王敏远教授：好的。对有受害人的案件，原则上都应允许和解。可以刑事和解的案件不要限制过严。需要严格限制的是因为和解而对刑罚产生的影响以及因为和解而终结诉讼的情况应严格控制。此外，对刑事和解及其对刑事实体法和程序法的影响应分开规定，这样，既符合促进社会和谐的需要，也与法治的精神相符。

郭书原：关于社区矫正的方面，《草案》将第二百一十七条改为第二百五十五条，修改为："对于被判处管制、宣告缓刑、假释或者暂予监外执行的罪犯，依法实行社区矫正，由社区矫正机构负责执行。"您认为还需要补充或修改吗？

王敏远教授：我认为社区矫正机构应当明确规定，以便立法之后的顺利执行。建议由各级司法行政机关负责。这样规定，一方面与其职责相符，另一方面已经有相应的实践经验。

郭书原：您刚才谈到《草案》中刑讯逼供方面也是需要完善的，那么您认为需要怎样修改呢？

王敏远教授：关于刑讯逼供的规定应当与相关国际公约的规定一致，即应规定为"严禁使用任何使人在肉体或精神上遭受剧烈疼痛或痛苦的方法收集证据"。这样规定，既符合现实中禁止刑讯逼供的需要，也与联合国《禁止酷刑和其他残忍、不人道或有辱人格的待遇或处罚公约》的规定一致。

郭书原：王教授，您的回答非常精辟，相信您的建议会十分有益于我国刑事诉讼法的修改，感谢您接受我们的采访。

顾永忠简介:

　　1956 年生,河北人。当过知青、工人、刑警。1978 年起上大学,先后获哲学学士、刑法学硕士、诉讼法学博士学位。现任中国政法大学诉讼法学研究院副院长、教授、博士生导师,兼任中国法学会刑事诉讼法学研究会秘书、常务理事,中国法学会审判理论研究会理事,中华全国律师协会刑事专业委员会副主任。

　　在中国政法大学诉讼法学研究院主要从事刑事诉讼法学、刑事司法改革、律师制度与律师实务等方面的研究与教学工作,期间从事律师 10 年。先后参编、主编、独立出版法学论著、教材及其他书籍 30 多部,在《中国法学》、《法学研究》、《现代法学》、《法学家》、《中外法学》、《法律科学》等报刊上发表论文、文章 40 多篇。主持国家社科基金项目、教育部人文社科基地重点研究项目等 7 项。

关于《刑事诉讼法修正案（草案）》
部分问题的修改意见

——访中国政法大学教授、博士生导师　顾永忠

郭书原：顾教授您好！作为一名从事刑事法律教育、研究及实务工作近30年的学者，您对刑事诉讼法的再修改高度关注，并积极参与，建言献策，今天能否就《刑事诉讼法修正案（草案）》（以下简称《草案》）谈谈您的个人看法。

顾永忠教授：好的。我国《刑事诉讼法》的再修改，历经第十届、第十一届全国人大纳入立法规划和长期准备，于 2011 年 8 月形成《刑事诉讼法修正案（草案）》提交第十一届全国人大常委会第二十二次会议审议。会后公布于众，征询社会各界的意见。此举充分体现了民主立法，重视民意的精神。经反复、认真通读《修正案（草案）》，我认为此次修改在总体上应当充分肯定，体现了惩罚犯罪与保障人权并重、实体公正与程序公正兼顾、公正优先兼顾效率的修法精神，但仍存在一些问题。

郭书原：您认为哪些地方存在问题？

顾永忠教授：一是我认为刑事诉讼法不仅要"惩罚犯罪"，也应"保障人权"。比如修正后的第一条："为了保证刑法的正确实施，惩罚犯罪，保护人民，保障国家安全和社会的公共安全，维护社会主义社会秩序，根据宪法，制定本法。"我建议修改为："为了保证刑法的正确实施，惩罚犯罪，保障人权，在刑事诉讼中实现实体公正和程序公正，提高诉讼效率，根据宪法，制定本法。"

郭书原：您的修改建议理由是什么？

顾永忠教授：第一条源自现行《刑事诉讼法》，没有修改。其中"根据宪法，制定本法"，正确表明了立法根据，不需修改。但对立法目的的表述尚不完整，"为了保证刑法的正确实施，惩罚犯罪，保护人民，保障国家安全和社

会公共安全，维护社会主义社会秩序"只反映出《刑事诉讼法》为刑法服务的工具价值，没有体现出《刑事诉讼法》维护程序正义的独立价值。我提出上述修改建议，言简意赅，意图充分表明刑事诉讼法的双重价值功能及立法目的。

其一，"为了保证刑法的正确实施"足以表明刑事诉讼法服务于刑法的工具价值，应予保留。但其后"保护人民，保障国家安全和社会公共安全，维护社会主义社会秩序"的内容，实为《刑法》第二条规定的刑法的任务，已含在"为了保证刑法的正确实施"之中，没有必要在刑事诉讼法中重复规定，故予删除。

其二，将"惩罚犯罪"之后的"保护人民"改为"保障人权"，一是因为"保护人民"是刑法的立法目的已规定在《刑法》第一条中；二是因为"人民"属政治概念，现阶段难以界定，如"人民"中是否包含"犯罪嫌疑人、被告人"就会发生分歧；三是"国家尊重和保障人权"已写入《宪法》，而刑事诉讼活动及结果直接涉及限制、剥夺公民的人身权利、财产权利及其他合法权益，以《宪法》作为其制定根据的《刑事诉讼法》理应旗帜鲜明、开宗明义地把"保障人权"作为其立法目的之一。

其三，增加"在刑事诉讼中实现实体公正和程序公正，提高诉讼效率"，集中表达了刑事诉讼法不同于刑法的特殊性，不仅要追求实体公正，也要追求程序公正，还要兼顾诉讼效率，要在刑事诉讼中体现程序正义的价值，这对于克服司法实践中迄今仍然存在的重实体、轻程序，以实体冲击程序的现象有重要意义，也与《修正案（草案）》中彰显程序正义的诸多新规定，如非法证据排除规则相吻合。

郭书原：伴随着人权保障国际化的趋势，无罪推定原则已成为国际社会通行的刑事诉讼原则中最为重要也是最受关注的一个原则。是否推行这一原则，已成为各国衡量民主法治发展程度和刑事司法领域中人权保障的重要标志之一。此次《草案》第十二条"未经人民法院依法判决，对任何人都不得确定有罪"的规定是否符合无罪推定原则的要求？

顾永忠教授：我认为《草案》已符合无罪推定原则。

无罪推定原则在我国刑事诉讼法上是否已经确立，是否应当确立，在理论界一向有分歧，在国际上也备受关注。在1979年刑事诉讼法中，犯罪嫌疑人、被告人被视为"人犯"，法院一旦决定开庭即已认定被告人有罪。1996年刑事诉讼法在此问题上进行实质性修改，确立了人民法院定罪原则，取消了检察机关具有定罪性质的免予起诉权，还明确规定了疑罪从无原则，改"人犯"称谓为"犯罪嫌疑人"等，于是有人认为我国已确立无罪推定原则。但是，也有人指出，1996 年刑事诉讼法的修改只是吸收了无罪推定原则的精神，并没有确立无罪推定原则，一是因为无罪推定原则的一些基本要求还没有做到，二是从文字表述上看第十二条的规定，只是确立了法院定罪原则，并非无罪推定原则。

郭书原：那么我国刑事诉讼法是否应当确立无罪推定原则？

顾永忠教授：我认为答案应当是肯定的。并且从《修正案（草案）》的现有规定来看，可以认为实质上已经确立了无罪推定原则。

首先，无罪推定原则是现代刑事诉讼的基石，是国际社会公认的刑事诉讼最重要的原则。在联合国《世界人权宣言》、《公民权利和政治权利国际公约》中，都对无罪推定原则有明确的规定和表述。我国已于 1998 年 10 月签署《公民权利和政治权利国际公约》，虽然我国立法机关迄今尚未批准该《公约》，但党和国家领导人多次在国内外重大场合明确表示，我国非常重视研究《公约》有关问题，并积极创造条件尽早正式加入《公约》。

其次，根据《公民权利和政治权利国际公约》的专责机构人权事务委员会于 2007 年 7 月在《第 32 号一般性意见》中的解释，无罪推定原则的基本要求是"检方提供控诉的证据，保证在排除所有合理怀疑证实有罪之前，应被视为无罪，确保对被告适用无罪推定原则，并根据这一原则对待受刑事指控者"。

与此对照，《修正案（草案）》的有关规定已完全符合上述要求，但唯一缺乏的是没有在文字上直接表述出无罪推定原则，属于"实至名不归"。既然如此，为什么不可以"实至名归"，旗帜鲜明地确立无罪推定原则呢？

最后，我国签署《公民权利和政治权利国际公约》已近 13 年，截至 2011 年 8 月，世界上已有 167 个国家批准加入《公约》。我国是联合国的创始国之一，又是五大常任理事国之一，改革开放 30 多年来取得了举世瞩目的成就，在国际社会的地位日益重要，影响力越来越大。如果此次刑事诉讼法再修改，正式确立无罪推定原则，无疑将有利于提高我国的国际地位和形象，有利于我国在世界人权斗争中取得主动、有利的地位。

所以，我建议可以明确提出无罪推定原则，将表述修改为："任何人经人民法院依法判决确定有罪之前，应当被视为无罪。"

郭书原：《草案》增加规定犯罪嫌疑人在侦查阶段可以委托律师作为辩护人为其提供法律帮助，您如何看待这个修改？

顾永忠教授：立法不仅要保证被告人，也要保证犯罪嫌疑人获得辩护。此次规定在侦查阶段可以委托律师作为辩护人，是保障犯罪嫌疑人、被告人辩护权的重要体现。不过这里还存在一个问题，就是在这个新规定的基础上，修正后的第十一条"被告人有权获得辩护，人民法院有义务保证被告人获得辩护"

的内容似乎就显得不符合时代精神了。我认为应该将第十一条修改为"犯罪嫌疑人、被告人有权获得辩护，人民法院、人民检察院和公安机关有义务保证犯罪嫌疑人、被告人获得辩护"，并将其移至第十四条作为第一款。

因为第十一条的规定源于 1979 年《刑事诉讼法》第十一条及 1996 年《刑事诉讼法》第十一条，自 1979 年起 32 年没有变化。在 1979 年刑事诉讼法上，诉讼到了审判阶段被告人才能委托辩护人，且只有聋、哑或未成年被告人能够获得指定辩护，审前阶段犯罪嫌疑人不能委托辩护人，更得不到指定辩护。1996 年刑事诉讼法把律师介入刑事诉讼提前到侦查阶段，但律师不是辩护人，只有到了审查起诉阶段才能委托辩护人，但获得指定辩护还是在审判阶段，只是把可能判处死刑的人也纳入指定辩护的范围之中。现《修正案（草案）》不仅扩大了指定辩护的范围，增加了可能判处无期徒刑的人，更重要的是，明确了在侦查阶段犯罪嫌疑人就可以聘请律师为辩护人，还把指定辩护从审判阶段延伸到侦查和审查起诉阶段，对于符合法定法律援助条件的犯罪嫌疑人、被告人，当本人没有委托辩护人时，"人民法院、人民检察院和公安机关应当通知法律援助机构指派律师为其辩护"。在此情况下，第十一条的规定显然已经陈旧过时，不具时代精神，也不符合修正后的有关规定。因此，应当作出上述修改，要求公安、检察、审判三机关都要承担保证犯罪嫌疑人、被告人获得辩护的义务。至于将此规定调整到第十四条并作为第一款，是因为如此修改以后，不适于再保留在第十一条，而移至第十四条则与该条内容完全符合。

郭书原：《草案》在法律援助制度的完善上作了较大修改，不仅在现有三种人的基础上增加了"可能被判处无期徒刑的被告人"，而且将提供法律援助的时间从现在的审判阶段延伸至侦查和审查起诉阶段，您对此有何看法？

顾永忠教授：《草案》扩大了法律援助在刑事诉讼中的适用，显然是很大的进步。但是，"限制刑事责任能力人"和二审程序中的上诉人及被检察机关提起抗诉的被告人，也属迫切需要提供法律援助的人，应当补充进去。

首先，"限制刑事责任能力人"的认识能力、控制能力及自我辩护能力明显不同于正常人，也不比盲、聋、哑人或未成年人强，需要平等对其提供法律援助。而且如果对"限制刑事责任能力人"的鉴定发生错误，一旦将不应负刑事责任的人评定为"限制刑事责任能力人"，就可能铸成严重错案，后果不堪设想。譬如，最近媒体报道河南某地将一名"傻子"判刑三年，受到社会广泛关注。可见，"限制刑事责任能力人"更需要法律援助，以维护他们的合法权益，防止冤错案件发生。

其次，从一般意义上来讲，二审程序的上诉人及被检察机关提起抗诉的被告人比一审被告人更需要提供法律援助。在司法实践中，一审程序中约有

80％以上的被告人是认罪的，对法律援助的需求并不强烈。而在二审程序中上诉人都是对一审判决不服，请求二审法院重审并纠正错判的人，因此对实体公正和程序公正的要求很高，对法律援助的需求更加迫切。至于被检察机关提起抗诉的被告人，他们面对强大的检察机关，非常孤立无援。如果没有律师为其辩护，在诉讼中双方力量悬殊，对他们极其不利。因此，也很需要法律援助。

最后，虽然将以上两种人扩大为法律援助的对象，可能会增加国家司法资源的投入。但从这两种人的现实需求及我国的经济发展水平来看，将他们纳入法律援助范围，国家完全能够承受。一是因为"限制刑事责任能力人"在司法实践中数量是极其有限的；二是有关统计资料显示，我国的上诉及抗诉率一般为15％左右，其中又有50％左右的人自己委托律师辩护，这样对国家提供法律援助的实际需求就是有限的，是国家能够承受的。总之，刑事案件多种多样，对法律援助的需求并非一样，但"限制刑事责任能力人"及二审被告人迫切需要法律援助，应当成为法律援助的对象，纳入第三十四条中。

郭书原： 您认为对于这些问题，还应如何补充？

顾永忠教授： 将修正后的第三十四条规定以及第二百六十四条规定进行完善，将经鉴定评定为"限制刑事责任能力人"和二审程序中的上诉人及被检察机关提出抗诉的被告人纳入第三十四条作为法律援助的对象，当他们没有委托辩护人时，也应当由办案机关通知法律援助机构指派律师为其提供辩护。

郭书原：《草案》对辩护律师会见在押的犯罪嫌疑人、被告人的规定进行了完善，您认为是否全面？

顾永忠教授： 修正后的第三十七条第四款规定："辩护律师会见在押的犯罪嫌疑人、被告人，可以了解案件有关情况，提供法律咨询等；自案件移送审查起诉之日起，可以向犯罪嫌疑人、被告人核实有关证据。辩护律师会见犯罪嫌疑人、被告人时不被监听。"我认为可以修改为："辩护律师会见……自案件移送审查起诉之日起，可以向犯罪嫌疑人、被告人告知、出示案件证据材料，供其辨认、核实有关证据。辩护律师……"第三款规定："危害国家安全犯罪、恐怖活动犯罪、特别重大贿赂犯罪案件，在侦查期间辩护律师会见在押的犯罪嫌疑人，应当经侦查机关许可。上述案件，侦查机关应当事先通知看守所。"我认为可以修改为："危害国家安全犯罪案件、恐怖活动犯罪案件，在侦查期间辩护律师会见犯罪嫌疑人的，应当……"

郭书原： 请您阐述一下您修改建议的理由。

顾永忠教授： 首先，修正后的第三十七条第三款有关律师"自案件移送审查起诉之日起，可以向犯罪嫌疑人、被告人核实有关证据"的规定，应当充分予以肯定，对律师通过与犯罪嫌疑人、被告人会见，就案件事实和证据材料进行充分交流，做好辩护准备，维护司法公正具有重要意义。但是，由于有的执法人员素质还不高，对刑事辩护制度特别是律师辩护抱有偏见，总是想方设法刁难甚至打击、报复辩护律师，仅规定"可以向犯罪嫌疑人、被告人核实有关证据"易于产生误读甚至会被歪曲滥用。如果明白无误、通俗易懂地表述为"可以向犯罪嫌疑人、被告人告知、出示案件证据材料，供其辨认、核实有关证据"，既不会发生误读误解，也不会被歪曲滥用。

其次，考虑到对国家安全和公共安全犯罪的严重危害性，对于律师在侦查阶段会见"危害国家安全犯罪案件、恐怖活动犯罪案件"的犯罪嫌疑人实行侦查机关许可的制度，是可以理解，也是必要的。国外也有这种立法例。但是，将"重大贿赂犯罪的共同犯罪案件"也纳入律师会见犯罪嫌疑人须经侦查机关许可的范围，显然是不当的。其一，贿赂犯罪即使再重大，也不会危害国家安全和公共安全，不应列入律师会见须经许可的特殊范围。其二，何谓"重大贿赂犯罪"含义模糊，我国各级检察机关查办贿赂案件各有权限，在每一级检察机关看来，其所办案件件件都可属"重大"案件。如此以来，该规定势必会被乱用甚至滥用。其三，在押期间不许律师会见，主要是为了获取犯罪嫌疑人认罪口供，但《修正案（草案）》已明确规定"不得强迫任何人证实自己有罪"，试图通过关押并不许与律师会见以获取口供，大有"强迫自证其罪"之嫌，应当取消。其四，我国司法实践中，重大贿赂案件通常都先由纪检监察部门办案后才移送检察机关，此时已取得相当证据，犯罪嫌疑人大多也已认罪。此时，不让其与律师会见，实无太大必要。基于以上，应取消对"重大贿赂案件"的会见许可。

郭书原：您对修正后的第第一百一十七条有什么看法？

顾永忠教授：我认为应修改为：取消第一百一十七条中"犯罪嫌疑人对侦查人员的提问，应当如实回答。但是对与本案无关的问题，有拒绝回答的权利"的内容，保留其他规定。也就是说不得强迫自证其罪排斥"应当如实回答"。

其一，"应当如实回答"的规定，与《草案》第四十九条"严禁刑讯逼供和以其他非法方法收集证据，不得强迫任何人证实自己有罪"的规定是相冲突的。无论在理论上还是实践中，要求已失去自由、处于羁押状态下的犯罪嫌疑人"应当如实回答问题"，是一种人身强制和精神强制的结合，无异于"强迫"其回答问题包括"强迫自证其罪"。

其二，"应当如实回答"的规定，与《草案》第四十八条关于控方应当承担被告人有罪的举证责任的规定是相违背的。"应当如实回答"实质上是强制性地要求犯罪嫌疑人回答侦查人员的提问，无论是承认有罪还是否认有罪，实为让其承担证明自己有罪或无罪的举证责任，这是违反控方应当承担证明被告人有罪的举证责任这一现代刑事诉讼原理和原则的。

其三，取消"应当如实回答"的规定，并不是不可以讯问犯罪嫌疑人，而是在保障犯罪嫌疑人自愿的前提下，通过鼓励让其愿意接受讯问、愿意回答有关问题。因此，应当保留第一百一十七条第二款的规定。这样做与不得强迫自证其罪的规定并不冲突。我们反对的是强迫自证其罪，同时应该保障、鼓励犯罪嫌疑人自愿回答问题甚至自愿认罪。《刑法修正案（八）》第八条已经体现了这一精神。

其四，从实践来看，在侦查阶段犯罪嫌疑人主动认罪或经一定的思想工作后能够认罪的比例一般在 70% 左右。因此，不应担心如果取消"应当如实回答"的规定，犯罪嫌疑人就会一律拒绝回答问题、拒绝认罪，即使在那些法律上确立了沉默权的国家，犯罪嫌疑人真正行使沉默权的比例也不高，60%—70% 的犯罪嫌疑人仍然会回答侦查人员的提问，甚至主动认罪。

其五，"应当如实回答"的规定并无实质意义，因为即使犯罪嫌疑人拒绝回答问题，法律上并没有、也不应该有对其不利的后果，侦查人员对其并无办法，除非进行刑讯逼供，但这又是严重违法和严厉禁止的。

其六，"应当如实回答"的规定对侦查人员的影响主要是心理作用，势必强化其获取口供的欲望，客观上会助长重口供轻其他证据的倾向，以致不择手段甚至刑讯逼供获取口供。取消该规定，引导侦查人员提高侦查能力，把侦查重点放在收集其他证据上，久而久之，形成良性循环，不仅会提升文明办案的水平，而且会提高侦查破案能力，及时打击、惩罚犯罪。比如，今年发生的故宫重大盗窃案，公安机关在查获犯罪嫌疑人之前已收集到大量证据，这应当是我国未来刑事侦查的模式与发展方向。

郭书原：《草案》在证人出庭作证及证人保护等方面有突破，但是否还有不尽完善的地方？

顾永忠教授：从司法实践来看，证人出庭难，不敢出庭作证是主要原因，威胁不仅有来自当事人、社会上的，而且还可能来自办案机关。有的证人出庭作证后，如果对控方不利，侦查或检察机关会在庭后派员找到证人，名为核实证据，实为恐吓、威胁证人，甚至以涉嫌伪证罪为由将证人立案查处。今年发生在北海的四名律师及出庭证人被抓案即是如此。这种情况较之来自当事人、社会对证人出庭作证的负面影响更大，也更可怕，对改善我国证人不愿出庭、不敢出庭的局面极其不利。因此，虽然《草案》增加了一条作为第一百八十七条，但我认为应该在第一百八十七条中再增加第四款："证人、鉴定人出庭作证，控辩双方对证人及鉴定人证言内容有异议的，有权进行询问、质疑，充分表达不同意见及相关理由、根据，但不得在庭外单方接触证人、鉴定人。证人、鉴定人及相关人员涉嫌伪证罪的，应当在本案定案后，由法院移送没有参与办理本案的有关公安机关审查立案。"这样会扭转这种不正常的局面。其理由除了有利于鼓励、保护证人出庭，维护司法公正外，还有以下几点：其一，刑事案件到了审判阶段，控辩双方有权向对方任何证据包括出庭证人、鉴定人的证言，在法庭上依法进行质证，但无权在庭后单方、私下接触对方证人。这样势必会给证人造成压力，至少会产生威胁、恐吓、引诱证人之嫌。其二，控辩双方对证人、鉴定人作证持有异议，可在法庭上充分提出，是否采信证人、鉴定人的证言纯系审判机关的权力，合议庭对证据包括证人、鉴定人作证内容及控辩双方质证意见有疑问，依据《草案》第一百九十条的规定"可以宣布休庭，对证据进行调查核实"。可见，在法庭审理过程中，控辩双方享有举证、质证、辩论等诉讼权利，但对证据的调查核实权应由审判机关行使。控辩双方在庭后以"核实证据"为由单方、私下接触对方证人，是越权行为，没有法律依据。其三，对证人、鉴定人及其他相关人员作证涉嫌伪证罪的，应当依法查处。但在查处时间上应当在他们作证的案件被定案以后，而不应在定案之前。因为伪证案是案中案，前案无定论，何以认定后案作伪证？在查处程序上，应由法院向办理本案以外的有关公安机关移送提出，而不应由办理本案的公安机关或检察机关直接立案查处。因为在本案中公安、检察机关同属控方，与案件本身、与辩方及其他诉讼参与人形成了对立甚至利益关系，由其立案查处本案有关人员涉嫌伪证罪，无论是针对谁，无论怎样做，都会有瓜田李下之嫌、办案不公正之疑。

郭书原：《草案》公布后，修正后的第八十四条引起了一些民众的关注，您对这个规定有什么看法？

顾永忠教授：修正后的第八十四条和第九十二条规定公安机关拘留、逮捕犯罪嫌疑人后，应当立即将被拘留、逮捕的人送看守所羁押，至迟不得超过二十四小时。"除无法通知或者涉嫌危害国家安全犯罪、恐怖活动犯罪等严重犯罪，通知可能有碍侦查的情形以外"，应当把拘留、逮捕的原因和羁押的处所，在拘留、逮捕后二十四小时以内，通知被拘留、逮捕人的家属。我认为应取消上述"涉嫌危害国家安全犯罪、恐怖活动犯罪等严重犯罪"中的"等严重犯罪"字样，只保留"危害国家安全犯罪、恐怖活动犯罪"，理由是：其一，公民的人身自由是宪法保护的重大公民权利。即使依法拘留、逮捕涉嫌犯罪的公民也应立即通知其家属，这是法治国家、法治社会的基本要求和标志。如果不予通知，就会造成公民人身安全无保障，甚至被坏人利用进行侵犯公民人身权利的违法犯罪活动。其二，对于一些危害国家安全和公共安全的重大犯罪，出于侦查的需要，在拘捕时暂时或短期不通知家属是必要的，但不可以随意扩大范围。目前规定在"涉嫌危害国家安全犯罪、恐怖活动犯罪"之后的"等严重犯罪"，含义模糊，理解上和执行中难以统一，势必会被滥用，造成侵犯公民人身权利的严重局面。其三，《修正案（草案）》第七十三条关于监视居住后的通知事项中，只有"涉嫌危害国家安全犯罪、恐怖活动犯罪"，而没有之后的"等严重犯罪"。拘留、逮捕虽是不同于监视居住的强制措施，但在通知或不通知家属的问题上，涉及的诉讼原理及行为性质是完全一致的，故拘留、逮捕的通知事项应向监视居住的通知事项看齐。

郭书原： 在近年来司法实践中，有的案件在法庭审理中，被告人及其辩护人对口供材料持有异议，当他们要求控方向法庭提供、播放讯问时录制的录音录像资料时，基本上不予提供、播放。讯问录音录像资料必要时应在法庭播放的问题是否应通过刑事诉讼法来规范？

顾永忠教授：《草案》在第一百二十条区分两种情况建立了讯问录音录像制度，这对于保障犯罪嫌疑人的诉讼权利和其他合法权益，遏制刑讯逼供，规范并证明讯问活动的合法性，调查、认定并排除非法证据有重要的意义。但是，该规定还不尽完善，没有涉及录音录像资料的使用问题。国家投入那么多人力、物力、财力建立讯问录音录像制度，却在关键时刻不拿出来，投入的意义何在？为此我认为，应在第一百二十条第二款之后增加如下规定："审理案件的时候，被告人及其辩护人对侦查人员制作的讯问笔录的客观性及讯问的合法性有异议的，侦查人员当时依法进行过录音或者录像的，控方应当向法庭提供、播放记录该讯问过程的录音或者录像资料。"只要讯问时进行了录音或者录像，关键时应当提供法庭播放，以证明讯问笔录的真实完整性和讯问过程的合法性，这才是建立此项制度的目的所在。

郭书原：《草案》第一百八十七条在规定强制证人出庭作证的同时规定了"被告人的配偶、父母、子女除外"，但修正后的第五十九条中只规定了"生理上、精神上有缺陷或者年幼，不能辨别是非、不能正确表达的人，不能作证人"。您认为被告人近亲属出庭作证的豁免是否应贯穿诉讼的始终？

顾永忠教授： 应当贯穿诉讼始终。第一百八十七条在规定强制证人出庭作证的同时规定了"被告人的配偶、父母、子女除外"，这是一个符合人性，符合家庭伦理，有利于家庭稳定和社会稳定的好规定。但是，只限于审判阶段，并不适用于侦查和审查起诉。这就使这一规定的意义大打折扣。因为按照第五十九条"凡是知道案件情况的人，都有作证的义务"的规定，侦查机关及检察机关仍可以强制犯罪嫌疑人的近亲属在庭审前作证，根本不用强制他们出庭作证，用他们的书面证言材料就可以在法庭上作证。鉴于此，如果不能将不得强制被告人的近亲属出庭作证的立法精神贯彻到侦查、审查起诉阶段，该规定就没有实质意义。相反，只有能够贯彻始终，才能真正体现和实现不得强制被告人近亲属出庭作证的立法意图，彰显人文关怀，稳定家庭关系和社会关系。

其二，如此修改建议，只是禁止强迫犯罪嫌疑人、被告人的近亲属作证包括出庭作证，并不禁止犯罪嫌疑人、被告人"大义灭亲"自愿作证。此外，这里禁止的是强迫犯罪嫌疑人、被告人的近亲属以"证人"身份作证，但如果他们的近亲属不是"证人"，而是涉嫌参与了犯罪的共犯，那就不受此限。

其三，查处案件，定罪判刑是需要多方面证据的，只是禁止强制犯罪嫌疑人、被告人的近亲属作证，对查处案件，定罪判刑的负面影响是很有限的，不用过于担心。反过来，强制犯罪嫌疑人、被告人的近亲属作证，会造成亲人反目，家庭破裂，引起多方社会问题，得不偿失。我曾作为律师办理过一起案件，因妻子被迫作证而导致丈夫被立案追究刑事责任。后来妻子虽没有出庭作证，其作证的事实也没有被法院判决认定，但丈夫服刑后即与近20年的妻子离了婚，导致未成年的儿子失去健全的家庭，发生诸多问题。

基于上述理由，我认为应将修正后的第五十九条修改为："凡是知道案件情况的人，都有作证的义务。但是，犯罪嫌疑人、被告人的配偶、父母、子女除外。生理上、精神上有缺陷或者年幼、不能辨别是非、不能正确表达的人，不能作证人。"

郭书原：非常感谢顾教授接受我们的采访。

刘玫简介：

　　中国政法大学刑事诉讼法学研究所所长、教授、博士研究生导师。自1983年在中国政法大学任教至今，共系统教授刑事诉讼法、外国刑事诉讼法、港澳台刑事诉讼法、证据法学等多门课程。著有《香港与内地刑事诉讼制度比较研究》、《传闻证据规则及其在中国刑事诉讼中的适用》等专著。其主编的《刑事诉讼法》、《外国刑事诉讼法》等教材多次获得教育部、司法部等奖项。在《法学研究》、《政法论坛》、《比较法研究》、《人民检察》等刊物上发表论文数十篇。曾经作为访问学者，多次赴美国、加拿大、俄罗斯、意大利、德国、英国、法国、奥地利、芬兰等国访问，并多次赴我国香港、澳门、台湾地区讲学或者进行学术交流。

刑事诉讼强制措施之立法再修改

——访中国政法大学教授、博士生导师 刘 玫

郭书原：刘教授您好！很高兴能有机会采访到您。今天想请您就刑事诉讼法修正案中强制措施方面的内容变化谈谈您的看法。我们知道，2011 年 8 月 30 日十一届全国人大常委会第二十二次会议审议了《刑事诉讼法修正案（草案）》（以下简称《草案》）之后，将草案全文向社会公布，征集意见。这其中有关刑事诉讼强制措施内容方面的变动有哪些？

刘玫教授：这次的《草案》共修订了 99 条，其中新增了 60 条规定。草案中与强制措施制度直接相关的修改条款共 23 条，占了总修订条款的将近四分之一，间接相关的修改条款共 4 条，其中大部分条款都是对原有条文的实质性修改。

综观《草案》对于强制措施的相关修订，可以归纳为以下几个重要变化：延长拘传、逮捕和检察院拘留的期限；分别规定取保候审与监视居住，并修改取保候审和监视居住的适用条件及程序；细化逮捕的条件及程序；拘留成为逮捕的前置程序；细化逮捕和拘留后 24 小时内的通知情形；增加检察院对羁押必要性进行审查及一定的救济措施与程序性制裁的规定；增加侦押分立的规定；强化犯罪嫌疑人、被告人等对强制措施的救济权；增加对未成年犯罪嫌疑人、被告人严格限制适用逮捕措施的规定；等等。

郭书原：本次《草案》对强制措施修订的力度很大，范围也很广。我们知道，现行《刑事诉讼法》也是 1996 年对 1979 年刑事诉讼法的修正，那么，这次修正中关于强制措施内容的变动跟 1996 年的修正有哪些不一样呢？

刘玫教授：从两次刑事诉讼法的修订来看，对于强制措施一章，1979 年《刑事诉讼法》第三十八条至第五十二条共规定了 15 个条文。1996 年刑事诉讼法修改后，"强制措施"一章条文数量增加至 27 条，自第五十条至第七十六条，被认为是上次修法的四大重头戏之一。对各种强制措施都加以完善细化，例如增加了财产保全的内容、保证人的条件和义务，赋予检察院拘留权，降低逮捕的条件，补充规定取保候审与监视居住的期间和义务等。而与强制措

施相关的其他规定主要在"侦查"一章中,第九十二条增加规定了拘传的程序和期限;第九十六条规定了律师有权为被逮捕的犯罪嫌疑人申请取保候审;第一百二十四条至第一百二十八条规定了对犯罪嫌疑人逮捕后的侦查羁押期限;第一百三十二条至第一百三十四条规定了人民检察院自侦案件逮捕、拘留的条件和适用机关及拘留的程序、期限等。此外,在第一百三十八条规定了审查起诉的期限,第一百六十八条规定了第一审程序的期限,第一百九十六条规定了第二审程序的期限,而根据总则中第七十四条之规定,上述期限都是对各阶段羁押期限的规定。

而本次修正案草案中,"强制措施"一章条文数量增至三十八条。对各种强制措施的适用条件及程序的规定进一步细化,以增强强制措施的可操作性。除此之外,在"侦查"一章中,修改了第九十二条关于拘传期限的规定;删除了现行刑事诉讼法中第九十六条的规定;修改了第一百二十八条、第一百三十三条、第一百三十四条的规定。此外,草案对现行《刑事诉讼法》第一百六十八条第一审程序的期限和第一百九十六条第二审程序的期限均作了延长,这实际上延长了在这两个程序中对被告人的羁押期限。

郭书原:我们知道,早在1996年刑事诉讼法修订时就有些专家学者提出增加强制措施种类。15年过去了,这次修改内容这么多,有没有对强制措施体系作一些变动?

刘玫教授:无论是1996年的修订还是本次《草案》的规定,对于强制措施的种类都没有变化,依然延续了1979年刑事诉讼法五种强制措施的规定。从五种强制措施的性质来看,也依然延续了限制或者剥夺人身自由,防止被采取强制措施者妨碍或者逃避侦查、起诉和审判,保证刑事诉讼顺利进行的规定。在1996年《草案》修订时就有专家学者提出增加强制措施种类,完善强制措施体系的修改建议,认为强制措施的适用对象除了人身,还应包括物和隐私权,即将搜查、扣押、监听等限制公民基本权利的措施从侦查行为中分离出来,均定位为强制措施。在本次《草案》修订过程中,也有相当一部分专家提出类似的意见,完善强制措施体系,明确强制措施与侦查行为的界限。这次《草案》对此意见没有采纳,仍保留了之前的强制措施与侦查行为的界定,将对物的强制性措施定位为侦查行为,并在侦查行为中增加规定了对隐私权的强制性措施——技术性侦查措施。

关于强制措施的体系,1996年修订之前,学界的专家在修改建议稿中提出,应当单列一条规定强制措施的种类,按照拘传、取保候审、监视居住、拘留、逮捕由轻到重的顺序,而在其后的条文中,各种具体强制措施的规定顺序也按照列举的顺序进行,在规定五种强制措施之后才规定强制措施变更和撤销的内容，体现强制措施内部结构和层次的合理性。1996 年《草案》修订吸收了部分建议，将强制措施变更和撤销的内容规定在五种强制措施之后，但仍将关于逮捕条件和程序的规定放在拘留之前。本次《草案》在体系和各种强制措施的规定顺序上维持了现行《草案》的规定。由于逮捕条件与取保候审、监视居住的适用条件有一定的衔接性和互补性，在拘留的程序中会涉及提请批捕的规定，而且拘留主要是作为一种紧急措施予以适用，因此将逮捕的规定放在拘留之前，也有其合理性。

郭书原： 所以说这次《草案》没有更改强制措施体系，也表明目前的体系确有其合理性。说到体系，自然绕不开原则的话题。法理上有许多基本原则，这些原则在本次《草案》中有没有体现？

刘玫教授： 适用强制措施的原则在 1979 年刑事诉讼法和 1996 年修订的刑事诉讼法中都没有作出专门规定。在 1996 年修订之前的建议稿中，也有专门条文规定适用强制措施应当遵循的原则，即比例性原则或者相当性原则，也就是强制措施的强制力度与犯罪嫌疑人、被告人的人身危险性相适应。1996 年《刑事诉讼法》修订和本次《草案》均未直接规定这一原则。但对于各种强制措施适用条件的细化规定等间接体现了这一原则，如《草案》中细化各种强制措施的适用条件，将取保候审和监视居住的适用条件分别予以规定，对于危害国家安全犯罪、恐怖活动犯罪案件作出特别规定等均体现了比例性原则的精神。除此之外，近年来刑事诉讼法学界对于强制措施的适用还提出了其他原则，包括合法性原则、必要性原则等。《草案》中进一步细化了逮捕、监视居住等的适用条件，细化了被取保候审人、被监视居住人应当遵守的义务，细化了各种强制措施的程序，体现了合法性原则的精神；而明确规定检察院应对羁押的必要性进行审查，也体现了必要性原则的精神。可见，在《草案》中，虽然没有明确规定适用强制措施的原则，但在具体修订条款中已经体现了上述原则的基本精神。

郭书原： 刚才我们已经从宏观上谈了这次刑事诉讼法修正案草案中对强制措施的变动，下面您能否具体地给我们介绍一下每个强制措施的规定内容的变化呢？

刘玫教授： 好的。那就从轻到重先说拘传吧。拘传是最轻的强制措施，其内容主要是强制犯罪嫌疑人、被告人到场接受讯问。现行刑事诉讼法在"强制措施"一章，只有第五十条笼统地规定公检法机关根据案件情况，对犯罪嫌疑人、被告人可以拘传。在"侦查"一章的第九十二条将拘传犯罪嫌疑人的时间限制为十二小时，规定不得以连续拘传的形式变相拘禁犯罪嫌疑人。本次修正案草案在现行《刑事诉讼法》第九十二条规定"传唤、拘传持续的时间不得超过十二小时"的基础上，又增加规定"案情重大、复杂，需要采取拘留、逮捕措施的，传唤、拘传持续的时间不得超过二十四小时"，并规定"传唤、拘传犯罪嫌疑人，应当保证犯罪嫌疑人必要的饮食、休息时间"。拘传是强制措施之一，但关于地点以及期限等的规定却放在"侦查"一章中，修正案草案对此没有予以调整。在原来的基础上，鉴于司法实践中出现的违法延长拘传期限的情形，明确规定只有符合案情重大复杂并且需要采取拘留、逮捕措施的情况下，拘传的时间才可以延长至二十四小时，且只是规定应当保证犯罪嫌疑人必要的饮食和休息时间，仍未限制两次拘传之间间隔的最少时间。对于拘传的具体程序，包括拘传证的签发、拘传的具体执行程序、违反程序的救济等，仍有必要进一步予以规范。

郭书原：那么关于取保候审的修订呢？现行《刑事诉讼法》规定了取保候审和监视居住，但是二者的适用条件完全相同。这次修正有没有区别？

刘玫教授：《草案》将取保候审和监视居住的适用条件分开规定，真正体现了两种强制措施的轻重有别，体现了强制措施适用的比例原则。监视居住的强制力度比取保候审要大，其适用条件也应更为严格。实际上，除了强制力度不同之外，取保候审与监视居住在违反义务的法定后果、适用期限以及可否折抵刑期等方面均有所不同，对其适用条件的规定理应与取保候审的适用条件分开，作为介于取保候审与逮捕之间的一种强制措施。此外，《草案》也将取保候审的适用条件和适用程序进一步完善，增强可操作性。如取保候审的适用条件，增加了"羁押期限届满，案件尚未办结，需要采取取保候审措施的"。即除了可能判处的刑罚以及不致发生社会危险性两个实体上的条件之外，对于虽然实体上不符合取保候审条件，而羁押期限已经届满的情形，也可以适用取保候审。本规定主要目的在于避免出现超期羁押问题，同时兼顾办案需要。

郭书原：关于犯罪嫌疑人、被告人等申请取保候审方面，修正案草案有哪些变化？申请主体范围有没有增减？

刘玫教授：《草案》将原第五十二条的规定修订为第六十五条规定。申请的主体在原来"被羁押的犯罪嫌疑人、被告人及其法定代理人、近亲属"的基础上，又吸收《最高人民法院关于执行〈中华人民共和国刑事诉讼法〉若干问题的解释》（以下简称《解释》）和《人民检察院刑事诉讼规则》（以下简称《规则》）的规定，只是将"律师"改为了"辩护人"，因为《草案》中已经将辩护人介入刑事诉讼的时间提前至侦查阶段；另外，又将"申请取保候审"改为"申请变更强制措施"，适用范围更加广泛，应包括申请将逮捕或者拘留变更为其他限制人身自由的强制措施；此外，又吸收《解释》和《规则》的规定，增加了"人民法院、人民检察院和公安机关收到申请后，应当在三日以内作出决定；不同意变更强制措施的，应当告知申请人，并说明不同意的理由"，只是将原来的"七日内作出是否同意的答复"改为"三日以内作出决定"。可见，修正案草案增加了公检法机关对变更强制措施的申请的审查决定及告知理由的义务，但并未规定申请人对不同意变更强制措施的决定不服的，应当如何行使救济权。实际上，仍将取保候审作为公安机关、人民检察院、人民法院的一项权力加以规定，并未对其进行权利化改造，将其规定为犯罪嫌疑人、被告人依法享有的诉讼权利。

郭书原：现行刑事诉讼法中取保候审有保证人和保证金两种方式，《草案》有没有对取保候审的方式作什么变动？

刘玫教授：《草案》仍然保留了保证人和保证金两种方式，对其中保证金方式，吸收了1999年《最高人民法院、最高人民检察院、公安部、国家安全部关于取保候审若干问题的规定》（以下简称《取保候审规定》）中关于保证金数额确定以及退还保证金的程序的部分规定，即由取保候审的决定机关确定保证金的数额，由执行机关指定银行的专门账户对保证金进行统一保管。保证金数额确定应当考虑的因素包括保证诉讼活动正常进行的需要，被取保候审人的社会危险性，案件的情节、性质，可能判处刑罚的轻重，被取保候审人的经济状况等情况。如果犯罪嫌疑人、被告人在取保候审期间未违反规定，取保候审结束时，凭解除取保候审的通知到银行领取退还的保证金。但对于《取保候审规定》中关于保证金的具体数额，保证金的收取、保管、没收、暂扣、退还等具体程序未予以吸收。对其中的保证人方式，只是对保证人违反义务的规定作了细节性的修改，将现行刑事诉讼法"保证人未及时报告的，对保证人处以罚款，构成犯罪的，依法追究刑事责任"改为"保证人未履行保证义务的，对保证人处以罚款，构成犯罪的，依法追究刑事责任"。鉴于保证人的法定义务有监督和报告两项，此一修改实质上扩大了保证人的罚责。

郭书原：我们注意到在被取保候审后，修正案草案对犯罪嫌疑人、被告人增加了一些义务性规定，好像对其中"二十四小时"规定非议较大，您能详细地给大家谈谈吗？

刘玫教授：《草案》这次对犯罪嫌疑人、被告人增加了两项规定：第一是"住址、工作单位和联系方式发生变动的，在二十四小时以前向执行机关报告"。第二是"人民法院、人民检察院和公安机关可以根据案件情况，责令被取保候审的犯罪嫌疑人、被告人遵守以下一项或者多项规定：（一）不得进入特定的场所；（二）不得与特定的人员会见或者通信；（三）不得从事特定的活动；（四）将旅行证件、驾驶证件交执行机关保存"。通过上述规定，完善了取保候审的执行程序，增加了程序的可操作性。我觉得，其中"二十四小时以前"的规定令人费解，住址、工作单位、尤其是联系方式的变动，犯罪嫌疑人、被告人本人在二十四小时之前也未必能够事先得知，因此，似应改为"二十四小时之内"更为合理。对于被取保候审人违反规定的处理，将现行刑事诉讼法中的"没收保证金"改为"没收部分或者全部保证金"，体现了比例原则的精神。此外，又增加规定"对于违反取保候审规定，需要予以逮捕的，可以对犯罪嫌疑人、被告人先行拘留"。将违反取保候审规定需要逮捕的，规定了先行拘留的衔接程序。

郭书原：刚才您说到这次《草案》正式划清了取保候审与监视居住的界限。我们知道，长期以来学界就有主张废止监视居住的呼声，实践中也确实不好把握监视居住的度，监视居住经常或者变成了变相羁押或者变成了自由居住。这次的《草案》对监视居住的修改有没有改变这个窘境？

刘玫教授：监视居住是《草案》中修改内容最多的一种强制措施。长期以来，关于监视居住的存废争论一直不断。在1996年修订之前，即有人主张废止监视居住，主要理由有四个方面：（1）监视居住的法律规定简单、笼统、可操作性差；（2）监视居住的指定区域的范围不好掌握，大了无法监视，小了成了变相关押；（3）监视居住的执行条件因客观情况的变化而逐渐消失，这主要是指公安机关治安任务重，基层组织不够得力；（4）监视居住与取保候审的适用对象、条件、作用、目的相似，可以用取保候审代替。而主张保留监视居住的理由主要是监视居住强制力比取保候审要大，保留监视居住可以应付复杂的犯罪情况。如果犯罪嫌疑人、被告人对于不够逮捕条件，又没有保证人，无法交纳保证金的，就可以适用监视居住。1996年刑事诉讼法修订采纳了第二种意见，保留了监视居住措施，并对其予以完善。但在司法实践中，监视居住的适用仍存在很多问题，如监视居住有异化为变相羁押或者自由居住的可能性，执行的成本过高等问题。本次《草案》仍然保留的监视居住，并对监视居住的适用条件与取保候审适用条件分开规定，规定了更加严格的条件，并进一步完善了监视居住的执行程序及被监视居住人应当遵守的规定，明确了监视居住期限应当折抵刑期。

关于监视居住的适用条件，《草案》修改为两大类：第一，人民法院、人民检察院和公安机关对于符合逮捕条件，有下列四种情形之一的犯罪嫌疑人、被告人，可以监视居住：（1）患有严重疾病、生活不能自理的；（2）怀孕或者正在哺乳自己婴儿的妇女；（3）因为案件的特殊情况或者办理案件的需要，采取监视居住措施更为适宜的；（4）羁押期限届满，案件尚未办结，需要采取监视居住措施的。上述条件都以符合逮捕条件为前提，可见，该规定是将监视居住的性质定位为全国人大常委、法工委副主任郎胜所说的"减少羁押的替代措施"，分流审前羁押的案件，降低羁押率。第二，对于符合取保候审条件，但犯罪嫌疑人、被告人不能提出保证人，也不交纳保证金的，也可以监视居住。这一规定仍将监视居住视为是取保候审的替代性措施，对于无法适用取保候审，但符合取保候审条件的，可以适用监视居住。

郭书原： 从适用条件的修改上看，监视居住的地位确实在修正案草案里得到了提升。可是重要与不重要的关键在于执行效果好不好。《草案》里对如何贯彻执行有哪些新规定呢？修正案草案里对监视居住的贯彻执行增加了哪些规定？

刘玫教授： 关于监视居住的执行程序，《草案》增加规定如下内容：

第一，关于监视居住的执行场所。监视居住应当在犯罪嫌疑人、被告人的住处执行；无固定住处的，可以在指定的居所执行。对于涉嫌危害国家安全犯罪、恐怖活动犯罪、重大贿赂犯罪，在住处执行可能有碍侦查的，经上一级人民检察院或者公安机关批准，也可以在指定的居所执行。但是，不得指定在羁押场所、专门的办案场所执行。

监视居住的执行场所是其执行程序中的核心问题，上述规定原则上将执行场所限定为被执行人的住处，没有固定住处的以及特殊犯罪案件可以在指定的居所执行。这是对现行《草案》规定的细化，现行《草案》只是在被监视居住人应当遵守的义务中规定了执行场所是住处，无固定住处的是指定的居所，在《公安机关办理刑事案件程序规定》中规定："固定住处，是指犯罪嫌疑人在办案机关所在的市、县内生活的合法住处；指定的居所，是指公安机关根据案件情况，在办案机关所在的市、县内为犯罪嫌疑人指定的生活居所。"但《草案》对住处和指定居所并未作出明确限定，不能避免监视居住沦为变相羁押。如果监视居住成为变相羁押，则《草案》对于拘留、逮捕的修订中"侦押分立"、"检察院对羁押的必要性进行审查"等规定将会无法落实，因为监视居住并没有上述限制。

第二，关于监视居住执行后的通知。指定居所监视居住的，除无法通知或者涉嫌危害国家安全犯罪、恐怖活动犯罪，通知可能有碍侦查的情形以外，应当把监视居住的原因和执行的处所，在执行监视居住后二十四小时以内，通知被监视居住人的家属。以上规定为《草案》新增内容，在现行《草案》中未对监视居住后的通知义务作出规定，这显然不利于保护犯罪嫌疑人、被告人家属的知情权，不利于保护犯罪嫌疑人、被告人的合法权利。但这一规定的例外情形弹性较大，且未明确通知的义务机关，容易导致公安司法机关将并不符合上述可以不予通知的情形扩大化。

第三，关于被监视居住的犯罪嫌疑人、被告人委托辩护人。指定居所监视居住的，被监视居住的犯罪嫌疑人、被告人委托辩护人的，适用如下规定：犯罪嫌疑人在被侦查机关第一次讯问后或者采取强制措施之日起，有权委托辩护人。在侦查期间，只能委托律师作为辩护人。侦查机关在第一次讯问犯罪嫌疑人或者对犯罪嫌疑人采取强制措施时，应当告知犯罪嫌疑人有权委托辩护人。人民检察院自收到移送审查起诉的案件材料之日起 3 日以内，应当告知犯罪嫌疑人有权委托辩护人。被告人有权随时委托辩护人。人民法院自受理自诉案件之日起 3 日以内，应当告知被告人有权委托辩护人。辩护人接受犯罪嫌疑人、被告人委托后，应当及时告知办理案件的司法机关。

第四，关于监视居住的具体措施。执行机关对被监视居住的犯罪嫌疑人、被告人，可以采取电子监控、不定期检查等监视方法对其遵守监视居住规定的情况进行监督；在侦查期间，可以对被监视居住的犯罪嫌疑人的通信进行监控。这一规定细化了执行机关对监视居住的具体执行措施。

第五，关于监视居住决定和执行的监督。人民检察院对指定居所监视居住的决定和执行是否合法实行监督。这一规定明确了检察院作为法律监督机关对监视居住的决定与执行有权进行监督。但并未具体规定检察院进行监督的方式、程序以及对程序性违法的制裁手段。此外，《草案》第三十四条规定，公安机关对于监视居住、取保候审的决定，应当立即执行。执法人员对监视居住、取保候审决定，不严格执行，贻误案件办理的，依法追究责任。这一规定主要是从规范公安机关及时执行监视居住和取保候审的角度进行规定，并非着眼于犯罪嫌疑人、被告人对执行取保候审、监视居住程序违法的情形的救济。

郭书原：看来为了保障监视居住的有效执行，《草案》确实下了一番工夫。那么对于被监视居住之后的犯罪嫌疑人、被告人，《草案》有没有作一些义务性的规定呢？

刘玫教授：《草案》对现行《刑事诉讼法》第五十七条的规定进行了修改：首先，将第一项"未经执行机关批准不得离开住处，无固定住处的，未经批准不得离开指定的居所"修改为"未经执行机关批准不得离开执行监视居住的处所"。其次，将第二项"未经执行机关批准不得会见他人"的规定修改为"未经执行机关批准不得会见他人或者通信"。这一规定增加了未经批准不得通信的义务，而对"他人"的范围并未作出明确规定。《公安机关办理刑事案件程序规定》中规定了"未经执行机关批准不得会见共同居住人及其聘请的律师以外的其他人"。但在《草案》的"辩护"一章中，规定了辩护律师可以与被监视居住的犯罪嫌疑人、被告人会见、通信；辩护律师会见被监视居住的犯罪嫌疑人、被告人，可以了解有关案件情况，提供法律咨询等；自案件移送审查起诉之日起，可以向犯罪嫌疑人、被告人核实有关证据；会见时不被监听；对于危害国家安全犯罪案件、恐怖活动犯罪案件、重大贿赂犯罪的共同犯罪案件，在侦查期间辩护律师会见犯罪嫌疑人，应当经侦查机关许可。这一修改较之《公安机关办理刑事案件程序规定》对辩护律师与被监视居住人的会见的规定实际上更为严格。再次，增加了"将身份证件、旅行证件、驾驶证件交执行机关保存"的规定。这一规定进一步增加了监视居住的强制力度。最后，关于被监视居住人违反规定的处理，在现有规定"被监视居住的犯罪嫌疑人、被告人违反前款规定，情节严重的，可以予以逮捕"的基础上，又增加规定"需要予以逮捕的，可以对犯罪嫌疑人、被告人先行拘留"。这一规定同取保候审的规定相似，都将先行拘留作为对违反规定的被取保候审人、被监视居住人予以逮捕的前置程序。

郭书原： 五种强制措施虽说是由轻到重，但如果以拘留为界，前三种可算是一类，后两种又是一类。虽然拘留和逮捕同属限制人身自由措施，但区分意义却是明显的。然而在实践中，拘留似乎已成为逮捕的前置程序。几乎没有不经过拘留就直接逮捕的，所以有一种观点说拘留实际上丧失了其独立存在的意义。您能谈谈这次《草案》对拘留规定的修订有哪些吗？

刘玫教授：《草案》对拘留的修订内容有以下三处：

第一，将拘留后二十四小时内的通知和讯问等程序作了修改，将现行《刑事诉讼法》第六十四条的规定"拘留后，除有碍侦查或者无法通知的情形以外，应当把拘留的原因和羁押的处所，在二十四小时以内，通知被拘留人的家属或者他的所在单位"修改为"拘留后，应当立即将被拘留人送看守所羁押，至迟不得超过二十四小时。除无法通知或者涉嫌危害国家安全犯罪、恐怖活动犯罪等严重犯罪，通知可能有碍侦查的情形以外，应当把拘留的原因和羁押的处所，在拘留后二十四小时以内，通知被拘留人的家属"。我认为，这一规定的进步意义在于将通知的对象限定为被拘留人的家属，未再规定通知其所在单位，一定程度上体现了对被拘留人的隐私权的保护。但本条中"等严重犯罪"的表述，尤其是以逗号隔离开的"通知可能有碍侦查的情形"弹性太大。而且对于列举的严重犯罪，也应规定一个超出二十四小时的通知期限，否则，可以理解为没有通知的期限，存在演变为秘密拘留的可能性。此外，这一规定增加了拘留后应当在二十四小时内将被拘留人送看守所羁押的内容，结合《草案》对现行《刑事诉讼法》第九十一条新增一款规定："犯罪嫌疑人被送交看守所羁押以后，侦查人员对其进行讯问，应当在看守所内进行。"可知，《草案》在一定程度上确定了侦押分立制度，防止刑讯逼供等非法取证行为，保证被拘留人的合法权利。

第二，延长了检察院直接受理的案件拘留的期间。现行《刑事诉讼法》

第一百三十四条规定："人民检察院对直接受理的案件中被拘留的人，认为需要逮捕的，应当在十日以内作出决定。在特殊情况下，决定逮捕的时间可以延长一日至四日。对不需要逮捕的，应当立即释放；对于需要继续侦查，并且符合取保候审、监视居住条件的，依法取保候审或者监视居住。"修正案草案将人民检察院对直接受理的案件中犯罪嫌疑人的拘留期限规定为一般情况下十四日以内，特殊情况下可以延长一日至三日。实际上延长了检察院的拘留期限，强化了人民检察院对自侦案件的拘留权。

第三，《草案》在取保候审和监视居住的相应条款中规定对于违反取保候审规定，需要予以逮捕的，可以对犯罪嫌疑人、被告人先行拘留；对于违反监视居住规定，需要予以逮捕的，可以对犯罪嫌疑人、被告人先行拘留。同时取消了现行《刑事诉讼法》第六十五条、第一百三十三条中"对需要逮捕而证据还不充足的，可以取保候审或者监视居住"的规定。其中先行拘留的规定看起来改变了现行刑事诉讼法将拘留作为适用于紧急情形的应急性强制措施的定位。

郭书原： 希望修正案的这次修改能让拘留在今后的实践中重获独立的存在价值，这样才能跟最后一种也是最严厉的一种强制措施——逮捕区分开来。刚才您谈了这次修正案草案中拘留方面的变化，那对逮捕程序又作了哪些方面的修订？还请您评价一下其意义。

刘玫教授：《草案》对逮捕的修订主要体现在以下几个方面的内容：

第一，细化了逮捕的条件。将现行《刑事诉讼法》第六十条规定的"对有证据证明有犯罪事实，可能判处徒刑以上刑罚的犯罪嫌疑人、被告人，采取取保候审、监视居住等方法，尚不足以防止发生社会危险性，而有逮捕必要的，应当予以逮捕"中的"发生社会危险性"的情形作了列举式的规定：（1）可能实施新的犯罪的；（2）有危害国家安全、公共安全或者社会秩序的现实危险的；（3）可能毁灭、伪造、隐匿证据，干扰证人作证或者串供的；（4）可能对被害人、举报人、控告人实施打击报复的；（5）可能自杀或者逃跑的。此外，又增加规定"对有证据证明有犯罪事实，可能判处十年有期徒刑以上刑罚的，或者可能判处徒刑以上刑罚，曾经故意犯罪或者身份不明的犯罪嫌疑人、被告人，应当予以逮捕"、"被取保候审、监视居住的犯罪嫌疑人、被告人违反取保候审、监视居住规定，情节严重的，可以予以逮捕"。通过细化逮捕的条件，明确应当逮捕和可以逮捕的情形，进一步完善了逮捕的条件，加强了对逮捕适用条件的可操作性。

第二，规定了检察院审查批准逮捕的程序。吸收了 2010 年《最高人民检察院、公安部关于审查逮捕阶段讯问犯罪嫌疑人的规定》中关于讯问犯罪嫌疑人的相关规定，增加一条："人民检察院审查批准逮捕，可以讯问犯罪嫌疑人；有下列情形之一的，应当讯问犯罪嫌疑人：（1）对是否符合逮捕条件有疑问的；（2）犯罪嫌疑人要求向检察人员当面陈述的；（3）侦查活动可能有重大违法行为的。人民检察院审查批准逮捕，可以询问证人等诉讼参与人，听取辩护律师的意见；辩护律师提出要求的，应当听取辩护律师的意见。"

第三，修改了逮捕后二十四小时通知的程序。将第七十一条第二款修改为："逮捕后，应当立即将被逮捕人送看守所羁押。除无法通知或者涉嫌危害国家安全犯罪、恐怖活动犯罪等严重犯罪，通知可能有碍侦查的情形以外，应当把逮捕的原因和羁押的处所，在逮捕后二十四小时以内，通知被逮捕人的家属。"这一规定同上文对拘留的相关修订内容一致，在此不再赘述。

第四，规定检察院应当对羁押的必要性进行审查。增加规定："犯罪嫌疑人、被告人被逮捕后，人民检察院仍应当对羁押的必要性进行审查。对于不需要继续羁押的，应当建议予以释放或者变更强制措施。"这一规定在一定程度上体现了司法审查原则，虽然没有规定由法院对羁押的必要性进行审查，但基于人民检察院法律监督的职能以及其司法机关的性质，由检察院对犯罪嫌疑人、被告人被逮捕后进行羁押的必要性的审查，有利于监督侦查机关违法适用逮捕措施，对犯罪嫌疑人进行非法羁押的行为能够及时发现并予以纠正。但遗憾的是，这一规定并未明确检察院采取何种方式和程序进行监督，被监督机关不接受监督应如何救济，以及对检察院采取的逮捕措施如何进行监督的问题，缺乏具体程序以及程序性制裁的后果的规定。

第五，延长了逮捕的期限。现行刑事诉讼法并未明确规定逮捕的期限，根据刑事诉讼法的规定，逮捕的期限是在各个诉讼阶段犯罪嫌疑人、被告人被采取逮捕措施后的羁押期限的总和。其中，侦查阶段即第一百二十四条至第一百二十七条规定的侦查羁押期限，审查起诉阶段即审查起诉的期限，一审和二审阶段即一审和二审公诉案件的审理期限以及被告人被羁押的自诉案件的审理期限。修正案草案对于侦查羁押期限的一般规定没有修改，但将现行《刑事诉讼法》第一百二十八条的规定修改为："在侦查期间，发现犯罪嫌疑人另有重要罪行的，经上一级侦查机关批准，重新计算侦查羁押期限。"这一规定将另有重要罪行重新计算侦查羁押期限由之前的侦查机关自行决定的规定，修改为要经上一级侦查机关批准，体现了对侦查羁押期限重新计算的进一步限制，有利于保护犯罪嫌疑人的合法权利。但对于第一审公诉案件和第二审程序的审理期限，将之前有四类案件情形，经高级法院批准或者决定可以延长一个月的规定，改为可以延长两个月。且增加规定，因案件特殊情况还需要延长审理期限的，由最高人民法院批准或者决定。这两个延长审理期限的修订实际上延长了在第一审和第二审程序中对被告人逮捕后的羁押期限。

郭书原：感谢刘玫教授对强制措施内容的修改进行了深入的解读。我们知道，刑事诉讼法作为一部程序法，其目的在于保证刑法正确实施，惩治犯罪，保障人权。刑法不仅是善良人的大宪章，而且是犯罪人的大宪章。作为程序法，《刑事诉讼法》更要保障犯罪嫌疑人、被告人的救济权，防止冤、假、错案发生。对于这一点，《草案》有哪些规定？还请您谈一下。

刘玫教授：这次《草案》对于强制措施的变更、撤销和解除的相关规定作了修订，一定程度上强化了犯罪嫌疑人、被告人的救济权。

关于强制措施的变更、撤销和解除，相关修订主要包括以下：第一，在取保候审中对于被羁押的犯罪嫌疑人、被告人等申请取保候审的权利修订为申请变更强制措施，扩大了申请人的范围以及规定了公、检、法机关审查通知并告知理由的义务。第二，在逮捕中，检察院审查羁押的必要性后，对于不需要继续羁押的，应当建议予以释放或者变更强制措施。上述规定都是对变更或者解除强制措施的细化。第三，将现行《刑事诉讼法》第七十四条的规定作了修改，明确犯罪嫌疑人、被告人被羁押的案件，不能在本法规定的侦查羁押、审查起诉、一审、二审期限内办结的，对犯罪嫌疑人、被告人应当予以释放；只有在需要继续查证、审理的情形下，对犯罪嫌疑人、被告人才可以取保候审或者监视居住。第四，将现行《刑事诉讼法》第七十五条的规定作了修改，明确规定人民法院、人民检察院或者公安机关对于被采取强制措施法定期限届满的犯罪嫌疑人、被告人应当予以释放、解除取保候审、监视居住或者依法变更强制措施。犯罪嫌疑人、被告人及其法定代理人、近亲属或者辩护人对于人民法院、人民检察院或者公安机关采取强制措施法定期限届满的，有权要求解除强制措施。上述规定既明确了在法定情形下公、检、法机关变更、撤销和解除强制措施的义务，也明确了犯罪嫌疑人、被告人及其法定代理人、近亲属、辩护人要求变更、解除强制措施的权利。

此外，《草案》还规定了当事人和辩护人等对采取强制措施的一些违法行为有申诉或者控告的救济权。明确了当事人和辩护人、诉讼代理人、利害关系人认为司法机关及其工作人员有所规定的行为之一，侵犯其合法权益的，有权向该司法机关申诉或者控告，受理申诉或者控告的机关应当及时处理。对处理不服的，可以向同级或者上一级人民检察院申诉。人民检察院对申诉应当及时进行审查，必要时可以对有关情况进行调查核实；对于情况属实的，依法予以纠正。这一规定明确了当事人等对采取强制措施的上述两种违法行为的申诉、控告权，并规定了有关机关对申诉、控告的及时处理以及向同级或者上一级检察院再申诉的权利，有利于当事人等对违法采取强制措施的行为行使监督和救济的权利。

　　郭书原：可以看出，在本次《草案》中，强制措施的修改仍然是重头戏之一。您能最后简单评析一下吗？

　　刘玫教授：好的。本次修订立足于惩罚犯罪与保障人权的结合，既加强了公、检、法机关对强制措施适用的控制权，也赋予了犯罪嫌疑人、被告人更多的救济权利。对强制措施的适用条件和具体程序作了进一步补充，相关修订体现了一定程度的程序合法性原则、比例性原则等重要原则的精神。不容忽视的是，草案中也存在一些问题，例如，对公、检、法机关适用强制措施的授权性规定宽泛有余，限制不足；对犯罪嫌疑人、被告人的救济权规定仍较为薄弱；现有成熟的司法解释规定的内容未能予以充分吸收；具体程序规定仍较为笼统；缺乏程序性违法的制裁等。

　　郭书原：我们注意到，自 2011 年 8 月 30 日《草案》全文公之于众以来，引起了国际国内的广泛关注，强制措施的立法修改更是关注的焦点之一。能够发现草案中的一些问题，是一大幸事。感谢刘玫教授对《草案》中强制措施部分的解读。我们期待，在充分听取各方意见之后，相关内容的修改更加科学和完善。再次感谢刘教授！

熊秋红简介：

　　湖北省天门市人，1988 年毕业于北京大学法律系，获法学学士学位。1991 年至 1996 年就读于中国政法大学研究生院，获法学博士学位。现为中国社会科学院法学研究所诉讼法室主任、研究员；中国社会科学院研究生院教授、博士生导师；兼任中国法学会刑事诉讼法学研究会常务理事、东方公益律师事务所理事、《法学研究》编辑。挪威人权研究所访问学者、德国马普外国刑法及国际刑法研究所从事中欧合作项目研究、美国耶鲁大学法学院访问学者。

　　在《刑事法学比较研究》（法国）、《中国法学》、《法学研究》、《中外法学》、《法律科学》等国内外刊物上发表论文 50 余篇；出版个人专著两部；主编或参与了《刑事诉讼法修改建议稿与论证——以被指控人的权利保护为核心》、《死刑案件的辩护》、《联合国刑事司法准则与中国刑事法治》、《刑事诉讼法实施问题研究》、《刑事侦查程序研究》、《刑事证明理论》、《刑事证据法中的权利保护》等多部著作的写作，参加编写《中国大百科全书》（法学卷）和高等院校《刑事诉讼法学》教材。曾获中国法学会中青年诉讼法学优秀科研成果第一和第二等奖，教育部法学类著作一等奖，北京市哲学社会科学优秀成果特等奖，司法部优秀论文奖，中国社会科学院优秀对策成果奖等奖项。

中国秘密侦查之法治化——借鉴与融合

——访中国社会科学院法学研究所研究员、博士生导师 熊秋红

郭书原：熊研究员您好！刑事诉讼法修改中，与秘密侦查相关的法律条文引起了各界广泛关注和议论。自 20 世纪 20 年代以来，秘密侦查的法治化进程逐步展开，秘密侦查已成为当今各国广泛采用的侦查形式，您能否先给我们概括地介绍一下。

熊秋红研究员：好的。"秘密侦查"看似是一个不言自明的问题，但是从规范法学的角度来看，对"秘密侦查"的界定并非一蹴而就。在中国，与"秘密侦查"在相同或者相似意义上使用的术语还有"技术侦察"、"技术侦查"、"特殊侦查"等。细究起来，这些概念的含义并不完全等同。比如，人类社会早期在侦查犯罪时采用布设耳目、化装、圈套诱惑、跟踪监视等方法，这些方法因其实施方式的隐秘性可以称为"秘密侦查"，但它们并不带有很强的技术性，似乎难以全部归为"技术侦察"或者"技术侦查"。在刑事诉讼中，有时将讯问、询问、勘验、检查、搜查、扣押、鉴定等侦查方法称为"普通侦查"或者"常规侦查"，而将"控制下交付、电子或其他形式的监视和特工行动"等称为"特殊侦查"。有学者认为，秘密侦查在外延上广于技术侦查，技术侦查指侦查机关运用技术装备调查作案人和案件证据，包括电子监听、秘密录像、秘密拍照、用机器设备排查、传送个人情况数据以及用机器设备对比数据等；而"秘密侦查"除了包括技术侦查之外，还包括邮检、情报员（即线人）、诱捕等。这样的界定根据何在，实令人疑惑。因为"用机器设备排查、传送个人情况数据以及用机器设备对比数据等"在侦查方式上似乎并不具有秘密性，而有些"秘密侦查"手段则并不带有技术性，因此，"秘密侦查"与"技术侦查"之间很难得出"大小包含"的结论。此外，"技术侦查"与"技术侦察"也有细微的区别，后者更加强调侦查手段的隐秘性。另

有学者认为，秘密侦查是指侦查机关和人员采取隐瞒身份、目的、手段的方法，在侦查对象不知晓的情况下，发现犯罪线索，收集犯罪证据，乃至抓捕犯罪嫌疑人的活动；"秘密侦查"的方法具体包括秘密监听、秘密录音、秘密照相、秘密录像、秘密辨认、秘密搜查、秘密提取、跟踪监视、控制通信、耳目卧底、圈套诱惑等。这样的界定着重于从字面含义上进行解释，其在法律规范上的意义体现得并不充分。

其实，各国对于"秘密侦查"的法律规范主要涉及两类问题：一类是卧底侦查、诱惑侦查等措施的使用；另一类是秘密录音、秘密录像、电话窃听、互联网上信息监察等方法的使用。《联合国打击跨国有组织犯罪公约》和《联合国反腐败公约》列举了控制下交付、电子或其他形式的监视和特工行动等"特殊侦查手段"。无论采取哪一种说法，关键是要准确把握立法所应关注的基本问题。

"秘密侦查"方式在刑事诉讼中的使用以及具体方法的更新在总体上与社会的变迁以及犯罪形态的变化相适应。在传统的刑事侦查中，警察往往扮演被动的、回应性的角色，他们在街上巡逻，面对街头斗殴、帮派械斗、群体性骚乱、盗窃抢劫等作出反应，帮助那些需要帮助的人，以维护社会秩序的稳定。传统的刑事侦查很大程度上体现为对已发生的"街道犯罪"的一种回应。犯罪发生之后，被害人或者证人举报至警察局，警察赶赴犯罪现场进行勘验、检查，询问知晓案件情况的有关人员，展开确定犯罪嫌疑人、收集证据等活动。这样的侦查可称为"回应性侦查"，警察通常采用常规的侦查方法。由于社会的发展，城市化、工业化进程的加快，陌生人之间的交流增多、电子信息交流增多，有计划、有预谋的新型犯罪形式如伪造货币、走私毒品等增多，导致犯罪证据难以收集。在毒品犯罪、走私犯罪、腐败犯罪、欺诈犯罪、恐怖犯罪等复杂犯罪中，仅仅使用常规的侦查手段往往难以奏效。在这些犯罪中，侦查的启动有时并非基于被害人和证人的举报，而是某些可靠的犯罪线索。复杂犯罪的侦查有时需要较长的周期，需要投入更多的资源。在复杂犯罪的侦查中，秘密监听手段的使用起着举足轻重的作用，比如在有组织犯罪中，被害人和证人可能受到威胁不敢举报犯罪，而警察也难以潜入犯罪组织内部进行卧底侦查，此时通信监听成为重要的侦查手段。此外，在现代法治国家日益重视人权保障，犯罪嫌疑人、被告人在刑事诉讼中的一系列权利被铭刻于法律之中，警察在追究犯罪时面临越来越严格的考验。在这种情况下，他们越来越多地求助于非对抗的方式，如采取使用耳目、设置陷阱、监听通信等"秘密侦查"手段，而现代科学技术的发展为警察使用"秘密侦查"手段提供了强有力的支持。

刑事侦查方式经历了从常规侦查到秘密侦查的演进。尽管在刑事司法实践中，"秘密侦查"并未取代常规侦查成为刑事侦查的主流方式，但是，"秘密侦查"措施的采用意味着公共权力以一种悄无声息的方式潜入了人们的生活，在一个公民权利应当受到尊重和保护的法治社会中，我们有理由对这样的权力侵入保持警醒。在刑事诉讼的历史上，常规侦查曾经经历过规范化、法治化的过程，同样的，秘密侦查也需要进行规范化与法治化的洗礼。

郭书原：秘密侦查手段在之前的司法实践中一直存在，只是没有纳入法治轨道，这次《刑事诉讼法修正案（草案）》（以下简称《草案》）明确授权公安机关对四类严重危害社会的犯罪案件适用技术侦查手段，第一次准许检察院在贪污贿赂案件中行使技术侦查权，同时规定公安机关可以决定由特定人员实施秘密侦查，且采取技术侦查措施、秘密侦查措施、控制下交付收集的材料可以作为证据使用。您对此如何看待？

熊秋红研究员：由于秘密侦查既是一种有效的侦查手段，也是一种对公民隐私权构成极大威胁的侦查手段，因此其使用必须受到法律的严格规制。从国际法和国内法上对秘密侦查的规定来看，秘密侦查走入法律文本是以该措施对公民个人权利的威胁日渐凸显为前提的。在两类秘密侦查方式中，技术侦查存在极大的被滥用的可能性，对公民的隐私权构成极大的威胁，因而成为法律规范的重点。技术侦查涉及各种新技术的采用，由此带来一系列新的法律问题。如何划定隐私权保护的边界，从而将秘密侦查措施的采用限定在合理的范围之内，是国际法与国内法共同面临的问题。在现代刑事诉讼制度的研究中，秘密侦查的法治化可以说是一个带有挑战性的课题。但是，目前中国的法律在这个问题上只有一些简单笼统的规定，这种状况既与中国刑事审前程序整体上法治化程度不高有关，也与中国社会对公民隐私及隐私权的认识有关。在早期刑事诉讼法的文本中，对秘密侦查方法未作规定，因为刑事侦查被假定为以侦查人员和被追诉对象之间的坦诚接触为基础，尽管自古就有卧底侦查、诱惑侦查等秘密侦查方法在刑事诉讼实践中被少量运用。秘密侦查成为一个突出的问题，主要来自于两个方面的原因：一方面，科学技术的进步导致通信监听等新型秘密侦查方法的产生，实践中秘密侦查手段的使用明显上升；另一方面，紧张而复杂的现代生活使人们产生了"独处不受他人干扰"的强烈愿望，隐私成为需要法律加以保护的重要利益。秘密侦查的扩大使用与保护公民隐私权的诉求之间形成了显在的冲突。国际社会处理上述冲突的方式是将秘密侦查纳入规范化、法治化的轨道。国际和区域性人权公约要求国家应当采取立法和其他措施保障公民的隐私权不受任意或者非法的侵犯，在特定情形下对隐私权的干预必须具有合理性；批准实施通信监听应当遵守必要性和比例性原则。德国和美国秘密侦查法治化的历史为我们考察秘密侦查制度在大陆法系和英美法系中的演进提供了鲜活的样本。从一些国家和地区关于秘密侦查的立法来看，普遍将通信监听作为规范的重点，在立法指导思想上奉行重罪、必要性、比例性、补充性、令状主义、透明化等原则，严格控制秘密侦查措施的采用。此次通过修改刑事诉讼法对于秘密侦查措施予以规范，将在法律上处于灰暗状态的秘密侦查手段公开化，不仅是对世界范围内刑事诉讼制度发展趋势的顺应，也是对其他国家和地区研究成果的吸收和借鉴，可以说是一个进步。但是从规定来看，技术侦查和秘密侦查由公安机关和检察院自行决定，对于期限和次数也没有严格的限制，制约严重不足，风险很大。如果只是授权性的规范，又没有严格的限制和救济性的规定，将来如何侵犯公民隐私权滥用起来，就不得了了。

郭书原：您对秘密侦查相关修改完善有什么具体的建议？

熊秋红研究员：秘密侦查具有打击犯罪和侵犯人权的双重属性，对其进行规范的法律也具有相应的双重属性：一方面是授权，即授予侦查机关使用秘密侦查方法的权力；另一方面是限权，即限制侦查机关运用秘密侦查手段的权力。授权与限权孰轻孰重，在中国是一个需要认真加以考虑的问题。从世界范围来看，现代刑事诉讼制度在整体上是一种以保障公民权利为基点的制度设计；而在中国，刑事诉讼制度在整体模式上体现出国家权力独大的倾向。中国社会政治、经济和文化的发展促进了公民权利意识的生长，这是"国家尊重和保护人权"被载入宪法的先决条件，"人权"现已逐渐成为中国社会的主流话语，在此背景下，促进国家权力与个人权利的相对平衡，防范秘密侦查手段的滥用，推进中国秘密侦查的法治化应当成为中国刑事诉讼制度发展的必然选择。其他国家和地区在此方面丰富的立法和司法经验为我们构建中国的秘密侦查法律制度提供了良好的素材。

郭书原：您提到中国秘密侦查的法治化，那么其必要性何在？

熊秋红研究员：中国秘密侦查法治化的必要性可以从内在视角和外在视角两方面加以分析。从内在视角来看，秘密侦查法治化与对公民隐私权的保护是一个相伴而生的过程。隐私权是一个滥觞于西方的概念，近些年来中国社会对其逐渐予以认同。这种认同首先来自于私法领域，相关的司法解释明确规定了对隐私权的保护；一些新颁布的法律明文规定了隐私权。对隐私权概念的认同是中国社会发展和进步的必然产物。正如"隐私权"概念的倡导者美国人沃伦和布兰代斯所言，是"紧张而复杂的社会生活"推动了对隐私权的保护。从中国的情况来看，随着人们物质生活水平和精神生活水平的迅速提高，一种紧张而复杂的现代生活方式逐步显现，私人信息、私人活动和私人空间成为人们欲加以保护的重要利益，"隐私"故而有必要成为公民人格权之独立标的。在中国过去的有关司法解释中，隐私的保护被混同于名誉权的保护，认为只有侵害他人隐私而导致其名誉损害的行为，才能构成侵害人格权的行为。实际上，个人应受保护的隐私中，除涉及个人名誉之部分外，还包括大量涉及个人生活安宁的个人秘密。随着中国社会的发展，对于个人隐私加以法律保护的呼声越来越高。秘密侦查法治化，是在公法领域对公民隐私权加以保护的重要方面。限制公共权力对公民私生活的侵入，释放个人的隐私需求，保障相应的隐私权利，是一个国家走向法治社会、和谐社会的重要体现。

从外在视角来看，保护公民的隐私权、限制秘密侦查措施的使用，已成为一种世界性的趋势。国际和区域性人权公约明文保障公民的隐私权、许多国家和地区制定了规范通信监听的法律。一些国家和地区的经验表明，如果不对秘密侦查加以严格控制，该措施在司法实践中的使用可能会令人触目惊心。以美国为例，1976 年参议院研究政府情报活动的选择委员会的报告表明，在 1936 年至 1945 年，美国政府大量使用通信监听；20 世纪 50 年代，FBI 可以自行进行通信监听，只要"国家利益"有需要。该报告揭示出来的问题还包括：法律实施官员对法律的违反已习以为常；将监听措施用于预防和其他目的；被监听者没有机会对监听提出异议；对政敌采用通信监听措施，并利用这些信息抹黑政敌；对民权团体采用监听措施；随意扭曲数据，以符合政治目的；等等。该报告披露了在美国通信监听曾经被广泛滥用的事实。在这个监听技术高度发达的时代，滥用监听的现象可能发生在任何一个国家。在中国，一些学者也已经认识到秘密侦查立法的重要性。中国秘密侦查的法治化，是中国法律制度与国际接轨的需要，也是防范秘密侦查泛化和滥用的需要。

郭书原：目前，我国在隐私权的保护和秘密侦查手段的运用上有哪些立法规定？

熊秋红研究员：中国宪法没有对隐私权作出明确、直接的规定，但相关规定体现了对公民隐私权的保护。如《宪法》第三十八条规定"中华人民共和国公民的人格尊严不受侵犯，禁止用任何方法对公民进行侮辱、诽谤和诬告陷害"，隐私权在现代社会中被视为公民人格尊严保护的重要组成部分；《宪法》第三十九条规定"中华人民共和国公民的住宅不受侵犯。禁止非法搜查或者非法侵入公民的住宅"，住宅属于典型的私生活空间；《宪法》第四十条规定"中华人民共和国公民的通信自由和通信秘密受法律的保护。除因国家安全或者追查刑事犯罪的需要，由公安机关或者检察机关依照法律规定的程序对通信进行检查外，任何组织或者个人不得以任何理由侵犯公民的通信自由和通信秘密"，通信自由和通信秘密是隐私权保护的核心区域之一。

1986 年制定《中华人民共和国民法通则》时，由于立法者对隐私权还没有充分的认识，因而在这部法律中仅规定了生命健康权、姓名权、名称权、肖像权、名誉权、荣誉权等人身权，没有将隐私权规定为公民的人格权。1988年，最高人民法院在《关于贯彻执行〈中华人民共和国民法通则〉若干问题的意见（试行）》中，采取变通的方法，规定对侵害他人隐私权，造成名誉权损害的，认定为侵害名誉权，追究民事责任。1993年，最高人民法院在《关于审理名誉权案件若干问题的解答》中，重申了上述处理原则。2001年3月8日，最高人民法院《关于确定民事侵权精神损害赔偿责任若干问题的解释》第一条明确将"侵害他人隐私"列为请求精神损害赔偿的法定事由，对隐私权的私法保护因此逐渐从间接保护转向了直接保护。在《未成年人保护法》（1991年）和《妇女权益保障法》两部法律中，对未成年人的隐私权、妇女的隐私权作了明文规定。在《残疾人保障法》、《消费者权益保护法》和《老年人权益保障法》中，设置了保护残疾人、消费者和老年人合法权益的条文，在这些关于合法权益保护的条文中，包含有隐私权保护的内容。

中国《刑法》第二百四十五条第一款规定："非法搜查他人身体、住宅，或者非法侵入他人住宅的，处三年以下有期徒刑或者拘役。"第二百五十二条规定："隐匿、毁弃或者非法开拆他人信件，侵犯公民通信自由权利，情节严重的，处一年以下有期徒刑或者拘役。"第二百五十三条第一款规定："邮政工作人员私自开拆或者隐匿、毁弃邮件、电报的，处二年以下有期徒刑或者拘役。"

在刑事诉讼领域，涉及公民隐私权保护的法律规范包括：《刑事诉讼法》第一百五十二条第一款规定"人民法院审判第一审案件应当公开进行。但是有关国家秘密或者个人隐私的案件，不公开审理"；第一百一十一条规定"进行搜查，必须向被搜查人出示搜查证。在执行逮捕、拘留的时候，遇有紧急情况，不另用搜查证也可以进行搜查"；第一百一十六条规定"侦查人员认为需要扣押犯罪嫌疑人的邮件、电报的时候，经公安机关或者人民检察院批准，即可通知邮电机关将有关的邮件、电报检交扣押"。

关于秘密侦查，《国家安全法》第十条规定："国家安全机关因侦察危害国家安全行为的需要，根据国家有关规定，经过严格的批准手续，可以采取技术侦察措施。"《人民警察法》第十六条规定："公安机关因侦查犯罪的需要，根据国家有关规定，经过严格的批准手续，可以采取技术侦察措施。"

郭书原：与其他国家和地区关于秘密侦查的法律规定相比，中国相关立法处于滞后状态。您能给我们分析一下原因吗？

熊秋红研究员：好的。中国秘密侦查立法滞后，其原因是多方面的。概括起来，可以归纳为以下几个方面：其一是受传统文化的影响。隐私既是一个历史范畴，又具有一定的民族性。中华民族的隐私意识较为淡薄，甚至认为隐私就是阴私，是男女之间不可告人之事，人人得而宣扬之。在这种意识的潜移默化之下，人们形成了以保有隐私为耻的观念，人们常说："还有什么见不得人的事吗？"这反映了对他人隐私的不尊重。十年"文革"，更是使人们的隐私保护意识荡然无存。在这样一种文化背景下，对个人隐私权的保护自然重视不足。其二是受行为习惯的影响。在中国，秘密侦查具有某种神秘主义色彩。在社会生活中人们似乎已经习惯"做而不说"的行为方式。有些事情，人们可以做，至少可以秘密地做，但是不能说，特别是不能公开说。于是，实践中可以使用秘密侦查手段，但却不能公开讨论秘密侦查问题，甚至连一些与秘密侦查有关的术语在公开场合都讳莫如深。在这种行为习惯的影响下，秘密侦查立法存在空缺就不足为奇了。其三是受法律价值观的影响。在过去很长一段时期内，我们过分强调国家专政，宣称法律是维护国家权力的工具，因此在制定法律的时候往往以维护国家权力的需要为出发点，忽视了个人权利保护问题。在秘密侦查的问题上，内部的"秘密规定"当然比法律的公开规定更有利于维护国家权力。但是，如果从保护个人权利的角度出发，或者从权利本位的法律观出发，由国家立法机关对秘密侦查作出明确规定就是必然的选择了。其四是受司法公正观的影响。"重实体，轻程序"的司法公正观使得人们注重目的的正当性，而对于程序和手段的正当性则重视不足，这也对秘密侦查立法的滞后产生了一定的影响。

郭书原：您认为中国应如何构建秘密侦查制度？

熊秋红研究员：通过对秘密侦查方式产生和发展过程的考察，以及对保障公民隐私权国际标准的分析，同时包括对一些国家和地区秘密侦查立法及实践的比较，我们可以对中国未来的秘密侦查法律制度作出框架性的勾勒。在两类秘密侦查措施中，应当将技术侦查作为立法重点；在技术侦查所涉两大领域——刑事犯罪侦查与国家安全情报收集中，可先解决刑事犯罪侦查中通信监听的法治化问题；国际公约的规定、一些国家和地区的共同做法应当成为中国拟定秘密侦查立法的主要依据。

在通信监听的立法模式上，可考虑借鉴大陆法系国家的做法，采取诉讼立法模式。修改后的的刑事诉讼法应当填补通信监听法律规定的空白。通信监听作为一种侦查手段，与刑事诉讼中的其他强制性侦查措施具有很强的同质性，在修改刑事诉讼法时可以将通信监听立法与其他强制性侦查措施制度的完善一并予以考虑。

郭书原：请您谈谈如何在立法上构建通信监听制度。

熊秋红研究员：好的。一是通信监听的案件范围。法律应当明确规定可以使用通信监听的案件范围。通信监听只能适用于危害国家安全的犯罪和其他严重犯罪案件。可以对"其他严重犯罪案件"作两方面的限定：其一是从可能判处的刑罚期限进行限定。关于此期限，一些国家和地区的规定长短不一，如英国为 3 年以上监禁、美国为 1 年以上监禁、意大利为 5 年以上有期徒刑、我国台湾地区为 3 年以上有期徒刑。中国可以考虑限定为 3 年以上有期徒刑。其二是对犯罪类型或罪名进行限定。不同国家和地区立法所列举的犯罪类型或罪名有较大差异，范围有大有小。中国可以结合司法实际，设置程度居中的案件范围，一般而言，恐怖组织犯罪、黑社会组织犯罪、毒品犯罪、涉及枪支的犯罪、走私犯罪、腐败犯罪等应纳入可以适用通信监听的案件之列。根据中国目前的法律规定，腐败犯罪案件由检察机关的反贪部门负责侦查，因此有必要给该部门配备相应的技术设备和侦查力量，赋予其使用通信监听措施的权力。

二是通信监听的实质要件。采用通信监听措施，应当遵守必要性原则，即使用此类侦查手段是获得重要证据或破案的必要途径乃至唯一途径，通信该手段可以取得具有重要价值的信息。只有当其他常规性侦查手段在具体案件中难以获得证据和破案线索时，才能使用通信监听手段。监听应当针对特定的对象、特定的犯罪、特定的通信、特定的场所，监听对被监听对象的侵扰程度与监听欲达到的目的应相对称，即符合比例性原则。

三是通信监听的程序要件。侦查机关使用通信监听措施，原则上应当事先获得书面的通信监听令。法律应该明确通信监听的审批主体。目前，中国技术侦查的审批权掌握在侦查机关自己手中。这种自己决定、自己实施的做法不符合法治原则，也不符合国际惯例。对强制性的侦查行为进行司法审查和监督是世界范围内刑事诉讼制度发展的总体趋势。侦查监督包括内部监督与外部监督，但是应该以外部监督为主。在美、德、法、意、日等国，通信监听由法官签发司法令状；在美国，通信监听由警察申请、检察官审核、法官批准，进行更加严格的程序控制。按照中国目前的法律规定，检察机关是国家的法律监督机关，其职能之一就是对侦查活动进行监督。但是由于多方面因素的影响，检察机关对侦查活动的监督往往缺乏权威和实效。就法治的理想模式而言，通信监听的审批权应由中立的法官行使。

通信监听令应当写明监听的对象、理由、时间、地点和期限等，特别要根据案件的具体情况说明采用监听的必要性。监听的期限不能超过 3 个月，侦查机关如果需要延长，必须办理审批手续。在法律规定的紧急情况下，检察机关可以先行决定实施监听，但必须在一定期限内获得人民法院确认。德国规定此期限为 3 日，美、法、意等国规定为 48 小时，中国可以考虑规定最长不得超过 3 日。如未获确认，则监听必须立即停止。

四是监听信息的保管和使用。法律应该就监听所获得之信息材料的保管和使用作出明确的规定，包括：每次监听与录制活动，都必须制作笔录；期限届满时，实施监听的人员应当将监听记录送交签发令状的法官封存保管；合法监听所获得的信息材料在诉讼活动中具备证据资格；监听结果作为证据使用时，应当遵守一定的程序，以便被监听者有时间和条件准备辩护；一旦对于侦查目的、公共安全、他人人身或生命不会构成危险时，应当将所采取的通信监听措施通知利害关系人；对于监听所获资料，只有经法官许可，方可予以销毁；监听审批人员、实施人员对于监听所获信息负有保密义务。

五是违法监听的后果。为保证侦查人员依法实施监听，法律应该明确规定违法监听的后果以及相应的救济措施。侦查人员违反法律规定进行监听的，法院可以根据违法的严重程度和违法人员的主观状态分别作出排除所获证据、侦查行为无效的决定。有关机关还应该对违法人员进行惩戒或处罚。违法监听对象对上述情况应该享有一定的知情权，并享有对财产及人身所受损害的赔偿请求权。

六是年度报告制度。法院每年应当就通信监听的核准和执行情况向全国人大作出专项报告，以方便立法机关对监听总体情况的把握和外部监督。报告的内容包括申请和签发通信监听令的数量、与申请和签发通信监听令有关的罪名、同意延期或拒绝延期的数量、所采用的监听手段的种类、实施监听的期间、实施监听的案件逮捕的人数、实施监听的案件进入审判的数量等。

郭书原：如果在具体的制度构建方面，可以借鉴其他国家和地区的立法经验，那么，在秘密侦查法律制度建立之后，还应注意什么问题？

熊秋红研究员：还应注意良好的制度运行环境的形成与塑造，以避免法治原意与实际操作之间的巨大落差。

应当引起重视的是，中国的秘密侦查制度应当建立在对本土的人与社会之认识的基础上，应当建立在与本国文化和制度相对接的基础上，应当建立在现有的政治、经济和文化环境的基础上，只有这样，刑事诉讼制度的改革才能贴近现实，真正符合社会的需要。但是，这并不意味着我们应当迁就落后的现实。制度的引进与观念的更新是一个互动的过程，一项新的制度的确立有时能够带来整个社会观念上的重大变革，进而产生一种连锁效应，带动其他制度相应发生变化。

当我们在法律制度的建构上大量引进和移植国外的相关制度时，我们应当对该制度正常运行所需要的环境有充分的了解，应当对蕴涵在制度中的法律理念有深刻的体认，只有如此，我们才能在中国有针对性地培育该制度良好运行所需要的内部环境。否则，制度上的"完美"与实践中的"悖反"将会形成巨大的落差。就秘密侦查制度而言，蕴涵在其中的核心理念是对公民隐私权的保护。尽管隐私权现已成为中国社会的一个热点话题，但它却是一个继受于西方国家尤其是美国的法学概念。关于何为隐私权、为什么需要保护隐私权，东西方的阐释可能会有差异。隐私权作为一种权利，其背后隐含的是需要法律加以保护的某种利益。沃伦和布兰代斯的经典论文将其描述为"独处不受干扰的权利"，这是在不同的文化背景下均能认同的定义。但是，美国目前关于隐私权的探讨，将其引申到各种不同的个人自主性权利，如同性恋的权利、堕胎的权利等，这种广义的隐私权概念则未必能够为中国民众所认同。从隐私权的原始含义来说，"独处不受干扰"这一利益与人的感觉相联系，而人的感觉可能因时间、空间以及人本身的个体差异而发生变化。一些研究表明，不同文化和社会对隐私的实践有较大差异，其所拥有的隐私感觉或认知，也大不相同。正因为如此，我国有学者指出"受隐私权保护之个人私生活秘密的具体范围，要受社会经济、教育、文化发展程度和民族生活习惯等的影响。因此，何种个人私生活秘密构成隐私权保护的隐私，应以当时社会上之一般观念予以确定"。对隐私权概念的理解，必将影响以该概念为依托而产生的秘密侦查制度。在美国关于通信监听的立法和司法实践中，是否存在"对隐私的合理期待"，是判断一项技术侦查措施是否侵犯公民隐私权的重要标准，而"对隐私的合理期待"是一个与社会的隐私感觉相联系的概念。另外，科学技术日新月异，秘密侦查手段也会随之不断更新，凝固的法律显然不能自行对一项新的侦查技术是否侵犯公民的隐私权作出判断，因此需要法官在司法实践中有对法律作出创造性、能动性解释的能力。在中国，当我们借鉴其他国家和地区的经验实现秘密侦查的法定化之后，还需通过理性的司法丰富和填充隐含于法律制度中的理念，将纸面上的法律变为具体而生动的实践，而非仅仅形成一种秘密侦查法治化的表象。

在保护隐私权的法律体系中，秘密侦查制度与隐私权的宪法保护、私法保护、公法保护等相联结；在刑事诉讼法律体系中，秘密侦查制度与逮捕制度、搜查制度、司法体制等相联结。这种相连关系表明，秘密侦查制度不仅在构建中要考虑它与其他制度之间的配套，在其运行过程中也需仰赖相关的制度环境。因此，秘密侦查的法治化不是一个孤立的问题，而是一个应当置于整体的法律制度体系中加以考量的问题。加强隐私权的宪法保护、将隐私权的私法保护落到实处、促进外国情报收集中通信监听的法定化、改革刑事司法体制、对刑事审判前程序实施有效的司法控制，这些举措均有助于促进新建立的秘密侦查制度达到其预设的目的。

郭书原：对于当前复杂的刑事犯罪而言，如何协调秘密侦查措施的采用而造成显著的国家追究犯罪的公共利益与个人私生活秘密的个人利益之间的紧张关系将仍是一个重要的课题。谢谢您这么详细和深入的讲解。

何家弘教授简介：

    1953 年出生于北京；1979 年考入中国人民大学，学习法律；1983 年考取中国人民大学法律系研究生；1986 年获得法学硕士学位后留校任教；此后曾两次赴美国进修学习，并于 1993 年在美国西北大学获得法学博士学位；现任中国人民大学法学院教授、诉讼法学博士研究生导师（侦查学方向和证据学方向），入选北京市跨世纪学术带头人、北京市优秀中青年法学家；兼任中国人民大学刑事法律科学研究中心副主任、中国人民大学欧洲研究中心副主任，中国作家协会会员，中国行为法学会副会长兼法律语言研究会会长，最高人民检察院专家咨询委员会委员，北京市刑事侦查学研究会副会长；曾任最高人民检察院渎职侵权检察厅副厅长等。

"欺骗取证"怎么了?
——《刑事诉讼法》修改之管见

——访中国人民大学法学院教授、博士生导师　何家弘

　　郭书原: 何教授您好! 很高兴今天能有幸采访到您。我们都知道您对证据学有着很深入的研究。今天想针对 2011 年 8 月 30 日在人大网上公开征求民众意见的《刑事诉讼法修正案(草案)》中有关证据方面的问题向您请教。

　　何家弘教授: 好的。有什么问题请问吧,我会尽力解答。

　　郭书原: 谢谢。"非法证据排除"一直是我国刑事诉讼法修改中争议较大的问题。这次《草案》第十四项"将第四十三条改为第四十九条,修改为:'审判人员、检察人员、侦查人员必须依照法定程序,收集能够证实犯罪嫌疑人、被告人有罪或者无罪、犯罪情节轻重的各种证据。严禁刑讯逼供和以其他非法方法收集证据,不得强迫任何人证实自己有罪。必须保证一切与案件有关或者了解案情的公民,有客观地充分地提供证据的条件,除特殊情况外,并且可以吸收他们协助调查。'"第十七项:"增加一条,作为第五十三条:'采用刑讯逼供等非法方法收集的犯罪嫌疑人、被告人供述和采用暴力、威胁等非法方法收集的证人证言、被害人陈述,应当予以排除。'"对此,社会上有人表示反对也有人表示赞成,您对此是怎么看的?

　　何家弘教授: 该《草案》公布之后,有人认为这是《刑事诉讼法》的倒退。据说,立法者听取了这些民众的意见,在《刑事诉讼法修正案(草案)》的第二稿中又恢复了原《刑事诉讼法》第四十三条的表述,即"严禁刑讯逼供和以威胁、引诱、欺骗以及其他非法的方法收集证据"。我无意争辩这究竟属于前进还是倒退,但我以为如是规定很不合理。由最高人民法院、最高人民检察院、公安部、国家安全部和司法部联合颁发并于 2010 年 7 月 1 日起施行的"两个证据规定"对于《刑事诉讼法》第四十三条的规定进行了修正。而《草案》第十四项、第十七项也吸纳了"两个证据规定"中司法人员区别对待证据的做法。例如,《关于办理刑事案件排除非法证据若干问题的规定》第一

条规定："采用刑讯逼供等非法手段取得的犯罪嫌疑人、被告人供述和采用暴力、威胁等非法手段取得的证人证言、被害人陈述，属于非法言词证据。"第二条规定："经依法确认的非法言词证据，应当予以排除，不能作为定案的根据。"这里没有明确地一律排除欺骗获取的证据，而是用"等"字加以模糊化处理，其含义就是让司法人员根据具体情况来决定是否排除。

郭书原：那么，现行《刑事诉讼法》第四十三条有什么不合理之处吗？为什么您反对《草案》第二稿中恢复原《刑事诉讼法》第四十三条的表述呢？

何家弘教授：恢复《刑事诉讼法》第四十三条的表述会使《刑事诉讼法修正案》陷入自相矛盾的窘境。一方面，修正案明确规定要严禁以威胁、引诱、欺骗的方法收集证据；另一方面，修正案却没有明确规定以威胁、引诱、欺骗的方法收集的证据必须排除。采用《刑事诉讼法》明令禁止使用的方法获取的证据却可以在刑事诉讼中使用，这显然是自相矛盾的。另外，修正案第一百五十条规定公安机关可以在必要时使用秘密侦查和控制下交付等侦查手段；第一百五十一条进一步规定采用这些侦查手段获得的材料可以在诉讼中作为证据使用。在秘密侦查和控制下交付中难免使用欺骗，有时还要使用引诱，这又使修正案出现了一方面严禁另一方面允许的自相矛盾，而这显然是立法者和司法者都不愿意看到的状况。我国现行的《刑事诉讼法》第四十三条规定："严禁刑讯逼供和以威胁、引诱、欺骗以及其他非法的方法收集证据。"按照这条规定，所有带有欺骗性质的取证方法都属于禁止使用的。假如侦查人员都严格依法办案，那他们在讯问犯罪嫌疑人的时候就必须实话实说。这种一律禁止性规定是不合理的。另外，这样的规定在现实中也不具有可操作性，只是徒有虚名。说句不好听的话，我们连刑讯逼供都禁而不止，还说什么要严禁威胁、引诱、欺骗！立法并非儿戏，无可践行之话，不说也罢。有人说，欺骗取证在实践中可以用，属于打"擦边球"，但是不能明说。而我以为，法律明令禁止，但暗中允许使用，这种做法本身就有欺骗之嫌。

郭书原：如此看来您反对《刑事诉讼法》第四十三条的规定，那您对于欺骗取证是赞成还是反对呢？

何家弘教授：我认为在讯问时采取适度欺骗的方法是必要的，也是正当的。所谓"欺骗"，一般是指虚构事实或者隐瞒事实真相。"欺骗取证"，主要是指侦查人员在刑事诉讼过程中为查明或证明案件事实而采用带有欺骗性质的方法获取证据。毋庸讳言，诚信缺失是当下中国一个非常严重的社会问题。我也曾呼吁在刑事司法活动中确立公平诚信原则。但是，呼唤诚信并不等于要求侦查人员必须在讯问中实话实说。

郭书原：您能举例谈谈吗？

何家弘教授： 好的。比如在一起受贿案中，犯罪嫌疑人是个很有水平也很有口才的官员。面对侦查人员的讯问，他总是以"实事求是"作"挡箭牌"。他说："我们共产党最讲实事求是。无论干什么，都要实事求是。我是领导干部，无论对上对下，都要实事求是。我做事要实事求是，说话也要实事求是。我跟你们讲，我没有受贿，就是没有受贿。这就是实事求是嘛！你们是人民检察官，是代表国家和人民的，办案就应该实事求是。历史的经验告诉我们，如果不实事求是，那是要犯错误的！"侦查人员见他反复强调"要事实求是"，就说："我们都知道要实事求是，不用你讲。这样吧，你把它写在纸上，就不用一遍遍重复了。行吧？"嫌疑人点了点头，在侦查人员拿来的白纸上写下"要实事求是"，然后又按照侦查人员的要求签上自己的名字。侦查人员结束讯问之后，拿着这张纸找到该嫌疑人的妻子，对她说："这是你老公写给你的，他让你实事求是地回答我们的问题。"妻子仔细查看一番，发现确是她丈夫的笔迹，便如实交代了她和丈夫收受贿赂的犯罪事实。毫无疑问，这种取证方法属于欺骗。但是，我们的法律应该禁止侦查人员使用这种欺骗方法去获取证据吗？我想，回答应是否定的。

郭书原： 您提到的是侦查人员在查办案件时对犯罪嫌疑人的讯问技巧，这种欺骗取证应该禁止还是允许？

何家弘教授： 你想问的是欺骗的讯问方法是不是必须禁止的，侦查人员通过这种讯问方法获取的证据是不是都应该排除的吧？我的回答是否定的。无论是中国还是外国的审讯教科书，都会讲授一些带有欺骗性质的策略方法，如设置圈套、引蛇出洞等。侦查人员在讯问犯罪嫌疑人时不能遵循实话实说的原则，必须隐瞒某些事实真相，甚至虚构某些事实。假如，侦查人员必须实话实说，那么在某些案件的讯问中，侦查人员就应该对嫌疑人说："老实讲，我们现在也没掌握多少证据。你看着办，是交代还是不交代？"这话确实没有欺骗，但是荒唐至极。在此类案件中，侦查人员往往会对嫌疑人说："我们已经掌握了充分的证据，其他人都讲了，现在就看你的态度了。"这当然是欺骗。但在讯问中使用带有欺骗性质的策略方法，符合犯罪侦查活动的要求和规律。我们知道，犯罪侦查活动具有对抗性，犯罪侦查思维具有博弈性。在具体案件的侦查过程中，侦查人员要查明案件事实并捕获罪犯，而犯罪分子则要掩盖案情真相并使侦查误入歧途。双方不仅要根据对方的对策来制定自己的对策，而且要经常进行"斗智"。这就是说，一方思维的正确与否往往要取决于另一方的思维活动。侦查人员要想在这种对抗中掌握主动权并战胜对手，采取一定的欺骗策略是必要的。

郭书原： 您能举个例子吗？比如在常见的盗窃或者抢劫罪的侦查讯问中，

如何体现欺骗策略是必要的？

何家弘教授：好的。先举盗窃罪为例，在一起入室盗窃案中，侦查人员对犯罪嫌疑人说："我们在现场提取到了你的手印，请你解释一下吧。"这是欺骗，因为侦查人员并没有在现场提取到该嫌疑人的手印。然而，侦查人员可以依据这个问题去分析犯罪嫌疑人的反应并寻找破绽。面对这样的问题，事实上无罪而且从未去过该现场的犯罪嫌疑人会坚决否认，而事实上有罪的嫌疑人则可能会试图解说并难免露出破绽。又如，在一起抢劫案中，犯罪嫌疑人为了证明自己不在现场而声称案发时在某电影院看电影。经验丰富的侦查人员可以立即说自己碰巧也在那个时间在那个电影院看电影，而且记得很清楚，因为在那个电影的放映过程中发生了两个观众打架的事件。这还是欺骗，因为这都是虚构的。如果侦查人员有一定的表演技能，把这个虚构事实描述得活灵活现，就会使说谎的嫌疑人陷入困境，或者附和侦查人员的讲述，或者寻找不知情的理由，如正好中间去外面上厕所或抽烟了，而这都会给侦查人员戳穿他的谎言提供依据。

郭书原：那么，有没有其他欺骗性质的侦查方法您认为可取呢？

何家弘教授：有的。世界上很多国家在涉及毒品、走私、恐怖、暴力等团伙犯罪案件的侦查中都会使用秘密侦查或化装侦查等带有欺骗性质的侦查方法。例如，特情人员打入贩毒集团时肯定要用欺骗的方法来隐瞒自己的身份并获取对方的信任。如果特情人员不许使用欺骗方法，那就只能实话实说："我是公安局派来的，任务是收集你们贩毒的情报和证据，请各位多多关照。"那是相声中的滑稽！在这种类犯罪侦查中，欺骗是必须的。

郭书原：您刚才说"侦查人员要想在这种对抗中掌握主动权并战胜对手，采取一定的欺骗策略是必要的"，那么如何理解"一定"呢？

何家弘教授：其实一定的欺骗策略是必要的就说明带有欺骗性质的侦查方法也可能给社会带来负面的后果，例如，侦查人员使用不恰当的审讯圈套也可能使无辜的犯罪嫌疑人违心地承认自己并未实施的犯罪行为。举例来说，在一起抢劫案中，侦查人员得知犯罪嫌疑人非常孝敬他的母亲。于是，在审讯中，侦查人员突然接到某医院急诊室医生打来的电话。然后，侦查人员告知犯罪嫌疑人，他的母亲在得知其出事后急忙外出找人帮忙，结果在街上不小心出了车祸，命在旦夕，口中还不断呼唤儿子的小名。犯罪嫌疑人泪流满面，请求去医院看望母亲。侦查人员无奈地表示，在案子没有结论之前，我们不能让你出去。当然，如果你供认了自己的罪行，我们就可以立即送你去医院看望你的母亲。于是，犯罪嫌疑人承认了犯罪指控。但是他供认之后，侦查人员并没有带他去医院。后来又告诉他，原来弄错了，那个出车祸的老人不是他的母亲。其实，这是侦查人员设置的骗局。

郭书原：那对您举例的这种欺骗策略，您是如何看待呢？

何家弘教授：我以为，这种欺骗方法是恶劣的，是不可接受的，因为它不仅突破了人们的道德底线，而且可能使无辜者违心地承认有罪。因此，法律不应该也不能够完全禁止欺骗取证，但是必须限制欺骗取证，以便尽可能用其利而抑其弊。其实，在法制比较健全的西方国家，带有欺骗性质的取证方法也不是一律禁止使用的。只要欺骗取证的行为方式没有违反法律的规定，没有突破道德的底线，取得的证据就能够被法院所采纳。顺便说，联合国所确认的刑事司法准则（如《公民权利和政治权利国际公约》第七条）禁止酷刑和其他不人道及有辱人格的做法，但是并没有禁止对犯罪嫌疑人使用带有欺骗性质的审讯策略。所以，我赞成适度的欺骗取证，因为它具有正当性，因为其目的是正确的，其方法是适当的。

郭书原：那我们应该如何做到适度的欺骗取证呢？

何家弘教授：法律不应该严禁在犯罪侦查中使用带有欺骗性质的取证方法，但是应该加以限制，而限制的方法就是在刑事诉讼中排除那些以恶劣的欺骗方法获取的证据。

郭书原：您提到"恶劣的欺骗方法"如何评定呢？您有什么建议吗？

何家弘教授：至于什么是恶劣的欺骗方法，我建议把握两条标准：第一，这种欺骗是否突破了人们可以接受的道德底线；第二，这种欺骗是否可能导致无辜者作出有罪供述。在司法实践中把握这两条标准，需要司法人员根据案件的具体情况去自由裁量，但是最高人民法院和最高人民检察院可以在总结实践经验的基础上通过司法解释或指导性案例的方式加以明确。

郭书原：您对在犯罪侦查中使用必要的带有欺骗性质的策略方法持赞同态度，也对此进行了规定性的分析。您能否深入地剖析一下深层次的原因呢？

何家弘教授：好的。我认为是否允许在犯罪侦查中使用带有欺骗性质的策略方法，这实际上反映了刑事司法的价值观念和价值定位。在任何一个国家中，刑事司法制度都处于多种利益和价值观念的冲突之中，例如，个人利益与社会利益的冲突，被告人利益与被害人利益的冲突，打击犯罪与保护人权的冲突，在司法活动中追求真实与降低成本的冲突，在诉讼活动中加强程序保障与提高司法效率的冲突，等等。这些冲突是客观存在的，是不以人的意志为转移的。任何一个国家的刑事司法制度都不得不在这错综复杂的冲突关系中寻找自己的定位，而且随着社会的发展，这种价值定位也会发生变化。从社会初始分工的角度看，刑事司法制度的本源功能就是打击犯罪。因此，世界各国在相当长的历史时期内都把打击犯罪作为刑事司法制度的基本价值定位。无论是在古代东方国家还是在中世纪的西方国家，刑讯逼供在司法活动中的广泛使用乃至合法化，就是这种价值定位的表现之一。

郭书原：随着社会的发展和人类文明的进步，保护人权的观念越来越受到各国人民的重视，这会产生什么影响呢？

何家弘教授：我想影响就是保护人权相继在一些国家被确立为刑事司法活动的价值目标之一。在刑事司法活动中，人权保护的重点是犯罪嫌疑人和被告人，因为他们是刑事司法系统的打击对象，其人权很容易成为打击犯罪的牺牲品。但是，被害人的权利保护也不应该被置于"被遗忘的角落"。诚然，在有些情况下，保护被害人的权益与打击犯罪的目标是一致的，或者说被害人的利益可以涵盖在打击犯罪的社会整体利益之中，但是在有些情况下，二者也会出现分歧，因为在具体案件中某个被害人所强烈追求的未必都是社会全体成员对打击犯罪的需要。从这个意义上讲，刑事司法系统所面对的是一种三角形利益关系，即社会利益、犯罪嫌疑人和被告人的利益、被害人及其家属的利益。如何在这种三角形利益关系中确定自己的定位，是任何一个国家在确立其刑事司法制度时都必须认真考虑并作出回答的问题。

郭书原：既然各国都必须考虑如何在社会、犯罪嫌疑人和被告人、被害人及其家属的三角利益关系中确定刑事司法制度的定位，那我国刑事司法的价值目标是怎样的呢？这与您刚才提到的"采取一定的欺骗策略"又有怎样的关系呢？

何家弘教授：受"大公无私"等过分强调社会公共利益的传统价值观念的影响，我国的刑事司法制度一直偏重于打击犯罪的需要，而对犯罪嫌疑人和被告人权利的保护重视不够。现代社会的司法活动应该崇尚公正与文明，人类社会的进步应该表现为对人权的尊重，因此，我国刑事司法改革的目标之一就是加强对犯罪嫌疑人和被告人权利的保护。然而，当我们摒弃陈旧的司法观念时，也不能从一个极端走向另外一个极端。当我们纠正过去那种"只讲打击不讲人权"的刑事司法观念时，也不能片面强调保护犯罪嫌疑人、被告人权利的重要性。刑事司法系统肩负着维护社会正义和保护公众权益的职能，因此，刑事司法系统的基本价值定位还是打击犯罪和保护人民。诚然，我们可以成立全国人权保障委员会并设立犯罪嫌疑人和被告人人权保障专业委员会，也可以制定专门的人权保障法，其基本价值定位可以是保障犯罪嫌疑人和被告人的人权。但是，刑事司法系统不是人权保障组织，刑事诉讼法也不是犯罪嫌疑人、被告人权利保护法。因此，就刑事司法系统和刑事诉讼法而言，打击犯罪和保护人民的价值定位应该优先于保护犯罪嫌疑人、被告人权利的价值定位。所以我赞成在犯罪侦查中采取一定的欺骗策略。

　　郭书原：谢谢您深入的分析，您能否在最后用一句话总结一下，在刑事司法中，保护人权的价值目标的确立对犯罪侦查中的取证策略有什么影响吗？

　　何家弘教授：好的。我套用前人说过的话：侦查不是非诚勿扰，审讯不是请客吃饭，不能要求实话实说，不宜禁止适度欺骗。

　　郭书原：感谢何教授精彩的回答，再次表示感谢。

第三部分

孙春雨简介：

江苏人，2001 年毕业于中国人民大学，获得法学硕士学位；2006 年毕业于中国人民大学刑法学专业，获得法学博士学位。现为北京市人民检察院第二分院法律政策研究室主任、检察员、四级高级检察官，全国检察理论研究人才，北京市检察业务专家，中国人民大学法学院法律硕士专业研究生兼职导师。

曾作为北京市政法系统高层次法律人才首批赴美培训团的成员，赴美国新泽西州州立罗格斯大学（Rutgers, The State University of New Jersey）和大西洋城凯波学院（Atlantic Cape Community College）研习美国刑事法。曾访学澳大利亚、新西兰、丹麦的刑事司法制度。

出版个人专著《中美定罪量刑机制比较研究》、《刑事和解办案机制理论与实务》、《我国刑法中不作为犯罪理论与实务》；编著《计算机与网络犯罪专题整理》；合著著作 5 部；副主编、编辑、撰写专业著作 7 部。

在《政法论坛》、《法学杂志》、《人民检察》、《犯罪与改造研究》、《法商研究》、《中国检察官》、《法制日报》、《检察日报》、《人民法院报》等刊物上发表论文 64 篇，共计 59 万余字；在《检察研究参考》、《首都检察官》等检察内刊上发表论文 44 篇，共计 30 余万字。

《刑事诉讼法》修订后刑事和解制度何去何从

——访北京市人民检察院第二分院 孙春雨博士

郭书原： 孙博士您好！感谢您能接受我们采访！今天想就刑事和解制度有关问题请您谈谈看法。我们知道，刑事和解是对新形势下贯彻宽严相济刑事司法政策的一种探索和尝试，体现了对被害人和犯罪嫌疑人进行平等保护的刑事司法理念。今年召开的十一届全国人民代表大会第五次会议通过了《关于修改〈中华人民共和国刑事诉讼法〉的决定》，其中就当事人和解的公诉案件诉讼程序作了专门规定。对新刑事诉讼法中有关刑事和解制度的规定，您能否给读者简单介绍一下？

孙春雨博士： 好的。新修订的刑事诉讼法在第五编"特别程序"的第二章就当事人和解的公诉案件诉讼程序作了明确规定，标志着我国公诉案件和解制度在立法上得到最终确认，集中体现在以下三个条文中：

第一，关于公诉案件和解的条件和案件范围，新修订的《刑事诉讼法》第二百七十七条规定："下列公诉案件，犯罪嫌疑人、被告人真诚悔罪，通过向被害人赔偿损失、赔礼道歉等方式获得被害人谅解，被害人自愿和解的，双方当事人可以和解：（一）因民间纠纷引起，涉嫌刑法分则第四章、第五章规定的犯罪案件，可能判处三年有期徒刑以下刑罚的；（二）除渎职犯罪以外的可能判处七年有期徒刑以下刑罚的过失犯罪案件。犯罪嫌疑人、被告人在五年以内曾经故意犯罪的，不适用本章规定的程序。"

可见，该程序只能适用于以下两类公诉案件：一类是故意犯罪案件。对这类犯罪，有三方面的限制条件：一是从案件起因上看，只能是因民间纠纷引起的，如婚姻家庭矛盾、邻里纠纷、财产纠纷等；二是从罪行的轻重程度上看，只能是可能判处 3 年以下有期徒刑、拘役、管制或者单处附加刑的案件，重刑犯罪案件不得适用该程序；三是从犯罪的种类上看，只能是属于刑法第四章、第五章规定的侵犯公民的人身权利、财产权利的犯罪。需要指出的是，刑法第四章中包括侵害公民民主权利的犯罪，如破坏选举罪、非法剥夺公民信仰自由罪等，考虑到此类犯罪对刑法保护的社会关系往往损害较大，一般也不能因民间纠纷引起，因此不宜适用和解程序。另一类是过失犯罪案件。过失犯罪案件适用和解程序，也有两个方面的限制：一是由于渎职犯罪侵犯法益的重要性和一般具有严重的社会危害性，不得适用和解程序；二是可能判处 7 年有期徒刑以下刑罚。这类案件中比较典型的是交通肇事犯罪。交通肇事罪虽然是危害公共安全的犯罪，但考虑其为过失犯罪、多发犯罪，且被害人家属往往需要获取赔偿和修复精神创伤，因此，对情节较轻的（可能判处 7 年以下刑罚的）交通肇事犯罪可以适用和解。此外，在适用中，还应考查犯罪嫌疑人、被告人是否存在"五年以内曾经故意犯罪的"的禁止适用情形。

第二，关于公诉案件和解的审查确认。新修订的刑事诉讼法第二百七十八条规定："双方当事人和解的，公安机关、人民检察院、人民法院应当听取当事人和其他有关人员的意见，对和解的自愿性、合法性进行审查，并主持制作和解协议书。"

可见，法律强调的是双方当事人和解后，公安机关、人民检察院、人民法院才在听取当事人和其他有关人员的意见的基础上，对和解的自愿性、合法性进行审查，并主持制作和解协议书。

第三，关于公诉案件和解后案件的处理。新修订的刑事诉讼法第二百七十九条规定："对于达成和解协议的案件，公安机关可以向人民检察院提出从宽处理的建议。人民检察院可以向人民法院提出从宽处罚的建议；对于犯罪情节轻微，不需要判处刑罚的，可以作出不起诉的决定。人民法院可以依法对被告人从宽处罚。"

郭书原：您长期在检察部门工作，对实践和理论的关系和研究也有深刻的见解。那么这次新修订的刑事诉讼法对检察实务工作的影响有多大，是否能达到和解制度设立的预期目的，您能否谈谈？

孙春雨博士：应该说，新修订的刑事诉讼法虽然确立了公诉案件和解制度，初步解决了公诉案件和解的法律依据问题，规范了和解制度的一些要素和内容，在一定程度上平息了理论界、司法实务界一些纷争，但是，该规定仍然原则粗疏，缺乏可操作性，还是存在不少问题和不足的。

郭书原：具体体现在哪些方面，您能否详细谈谈？

孙春雨博士：我认为，目前新修订的刑事诉讼法关于刑事和解制度的设计主要存在这些问题和不足，需要在立法、司法解释、司法实践层面进一步解决和完善。

第一，对该制度实施的一些基本原则没有作出规定，容易导致适用偏差。虽然从刑事诉讼法的规定可以推导出公诉案件和解必须坚持的双方自愿原则、合法原则，但是对于该制度实施必须坚持的一些关键性原则，如案件事实清楚、证据确实充分的原则；国家专门机关中立原则；不得以和解不成，作出对加害人不利处理的原则；公开透明原则等均未作出规定，容易在实践中出现问题和偏差，甚至导致和解制度的滥用。

第二，对和解适用的诉讼阶段没有作出明确规定，导致界限不明确。虽然从刑事诉讼法第二百七十九条的规定可以看出，侦查、公诉、审判阶段可以进行和解，但是对于立案、执行阶段是否可以和解，审判阶段的和解是一审、二审、审判监督程序中都可以进行和解，还是仅指一审，都不清楚。因而导致实践中界限不清，遇到实际问题难以把握处理。

第三，对和解的具体适用程序没有作出规定，可操作性不强主要体现在三个方面：

1. 作为特别程序，与其他特别程序，如未成年人刑事案件诉讼程序，犯罪嫌疑人、被告人逃匿、死亡案件违法所得的没收程序，依法不负刑事责任的精神病人的强制医疗程序等相比，缺乏特别程序的相对独立性，单独适用能力不强，依据不足。

2. 依赖其他程序实施时，与其他程序之间的关系是什么，如何有效衔接，不清楚。比如，诉讼程序进行中，一旦出现和解情形，是否应当中止已经进行的程序，启动和解程序，如和解成功，原有程序不再进行，如和解不成功，则恢复原有程序，不明确。

3. 对和解的一般适用程序，如和解的启动方式，启动程序，组织人（主持人），组织方式，自愿性、合法性如何审查，和解协议如何达成、如何履行，反悔或不履行如何处理，和解的监督等，均没有规定，致使实际操作中无所适从。

第四，对和解程序的监督没有明确规定，是否由检察机关实施监督不明确。尽管按照对新《刑事诉讼法》第八条关于"人民检察院依法对刑事诉讼实行法律监督"的规定，检察机关的监督似乎包含了当事人和解的公诉案件诉讼程序，但从立法技巧看，检察机关的监督需要刑事诉讼法中的具体规定作为支撑，如新《刑事诉讼法》第二百八十九条就明确授权人民检察院对强制医疗的决定和执行实行监督，而当事人和解的公诉案件诉讼程序中并没有类似的明确规定，因此，在和解程序中检察机关是否有权监督不明确。

郭书原： 应该说，刑事和解是一个高度开放的命题。尽管在传统文化中我国有着悠久的和解历史及一以贯之的和合理念，但总体而言它仍是一个"舶来品"。在当今我国立法并不十分明确、并不足够完善，各地实践探索不尽一致、不尽平衡的背景下，和解制度具有非常广阔的发展完善空间。新刑事诉讼法颁布后，这些各地实践的经验如何统一起来，迎接新刑事诉讼法的实施是又一个命题。对此您怎么看？

孙春雨博士：自 20 世纪 80—90 年代恢复性司法理论被介绍到中国之后，刑事和解在相当长的时间内并没有引起司法实务部门和立法机关的足够重视，直至 21 世纪初在构建和谐社会的背景下，司法实务界才开始公诉案件和解的探索，逐渐形成"八仙过海、各显其能"的局面，不少地区还通过制定规范性文件实现了一定区域或范围内此项工作的规范化。应该说，这些规范性文件为刑事和解在我国的生根、发芽、成长起到了非常重要的培育作用，并为该制度最终上升为立法起到了关键的助推作用。但是，由各地的司法机关根据办案的具体需要而颁布各种各样规定的做法显然缺乏统一规范。主要表现为：第一，规范性文件的名称不统一。有的法规或文件明确使用了刑事和解的字眼，如《湖南省人民检察院关于检察机关适用刑事和解办理刑事案件的规定（试行）》；而有的却并未写明，只是在内容中实际提及，如《轻伤害案件处理程序实施规则》。第二，发布机构不统一。法院、检察院、公安机关以及各地司法局都能颁布各自的规定与文件，或者上述部委也可联合发布。如上海市高级人民法院、上海市人民检察院、上海市公安局、上海市司法局联合制定的《关于轻伤害案件委托人民调解的若干意见》。第三，发布单位的级别不统一。有的发布主体是省级司法机关，如重庆市人民检察院；有的是地市级的司法机关，如江苏省无锡市人民法院；有的则是一个区的基层司法机关，如北京市朝阳区人民检察院。这样的局面对于各地因地制宜，保持相对独立以探索和解的本土化具有一定的益处，但从长远看其弊端也是显而易见的：（1）缺乏统一的标准，容易造成各地区适用刑事和解的极大差异，加剧了大众对其合法性的质疑，并有可能违反平等原则。（2）由于没有统一指导与规范，各地司法或行政机关往往充分利用其自由裁量权，按照自己的要求来设计和解程序，这就往往使得这些程序偏离了恢复性司法语境下的刑事和解制度之目标。（3）由于这些规定或文件由各地司法、行政机关制定并解释，对其修改、变更或废止都较为容易，在一定程度上扩张了权力，不利于防止司法腐败的产生。因此，随着 2013 年 1 月 1 日新修订的《刑事诉讼法》正式实施的日益临近，以前通过各地不同级别司法机关搞试点、搞创新的混乱局面应得到彻底改变，有必要对以前各地自行探索实践的刑事和解制度进行清理调整，以便与新刑事诉讼法有效对接。

郭书原：那么，具体应该如何清理调整，如何统一对接呢？

孙春雨博士：我认为至少应该从以下几个方面着手：

第一，统一使用"公诉案件和解"的概念，以维护法律术语的规范性。应该说，"刑事和解"是学界以及一些司法机关经常使用的比较约定俗成的称谓。但是这一称谓不够贴切，容易引起误解。刑事和解显然属于民事性质，不能处理刑事事项，只是对刑事处理产生影响。北京师范大学刑事法律科学研究院宋英辉教授认为，所谓刑事和解，实质上是当事人对民事部分达成和解，并表达对刑事部分如何处理的意见，由办案机关根据具体情况对案件作出处理。与自诉案件的和解不同，在公诉案件的和解中，当事人直接处分的是民事权益，而不是刑罚权。

郭书原：对此您怎么看？

孙春雨博士：我完全同意宋英辉教授的主张和分析，这一点可以从有关官方文件精神中得到印证。《最高人民检察院关于办理当事人达成和解的轻微刑事案件的若干意见》规定，当事人双方可以就赔偿损失、恢复原状、赔礼道歉、精神抚慰等民事责任事项进行和解，并且可以就被害人及其法定代理人或者近亲属是否要求或者同意公安、司法机关对犯罪嫌疑人、被告人依法从宽处理达成一致，但不得对案件的事实认定、证据和法律适用、定罪量刑等依法属于公安、司法机关职权范围的事宜进行协商。

因此，新《刑事诉讼法》第五编"特别程序"的第二章中使用了"当事人和解的公诉案件诉讼程序"的称谓，意指规制的是"公诉案件和解"，而不是"刑事和解"。一方面厘清了概念，另一方面区别于自诉案件的和解、附带民事诉讼案件的调解。这一法律术语应当得到遵循。

郭书原：回到刚才的话题。如何对各地自行探索实践的刑事和解制度进行清理调整，以便与新刑事诉讼法有效对接。对此，您认为还需要有哪些措施？

孙春雨博士：第二，要清理刑事和解的适用对象范围，保持与新刑事诉讼法的规定一致。关于刑事和解的对象范围，以往司法实践中的做法很不统一，主要有以下几种：

一、适用于轻微刑事案件。

2008 年 1 月 1 日起施行的北京市朝阳区人民检察院出台的《刑事和解暂行规定》第四条规定："刑事和解适用于以下范围的轻微刑事犯罪案件：（一）刑法分则第四章和第五章规定的，侵犯公民人身权利、财产权利的犯罪；（二）未成年人、七十岁以上的老人初次实施的犯罪；（三）发生在亲友、邻里、同学、同事等具有特殊关系的当事人之间的犯罪；（四）过失类犯罪。本规定所称'轻微刑事犯罪'是指法定最高刑为五年有期徒刑以下刑罚的犯罪。"第五条规定："有下列情形之一的案件不得适用刑事和解程序处理：（一）危害社会公共安全的；（二）有预谋、有组织地实施犯罪的；（三）犯罪嫌疑人涉嫌多项罪名，或者多次实施犯罪的；（四）行为人有故意犯罪前科的；（五）可能判处超过五年有期徒刑刑罚的；（六）犯罪嫌疑人有脱逃、伪造或毁灭证据、串供或其他恶劣情节的；（七）没有被害人或者被害人下落不明的。"

湖南省人民检察院《关于检察机关适用刑事和解办理刑事案件的规定（试行）》（湘检发〔2006〕13号）第四条规定："依照本规定处理的案件主要是轻微刑事案件和未成年人刑事案件，且应当同时具备以下条件：（一）犯罪嫌疑人、被告人系自然人；（二）基本事实清楚，基本证据确实、充分；（三）犯罪嫌疑人的行为触犯刑法；（四）犯罪嫌疑人悔罪，并且对主要事实没有异议。"湖南省检察机关在刑事和解案件的适用范围和条件的把握上，主要为轻微刑事案件和未成年人犯罪案件。2006年11月至2009年3月，湖南省检察机关公诉部门适用刑事和解办理的案件中，法定刑或有法定减轻处罚情节可能判处3年以下刑罚的轻微刑事案件4159件共计5239人，占刑事和解总人数的97%；未成年人犯罪案件826件共计1105人，占刑事和解总人数的20.46%。适用刑事和解案件罪名分布上，相对集中在少数罪名。从全省实践来看，2006年11月至2009年3月，适用刑事和解的案件罪名主要集中在故意伤害、交通肇事案件，两个罪名适用刑事和解案件3632人，占适用刑事和解案件办案总人数的67.24%。而对于侵害公共利益的案件和职务犯罪的案件未适用刑事和解。

浙江省人民检察院2007年12月出台的《关于办理当事人达成和解的轻微刑事案件规定（试行）》要求，刑事和解案件的犯罪嫌疑人应当同时符合自然人初次犯罪，认罪悔过，所犯罪行属实质一罪、有明确的被害人，以及法定刑为三年有期徒刑以下刑罚这四个条件；适用范围仅限于亲友、邻里、同学、同事之间因纠纷引发的故意轻伤害，因生活无着而初次盗窃或初次诈骗以及部分交通肇事等轻微刑事案件。

福建省三明市永安市人民检察院《关于实行刑事和解的意见（试行）》（2008年8月）规定："三、适用刑事和解的刑事案件应当同时符合以下条件：（一）案情简单、事实清楚的轻微刑事案件；（二）社会危害性及犯罪嫌疑人主观恶性较小的初犯、偶犯、过失犯；（三）犯罪嫌疑人承认犯罪事实的；（四）被害人谅解犯罪嫌疑人的；（五）可以通过经济补偿方式处理的。四、不适用刑事和解的刑事案件：对于累犯、多次作案、共同犯罪的主犯、严重暴力犯罪及其他可能判处三年以上有期徒刑的案件。"

北京市海淀区人民检察院2010年出台的《刑事案件和解处理程序暂行规则》规定的适用范围为："（一）同时符合下列条件的刑事案件可适用刑事和解：1.犯罪事实清楚、证据确实充分，犯罪嫌疑人认罪的；2.犯罪情节轻微、可能判处三年以下有期徒刑、拘役或管制刑罚的；3.犯罪行为主要侵犯人身权利、财产权利且有直接被害人的。（二）有下列情形的刑事案件不宜适用刑事和解：1. 侵犯客体主要是公共权益的（如妨害公务、寻衅滋事等）；2. 具有持械、聚众等恶劣情节或者涉及黑社会性质、恐怖组织性质的；3. 累犯或者犯罪嫌疑人曾因违反行政法规被行政处罚，在五年内又涉嫌犯罪的；4. 国家司法人员利用职权侵犯人身权利的案件。"

二、适用于轻微犯罪案件和部分法定刑较重案件。

江苏省无锡市委政法委联合公检法司四部门出台了《关于刑事和解工作的若干意见》。与其他省市已出台的相关规定不同，除了轻微违法犯罪案件之外，一些法定刑较重，但主要以民间纠纷引发的人身损害、侵犯财产犯罪以及部分过失犯罪和刑事自诉案件也被纳入了该意见规定的刑事和解范围。具体适用的案件范围分为五类，分别为：（1）侮辱、诽谤、暴力干涉婚姻自由、虐待、侵占案等告诉才处理的案件；（2）未成年人犯罪案件；（3）过失致人重伤案、过失致人死亡案、交通肇事案；（4）因民间或同事纠纷、婚姻家庭矛盾引发的人身损害、侵犯财产犯罪案件；（5）故意伤害、非法侵入住宅、侵犯通信自由、遗弃、因合法债务或经济纠纷引发的非法拘禁案件等可能被判处三年以下有期徒刑、管制、拘役或者单处财产刑的轻微刑事案件。凡雇凶伤人、寻衅滋事、聚众斗殴等涉黑涉恶，或抢劫、抢夺等严重影响社会治安的案件以及行为人系累犯，或在服刑、缓刑、劳动教养和被采取强制措施期间故意犯罪的不适用刑事和解。

三、适用于列举的特定案件。

江苏省扬州市《关于刑事和解工作的若干意见（试行）》（2007年7月）第三条规定："对于下列案件，可以适用刑事和解：（一）告诉才处理的案件。1. 侮辱、诽谤案（《刑法》第二百四十六条，严重危害社会秩序和国家利益的除外）；2. 暴力干涉婚姻自由案（《刑法》第二百五十七条第一款）；3. 虐待案（《刑法》第二百六十条第一款）；4. 侵占案（《刑法》第二百七十条）。（二）下列可能被判处三年以下有期徒刑、拘役、管制或者单处财产刑的轻微刑事案件。故意伤害案（《刑法》第二百三十四条第一款）；非法侵入住宅案（《刑法》第二百四十五条）；侵犯通信自由案（《刑法》第二百五十二条）；遗弃案（《刑法》第二百六十一条）；因合法债务、经济纠纷引发的非法拘禁案。（三）过失致人重伤案、过失致人死亡案、交通肇事案；（四）因邻里纠纷、婚姻家庭矛盾引发的人身损害、侵犯财产犯罪案件；（五）附带民事诉讼的案件；（六）其他适合刑事和解的案件。"第四条规定："有下列情形之一的，不适用本意见：（一）行为人系累犯，或在服刑、缓刑、劳动教养和被采取强制措施期间故意犯罪的；（二）行为人多次犯罪的；（三）被害人是单位的案件；（四）其他不宜适用和解的刑事案件。"

河南省《郑州市中级人民法院刑事和解、附带民事诉讼调解工作实施意见》（2009年10月）第五条规定："以下刑事案件可适用刑事和解：（一）告诉才处理的案件；（二）被害人有证据证明的轻微刑事案件；（三）被害人有证据证明对被告人侵犯自己人身、财产权利的行为应当依法追究刑事责任，而公安机关或者人民检察院不予追究被告人刑事责任的案件；（四）过失致人重伤案、过失致人死亡案、交通肇事案；（五）附带民事诉讼的案件；（六）其他适合刑事和解的案件。"第八条规定："有以下情形之一的，不适用刑事和解或者调解：（一）危害国家安全的案件；（二）严重危害公共安全的案件；（三）严重破坏经济秩序或者社会管理秩序的案件；（四）职务犯罪的案件；（五）作案手段残忍、动机卑劣、社会影响恶劣的案件；（六）涉及黑恶势力的案件、雇凶伤害杀人的案件；（七）被告人在服刑、缓刑、劳动教养和被采取强制措施期间故意犯罪的；（八）被告人是累犯或者曾接受过刑事和解或者调解后又重新犯罪的案件；（九）被害人是单位的案件；（十）其他不宜适用和解或者调解的案件。"

从上述规定可以看出，各地的规定虽然有借鉴可取之处，为推行公诉案件和解积累了非常宝贵的经验，但是，一旦国家立法有明确统一的规定，那么，为了维护法律的权威性、统一性，各地应当按照新刑事诉讼法的规定进行清理调整，以便与新刑事诉讼法的规定保持高度一致。

第三，改变和解达成的方式，由公、检、法机关主持制作和解协议书。在以往的司法实践中，和解成功后，往往由公、检、法机关对由此达成的和解协议书进行审查确认，作出相应的司法处理。如山东省淄博市临淄区人民检察院《刑事和解实施细则》规定，对以下方式达成的和解协议确认其效力：（1）当事人自行达成的和解；（2）当事人的近亲属、代理人、辩护人促成双方达成的和解；（3）人民调解委员会或者其他基层组织主持下达成的和解；（4）其他机关、单位和个人协调下达成的和解；（5）在民商案件中，当事人达成的和解；（6）公安机关、人民检察院主持下达成的和解。但是，按照新刑事诉讼法第二百七十八条的规定，和解协议书一律在公检法机关的主持下制作。

第四，对法无明确规定的环节，按照"公权力，法无授权即禁止；私权利，法无禁止即允许"的原则进行调整。就公权力而言，应当秉承中立的原则，不主动促和，不主动介入，不主持调和，而是被动审查，主持制作和解协议书。就私权利而言，当事人和解启动的方式、和解的形式、和解履行的方式等可以自愿选择，可以多样化。

郭书原：刚才您谈到了新刑事诉讼法有关公诉案件刑事和解制度设计的不足之处以及现行和解制度在新刑事诉讼法背景下的应对之策，由此可见您对公诉案件和解制度的研究之深入，思考之全面。那么对以后公诉案件和解制度的走向，您有什么建议？

孙春雨博士： 未来我国公诉案件和解制度需要进一步完善。主要有以下几点需要注意：

第一，明确公诉案件和解的基本原则，防止制度走偏。对于一项新确立的法律制度，为防止制度实施过程中有可能出现的偏差和问题，有必要确立统领制度运行的基本原则，以有效引导、指导司法实践。我认为，公诉案件和解应当遵循以下六个基本原则：双方自愿原则；合法原则；案件事实清楚、证据确实充分的原则；国家专门机关中立原则；不得以和解不成，作出对加害人不利处理的原则；公开透明原则。

第二，明确公诉案件和解适用的诉讼阶段，防止任意适用。关于公诉案件和解适用的诉讼阶段，学界有"审查起诉阶段或者审判阶段说"、"审判阶段说"、"侦查、起诉和审判阶段说"、"审查起诉和一审审判阶段说"、"刑事诉讼所有阶段说"的争论。从新《刑事诉讼法》第二百七十九条的规定来看，公诉案件和解适用于侦查、提起公诉、审判阶段，而不适用于立案阶段，因为第二百七十九条只规定"对于达成和解协议的案件，公安机关可以向人民检察院提出从宽处理的建议"，即公安机关对于达成和解协议的案件无权自行处理，只能在案件侦查终结移送审查起诉时建议检察机关从宽处理。该条规定自然不包含立案阶段。公诉案件和解也不适用于刑罚执行阶段，因为第二百七十九条只规定"对于达成和解协议的案件，人民法院可以依法对被告人从宽处罚"。而刑罚执行过程中的减刑、假释是刑罚变更措施，而不是"从宽处罚"，因此该条规定排斥刑罚执行阶段。

郭书原： 那么，审判阶段的和解，是一审、二审、再审都可以，还是仅仅指一审？

孙春雨博士： 我认为二审、再审程序中不能进行和解。二审和再审程序主要是法律审程序，对法律问题本身不允许变通、和解。二审和再审程序设置的目的是为了对一审过程中出现的违法和违规行为进行纠正，如果允许在二审和再审程序中进行和解，无异于允许对法律问题进行协商、变通，这是法律稳定性和严肃性绝不允许的。再者，二审和再审程序中设置和解环节必将摧毁一审和解的稳定性，最终将损害和解制度本身。

但是，在侦查阶段，一般要控制适用和解制度。因为在侦查阶段的任务就是收集证据，查明犯罪事实，抓获犯罪分子，使未暴露的犯罪事实最大限度地"还原"。如果在侦查阶段过早适用和解，就会放松对侦破案件的追求，丧失保护国家、社会和公民合法利益不受侵犯的动力。因此，要加强对这一环节适用和解制度的监督。另外，在审查批捕阶段，由于检察机关办案期限较短，一般也应当控制适用和解。

郭书原：还有其他需要注意的吗？

孙春雨博士：有。

第三，明确公诉案件和解特别程序与其他诉讼程序之间的关系，确保诉讼程序之间有效衔接。作为特别程序，公诉案件和解程序与其他特别程序有所不同，它的实施依赖其他诉讼程序，需要借助其他诉讼程序，嵌入其他诉讼程序中去完成。因此，应当明确其与其他诉讼程序之间的关系，以便有效衔接。

我认为，一是应当明确侦查、起诉、审判程序正在进行中，如出现和解情形，相应的诉讼程序应当中止，另行启动和解程序，和解成功并作出处理的，相应的诉讼程序终止。和解不成功的，相应的诉讼程序恢复进行。二是应当明确公诉案件和解程序受相应的诉讼程序办案期限的限制，以防止无原则纠缠和反复，提高办案效率。三是应当明确和解程序结束、相应司法处理生效后，出现当事人反悔、和解协议变更或存在受胁迫、欺诈而违心和解等法定事由后，诉讼程序应当回转，以维护制度的权威性、严肃性。

第四，明确公诉案件和解的一般程序，增强制度的可操作性。虽然从《新刑事诉讼法》的规定来看，具体的和解协商的程序和过程应当由当事人双方自己来把握，似乎不在法律考虑的范围，但是从规范的角度来看，国家应当制定这方面的指导意见，以引导当事人合法有序地进行和解。有必要对和解的启动、和解方式的选择、如系第三人促和应如何委托、当事人双方如何进行和解协商、和解的内容、和解内容的履行、和解后如何提请司法机关审查等环节作出细致规定，以便当事人进行和解时参照适用，避免走弯路。

第五，要明确检察机关对公诉案件和解的监督权，确保制度公正。监督范围不仅包括程序上是否合法，也要包括和解的内容是否合法、合理。具体而言：（1）对侦查阶段和解的监督。凡是侦查阶段达成和解的案件，侦查机关应当将和解协议、被害人申请和处理建议等随案移送检察机关审查，主动接受检察机关的监督。人民检察院进行审查，必要时可以联系当事人了解情况，发现侦查机关有擅自对不符合和解条件的案件适用和解、强迫当事人接受和解等违法情形，应当行使法律监督权，责令纠正。公安人员在和解过程中如有滥用权力牟利行为的，应当根据情节严重程度，建议给予行政处分或追究刑事责任。对于和解过程中出现的违法行为，当事人可以随时向负有法律监督职责的检察机关进行申诉、控告。（2）对审查起诉阶段和解的监督。在审查起诉阶段，应当借鉴日本的检察审查会制度，通过人民监督员对因和解而作出不起诉决定的案件进行必要的监督。检察人员在案件和解过程中如有滥用职权、徇私舞弊行为的，应当根据情节严重程度，给予行政处分或追究刑事责任。（3）对审判阶段和解的监督。在审判阶段，法院应当公布影响判决的和解因素，在裁判书中列明案件和解的过程和情况以及采信的情况，接受检察机关的监督。检察机关对于审判阶段违反法律规定的和解有权提出抗诉或提请纠正。审判人员在案件和解过程中如有滥用职权、徇私舞弊行为的，应当根据情节严重程度，建议给予行政处分或追究刑事责任。

同时，应当赋予检察机关对无效和解的撤销权。为了防止在和解过程中出现以钱买刑、花钱赎罪、受害人漫天要价、威胁、利诱以及弄虚作假等问题的发生，检察机关作为国家的法律监督机关，有责任也有权力对明显不合法、不合理的和解协议行使撤销权，促使案件重新进入诉讼程序。

第六，修改完善刑法相关规定，扫除制度适用的实体法障碍。我国现行《刑法》第六十一条规定，对犯罪分子决定刑罚的时候，应当根据犯罪的事实、犯罪的性质、情节和对社会的危害程度，依照本法的有关规定判处。这一规定体现的是罪刑相适应的原则，而不是刑与责的适应，并没有给公诉案件和解留下多少适用空间。因为和解是以加害人人身危险性的降低或者消除为前提的，而第六十一条中的"犯罪事实、性质、情节"都仅仅说明了犯罪的社会危害程度，显然并没有将人身危险性的降低或者消除作为决定刑罚的条件。为了更好地贯彻罪责刑相适应原则，为和解制度发挥作用提供充分的法律空间，有必要在《刑法》第六十一条增加一款，明确规定：被害人和加害人达成和解协议的，可以根据案件情况，从轻、减轻或者免除处罚。以便为各个阶段的和解提供充分的法律依据。

另外，非监禁刑的有限适用给和解制度带来诸多困扰。目前，我国的非监禁刑的种类十分有限，与西方各国相比十分单一。参加公益劳动、进行社区服务等手段在西方各国已经不仅仅是改造罪犯的重要手段，而且被独立出来成为非监禁刑的种类。罪刑法定原则是我国刑事法律体系的三大基本原则之一，是我国刑事诉讼活动的准则之一。它不但要求"法无明文规定不为罪，法无明文规定不处罚"，还要求法律对犯罪和刑罚规定的明确性，禁止适用无法律规定的刑罚和完全不定期刑。而我国非监禁刑的有限性，导致了公诉案件和解最终确定的解决方式于法无据。如果直接引入和解制度，则其确定的道歉、社区服务、生活帮助等处理结果将与我国的罪刑法定原则背道而驰。加快和解制度的实体立法进度已是大势所趋。我国刑法自1997年修订以来，在犯罪和刑事责任上的规定已经日趋完善，形成了较固定的体系和较完整的规范。但是，关于刑罚的规定所作的调整非常有限。虽然社区矫正已经展开并取得了良好的效果，也引起了政府和法学专家的普遍关注，并且在刑法修正案（八）中被纳入刑罚体系，但是社区服务和公益劳动等矫正手段却依旧没有登上刑罚制度的殿堂。总结相关经验，修改刑法，增加非监禁刑的种类是清除公诉案件和解实体法障碍的必然选择。

郭书原：感谢孙博士带来的有关公诉案件和解制度的深入浅出的分析，相信广大读者通过这次访谈也能对公诉案件和解制度有一个全面、深刻的认识，最后也祝愿孙博士的建议在下次修法时能被采纳。再次感谢孙博士能接受我们采访！

赵永红简介:

1976 年生,湖北人,法学博士。1997 年 5 月加入中国共产党,2001 年 7 月在北京市人民检察院参加工作。先后任北京市人民检察院公诉处助理检察员,北京市石景山区人民检察院公诉处助理检察员(基层锻炼),北京市人民检察院第一分院法律政策研究室主任助理、副主任、检察员,政治部教育训练处副处长、检察员,中央国家机关工作委员会组织部副处长(挂职)。2001 年至 2002 年、2005 年至 2006 年间三次借调至最高人民检察院政治部、公诉厅工作。

2007 年最高人民检察院授予"全国检察理论人才"称号,2009 年北京市人民检察院授予第三届北京市检察业务技能比武"十佳调研能手"称号。任中国法学会检察学研究会刑事诉讼监督委员会理事,北京市法学会刑事诉讼法学会理事。主要成果有《刑事程序性裁判研究》、《检察机关不起诉案件实证分析》、《检察机关二审法律监督若干问题研究》、《论检察权在直辖市分院的配置》、《单位诉讼代表人若干问题研究》等,数篇论文被最高人民检察院、北京市法学会、北京市检察官协会授予一等奖和二等奖。

检察机关羁押必要性审查工作要求

——访北京市人民检察院第一分院 赵永红博士

郭书原：赵博士您好！感谢您接受我们的采访！今天想就检察机关羁押必要性审查相关问题向您请教。我们知道，根据今年修改后的《刑事诉讼法》第九十三条规定，检察机关羁押必要性审查活动始于启动羁押的逮捕程序，结于有罪判决生效时。在这一过程中，检察机关对羁押必要性的审查集中表现为"是否需要羁押或继续羁押"的认识和判断，需要在被追诉人的合法权益与刑事诉讼过程和结果的预期判断之间，进行综合性权衡并作出实时选择。您能否谈谈羁押必要性审查制度？

赵永红博士：好的。仔细研究其他国家较为成熟的羁押审查程序后，结合我国刑事司法实际分析，不难发现，其中蕴涵的共性原则和规律性做法可以供我们在权衡和选择过程中参考和适用。这其中最典型的原则就是无罪推定。无罪推定原则的具体要求，直接决定着未决羁押必要性审查所依据的标准和尺度。

《世界人权宣言》宣示："凡受刑事控告者，在未经获得辩护上所需的一切保证的公开审判而依法证实有罪以前，有权被视为无罪。"无罪推定作为刑事司法领域国际公认的法律标准之一，是"正当法律程序"概念中必然包含的重要内容。羁押必要性审查对无罪推定原则的贯彻，主要体现在：

首先，应充分保障被追诉人独立公正的诉讼地位，确保其有效行使以辩护权为核心的各项诉讼权利，保证其直至裁判生效为止的整个诉讼过程中享有无罪的待遇。

其次，对未决羁押对象宣告有罪之前，至少应当满足法律程序上的如下要求：（1）提供证据证明被追诉人有罪的责任由侦查机关或检察机关承担，并且不得采用非法方法收集证据；（2）侦查机关或检察机关履行证明责任必须达到案件事实清楚、证据确实充分或者不存在合理怀疑的程度，否则应作出有利于被追诉人的处理；（3）被追诉人没有证明自己无罪的义务，其辩护权利的行使与否或质量如何，不能成为对其不利的依据；（4）只能由法院对被追诉人作出法律意义上的定罪裁判，其他任何机关无权行使这一权力；（5）法院在判定被追诉人有罪之前，必须经过公开公正的审理和宣判；（6）未决羁押对象在侦查、起诉和审判活动中，基于行使辩护职能而享有一切诉讼权利，如获知指控罪状的权利，保持沉默的权利，获得律师帮助的权利，最后陈述的权利，上诉的权利等。

对羁押决定和羁押过程中出现违背无罪推定原则的上述要求的情形，检察机关应当从无罪推定旨在保障人权的基本理念出发，作出有利于犯罪嫌疑人或被告人的决定。

郭书原：程序正义作为诉讼法律的价值所在，贯穿整个诉讼程序。那么在羁押必要性审查里有哪些体现？

赵永红博士：诉讼公正原则作为在法律上适合于一切案件审理的一条基本原则，要求必须保持刑事诉讼中各项程序性活动的合法性与合理性，尤其是要保证司法者在司法活动中的合法性和公正性。在这一点上，对检察机关进行的羁押必要性审查活动而言，至少要求做到：

第一，确保检察机关在羁押必要性审查中的中立性和客观性。

一是要保证参加羁押必要性审查活动的检察官与所处理的案件不能有任何直接或间接的利益关系，否则就应回避。对此，孟德斯鸠早就指出："即使在控告重罪的场合，也应允许罪犯依据法律选择法官；或者至少允许他要求许多法官回避。"

二是要保持检察官在进行羁押必要性审查活动时的公开性和透明性。检察官公开对羁押必要性进行审查处理，既是司法活动的一般要求，又是通过程序公开实现诉讼公正的表现。羁押必要性审查活动的公开进行，实际上也是在刑事诉讼中控辩双方获得公正的机会发表意见的过程，使被追诉方在充分了解审查决定过程的基础上获得对决定结果的信任和遵守，而不是专横地或莫名其妙地被要求承担诉讼程序法上的强制性义务。

第二，必须对羁押必要性审查活动中的利益双方给予平等的诉讼法上的保护。这一要求主要通过贯彻程序参与原则、直接和言词原则来实现。

郭书原：对这一点，您能否给读者介绍一下其他国家的立法情况？

赵永红博士：好的。不论大陆法系国家还是英美法系国家，都很重视因程序问题涉及其利益的人的程序参与权，除法律明确规定的特殊情况外，在刑事诉讼中对公民进行强制性处分时，必须保障其程序参与权。直接和言词原则是大陆法系的一个概念，一般而言，英美法系中的传闻证据法则与之对应。就羁押必要性审查而言，可以采取书面审查式或者言词审理式。通常情况下，书面审查式效率较高，但在涉及对公民的权利或自由进行严厉限制或剥夺的程序性问题的处理上，言词审理式更有利于保护程序性利益方的权利。例如，在英、美等国家，法官在就是否对犯罪嫌疑人、被告人进行羁押、签发人身保护令等程序性问题进行裁判时，必须举行听审，听取控、辩双方的意见，或者甚至要求未被羁押的被告人在法庭确定的期间出席对请求事项的询问等。在德国，法律明确规定，法官作出裁判时，无论是对实体问题的审判还是对程序问题的审查，原则上都应当采用言词形式，只不过对程序性问题进行言词审查时程序相对简单罢了。法国、日本、意大利等大陆法系国家，对刑事诉讼中直接涉及公民的基本权利和自由的程序性问题尤其是是否采取强制性侦查行为的处理，也都作了采行言词方式的原则性规定。

有鉴于此，我们可根据案件不同情形采取两种方式开展羁押必要性审查工作。一是间接性的书面审查式。对检察机关依职权主动启动的羁押必要性审查程序，可采取书面审查方式。这种方式主要表现为检察机关对羁押过程的实时监控和处理。二是直接性的言词审理式。对因诉讼主体提出的相关申请或申诉而启动的羁押必要性审查，检察机关应当通知相关利益方同时参与，听取意见，并在此基础上作出决定。

郭书原： 我们知道，在咱们诉讼法律程序里还有一个诉讼合法原则，要求司法处理决定的形成和作出必须具备合法有效的法律依据。那么，在羁押必要性审查制度中诉讼合法原则有哪些体现？

赵永红博士： 诉讼合法原则对羁押必要性审查的具体要求是，羁押决定的形成和继续必须符合刑事诉讼法的规定，羁押必要性结果必须是司法官员在充分理解作为羁押问题赖以形成的事实基础上，根据刑事诉讼法规定作出的理性判断。否则，该处理结果要受到现行法律的否定性评价。为此，羁押必要性审查工作应该做到：

第一，羁押必要性审查决定必须依照刑事诉讼法作出。这一要求有两层含义：

一是羁押必要性审查决定的自身形成过程必须具有合法性。这反映在：羁押必要性审查决定主体必须是符合刑事诉讼法规定的主体，审查对象必须是依据刑事诉讼法需要进行决定的羁押程序性问题，审查过程必须符合刑事诉讼法规定的步骤和程式，处理结果的表述方式也必须符合刑事诉讼法规定的称谓或形式。

二是羁押必要性审查的结果必须以刑事诉讼法为准绳。羁押必要性审查结果是刑事诉讼法适用的结果，在这一意义上，刑事诉讼法就好比是羁押必要性审查结果赖以作出的"实体依据"。在此有必要提及的是，此时刑事诉讼法对于程序性问题之"实体依据"的作用，与刑法作为实体性问题之实体法依据的作用是有区别的。因为刑法作为实体法依据，要严格遵循罪刑法定原则，实行的是严格的解释方法；而刑事诉讼法则不同，它实行扩张解释原则。也正是因此缘故，检察机关对羁押等程序性问题进行判断和处理时，除直接依照刑事诉讼法的条文字句外，还可在刑事诉讼法未作具体规定的事项上依据刑事诉讼法的基本精神来考察羁押措施的必要性和合理性，并据此作出决定。这也正是"比例性原则"的要义所在。

第二，羁押必要性审查必须具有刑事诉讼法规定的相应的事实基础。有一个认识误区是应该避免的，即基于对羁押必要性审查只是程序性处理的认识，不应得出羁押必要性决定不对刑事诉讼中的事实问题进行审查判断的结论。实际上，诉讼意义上的任何处理都是建立在一定事实基础上的一种法律判断，羁押必要性决定也不例外。与刑事实体法上的事实相比，羁押必要性审查的事实基础具有以下特征：一是该事实是刑事诉讼法上关于羁押程序的事实；二是对该事实的认知标准不同于刑事实体法上的事实。羁押必要性的事实需要依靠相应的证据来支撑，但一般而言，它不强调绝对排他性，甚至认可一定程度上的"合理性"或较大的"可能性"，同时带有相对较强的主观性。例如，在美国，警察向治安法官提供的证据只需达到足以证明存在"可能的理由"，法官即可签发令状，准许警察进行搜查、扣押或者逮捕等行为。

第三，羁押必要性审查还必须依赖于刑事诉讼法保障下的司法理性。司法理性既是司法处理结果最终得以产生的依托和前提，又是保证司法处理结果理性的需要。检察机关在进行羁押必要性审查工作中，除了强调检察官自身的自觉性外，还需要一系列的制度和原则来予以支持和监督，如回避制度，中立、超然原则，分级审查制度等。

郭书原：我们了解到，检察机关羁押必要性审查工作需要贯穿刑事诉讼全过程。那么，在这样一个相对比较长的时间内如何保证羁押必要性审查的持续呢？

赵永红博士：这个问题其实就是我们所说的羁押必要性审查的持续性要求。我们知道，检察机关羁押必要性审查工作实质上是在被追诉人的合法权益与刑事诉讼过程和结果的预期判断之间，就"是否需要对犯罪嫌疑人、被告人羁押或继续羁押"进行的综合性权衡和实时选择。因此，在对犯罪嫌疑人、被告人羁押的问题上，羁押过程中的重要事项，如羁押的必要性、羁押申请期限的延长、羁押期限的延长、对羁押人的权利进行限制等，检察机关均有权进行审查和监督，并且这一监督覆盖刑事诉讼全过程。

郭书原：那么，在国外立法例中，羁押必要性审查的持续性要求有哪些体现？

赵永红博士： 对羁押进行刑事诉讼全程式的监督审查，在大陆法系国家尤为突出。例如，除普遍规定司法官员对羁押决定的事先审查程序外，法院还有权对包括羁押在内的有关程序性问题进行职权复查、上诉复查、审判复查和申诉复查等，进行事后救济式的审查和裁判。主要表现为：1. 职权复查。对少数严厉限制或剥夺犯罪嫌疑人的权利和自由的行为，法院有权依侦查机关申请或依职权主动进行审查。如《德国刑事诉讼法典》第115条规定，逮捕被指控人后，应当不迟延地向管辖案件的法官解交。根据该法第117条规定，法院可依职权对羁押进行主动复查的形式就有两种：一是在待审羁押执行3个月后，如果被羁押人没有辩护人且未在该期间内申请复查或提起抗告，法院应当依职权进行复查；二是在待审羁押超过6个月时，如果法院认为有必要或者检察院要求继续羁押，管辖案件的法院应当通过检察院将案卷移送至州高级法院进行审查。2. 上诉复查。应检察机关或利害关系人的申请，法院对包括已经过法官审查的侦查行为或未经过法官审查的侦查行为在内的行为进行事后审查。如《法国刑事诉讼法典》第一卷第三编第十二节"对预审法官裁定的上诉"对检察机关和当事人可以向上诉法院刑事审查庭提起上诉的侦查行为作出的规定。据此，被羁押者对预审法官所作的裁定不服的，可以向上诉法院审查起诉庭提出上诉，但是只能针对法定的事项。上诉法院一旦接受上诉，应依法举行开庭审理活动，经过上诉审查，作出有关支持或撤销预审法官裁定的裁决。再如，《德国刑事诉讼法典》第三百零四条、第一百一十七条的规定，检察院或利害关系人可通过抗告、申请对羁押进行复查等途径要求法院对侦查行为的合法性进行审查。3. 审判复查。法院在审判阶段对检察机关的指控进行实体审查时，对包括羁押在内的程序性问题的合法性进行的一种附带审查，主要表现为将侦查机关采用非法手段获取的证据予以排除。4. 申诉复查。在法院应检察机关或有关人员的申请对侦查、审判过程中的重要的程序性问题进行审查后，检察机关或诉讼参与人，特别是被追诉人对该审查决定仍不服，进一步向上级法院提出申诉，由上级法院甚至最高法院对该决定进行再次审查的一种复查形式。例如，在法国，检察官、预审法官或当事人在认为侦控机关的行为违反了法律的规定时，首先可以申请上诉法院刑事审查庭进行审查，如果对刑事审查庭作出的决定不服，还可以向最高法院提出申诉。在德国，检察机关或利害关系人对法院作出的裁定、处分不服的，有权向法院提起抗告，对抗告法院作出的裁定不服的，还可向上级法院提起再抗告。在日本，检察机关或利害关系人对抗告或准抗告法院作出的裁定或命令不服时，还可以违反宪法或判例为由进一步向最高法院提起特别抗告。

另外，值得一提的是，德国在20世纪20年代建立了申请司法复审制度。

根据这一制度，被羁押者在诉讼中有权随时申请法院撤销羁押命令，或申请延期执行羁押命令。而且法院可依职权主动发起复审程序，以对羁押进行持续不断的审查。

郭书原： 通过刚才您对国外立法例的介绍，您认为我国羁押必要性审查工作的开展中有哪些可完善之处？

赵永红博士： 通过刚才对主要大陆法系国家立法例的比较考察并结合我国检察工作实际分析后，不难发现，检察机关作为审查监督羁押必要性的专门机关，在开展羁押必要性审查工作时可以从以下两方面入手：第一，主动审查与申诉审查相结合。不论诉讼处于何阶段，被羁押人都可随时向检察机关提出申诉。对被羁押人及其近亲属或辩护人提出的申诉，应当即时进行复查并及时给予回复。与此同时，检察机关还应当在进一步整合侦查监督、审查起诉、出庭公诉等职能的基础上，依职权定期启动羁押必要性审查程序，确保羁押措施合法、得当。第二，同级审查与同级复查、上级复查相结合。对检察机关作出的羁押必要性审查决定不服的，羁押方可以向作出该决定的检察机关申请复查一次。如对复查决定仍不服，可以向作出该决定的检察院的上一级检察院申请复查。该复查结果为最终决定。

郭书原： 法谚道，迟到的正义就是非正义，这句话强调的是诉讼效率。那么，羁押必要性审查中如何体现诉讼效率呢？

赵永红博士： 检察机关的羁押必要性审查工作在保持合法有效的前提下，还必须做到迅速、简化、避免浪费和重复。这一要求主要体现在五个方面：

第一，羁押必要性审查工作迅速高效开展，不得无故迟延或拖延。正如贝卡里亚所言，任何公民"在被宣判为罪犯之前，监禁只不过是对一个公民的简单看守；这种看守实质上是惩罚性的，所以持续的时间应该尽量短暂，对犯人也尽量不要苛刻"。对此，联合国《公民权利和政治权利国际公约》第9条第3款规定："任何因刑事指控被逮捕或拘禁的人，应被迅速带见审判官或其他经法律授权行使司法权的官员，并应有权在合理的时间内受审或在审判前释放……"第14条第3款第（丙）项规定："受审时间不被无故拖延。"《欧洲保护人权和基本自由公约》第5条第3款规定："……被逮捕或拘留的任何人，应立即送交法官或其他经法律授权行使司法权的官员，并应有权在合理的时间内受审或在审判前释放……"第5条第4款规定："由于逮捕或拘留而被剥夺自由的任何人应有权运用司法程序，法官应按照司法程序立即对他的拘留的合法性作出决定。"这一要求在两大法系国家均得到较为严格的遵守。例如，德国实行"法官先行签发羁押命令"制度，司法警察执行逮捕后，必须毫不迟延地将被捕者提交给有管辖权的法官，这种提交行为最迟不得超过逮捕后的第二天结束之时。对于被提交的嫌疑人有关的诉讼权利，给予其辩解的机会。如果发现羁押的理由仍然存在的，法官会继续维持羁押命令；如果发现羁押的理由不存在或无正当理由的则会立即撤销羁押命令，将嫌疑人释放。在美国，根据《联邦刑事诉讼规则》第五条规定，不管是"持根据控告签发的逮捕令执行逮捕的官员，或者未持逮捕令执行逮捕的其他人员，应当无不必要延误地将被捕人解送至最近的联邦治安法官处。如果嫌疑人在被捕后6个小时还没有被送到法官处，其供述的自愿性就将受到怀疑。在联邦治安法官因正当理由不在的情况下，解送至美国法典第十八编第3041条所授权的州和地方司法官员处"，由治安法官审查是否存在逮捕的合法理由以及是否有必要对被捕人进行羁押，如果审查后发现逮捕不具备正当理由的，应当将被捕人立即释放。

第二，对先前已经作出的合法的羁押决定，在其有效期限内保持有效，而不因刑事诉讼阶段的变化须另行作出。例如，检察机关对被追诉人作出的羁押决定，在法定的羁押期限内一直有效，即使案件已经进入审判阶段也不例外，除非因法定原因被依法撤销或自然失效。

第三，在追求羁押必要性审查程序合法之时，要尽可能保持审查程序的有效性，通过最大限度地治愈程序性瑕疵而避免程序的反复和迂回，以节约诉讼成本。例如，基于羁押申请行为欠缺法律上必备之程式时，为避免浪费已经进行过的有效的程序，可根据此原则，要求对欠缺之程式进行补正，以恢复该诉讼行为的有效性。对侦查人员或检察官提请羁押时在诉讼文书中遗漏相关记载的情形要求补正后继续认可其申请之效力、对诉讼文书记载错误不致影响到羁押决定时认可其更正行为的效力等，均属此例。有必要指出的是，羁押必要性审查及时进行，是以不违反诉讼根本利益或整体利益为前提的，如果损害了诉讼当事人的合法权益或违背了诉讼的目的，此项节省则是不足可取的。

第四，除非因法定原因，应当尽量避免因羁押必要性决定的作出而导致刑事诉讼中重大程序的回复，造成诉讼资源的再次投入。

第五，应考虑刑事诉讼中的紧急迫切情况之需要，为避免坐失良机而反增诉讼上的烦累，对原本需要事先进行羁押必要性决定的问题实行事后审查处理。例如，在通常情况下，侦查人员必须获得检察机关批准后，方可对犯罪嫌疑人实施逮捕，但在紧急情况下，也可实行无证逮捕，但必须在逮捕后立即通知检察机关，以审查该逮捕及捕后羁押之必要性。

郭书原：羁押涉及对被追诉人的人身自由进行较长时间的剥夺，是刑事诉讼中最为严厉的强制性诉讼手段。许多学者认为，对羁押必要性进行审查后，其处理结果必须具有与羁押决定同等的法定性。那么，如何确保羁押必要性审查结果的法定性呢？

赵永红博士：为确保羁押的必要性，英美法系国家将羁押必要性的审查结果与其保释程序直接相连。根据英国《1976 年保释法》第 5 条规定，治安法官经过审查，既可以作出羁押的决定，也可以作出释放的决定，还可以作出保释的决定。如果治安法官拒绝犯罪嫌疑人的保释申请，对于没有律师辩护的犯罪嫌疑人，治安法院应当告知其可以向高等法院法官申请保释；如果治安法院决定将案件交付刑事法院审判，应当告知犯罪嫌疑人还可以向刑事法院申请保释。在刑事法院进行审查后，如果仍然拒绝的，犯罪嫌疑人还可以向高等法院法官申请保释或申请以调卷令程序撤销刑事法院拒绝保释的裁定。在治安法院拒绝其保释申请时，犯罪嫌疑人也可以不经刑事法院的审查直接向高等法院法官申请保释。另外，按照英国现行法律的规定，在侦查程序中，如果犯罪嫌疑人认为警察和治安法官对自己采取的羁押措施非法时，有权向高等法院申请人身保护令。高等法院接受申请以后，将举行由控、辩双方同时参加的法庭审判，在经过辩论的基础上对羁押是否合法作出裁决。

在美国，根据《美国法典》第 3145 条第 1 款和第 3 款规定，无论是警察机关还是法官决定保释，对拒绝保释的裁定，犯罪嫌疑人都有权向上诉法院提起上诉。如果是否保释的裁定是由治安法官作出的，或者不是由对本案有初审权的法院或联邦上诉法院作出的，被释放人可以向对本案有初审权的法院申请撤销释放令或变更释放条件。对于该项申请，受诉法院应当立即作出裁定；申请被驳回的，可以再次提出上诉；犯罪嫌疑人或者被告人也可以保释金过高为由提出上诉。另外，作为独立战争前就作为普通法的一项重要制度移植到美洲殖民地的人身保护令制度，在独立战争胜利后，被作为保护公民自由的一项重要制度得以保留，并经常在司法实践中被援引为进行人身保护的法律依据。根据这一制度，任何受到羁押的人如果能证明这一羁押违反宪法，都可以向法院申请发布人身保护令，一旦申请人获得了这一令状，就应被立即释放。

可以看出，羁押必要性审查结果的法定性要求主要表现为：第一，对羁押进行必要性审查后，应当依法作出相应的处理决定；第二，对不具备羁押必要性的，应当依法予以释放或者采取羁押之外的其他强制性措施；第三，羁押必要性审查处理决定具有司法性，必须依法执行。正缘于此，我国检察机关在对羁押必要性进行审查后，对于不需要继续羁押的，应当建议予以释放或者变更为其他强制性措施，有关机关应当在法定期间内将处理结果通知检察机关。

郭书原：通过刚才的访谈我们现在知道，作为无罪推定原则的彰显，羁押必要性审查工作中必须努力抓好公正性、合法性、持续性、及时性、法定性五个要求。相信在今后的检察工作中，您提出的五个要求能够成为做好羁押必要性审查工作的有力保障。再次感谢赵博士！

赵芳芳简介：

  北京市人民检察院第一分院法律政策研究室检察员，北京大学法学博士，全国检察理论人才。围绕检察基础理论进行研究，应邀参加多次理论与案例研讨会。参与撰写了多个部级重点及一般课题，如2009年中国法学会课题《公益诉讼研究》、2010年最高人民检察院《行政公诉问题研究》、2011年国家检察官学院《民事与刑事交叉问题研究》等。近年来，围绕检察工作在《人民检察》、《检察日报》、《法学杂志》等报刊上发表60余篇论文及评论。尤其是围绕民行检察和解理论进行了深入细致的研究，形成了一批调研成果。

检察机关在公诉案件中的举证责任

——访北京市人民检察院第一分院 赵芳芳博士

郭书原：赵博士你好！很高兴有机会与您共同探讨举证责任的问题。我们知道有一句西方法谚"证明责任乃诉讼之脊梁"，由此可见证明责任在诉讼中的地位十分重要。修改后的《刑事诉讼法》第四十九条确立了公诉案件的举证责任。你能否简要介绍一下该条出台的背景？

赵芳芳博士：好的。新《刑事诉讼法》第四十九条规定："公诉案件中被告人有罪的举证责任由人民检察院承担，自诉案件中被告人有罪的举证责任由自诉人承担。"该条明确了检察机关的举证责任。

在我国立法中首次使用"举证责任"这一概念的是 1990 年 10 月 1 日起实施的《行政诉讼法》第三十二条的规定，"被告对作出的具体行政行为负有举证责任"。举证责任也被规定在民事诉讼中，2002 年 4 月 1 日起施行的《最高人民法院关于民事诉讼证据的若干规定》第二条第二款明确规定："没有证据或者证据不足以证明当事人的事实主张的，由负有举证责任的当事人承担不利后果。"

我国 1996 年《刑事诉讼法》关于举证责任没有任何规定，这容易引起误解，很容易将法院作为举证责任的主体之一。如 1996 年《刑事诉讼法》第四十三条规定："审判人员、检察人员、侦查人员必须依照法定程序，收集能够证实犯罪嫌疑人、被告人有罪或者无罪、犯罪情节轻重的各种证据。"该规定使公、检、法三机关共同承担举证责任的观点基本成为通说。主要原因如下：首先，"必须"的规定意味着法律上的义务或责任。其次，是由我国刑事诉讼的性质和特点决定的。刑事诉讼是实现国家刑罚权的活动。在这一活动中，公、检、法三机关担负着揭露、证实、惩罚犯罪和保障无辜的人不受刑事追究的共同任务。为了保证及时有效地惩罚犯罪，国家分别赋予公、检、法三机关以侦查权、检察权和审判权。为防止这种特殊权利的滥用、保障公民合法权利不受侵犯，法律要求公、检、法三机关承担相应的法律责任或义务，其中一项重要的责任就是如果认定公民犯罪，就必须提出确凿的证据加以证明。如果公、检、法三机关没有履行或者没有完全履行举证责任，就会导致相应的法律后果，其决定就不能得到确认。该规定不是把法院作为"仲裁者"，把控、辩双方作为平等的当事人，并由公诉方向法院承担举证责任，而是认为公、检、法三机关在刑事诉讼中只是职责分工不同，其进行刑事诉讼活动的实质，都是代表国家揭露、证实、惩罚犯罪，因而在不同诉讼阶段分别承担着举证责任。可见，该规定不利于控、辩、审三方的相互制约，不利于保护犯罪嫌疑人和被告人的合法权益。另外，对谁来承担举证责任规定不明确，影响到法院对案件的最后判决。

郭书原：也就是说，1996年《刑事诉讼法》强调了公权力的追诉权，而忽略了犯罪嫌疑人和被告人的辩护权。

赵芳芳博士：您说得很对。马克思曾说："犯罪是孤立的个人反对统治阶级的斗争"。公、检、法三机关无疑是国家重器，因此将犯罪嫌疑人、被告人孤立起来是我们对犯罪认识的一个必然发展阶段。

随着举证责任理论研究的深入，以下共识逐步达成：一是举证主体只能是当事人。因为举证责任应如何分担是实体法和程序法所共同解决的问题，而实体法是用来规范当事人的权利义务关系的，它与依据它对案件作出实体判决的审判者没有关联，因而，实体法永远不可能由审判者来承担举证责任。二是举证主体必须有自己的诉讼主张。只有提出了明确的诉讼主张，证明才能有针对性地进行，审判者才能明确审判的事项范围。所谓诉讼主张的提出是成为证明主体的潜在前提，即无诉讼主张则无证明之义务，亦无证明之必要。三是证明主体必须实际承担提供证据证明自己所主张的事实成立的行为责任。四是证明主体有可能承担案件事实真伪不明时的结果责任，即举证主体未能充分履行举证责任以说服裁判者相信其诉讼主张时，需承担败诉或者其他不利的诉讼后果。

可见，举证责任的明确是法安全性的先决条件，具有重要意义。修改后的刑事诉讼法明确作出举证责任的规定，极大地完善了刑事证据制度的架构。

郭书原：举证责任在《行政诉讼法》与《民事诉讼法》中规则相对已经成熟，但在刑事诉讼法中首次明确，可以说对民事、行政诉讼证明责任的研究繁华压枝，但对刑事诉讼证明责任的研究却芳华寥寥，因此研究刑事诉讼的举证责任问题对我们检察实务具有重要的实践意义。实践中我们常会提到证明责任，那么举证责任与证明责任可否同义使用？如何正确理解刑诉事诉讼中的举证责任？

赵芳芳博士：在我国，证明责任和举证责任均是外来语。由于理念和翻译障碍，我国学界在使用这两个概念时经历了混乱到初步统一的过程。如果单从字面意义来讲，所谓"举证"是指提出证据的意思，是一种行为；而"证明"

则是指用一定的材料来表明事物的真实性，因此"举证"只是为达"证明"目的而必经的行为。

证明责任通常包括三层含义：提供证据责任、论证说服责任和结果责任三个部分。前两项表现为行为责任，是指提出诉讼主张的当事人有责任和义务提供证据，通过证据进行论证，推进诉讼活动，即大陆法系的主观证明责任和英美法系的行为责任。后一项表现为结果责任，是指当证明活动行为即将结束时，如果案件的要件事实处于真伪不明的状态，按照证明责任的分配原则，应当由证明不能并负有证明责任的一方当事人承担败诉的风险，即大陆法系的客观责任和英美法系的说服不能责任，所以西方国家完整的证明责任是行为责任和结果责任的统一。

在中国诉讼法学和证据法学中，西方国家的"双重含义说"在我国诉讼理论界得到大多数赞同，即我国的证明责任区分为行为意义上的证明责任和结果意义上的证明责任。"举证责任"常用来表示"证明责任"，即完整意义上的证明责任。因此，检察机关在公诉案件中的举证责任具体可以划分为：提出证据的义务、说服法官的义务、举证不能时承担不利后果的义务。

郭书原：那么，举证责任的意义主要体现了哪些原则？

赵芳芳博士：新《刑事诉讼法》总结了我国立法的经验，将"尊重和保障人权"写入刑诉法总则，规定"不得强迫自证其罪"；举证责任的规定则是对刑事诉讼的基本原则的集中体现，主要包括：

一是无罪推定原则。无罪推定在证据法上的含义在于将证明责任分配于控诉方，其诉讼法上的含义在于保障被告人的程序性权利，约束政府权力，体现司法公正。无罪推定并非基于事实或经验的推定，而是基于政治法律道德的规范原则。1996 年的《刑事诉讼法》及新刑事诉讼法规定："未经人民法院依法判决，对任何人都不得确定有罪。"尽管表述上与西方通行的原则略有差距，但最终还是确立了无罪推定。既然无罪推定已经将证明责任分配给了控诉方，被告人自然无须承担证明自己无罪的责任。也就是说，按照无罪推定原则，被告人既不需要证明自己有罪，也不需要证明自己无罪。因为，如果被告人可以被强迫自证其罪，实际上就是免除或减轻了控诉方的证明责任，这无论如何都是与无罪推定原则不相吻合的。同时，既然被告人无须证明自己无罪，其保持沉默的行为自然也不能视为其有罪的证明。被告人是否有罪，仍然有待于控诉方的证明。如果允许对被告人保持沉默的行为作出不利于被告人的推论，实际上仍然大大削弱了无罪推定原则对被告人的保护。

二是反对强迫自证其罪原则。新《刑事诉讼法》第五十条规定："审判人员、检察人员、侦查人员必须依照法定程序，收集能够证实犯罪嫌疑人、被告人有罪或者无罪、犯罪情节轻重的各种证据。严禁刑讯逼供和以威胁、引诱、欺骗以及其他非法方法收集证据，不得强迫任何人证实自己有罪。必须保证一切与案件有关或者了解案情的公民，有客观地充分地提供证据的条件，除特殊情况外，可以吸收他们协助调查。"该条明确了反对强迫自证其罪原则，反对强迫自证其罪通常被视为一项权利或者特权，因而又被称为"拒绝强迫自我归罪的权利"或"不必自我归罪的特权"，是指在刑事案件中不得强迫任何人自我归罪或者作出不利于自己的陈述。在现代法治国家的刑事司法制度中，反对强迫自证其罪规则已经成为衡量一国保障犯罪嫌疑人、被告人人权状况和刑事司法文明与进步程度的重要标尺之一。

此次草案虽然没有规定沉默权，规定"不得强迫任何人证实自己有罪"也确实令人欣喜，但出乎意料的是同时又保留了《刑事诉讼法》中第九十三条的规定，现改为第一百一十八条，即犯罪嫌疑人在接受侦查人员讯问时，应当如实回答。由此出现了在法律条文上反对强迫自证其罪特权与如实陈述义务并列的少见情形。据媒体披露，之所以出现这种情况，主要是因为，在草案起草过程中，实务部门提出，反对强迫自证其罪的条款禁止的仅仅是强迫取证，他们认为只要不动用强迫手段，在正常讯问下，犯罪嫌疑人需如实回答。然而，学界普遍认为应当删除前述规定，中国政法大学终身教授陈光中就认为，如实回答的义务和不得强迫自证其罪完全是矛盾的。因为，反对强迫自证其罪的特权，虽说字义上看仅仅是反对强迫供述，但实质上是赋予了犯罪嫌疑人、被告人在被讯问到可能致使其自我归罪的问题时是否表态、以及如何表态的选择权，保障的是其供述的自愿性、自由性。第一百一十八条第二款规定："侦查人员在讯问犯罪嫌疑人的时候，应当告知犯罪嫌疑人如实供述自己罪行可以从宽处理的法律规定。"新规定可以理解为对犯罪嫌疑人的保护：不如实供述是本分，如实供述是情分，如实供述可以得到从宽处理的奖赏，这也体现了举证责任的分配原则。

三是有利于被告原则。这是与无罪推定原则相联系的一条原则，即在证据或控诉有疑问时作有利于被告人的解释。在当今世界各主要国家刑事诉讼法典以及许多学者的论著中，有利被告原则也多属于这种含义。我国也认为根据无罪推定原则，当对案件事实的认定有怀疑时，则有利于被告。可以说这是在认定事实上从无罪推定的原则中引申出来的原则。基于这一原则，检察官的举证不能充分证明犯罪事实，对被告人是否犯罪有怀疑时，要作出有利于被告人的解释，即认定为无罪；对被告人是否处罚有怀疑时，应不处罚；对被告人轻处或重处有怀疑时，要从轻处罚。因此，可以说，在刑事诉讼中，有利于被告人原则要求将一切疑点都作出有利于被告人的认定，不能因为被告人没有主张而将其他疑点作出不利于被告人的认定。

郭书原：新刑事诉讼法举证责任的规定与民事诉讼法的举证责任"谁主张，谁举证"是否类似？你能否举一个案件加以说明？

赵芳芳博士：对。我们常常把民事诉讼中的举证规则简称为"谁主张，谁举证"，这个说法同样适用于刑事诉讼。在民事诉讼中，举证责任的转移如同"接力棒"，传递在原被告之间，呈"之"字来回交替。我们可以从一起离婚案件来观察举证责任发挥的巨大作用。一位申诉人因认为法院判决不公向我院申请抗诉。原来，她向法院起诉与丈夫离婚，并要求丈夫偿还她父母在她与丈夫婚姻存续期间出借给夫妻两人的10万元中的5万元，即共同承担债务，但她只是口说无凭。他丈夫反诉说自己的父母也借给夫妻两人10万元，并有欠条为证，并反驳说原告父母所给的10万元是赠与而非借款。按照举证规则原告应该对被告的赠与主张予以提供证据反驳，但因当时双方并无出具欠条而导致原告举证不能，反而被告的反诉主张因辅之以欠条作证据，所以法院判决驳回原告的诉讼请求，并判决原告向被告父母偿还5万元借款。原告败诉后觉得自己很"冤枉"，认为法院在没有查清自己父母所给的10万是借款还是赠与的情况下怎么能认定就是赠与呢？她觉得法院应该去调查，或者退一步讲，如果法院不能查清10万元的性质那就应该不判，待查清事实后再判。

解决争议是法院的职责，依据通常的规则，法院在进行裁判时，必须首先确定作为裁判基础的事实，只有在确定事实的基础上，才能适用相应的法律来判断，并最后作出裁判。但在事实不明的情况下，法院不得以事实不清拒绝裁判，否则无法实现诉讼制度的目的。上述申诉人败诉的原因在于，她作为原告对所主张的事实，即10万元是她父母的出借款没有提供有效证据加以证明，有效证据包括书面借条或者口头证据但需有无利害关系第三人的证明。尽管被告反驳说这10万元是赠与不是借款，因的确存在这种可能性，所以被告并不需要承担举证责任，在事实不能查清的情况下法院判决原告承担不利的诉讼后果适用法律正确。

郭书原：根据新刑诉法的规定，在公诉案件中检察机关承担举证责任，是否意味着被告人不承担任何责任？

赵芳芳博士：答案是否定的，因为存在举证责任转移与举证责任倒置的情形。举证责任转移的情形主要基于被告人享有的辩护权。我们所说的转移是指在控方初次主张成立后由法官征询可成立的反对主张的过程。控方的初次有效主张是前提也是诉讼的目标，是不可能转移的，转移的只是对方对自己主张的举证责任。公诉方承担的是证明被告人有罪的责任，并不是要对所有的事实承担证明责任；被告人不负证明自己无罪的责任，但并不是说被告人对所有的事实均不负举证责任。如控方不可能在被告人提出正当防卫等的抗辩前，都必须事先就提出反驳该事由的证据，且控方没有必要也不可能证明每一个被告人都不是正当防卫、不是紧急避险、未经合法授权等。只有辩护方提出这样的辩护理由时，这些事由才需要由控方证明。可见，虽然原则上被告人不承担证明自己无罪的责任，但他在一定情况下还是得承担必要的举证责任。由于现行司法侦查技术水平有限，以及考虑到举证的公平、效率、政策需要等因素，被告人承担一定的举证责任是可行的，也是必要的。这一点和民事诉讼是完全相同的，在民事诉讼中，提供证据的责任是可以在原告与被告之间相互转移的。《最高人民法院关于民事诉讼证据的若干规定》第二条的规定很好地阐释了举证责任转移的情形。该条规定：当事人对自己提出的诉讼请求所依据的事实或者反驳对方诉讼请求所依据的事实有责任提供证据加以证明。没有证据或者证据不足以证明当事人的事实主张的，由负有举证责任的当事人承担不利后果。

另外，在一些特殊刑事案件中存在着举证责任倒置的问题，我国《刑法》第三百九十五条第一款规定："国家工作人员的财产、支出明显超过合法收入，差额巨大的，可以责令该国家工作人员说明来源，不能说明来源的，差额部分以非法所得论，处五年以下有期徒刑或者拘役；差额特别巨大的，处五年以上十年以下有期徒刑。财产的差额部分予以追缴。"非法所得罪的构成要件如下：第一，其侵犯客体主要是国家机关、企事业单位的正常活动。第二，犯罪的客观方面主要表现为行为人非法地获取了数额巨大的财物，但非法获取财物的来源本人不清楚或者不想说清楚，司法机关又尚未查明。第三，犯罪主体是国家工作人员。第四，犯罪的主观方面必须是出于行为人的直接故意，即行为人明知自己不履行说明巨额财产真实来源的法定义务，必然会妨碍国家机关的正常管理活动，发生危害社会的结果，并且希望这一危害结果的发生。只要具备以上四个要件，就构成非法所得罪。

在上述四个要件中，第一、三、四要件由检察机关承担举证责任，第二个要件由被告承担举证责任。当诉讼开始后，应当由检察机关承担上述第一、三、四要件事实的举证责任，当检察机关完成了自己的举证责任后，再由被告人承担属于自己的那部分要件的事实的举证责任，也就是要求被告人对其巨额财产的来源加以证明。如果被告不能合理地说明其巨额财产的来源是合法的，就说明被告没有完成举证责任，进而断定其巨额财产为非法所得。

郭书原：感谢赵博士的介绍，使我们对举证责任的相关问题有了进一步的了解，也希望对我们的公诉工作有所帮助。

赵芳芳博士：也非常感谢您在百忙之中的筹划与运作，在新刑事诉讼法实施前给大家提供了一个学习和交流的平台。

杜邈简介：

    1983 出生，就职于北京市人民检察院第二分院。中南财经政法大学法学学士；中国人民大学刑法学硕士；北京师范大学法学博士；中国政法大学诉讼法学博士后。主持国家社科基金青年项目 1 项，参与完成最高人民法院、国家检察官学院、北京市人民检察院等多项重点调研课题；在《政法论坛》、《法律科学》、《现代法学》、《国家检察官学院学报》、《中国刑事法杂志》等期刊上发表论文 30 余篇；专著《反恐刑法立法研究》、《中国反恐法治问题研究》、《反腐败国际刑事司法协助》等 5 部；参加《中国刑事疑难名案学理分析》、《走向正义：刑事司法改革与刑事诉讼法的修改》等 10 余部书籍的撰写或翻译。曾获北京市检察机关第四届调研业务技能比武第一名；中国法学会"马克昌杯"全国优秀刑法论文三等奖。

刑事审判法律监督的理性发展

——访北京市人民检察院第二分院　杜邈博士

郭书原：杜博士您好！在 2012 年新修订的刑事诉讼法中，加强对审判权的监督制约，完善对刑事诉讼活动的法律监督措施是一大亮点。你能否简要谈谈刑事审判监督的相关内容？

杜邈博士：好的。我国 1996 年刑事诉讼法将"人民检察院依法对刑事诉讼实行法律监督"确立为一项重要的基本原则。但是，关于刑事审判监督的条款却显得较为粗疏，影响到法律监督的实际效果。针对上述问题，2012 年修订的刑事诉讼法将刑事审判监督的抽象规定具体化，主要包括：一是简易程序案件。适用简易程序审理案件，对可能判处三年有期徒刑以下刑罚的，可以组成合议庭进行审判，也可以由审判员一人独任审判；对可能判处的有期徒刑超过三年的，应当组成合议庭进行审判。适用简易程序审理公诉案件，人民检察院应当派员出席法庭。二是被告人上诉案件。对于被告人、自诉人及其法定代理人对第一审认定的事实、证据提出异议，可能影响定罪量刑的上诉案件以及被告人被判处死刑的上诉案件，第二审人民法院应当组成合议庭开庭审理。第二审人民法院开庭审理的公诉案件，同级人民检察院都应当派员出席法庭。三是死刑复核程序案件。最高人民法院复核死刑案件，应当作出核准或者不核准死刑的裁定。对于不核准死刑的，最高人民法院可以发回重新审判或者予以改判。在复核死刑案件过程中，最高人民检察院可以向最高人民法院提出意见。最高人民法院应当将死刑复核结果通报最高人民检察院。四是法院自行启动再审案件。在我国，刑事诉讼法将再审权分别赋予法院和检察机关，如果发现法院裁判确有错误时，不仅具有法律监督权的检察机关有权启动再审程序，具有审判权的法院也有权启动再审程序。实践中，有的检察机关对于人民法院决定再审的案件，不派员出庭参与庭审，使庭审监督无法进行，进而影响了刑事审判监督的整体效果。2012 年新修订的刑事诉讼法规定，人民法院开庭审理的再审案件，同级人民检察院应当派员出席法庭。总体来看，这次刑事诉讼法修改的亮点非常多，充分反映了我国刑事法治的显著进步，为检察机关开展刑事审判监督工作提供了更加完善的法律依据。

郭书原：修订后的《刑事诉讼法》针对刑事审判监督存在的问题和加强权力制约的要求，增加了不少具有针对性的内容，是否还需要进一步完善？

杜邈博士：是的。无论是刑事实体法还是刑事程序法，都需要随着社会的发展不断修改完善。从刑事实体法来看，由于刑法条文永远无法满足社会发展变化的要求，立法者采取了开放的犯罪构成这种立法模式，大量使用具有模糊性或者概括性表述的情节犯、数额犯、结果犯等。由于上述用语对定罪起到了决定性的作用，但没有作出明确具体的阐释，容易造成检、法两家理解不一，对同一案件得出不同的处理结论。在量刑方面，我国《刑法》为了应对司法实践的多样性，在量刑幅度上采取了较宽的尺度，如对抢劫罪规定了三年到十年的大跨度量刑幅度，对加重犯罪构成甚至规定了十年以上有期徒刑、无期徒刑或者死刑这样三个差别很大的不同的刑种。在法官具有较大自由裁量权而又无严格限制的情况下，即使法院的量刑偏低或者偏重，检察机关也无法抗诉。例如，根据我国《刑法》第三百四十八条规定，非法持有鸦片二百克以上不满一千克、海洛因或者甲基苯丙胺十克以上不满五十克或者其他毒品数量较大的，处三年以下有期徒刑、拘役或者管制，并处罚金；情节严重的，处三年以上七年以下有期徒刑，并处罚金。检察机关在办理一些非法持有毒品抗诉案件中，发现现行法律法规、司法解释中均未对《刑法》第三百四十八条规定的非法持有毒品罪"情节严重"的情形加以规定，致使检、法两家对于持有毒品数量接近五十克的犯罪行为是否构成情节严重的认定上存在重大分歧，影响了提起抗诉的信心和效果。

从刑事程序法来看，由于关于证据收集、审查和判断规则的规定不够具体，即使检察机关认为法院采信证据或认定事实不当，也很难进行监督纠正。在我国《刑事诉讼法》中，"事实清楚，证据确实、充分"是认定案件事实所要达到的标准，2012年新修订的刑事诉讼法对此作了进一步阐释："证据确实、充分，应当符合以下条件：（一）定罪量刑的事实都有证据证明；（二）据以定案的证据均经法定程序查证属实；（三）综合全案证据，对所认定事实已排除合理怀疑。"据此，凡是定罪证据未达到排他性证明标准的案件，人民法院应当根据"疑罪从无"规则，作出证据不足、指控的犯罪不能成立的无罪判决。然而，随着量刑程序改革的深入开展，将审判程序划分为定罪和量刑两个相对独立的部分后，整个案件的证据也可以根据证明事实的性质不同，大致划分为定罪证据与量刑证据。与相对单一的定罪证据相比，量刑证据要复杂得多，大部分证明被告人人身危险性的量刑证据是传闻证据甚至品格证据，通常涉及犯罪人的日常工作、生活等方面，是否还应当采取"排除合理怀疑"

的证明标准，值得进一步研究。此外，虽然我国刑事立法和司法解释对刑事案件延期审理、法律文书的送达作出了原则性规定，但缺乏具体的操作程序，由于缺乏明确的监督依据，使检察机关对于法院的"隐性违法"现象难以进行监督。

第二，监督标准有待细化。目前，理论界和实务部门对纠正审理违法的标准并无太大争议，而对抗诉的标准——法院裁判"确有错误"存在理解上的偏差。由于刑事审判监督缺乏统一而具体的标准，许多应当提起抗诉的案件没有启动监督程序，一些不应当提起抗诉的案件则又不恰当地启动了监督程序，既浪费司法资源，又难以发挥促进审判公正的功效。在最高人民检察院2001年《关于刑事抗诉工作的若干意见》和2005年《关于进一步加强公诉工作强化法律监督的意见》中，对于什么是"量刑畸轻"、"认定事实错误、程序严重违法可能影响公正判决"等，没有具体的操作标准。在实践中，由于我国采取指控犯罪与诉讼监督一体化的公诉模式，工作考核中最为重要的考核指标是无罪判决与撤回起诉率，一方面公诉业绩不得不依赖于法院的配合与支持，另一方面却又要纠正法院的错误裁判，经常使公诉部门处于矛盾状态，甚至为了避免起诉"错案"而不得不迎合法院，导致监督权的缺位或滥用。

郭书原：我国刑事诉讼法赋予了检察机关对刑事审判中的裁判结果的正确性以及审判活动的合法性的监督权，从法理上应该涵盖刑事审判活动的各个方面。这是否意味着检察机关的监督范围还有拓展的空间？

杜邈博士：是的。第三个问题是监督范围有待拓展。2012年新修订的刑事诉讼法仍然集中在有限的范围内，法院的诸多刑事审判活动因为没有法律的明确规定，仍然成为检察监督的薄弱环节：一是法院自行调查取证。在司法实践特别是在刑事自诉案件中，存在着大量因当事人客观上举证不能而败诉的情形，在这种情况下，人民法院确有责任协助当事人调查取证，以充分保护当事人的合法权益，及时准确地查明案情，解决纠纷。当前，检察机关缺乏对法院调查取证活动进行监督的方式和手段，使法院查证权在实践中出现了权力"异化"的情况，如一些法院及其法官往往凭借其在调查取证方面按照自己的主观判断随心所欲地"调查收集证据"，甚至站在一方当事人的立场上"积极主动地"调查收集有利于该方当事人的各种证据，而置有利于另一方当事人的各种证据于不顾。二是法院自行决定逮捕或改变强制措施。根据我国刑事诉讼法规定，有批准逮捕权的是人民检察院，有决定逮捕权的是人民法院和人民检察院，有权变更强制措施的是人民法院、人民检察院和公安机关。但是，对于人民法院自行决定逮捕或改变强制措施的，没有赋予检察机关任何的监督措施。在实践中，人民法院在决定逮捕或变更强制措施后，有的是书面通知，有的仅由案件承办人电话通知或者根本不通知检察机关。一些审判机关在判决、裁定发生法律效力前，以变更强制措施的方式提前释放可能判处缓刑的在押被告人，一旦发生被告人逃跑的情况，二审程序将无法进行，妨害了检察机关的抗诉权以及当事人上诉的权利。三是刑事自诉案件。自 2000 年以来，全国法院审结的刑事一审自诉案件在全部刑事一审案件中的所占比例不断降低，但总量仍然较大。由于刑事诉讼法在自诉案件的具体审理程序中未明确规定如何接受人民检察院的法律监督，因此人民法院也就不主动甚至拒绝将一审自诉案件的立案、审理、判决、执行等情况告知人民检察院。在实践中，个别法院或法官对应予立案的自诉案件不立案，对自诉案件进行调解时违反自愿原则，甚至在自诉案件审判中徇私舞弊、徇情枉法等。人民检察院由于缺乏有力的监督举措，使其对刑事自诉案件的法律监督成为一个空白。四是刑事附带民事诉讼案件。当前，我国审判机关对刑事附带民事案件的审理通常是将刑事部分和民事部分分开审理。在审理刑事案件部分时，通知检察机关派员出庭支持公诉；在审理民事赔偿部分时，通常情况下不会通知公诉人参加。由于刑事诉讼法和民事诉讼法均未规定附带民事诉讼的审判监督问题，检察机关即使考虑民事赔偿也多是从被告人刑事责任的角度出发，对当事人的民事权益往往不能给予充分重视，造成监督的死角。

郭书原：除以上三个方面还有其他方面需要完善的吗？

杜邈博士：还有一个方面。

第四，监督效力有待增强。在我国的宪政体制下，检察机关的刑事审判监督是一种平行监督，然而，在审判独立的前提下，检察机关即使发现法院刑事审判违法或裁判确有错误，其监督的成功与否完全依赖于审判机关是否支持，即被监督者却决定着监督者的监督正确与否，从而导致检察机关纠错力度的有限性。一方面，抗诉作为刑事审判监督的最有力手段，具有直接启动人民法院二审、再审程序的效力，然而其在本质上只是一种改判建议权，有效性只限于被法院采纳的范围，即使检察机关依法一抗到底，法院也始终可以裁定"驳回抗诉，维持原判"。根据最高人民法院的统计，在全国范围内，2003—2007年人民法院审理检察院二审抗诉案件的数量分别为 2611 件、2424 件、2295件、2277 件、2172 件；对抗诉案件的处理，维持原判的比例 2003 年为45.05%，2004 年为 43.52%，2006 年为 38.51%，2007 年为 40.30%。目前，法院衡量审判工作质量的主要标准是错案率，而检察院衡量抗诉质量的主要标准恰恰是改判率，二者正是一对矛盾。在现有的考核体制下，错判或被上级法院改判是任何一个法院都不希望得到的结果，一旦改判意味着下级法院的判决有误，从维护法院系统的整体利益出发，有的上级法院明知一审法院的判决错误也不改判。即使是最高人民检察院向最高人民法院提出的抗诉，也必须依靠最高人民法院自身予以纠正。最高人民检察院即使向最高人民法院提出了抗诉，如果对方不予采纳，也没有进一步的救济措施。

另一方面，我国现行法律赋予检察机关的监督权主要是以事后弥补性的建议权为主，又多为口头或书面形式，并没有赋予充分的法律效力或保障措施，如果遇到法院表面上接受纠正意见而实际上不予接受或不予理睬时，检察机关只能通知上级检察机关并抄送有违法行为的上级法院，由上级检察机关督促它的同级法院约束违法机关正确履行职责，极大地打击了刑事审判监督的积极性，助长了被监督的对象轻视和抵制监督的思想情绪。例如，在一起抢劫上诉案中，某基层人民法院一审审理期限长达一年零四个月，没有办理延期审理手续而延期审结，客观上造成原审被告人的超期羁押。检察机关向该法院发出纠正审理违法意见书后，法院仅由承办人作出了工作说明，并不进行任何正式回复。

郭书原： 根据我国法律规定，刑事审判监督手段既包括发现审判违法或错误的手段，如审查法院裁判、出席法庭、调阅法院卷宗、检察长列席审委会等，也包括相应的纠正手段，如抗诉、提出纠正意见或检察建议等。伴随刑事审判活动的多样化和复杂化，上述监督手段是否呈现出一定的单一性和局限性？

杜邈博士： 是的。监督手段存在的问题包括三点：一是审判监督抗诉与一事不再理原则存在冲突。在刑事诉讼中，一事不再理原则的基本含义是指对实质上的同一罪行，法院已作出实体的生效裁判或有关实体的程序性裁判，不得再次起诉、审判、定罪与科刑，是与裁判的既判力紧密相连的一个概念。这一原则为许多国家所承继并被赋予新的含义，在大陆法系国家，仍然沿袭一事不再理的称谓；在英美法系国家则称为禁止双重危险原则。为此，联合国《公民权利和政治权利国际公约》将一事不再理原则作为最低限度的司法准则，在国际范围内，很多国家对刑事再审的提起作了严格的限制，以维护法院裁判的终局性与权威性，使被告人"免受双重危险"。

在我国，对刑事再审案件实行的是近乎没有条件限制的无限再审制度，对再审的理由、方式和内容仅作了原则性的规定，并未区分"有利于被告人的再审"和"不利于被告人的再审"，更未对"不利于被告人的再审"进行限制。刑事诉讼法就再审程序所作的极为宽泛的规定，使实践中启动再审程序变得更加容易，更加具有随意性。就刑事审判监督而言，刑事诉讼法虽然列举了因当事人申诉而再审的几种情形，但对检察机关提起再审抗诉的理由只规定为"发现确有错误"。无论对于被告人是否有利，检察机关只要在认定事实和适用法律上"确有错误",不论是漏罪还是判刑过轻,都可以在较为宽松的条件下提起抗诉,要求法院予以纠正。过多的再审抗诉会频繁引发审判程序,破坏审判机关作为争端的最终裁决者的功能,使当事人的生活和利益始终处于不安定的状态之中,而且使国家裁判权丧失应有的公正性和权威性。此外,由于我国检察机关同时承担着追诉犯罪的职责,相对于那些对原审被告人更为不利的再审抗诉而言,有利于被告人的再审抗诉在启动方面则可能面临更多、更大的困难。表现为对无罪判决和重罪轻判案件抗诉的比例较大,轻罪重判抗诉比例较小。这种制度设计容易导致被告人可能被反复地追究和加重刑罚,与再审裁判原则上不得加重被告人处罚的国际潮流是相背离的,使其长期面临重新定罪量刑的危险。

二是纠正审理违法在时空上具有滞后性。检察机关对刑事审判活动进行监督主要有抗诉和提出纠正违法建议两种方式,但是从时空顺序上来看,这两种监督方式均属于事后监督。当前,我国刑事诉讼改革的方向之一,就是建立控辩对抗、法官居中裁量的庭审模式,在这种模式下,必须维护法官的权威性和对庭审活动的指挥权。为此,1998 年"两高三部"《关于刑事诉讼法实施中若干问题的规定》第四十三条规定:"人民检察院对于人民法院违反法定程序的庭审活动提出纠正意见,应当由人民检察院在庭审后提出。"在保证法官审判的独立性和权威性上的确发挥了重要作用,但对于庭审中违反法定程序的行为,如应当回避而不回避、应当公开审判而不公开、法庭剥夺当事人法定诉讼权利、法官不予制止辩护律师对被告人诱供、不依法对证明案件事实的证据进行质证和查实就作为定案根据等,出席法庭的检察人员还要等庭审结束后再提监督纠正意见,这种监督手段既不能及时纠正庭审违法,又会导致该案未来的重审,造成诉讼资源的浪费。这种事后监督明显具有被动监督的性质,使检察机关在一定程度上丧失了对刑事审判监督的主动权。

三是再审检察建议缺乏明确的法律定位。刑事再审检察建议的出现,是作为刑事抗诉的一种替代措施出现的。由于抗诉是一种硬性启动再审程序的监督方式,牵涉到追究责任人等问题,容易造成检、法两家对立,导致抗诉改判率不高及抗诉再审久拖不决等现象。此外,刑事再审抗诉存在周期长、程序多等问题,容易引起当事人的不满,引发上访,占用了大量的司法资源。近年来,检察机关通过再审检察建议的方式对个案进行监督纠正,弥补了抗诉、纠正审理违法存在的局限性,其积极效果受到实务部门和社会公众的欢迎。但是,根据最高人民检察院 2009 年《人民检察院检察建议工作规定(试行)》,检察建议是人民检察院为促进法律正确实施、促进社会和谐稳定,在履行法律监督职能过程中,结合执法办案,建议有关单位完善制度,加强内部制约、监督,正确实施法律法规，完善社会管理、服务，预防和减少违法犯罪的一种重要方式。刑事再审检察建议作为针对具体个案的监督意见，似乎无法纳入其中。由于刑事再审检察建议不是法定的监督方式，在本质上不具有法律约束力，法院可以采纳，也可以不采纳。对检察机关来说，刑事再审检察建议也没有法定程序的规范，在实践中做法不一。有不少地方对于法官徇私舞弊造成错判的案件，采用再审检察建议监督方式，是以牺牲刑事抗诉和责任追究的力度为代价的。再审检察建议的目的在于强化法律监督，如果摒弃刑事抗诉这种有力手段，一味使用检察院建议，将降低了法官违法办案的成本，导致刑事审判监督效力的弱化。

郭书原：能否谈一谈刑事审判监督的完善构想？

杜邈博士：好的。刑事审判监督的完善并不意味着检察权的无限扩张，而是在我国宪政体制和刑事司法制度的框架下，坚持创新性与规范性相结合、拓展性与谦抑性相结合的发展思路。在分析问题的基础上，既要针对刑事审判监督的盲区或弱项拓展权力，也要对现有的监督举措予以规范，还要对某些权力进行必要的限制。

郭书原：需要强化的方面包括哪些？

杜邈博士：第一，对法院刑事审判活动进行全面监督。为了确保刑事审判监督的全面性，要从立法或机制上扩大刑事审判监督的范围，包括增加检察机关对自诉案件、刑事附带民事案件，以及法院决定逮捕、变更强制措施等诉讼活动的监督。一是加强对法院自行调查取证的监督。在刑事诉讼中严格限制法院自行调查取证的前提，即当事人及其诉讼代理人因客观原因不能自行收集证据的情形，杜绝由法官代替当事人行使相关权力和承担相应义务，违背客观中立的审判者地位。人民法院自行收集的证据，包括诉讼过程中补充的证据，不经当事人质证不得作为定案的依据，必须依照当事人质证的情况决定证据的采用与否。法院进行的勘验、检查、搜查、扣押、鉴定等庭外的调查活动，以及获取的相关证据，应当及时通知同级检察机关，以便其进行相应的监督。二是加强对法院决定逮捕及改变强制措施的监督。逮捕作为最严厉的刑事强制措施，其变更的条件应该受到严格的限制，以保证逮捕的权威性和严肃性。对批捕的犯罪嫌疑人，非因法定事由不得变更强制措施。人民法院对被告人决定逮捕或变更强制措施的，应当将相关的法律文书和理由，送达同级人民检察院备案。这样才能形成一个完整的审查监督机制，将检察机关的事后监督转变为同步监督。三是加强对自诉案件的监督。人民检察院认为人民法院对应当立案而不立案的自诉案件，或者被害人认为人民法院对应当立案而不立案的自诉案件，向人民检察院提出的，人民检察院有权要求人民法院说明不立案的理由，对出现的违法问题，检察机关可提出纠正意见；人民法院决定对自诉案件开庭审理后，应将开庭的时间、地点及时通知检察机关，检察机关根据情况决定是否派员出席庭审活动，对出现的违法问题，可采取口头或书面方式提出纠正意见；人民法院对自诉案件审理终结后，应及时将撤诉书、判决书、裁定书、调解书送达同级检察院，检察机关认为判决、裁定确有错误的，应按照审判监督程序提出抗诉。四是加强对刑事附带民事诉讼案件的监督。该问题的解决，有赖于检察机关内部机构之间的协调配合，形成对法院审判活动的监督合力。公诉部门在审查起诉过程中，如果发现被告人的行为给国家或集体财产造成损失，依法应提起附带民事诉讼的，与民事行政检察部门密切配合，由其负责民事诉讼证据的审查和补充，完善附带民事起诉书的制作以及出庭支持附带民事诉讼；法院裁判生效后，对于民事部分确有错误的案件，依法向法院提出抗诉。

第二，丰富检察机关的监督手段。一是赋予检察机关建议休庭权。建议休庭权即检察机关建议人民法院暂时停止法庭审判活动的权力。在庭审活动中，休庭的条件主要包括人民法院依法在审理过程中，合议庭对证据有疑问的；被告人最后陈述后，审判长宣布休庭，合议庭进行评议的；案件重大复杂，一次开庭不能审结时，审判长可以宣布暂时休庭的。刑事审判监督需要遵循及时能有效的一般规律，监督活动越及时，监督的效果就越好；监督活动离违法事由发生的时间越远，监督的效果就越弱。为此，刑事诉讼法应当明确规定检察机关有权行使建议休庭权，同时将提出纠正违法意见的时机由庭审后提出改为休庭后提出。当然，基于审判独立原则的要求，出庭的检察人员只有建议休庭权而无绝对的休庭权，至于人民法院是否决定休庭，其主动权仍然掌握在法官手中。建议休庭权的行使有两种后果：第一个是法庭同意休庭的，出席法庭的检察人员发现法庭审判违反法律规定的诉讼程序，应当在休庭后及时向本院检察长报告，阻止违法庭审活动的持续进行，并通过口头或书面方式提出相应的监督纠正意见。第二个是法庭不同意休庭的，检察机关在最终的休庭后仍然可以提出纠正违法意见，同时将法庭拒绝休庭的情况予以表述。待一审判决作出后，人民检察院可据此提起抗诉，虽然时间延后但同样可以达到纠正违法、实现法律救济的目的。二是赋予检察机关向最高国家权力机关提请最终裁决的权力。当最高人民检察院以地方人民法院已发生法律效力的判决和裁定认为确有错误，向最高人民法院提出抗诉被驳回后，有权向全国人大常委会提请裁决。全国人大常委会应成立或指定专门机构进行裁决，最高人民法院、最高人民检察院对裁决的结果必须执行。在我国的宪政体制下，检察机关和审判机关都由国家权力机关产生，法律监督权和审判权均来自于国家权力机关的手段，最终裁决权的确立符合我国的政治体制，与人民法院独立行使审判权亦不矛盾。三是赋予检察机关调阅法院卷宗的权力。最高人民法院、最高人民检察院对于检察机关的调卷权长期存在不同意见。最高人民检察院 1985 年《关于上级人民检察院能否调阅下级人民法院审判卷宗问题的批复》规定，经商最高人民法院同意，上级人民检察院根据办案需要，有权调阅下级人民法院的审判卷宗。而最高人民法院研究室 1995 年《关于上级人民检察院能否调阅下级人民法院审判卷宗问题的答复》规定，上级人民检察院或者同级人民检察院在办理刑事案件过程中，可以查阅同级人民法院的有关案卷材料或者通过同级人民法院查阅下级人民法院的有关案卷材料，但是不应直接调阅下级人民法院的有关案卷材料。可以查阅的案卷不包括合议庭评议记录、审判委员会讨论记录等法院内部对案件研究处理的意见材料。检察机关要对刑事审判活动进行监督，特别是在决定是否提起再审抗诉之前，必须通过审阅人民法院卷宗了解诉讼过程和审理情况，才能认定法院裁判是否确有错误，否则监督就无法进行。由此可见，调阅审判卷宗对于检察机关履行法律监督职责是必要的，应当在立法上予以保障。

第三，增强纠正违法意见的效力。从刑事诉讼监督体系来看，刑事审判监督与侦查监督、执行监督等应该是并列的，其监督手段的效力也不应有所区别。然而，我国刑事诉讼法规定，检察机关对于公安机关的违法侦查活动提出纠正意见，公安机关应当将纠正情况通知人民检察院，但是检察机关就法院在审理案件违反法定程序提出纠正意见的，法律既没有规定被监督机关有必须根据人民检察院纠正违法通知书的要求纠正违法的义务，也没有规定被监督机关及其工作人员不纠正违法要承担什么法律责任，这就打破了整个刑事诉讼监督效力体系的平衡性。从本质属性来看，检察机关的纠正审理违法意见与辩护人的意见并不相同，代表了国家公权力——法律监督权的行使，对于被建议单位应当具有法律效力。这些效力在外部主要体现在被建议机关纠正违法行为和及时回复两个方面，在内部主要体现在错发责任追究和渎职责任追究。为此，刑事诉讼法应明确规定，人民检察院如果发现人民法院或者审判人员审理案件违反法律规定的诉讼程序，应当向人民法院提出纠正意见，人民法院应当将处理结果及时通知人民检察院。

郭书原：对于您前面提到的刑事审判监督有哪些方面需要规范？

杜邈博士：第一，细化刑事审判监督的具体标准。在刑事实体法中，应确保刑法规范的概念明确、条文清晰且具有逻辑性和可操作性，特别对于死刑案件、职务犯罪案件的量刑情节认定、罚金刑幅度、缓刑适用条件要具体化。在刑事诉讼法中，要完善证明标准、证明责任等证据规则，规范延期审理的条件和次数、向检察机关送达法律文书的范围和期限等。随着司法体制改革的深入开展，中央司法机关相继通过了一系列旨在促进刑事审判监督的规范性文件，要抓住刑事诉讼法修改的有利时机，将其中的重要内容以法律形式固定下来，如规范上下级法院的关系和发回重审的条件、次数等，进一步拓展刑事审判监督的空间。

当前，最高人民检察院颁布的《关于刑事抗诉工作的意见》中对提起抗诉的范围、条件以及不适合抗诉的情形均作出了规定，但是许多条款都使用了"明显不当"等概括性用语，这就需要开展相关的配套工作，进一步明确刑事抗诉的标准和提起抗诉的条件：一是细化抗诉标准。《最高人民法院量刑指导意见（试行）》规定了 15 种常见犯罪的量刑起点和增减基准刑的幅度，对刑事审判监督工作也提出了更高的要求。检察机关应根据案件性质、裁判结果等，对抗诉案件进行分类整理，找出其中的规律性，对具体的抗诉标准进行量化，制定一个常见犯罪的抗诉标准规范。抗诉标准的制定要以规范法官自由裁量权的行使范围为目标，尽量统一检、法两家对案件事实、证据的认识，搭建一个增进检、法双方共识的平台。二是深化案例指导。对于刑事审判监督的模糊地带，最高人民检察院应加大编发指导性案例的力度，规范自由裁量权的行使。这些案例不仅应包括抗诉案件，还应包括提出纠正审理违法意见、再审检察建议获得良好效果的案件。与单一的法律解释相比，案例指导制度能够架起法律与案件之间的桥梁，使检察人员对"有抗诉必要"等监督标准有更直观的认识，提高刑事审判监督的质量。三是完善考评指标。在公诉工作考核中，最为重要的考核指标是无罪判决与撤回起诉率，主要判断标准是法院判决是否支持控诉主张，如认定被告人有罪、不予改变定性、采纳量刑建议等，实际上是以法院的裁判成为衡量公诉案件质量的标准。由于我国检察机关兼具追诉犯罪与刑事审判监督职能，上述标准经常使检察人员处于矛盾状态，在一些情况下，检察机关为了避免"错案"，而不得不迎合法院，甚至放纵其违法行为或错误裁判；或者基于追求胜诉的目的，对审判中侵犯被告人合法权益、对被告人处以重刑的问题怠于发现。为此，检察机关应在调查研究的基础上，科学界定错案的概念，对于实践中常常出现的检、法两家对法律理解略有出入、量刑稍有偏差等情况，不应纳入责任追究的范围。

第二，将量刑建议与刑事抗诉有机结合。近年来，检察机关为确保量刑规范化改革的深入有序开展，在理论和实践上逐步探索量刑建议制度，取得了显著成效。2010 年 2 月 23 日，最高人民检察院下发了《人民检察院开展量刑建议工作的指导意见（试行）》，标志着量刑建议制度正式在全国各地检察院推行。在此背景下，检察机关应将刑事审判监督与量刑规范化改革紧密地结合起来，充分发挥量刑建议为抗诉提供标尺的作用，这有助于防止审判人员自由裁量权的滥用，延伸检察人员的抗诉视角，提高检察人员对刑罚恰当与否的关注度。对量刑建议案件如何提起抗诉，实质上涉及量刑建议与提起抗诉的关系问题。有观点认为，检察机关应将刑事裁判是否采纳量刑建议作为提起抗诉的唯一标尺，对于法院量刑与检察机关的建议差距达到一定幅度，判决书却未阐明理由或检察机关认为理由不成立的，均可提请抗诉。我认为，该观点虽然看到了量刑建议对于法院裁判的制约作用，但没有充分认识到抗诉的独立价值，因而是值得商榷的。在实践中，检察机关既要通过抗诉对确有错误裁判进行监督，切实维护司法公正，又要旗帜鲜明地支持法院的正确裁判，维护审判权威。检察机关在审查刑事裁判时，应首先将量刑建议作为"参照系"对法院的量刑结果进行审查，具体问题具体分析；如果刑事裁判完全采纳量刑建议，被告人、辩护人也没有就量刑问题提出异议，一般不宜再以对案件认识发生变化为由提起抗诉。如果刑事裁判没有采纳量刑建议，则应从判决偏离的程度，以及是否存在正当理由等方面进行审查，进而确定裁判结果是否存在错误。刑事裁判偏离量刑建议幅度较小的，可视情况决定是否提起抗诉，对于不符合抗诉条件但属量刑不当的，可以采用检察建议等监督纠正方式；刑事裁判偏离量刑建议较大又无正当理由的，应当依法提起抗诉。

第三，明确刑事再审检察建议的法律地位。为了发挥刑事再审检察建议的积极作用、避免其滥用甚至代替抗诉的功能，我建议，将再审检察建议纳入法定方式，敦促人民法院自行决定启动再审程序，将检察监督这种外部监督形式转化为内部监督形式，使人民法院通过自身内部监督难以发现的错案得以纠正。一是再审检察建议的主体。最高人民检察院和地方各级人民检察院如果发现同级人民法院已经发生法律效力的判决和裁定确有错误，不宜按照审判监督程序提出抗诉的，有权向同级人民法院发出再审检察建议，建议人民法院自行启动审判监督程序审理案件。二是刑事再审检察建议的条件。鉴于再审检察建议的特殊性质，应当规范适用刑事再审检察建议的条件，如并非因法院自身原因导致原生效判决、裁定错误，不宜提出抗诉的案件等。三是再审检察建议的程序。与普通检察建议不同，审查起诉部门经审查认为需要提出再审检察建议的，报请检察长提交检察委员会讨论决定，体现审判监督的权威性和准确性。四是再审检察建议的效力。可以参考最高人民法院、最高人民检察院 2011 年《关于对民事审判活动与行政诉讼实行法律监督的若干意见（试行）》的规定，人民法院收到再审检察建议后，应当在三个月内进行审查并将审查结果书面回复人民检察院。人民检察院认为人民法院不予再审的决定不当的，应当按照审判监督程序提出抗诉。

郭书原：那么，需要限制的方面包括哪些？

杜邈博士：传统的刑事审判监督观念强调"实事求是，有错必纠"，但随着社会的发展和法治的进步，"有错必纠"观念与诉讼经济、既判力原则的矛盾日益彰显，因此，应当将"慎重纠错"确立为刑事审判监督的指导理念，对检察机关的审判监督抗诉权予以限制。我建议，应当在对刑事审判监督抗诉进行分类的基础上，对检察机关提起抗诉的次数、时限和后果进行限制，以进一步贯彻现代刑事诉讼的谦抑性原则，增强生效裁判的稳定性。一是区分有利于被告人的再审抗诉和不利于被告人的再审抗诉。在现代刑事诉讼中，有利于被告人是一项基本理念，被告人作为刑事诉讼中的被追诉者，其面对的是占据绝对优势地位的国家公权力，属于刑事诉讼程序中的弱势一方，其权利很容易受到国家追诉机关的侵害。二是明确检察机关提出再审抗诉的事由和标准。为了便于实践操作与把握，我国应当规定更为具体的再审抗诉理由，以使再审程序的引发不因任何人为地扩大解释而随意地进行。此外，还应根据再审是否有利被告人确定启动再审证明标准：发动不利于被告人的再审，只有当证明被告人有罪或罪重的证据达到确实、充分的程度才能认定原裁判确有错误；发动有利于被告人的再审，只要证明原裁判认定被告人有罪或罪重的证据不足就可以确定原裁判确有错误而发动再审，不要求证明被告人无罪或罪轻的证据达到确实、充分的程度。三是对不利于被告人的抗诉进行严格限制，包括抗诉时效的限制、次数的限制；对有利于被告人的抗诉确立再审不加刑原则等。

郭书原：感谢杜博士接受我们的采访。

彭新林简介：

    1983 年 11 月生，湖南湘乡人。中国政法大学博士后，法学博士，北京市人民检察院第一分院检察官。2007 年 10 月—2009 年 10 月，被聘为北京师范大学刑事法律科学研究院学术秘书。2011 年 7—12 月，任中共北京市纪委研究室主任助理（挂职）。兼任长沙理工大学法学所特约研究员、聊城大学刑法研究所兼职研究员等职。在《中国法学》、《法学研究》等期刊上发表学术论文 70 余篇，编著、合著《量刑情节与量刑方法专题整理》等作品 10 余部，主持、参与中国博士后科学基金项目等课题近 10 项。曾获"首届中国法学优秀学术成果奖"、"高铭暄刑事法学优秀学术成果奖一等奖"、"全国刑法学优秀博士论文一等奖"等奖项。

关于刑事证人保护的几个问题

——访北京市人民检察院第一分院　彭新林博士

郭书原：彭博士您好！2012 年 3 月 14 日第十一届全国人民代表大会第五次会议通过的《关于修改〈中华人民共和国刑事诉讼法〉的决定》对我国刑事证人保护制度作了重要修改，丰富了刑事诉讼中证人保护的内容。据悉，您在刑事证人保护制度方面进行了长期研究，有一定的学术造诣，可否请您谈谈刑事证人保护问题？

彭新林博士：好的。学术造诣实不敢当。刑事证人保护制度是我长期学术研究的重要领域之一，可能有一些自己的看法和见解。众所周知，在我国知道案件情况的人作证是一项法律义务。新《刑事诉讼法》第六十条也明确规定："凡是知道案件情况的人，都有作证的义务。生理上、精神上有缺陷或者年幼，不能辨别是非、不能正确表达的人，不能作证人。"然而，在司法实践中，证人拒不作证特别是拒绝出庭作证的现象却相当普遍。据有关学者调查，各级人民法院审理刑事案件证人出庭作证较少，一般占案件数的 5% 左右。而且出庭作证的大部分是被害人一方和附带民事诉讼原告一方的证人，其他的证人到庭的很少，即使是在证言非常重要，如证据出现矛盾的情况下也是如此。应当说，证人不出庭作证，既不利于案件事实的查明，也影响被告人质证权的行使，对刑事诉讼的有效运行以及实体公正和程序公正的实现都不利。导致证人不出庭作证的原因很多，但是缺乏有效的刑事证人保护制度无疑是其中重要原因之一。虽然我国目前《刑事诉讼法》、《刑法》等法律中也规定有证人保护的内容，但总的来说刑事证人保护制度还不够完善。而能否对刑事证人进行有效保护，不但关系到刑事诉讼的顺利进行，更关乎刑事诉讼职能和目的的实现。

郭书原：如此说来，要提高刑事证人出庭率，更好地实行刑事诉讼的职能和目的，加强刑事证人保护是其中重要一环。那么，刑事证人保护的价值基础在哪里？

彭新林博士：关于刑事证人保护的价值基础，我认为主要体现在三个方面：

一是消除证人作证顾虑、救济其合法权利的现实需要。在司法实践中，存在证人在作证前本人或其近亲属的人身财产安全遭受威胁的现象，也存在着证人在作证后遭到打击报复，本人或其近亲属的人身财产安全遭受损害的事实。在黑社会性质组织犯罪、恐怖活动犯罪、腐败犯罪的侦查、起诉和审判中，这一现象更为严重，证人顾虑更多。来自最高人民检察院的统计数据显示，从20世纪90年代开始，全国发生的对证人、举报人报复致残致死的案件由每年不足500件上升到现在的每年1200多件，这种势头还在上升。这种现象导致的直接后果是，刑事案件中有明确证人的案件超过80%，最后出庭作证的却不足5%。由此可见，从立法上和司法上为证人提供切实有效的保护，创造良好的证人出庭作证环境，确实已经到了刻不容缓的时候了。事实证明，只有为证人解除后顾之忧，为其提供切实保护，才能从根本上破解证人作证难的问题。如果法律只赋予证人作证的义务，却没有给予他们行使该项义务时对应的权利，缺乏相应的保障证人及其近亲属人身财产安全的有效措施，证人的作证义务是不可能得到很好履行的，也势必会对案件事实的查明以及刑事诉讼程序的有效运行带来负面影响。诚如英国著名法律改革家丹宁勋爵所言："每个法院都必须依靠证人，证人应当自由地、无所顾忌地作证，这对执法来说是至关重要"，"假如案件一结束，证人就要受到那些不喜欢他作证的人的报复，那么还能指望证人自由地和坦率地提供他们应当提供的证言么？"我们不能要求每一个证人都高尚到因为出庭作证而自愿损失自身或者近亲属的工作、人身财产安全甚至付出生命的代价，如果一个非正义被纠正的代价是另一个新的非正义产生，这样的"正义成本"也太高了！这样的成本以证人个人的力量承受不起，也不该由证人承受，而应由政府与社会"埋单"。正如美国司法界对证人的许诺："你为国家冒着危险，国家应该保护你！"

二是保障被告人质证权、彰显刑事诉讼正当程序的必然要求。在法治发达国家，质证权被认为是被告人的一项基本权利。被告人的质证权在保障被告人人权和发现案件事实方面有着不可替代的作用；而充分保障被告人的质证权，控辩双方在审判程序中平等对抗，就证据展开充分的辩论与质证，也是刑事诉讼正当程序的基本要求。事实上，只有证人出庭接受质证，被告人一方才能更好地动用己方掌握的事实或者证据材料对控方的证据进行质疑，进而得以最大可能地影响裁判结果。也正是对被告人主体性的尊重，在庭审中对被告人质证权给予充分保障，使得被告人有机会向法庭表明自己对证据材料和案件事实的意见，感受到法律和法庭对己方地位和意见的尊重，从而增强判决的可接受性，有助于公平审判及发现真实的实现，以达到刑事诉讼的目的。如果证人保护制度不健全，保护措施不得力，致使证人不敢或者不愿出庭作证，被告人就无从对证人进行直接质询，庭审质证无法有效展开，这不仅不利于法院全面查清案件事实，保护被告人的合法权益，而且也极大地限制了庭审功能的发挥，不能充分彰显刑事诉讼正当程序的价值。值得强调的是，被告人质证权的行使以及刑事诉讼正当程序价值的实现，需要一系列的制度设计和程序保障方能得以实现，其中对证人进行有效保护就是非常重要的一环。通过完善证人保护制度，切实保障证人及其近亲属的人身财产安全，可以消除其后顾之忧，鼓励和促进其出庭作证，从而更好地实现刑事诉讼正当程序的价值。

三是法律程序社会价值的充分体现。刑事诉讼作为一种法律程序，其运行直接影响着人们的社会生活秩序环境，直接关系着社会稳定和公民自由。如果证人在刑事诉讼中因作证带来极大危险，感到严重不安，在法律中失去了安全感，那他们便不会再愿意为社会秩序的维持，为社会生活的安定和平而站出来。相反，若实行证人保护，制定较为完善的证人保护措施，证人敢于出庭作证而没有任何顾虑，出庭对犯罪行为加以有力制止，那么犯罪分子便会无所遁形，同时也有利于遏制潜在人员作案的想法，这无疑会有助于良好社会风气的形成。正如美国大法官卡多佐所言，司法活动要回应社会和反映未来，所以，证人保护必然要作为司法活动的一部分而存在。因此，建立行之有效的证人保护制度，发挥证人出庭作证的积极性和主动性，不仅对于个案来说具有重要价值，而且还具有弘扬社会正气、鼓励社会公众同违法犯罪作斗争和维护法律权威的社会价值。一言以蔽之，实行证人保护既是维护法律权威的一种手段，也具有积极的社会价值。

郭书原： 应当说，随着法制的日益健全和完善，我国刑事证人保护的立法也取得了长足进步。特别是今年新修订的《刑事诉讼法》对证人保护制度作了重要修改，请谈一谈我国刑事证人保护立法的概况。

彭新林博士： 好。我国没有关于证人保护的专门法律法规，但在《刑事诉讼法》和《刑法》中有关于证人保护的规定，这些规定初步确立了我国刑事证人保护制度的框架。

就刑法规定而言，我国刑法对妨害作证和打击报复证人的行为进行了规制，设置了妨害作证罪和打击报复证人罪，即第三百零七条规定："以暴力、威胁、贿买等方法阻止证人作证或者指使他人作伪证的，处三年以下有期徒刑或者拘役；情节严重的，处三年以上七年以下有期徒刑。"第三百零八条规定："对证人进行打击报复的，处三年以下有期徒刑或者拘役；情节严重的，处三年以上七年以下有期徒刑。"由于刑罚是最为严厉的法律制裁方法，故而刑法将妨害作证、打击报复证人的行为规定为犯罪，有利于从根本上保护证人的合法权益，对于保障证人履行作证义务和创造良好的作证环境具有重要意义。

就《刑事诉讼法》的规定而言，《刑事诉讼法》再修改之前的 1996 年《刑事诉讼法》第四十九条明确规定："人民法院、人民检察院和公安机关应当保障证人及其近亲属的安全。对证人及其近亲属进行威胁、侮辱、殴打或者打击报复，构成犯罪的，依法追究刑事责任；尚不够刑事处罚的，依法给予治安管理处罚。"第四十三条也规定："必须保证一切与案件有关或者了解案情的公民，有客观地充分地提供证据的条件，除特殊情况外，并且可以吸收他们协助取证。"第五十六条、第五十七条也规定，被取保候审、监视居住的犯罪嫌疑人、被告人不得以任何形式干扰证人作证，如有违反上述规定，情节严重的，将予以逮捕。不难看出，1996 年《刑事诉讼法》对证人保护制度只作了原则性的规定，强调的只是事后保护，而且没有规定具体的保护措施。事实上，在实践中实施的效果也并不理想。有鉴于此，2012 年 3 月 14 日，新修订的《刑事诉讼法》对刑事证人保护制度作了重要的增补修改，确实进一步丰富了刑事证人保护的内容。新修订的《刑事诉讼法》除了保留 1996 年《刑事诉讼法》第四十九条关于证人保护的原则性规定外，还增补了两个条文，分别对特定案件中证人、鉴定人、被害人及其近亲属进行保护的具体措施，以及证人出庭作证的经济补助等问题进行了明确，即第六十二条规定："对于危害国家安全犯罪、恐怖活动犯罪、黑社会性质的组织犯罪、毒品犯罪等案件，证人、鉴定人、被害人因在诉讼中作证，本人或者其近亲属的人身安全面临危险的，人民法院、人民检察院和公安机关应当采取以下一项或者多项保护措施：（一）不公开真实姓名、住址和工作单位等个人信息；（二）采取不暴露外貌、真实声音等出庭作证措施；（三）禁止特定的人员接触证人、鉴定人、被害人及其近亲属；（四）对人身和住宅采取专门性保护措施；（五）其他必要的保护措施。证人、鉴定人、被害人认为因在诉讼中作证，本人或者其近亲属的人身安全面临危险的，可以向人民法院、人民检察院、公安机关请求予以保护。人民法院、人民检察院、公安机关依法采取保护措施，有关单位和个人应当配合。"第六十三条规定："证人因履行作证义务而支出的交通、住宿、就餐等费用，应当给予补助。证人作证的补助列入司法机关业务经费，由同级政府财政予以保障。有工作单位的证人作证，所在单位不得克扣或者变相克扣其工资、奖金及其他福利待遇。"

郭书原：刑事证人出庭难和作证难是困扰我国刑事诉讼的一个难题。世界各国也都普遍存在证人不愿作证、不出庭作证或者不如实作证的现象。那么，国际社会是如何保护刑事证人的？刑事证人保护的国际标准如何？

彭新林博士：近 30 年来，国际社会对刑事证人保护的关注逐渐升温，联合国有关公约普遍对刑事证人保护问题作出了规定。早在 1984 年 12 月 10 日，联合国大会第 39/46 号决议通过的《禁止酷刑和其他残忍、不人道或有辱人格的待遇或处罚公约》第 13 条规定："每一缔约国应确保凡声称在其管辖的任何领土内遭到酷刑的个人有权向该国主管当局申诉，并由该国主管当局对其案件进行迅速而公正的审查。应采取步骤确保申诉人和证人不因提出申诉或提供证据而遭受任何虐待或恐吓。"《公约》对证人的保护问题作了原则性规定，即"应采取步骤确保证人不因提供证据而遭受任何虐待或恐吓"，其通过促进了包括证人在内的世界人权事业的发展和进步。1985 年 11 月 29 日，联合国大会第 40 /34 号决议通过的《为罪行和滥用权力行为受害者取得公理的基本原则宣言》第 6 条第（d）款也规定："应当采取各种措施，尽可能减少对受害者的不便，必要时保护其隐私，并确保他们及其家属和为他们作证的人安全而不受威吓和报复。"上述《宣言》明确提到了应采取各种措施，确保为受害者作证的人安全而不受威吓和报复。1989 年 5 月 24 日，联合国经济及社会理事会第 1989/65 号决议通过的《有效防止和调查法外、任意和即决处决的原则》第 15 条也规定："应保护原告、证人、进行调查的人及其家属不受暴力、以暴力相威胁或任何其他形式的恐吓。凡可能牵连到法外、任意或即决处决的人均应调离任何对原告、证人及其家属以及对进行调查的人直接或间接进行控制或拥有权限的职位。"联合国经济及社会理事会通过的这一《原则》，既明确强调应保护证人及其家属不受暴力、以暴力相威胁或任何其他形式的恐吓，而且还规定了相应的保护措施，即凡可能牵连到法外、任意或即决处决的人均应调离任何对证人及其家属直接或间接进行控制或拥有权限的职位。1990 年 8 月 27 日至 9 月 7 日，在古巴哈瓦那召开的第八届联合国预防犯罪和罪犯待遇大会上通过的《预防和控制有组织犯罪准则》第 11 条更是强调："保护证人免遭暴力和恐吓的办法在刑事侦查和审讯过程中及打击有组织犯罪的执法工作中越来越重要。此办法包括为掩护证人身份以免被告及其律师获悉的方法、提供受保护人的住所的人身保护，转移住所和提供资金援助。"上述《准则》的规定，既强调了在有组织犯罪中保护刑事证人的重要性，也提出了具体的保护措施，为刑事诉讼中证人保护提供了建设性意见。2000 年 11 月 15 日，第五十五届联合国大会通过的《联合国打击跨国有组织犯罪公约》第 24 条用专条就证人保护的内容进行了规定，即第 24 条第 1 款规定："各缔约国均应在其力所能及的范围内采取适当的措施，为刑事诉讼中就本公约所涵盖的犯罪作证的证人并酌情为其亲属及其他与其关系密切者提供有效的保护，使其免遭可能的报复或恐吓。"第 2 款规定："在不影响被告人的权利包括正当程序权的情况下，本条第一款所述措施可包括：（1）制定向此种人提供人身保护的程序，例如，在必要和可行的情况下将其转移，并在适当情况下允许不披露或限制披露有关其身份和下落的情况；（2）规定可允许以确保证人安全的方式作证的证据规则，例如，允许借助于诸如视像连接之类的通信技术或其他适当手段提供证言。"除此之外，该《公约》第 23 条"妨害司法的刑事定罪"第 1 款还将妨害证人作证的行为规定为犯罪，为刑事诉讼中证人的保护提供了切实的法律保障。为更好地惩治和预防腐败犯罪，2003 年 10 月 31 日第五十八届联合国大会全体会议审议通过了联合国历史上第一个用于指导国际反腐败斗争的法律文件——《联合国反腐败公约》，对预防腐败、界定腐败犯罪、反腐败国际合作、非法资产追缴等问题进行了法律上的规范，对各国加强国内的反腐行动、提高反腐成效、促进反腐国际合作具有重要意义。其中，《联合国反腐败公约》第 32 条专门规定了"保护证人、鉴定人和被害人"，该条第 1 款规定："各缔约国均应当根据本国法律制度并在其力所能及的范围内采取适当的措施，为就根据本公约确立的犯罪作证的证人和鉴定人并酌情为其亲属及其他与其关系密切者提供有效的保护，使其免遭可能的报复或者恐吓。"第 2 款规定："在不影响被告人权利包括正当程序权的情况下，本条第 1 款所述措施可以包括：（1）制定为这种人提供人身保护的程序，例如，在必要和可行的情况下将其转移，并在适当情况下允许不披露或者限制披露有关其身份和下落的资料；（2）规定允许以确保证人和鉴定人安全的方式作证的取证规则，例如允许借助于诸如视听技术之类的通信技术或者其他适当手段提供证言。"考虑到反腐败的全球性，该条第 3 款还规定了证人等人员保护的国际合作，即"缔约国应当考虑与其他国家订立有关本条第 1 款所述人员的移管的协定或者安排"。第 25 条"妨害司法"第 1 款也将在"诉讼中使用暴力、威胁或者恐吓，或者许诺给予、提议给予或者实际给予不正当好处，以诱使提供虚假证言或者干扰证言或证据的提供"等妨害证人作证的行为规定为犯罪，等等。由此可见，刑事证人保护问题越来越受到国际社会的关注，联合国通过的上述诸多公约或者国际法律文件对各国建立和健全刑事证人保护制度也起到了积极的推动作用。

郭书原： 除了联合国有关公约外，如何保护刑事证人也是世界各国法律面临的重要问题。据悉，有些国家如美国、德国的证人保护立法还比较成熟，请介绍一下美国、德国这些代表性国家刑事证人保护制度的情况。

彭新林博士： 在美国，保护刑事证人的呼声是在 1962 年瓦拉其案之后开始高涨的，在 20 世纪 60 年代对黑社会的扫荡中，系统的证人保护程序产生了。1970 年依据《有组织犯罪控制法案》第 5 条的规定，美国司法部建立了美国联邦证人保护程序。1984 年又通过了《证人安全改革法案》，修正了联邦证人保护程序的诸多弊端。1997 年 10 月修订的美国法典对证人保护的对象、批准程序、保护措施、被保护的证人的权利与义务等都进行了详细的规定。目前美国的证人保护制度从无到有，日臻完善。在刑事案件中，证人保护针对的刑事程序牵涉的犯罪的范围包括：有组织犯罪和诈骗犯罪；毒品交易犯罪；任何使证人作证可能遭受暴力、威胁的联邦重罪；任何与上述罪行性质类似的州立法规定的犯罪。当然，并不是所有的出庭作证的证人都需要受到保护，只有那些人身权利有可能受到侵害，符合法律规定条件的证人才有必要对其进行保护。证人保护的内容主要有：保护证人免受胁迫恐吓、骚扰；提供有关医疗机构、社会扶助、政府补偿的信息以及提供咨询、治疗等必要援助的计划；通知被害人及证人有关犯罪的调查以及起诉情形；交通及住宿的安排；在法庭待审时提供安全的场所；作为证据的财产物的归还；对雇主或债权人的调解通知书；儿童照护援助；对于性侵犯案件的被害人提供受害检验费用及其他权利、服务注意事项通知。证人保护的手段主要包括四个方面：第一，隐藏身份，也即对出庭作证的证人不公布其姓名、住址等信息；第二，安置住所和变更身份；第三，人身保护，即对证人由警察或其他组织在一定时间内提供人身安全保障；第四，作证手段变更保护，即在证人出庭作证之时采取适当的措施变更证人以前同被告人面对面的作证方式，以保障其安全。可见，为了避免刑事诉讼中因出庭作证而给证人及其家属带来的潜在危险，美国规定了较为完善的证人保护制度，从证人保护的机构、保护的对象、保护的条件、保护措施到证人保护运作程序以及被保护证人的权利与义务等，均作了明确规定，这对于健全和完善我国刑事证人保护制度具有重要的启示意义。

在德国，其有关证人保护的制度在大陆法系国家中具有代表性和典型性。1998 年 12 月 1 日德国制定的《证人保护法》，首次明确规定可以对不出席法庭的证人进行录像询问，易受伤害的证人还可以获得指定律师的帮助。日后德国在其刑事诉讼法和法院组织法的修订中也对证人保护进行了进一步的完善。从其证人保护制度的整体情况来看，由德国联邦警察局承担保护证人的任务。保护的对象范围涉及证人的亲属及最亲近的人。保护程序上采用"阶层理论"，即对受害的证人根据危险程度实行层层递进式保护，因而证人拒绝陈述的很少。保护的具体措施，包括审判不公开、身份保密、变更作证方式、律师帮助、变更身份和住所等内容。

　　郭书原：这次新修订的《刑事诉讼法》对刑事证人保护制度作了重要修改，有学者说这表明我国刑事证人保护立法取得了长足进步，也有学者发出了不同声音。对此，如何评价这次新刑事诉讼法有关刑事证人保护制度的修改？

彭新林博士：毋庸讳言，今年新修订的刑事诉讼法对证人保护制度所作的增补修改，从证人保护范围、具体保护措施和证人作证经济补助等方面对证人保护制度进行了完善，在相当程度上弥补了原刑事证人保护制度的不足和缺漏，对于切实保护证人的合法权利，鼓励证人积极出庭作证，促进刑事诉讼程序的有效运转具有重要意义。正是在这个意义上，在《刑事诉讼法》对证人保护制度作出重要修改后，切实贯彻执行有关规定就是关键，这也是当前和今后一段时期各级政法机关的重大责任和重要任务；必须采取切实有效措施，确保修改后的有关证人保护的规定在刑事诉讼中得到正确、全面、有效、不折不扣的贯彻落实。只有将有关证人保护的各项举措落到实处，证人的安全和利益才不会受到侵害，才能促使越来越多的证人愿意和敢于出庭作证，在国家法律强有力的保护下，以正义之名与违法犯罪和腐败滥权作斗争，同时彰显出中国在构建和谐社会过程中对公民权利的保障，以及对生命的终极关怀。当然，新《刑事诉讼法》关于刑事证人保护制度的修改不是尽善尽美的，也还存在一些缺憾，值得引起重视。

一是证人的保护主体不尽明确。尽管《刑事诉讼法》规定了人民法院、人民检察院、公安机关都是保护证人的责任主体，但在三机关都有保护证人义务情况下，很有可能会出现权责不明、相互推诿的现象，这势必会影响到证人保护制度的效果。

二是缺乏对证人财产安全的保护。在现实生活中，打击报复证人的行为多种多样，有针对证人及其近亲属人身安全的，也有针对其财产安全的，《刑事诉讼法》虽然将证人的人身安全以及证人因出庭作证而遭受的经济损失纳入了法律保护或保障的范围，但对证人财产安全方面的保护没有涉及。

三是不同性质的特殊保护措施规定在一起不甚妥当。《刑事诉讼法》第六十二条第一款规定了五项保护证人、鉴定人和被害人及其近亲属的特殊保护措施，这五项特殊保护措施大致可以分为影响被告人质证权行使的保护措施（前面两项）和不影响被告人质证权的保护措施（后面三项），其适用案件范围均是"危害国家安全犯罪、恐怖活动犯罪、黑社会性质的组织犯罪、毒品犯罪"等五种犯罪案件。诚然，在现代法治国家，对匿名作证及采取不暴露外貌、真实声音等出庭作证措施一般限定在特定案件中，以在证人保护与被告人的公正审判权（质证权）之间进行平衡。因而将影响被告人质证权行使的特殊保护措施的适用范围限定在危害国家安全犯罪等五种犯罪案件中，是合理和可行的。但是，对于《刑事诉讼法》第六十二条第一款规定的后三项特殊保护措施，由于其并不会对被告人的公正审判（质证权）产生影响，因而其适用的案件范围理当是开放的，而不应限制在特定类型案件中，因为除了上述五种犯罪之外的其他犯罪案件中同样也存在证人、鉴定人和被害人及其近亲属的保护问题。

四是未明确规定有关单位克扣或者变相克扣证人工资、奖金及其他福利待遇的法律后果。虽然新修订的《刑事诉讼法》第六十二条第二款规定了有工作单位的证人作证，所在单位不得克扣或者变相克扣其工资、奖金及其他福利待遇，但是并没有明确所在单位克扣或者变相克扣其工资、奖金及其他福利待遇情况下的法律后果。这就使得该条规定的实际效果可能会大打折扣，如果司法实践中出现了这些问题而证人又无力解决，怎么办？如果这种情况下证人的合法权利不能有效救济或者司法机关不给予协助，那么有工作单位的证人出庭作证势必会顾虑重重，这不仅不利于彻底消除证人出庭作证的后顾之忧，而且对于营造鼓励证人积极作证的社会氛围也无裨益。

总之，刚才涉及的刑事诉讼法关于证人保护规定的缺憾，有待日后进一步修改完善，以给力我国刑事证人保护机制的良性运行。

郭书原：对于我国刑事证人保护制度存在的缺憾，如何弥补？有无应对之策？

彭新林博士：刑事证人保护制度的完善是一项系统工程，涉及方方面面的问题，总的来说既要立足于我国司法现实，又要积极借鉴域外有益经验，统筹规划，系统推进。当前，应着力从四个方面推进我国刑事证人保护制度的完善。

一是进一步完善刑事证人保护立法。其一，要修改《刑法》第三百零七条（妨害作证罪）和第三百零八条（打击报复证人罪）规定的内容，适当扩大妨害作证罪和打击报复证人罪的犯罪对象范围。从《刑事诉讼法》的有关规定看，对证人保护的对象范围，既包括证人本人，也包括其近亲属；但是《刑法》第三百零七条、第三百零八条所规定的妨害作证罪和打击报复证人罪的犯罪对象仅限于证人，没有将证人近亲属纳入保护的范围，刑法与刑事诉讼法关于证人保护对象范围的规定明显不一致。正是如此，司法实践中可能会有一些不法分子利用法律的这个漏洞，以侵害证人的近亲属相要挟或者恐吓，阻止证人出庭作证或者指使其作伪证；同时也可能导致证人的近亲属在因证人出庭作证遭受报复侵害时，缺乏有效的救济。其二，要对《刑事诉讼法》第六十一条第二款的规定作一定增补修改，将证人及其近亲属的财产安全纳入法律保护范围。详言之，除了对证人及其近亲属进行威胁、侮辱、殴打或者打击报复等侵害人身安全的行为进行惩罚外，还应将通过打、砸、抢或者其他手段侵犯证人及近亲属财产权或者财产性利益的行为纳入法律制裁的范围。据此，可将该条第二款修改为"对证人及其近亲属进行威胁、侮辱、殴打或者打击报复，或者通过打、砸、抢或者其他手段侵害证人及其近亲属的财产权或者财产性利益，构成犯罪的，依法追究刑事责任；尚不够刑事处罚的，依法给予治安管理处罚"。其三，要对《刑事诉讼法》第六十二条第一款规定的特殊保护措施按照类别作适当调整。易言之，就是要将该条第一款规定的两类性质不同的特殊保护措施分别规定在两款之中。其中，影响被告人质证权行使的前两项特殊保护措施，要严格限定案件适用范围，可以仅适用于危害国家安全犯罪、恐怖活动犯罪、黑社会性质的组织犯罪、毒品犯罪等案件；不影响被告人质证权的后三项特殊保护措施可单独规定在新增设的这一款之中，适用于所有的犯罪案件，不应对案件的适用范围作出限定。其四，要对《刑事诉讼法》第六十二条第二款作出修改，明确所在单位克扣或者变相克扣证人工资、奖金及其他福利待遇的法律后果。如可将该款修改为"有工作单位的证人作证，所在单位不得克扣或者变相克扣其工资、奖金及其他福利待遇。无故克扣或者变相克扣证人工资、奖金及其他福利待遇的，有关主管机关应当责令改正"。只有这样，才有利于彻底消除证人作证的后顾之忧，同时营造出协助证人积极作证的社会氛围。

二是明确刑事证人保护的具体机构。虽然刑事诉讼法规定人民法院、人民检察院和公安机关都是证人保护的责任主体，但在司法实践中对证人保护互相推诿、责任不明的现象却大量存在，在很多情况下甚至处于"三不管"的状态。这种现象的出现，一方面反映出我国证人保护责任主体的分工不明，另一方面也严重挫伤了证人作证的积极性，影响了证人保护效果，有违设立证人保护制度的初衷。那么，如何破解司法实践中这种"三不管"的现象呢？我认为，我国证人保护责任主体的确定，应当立足于我国的国情和司法体制，不能一味模仿国外的做法。从现行法律规定来看，办案的公、检、法机关都负有保护证人的职责。设立专门的证人保护机构并不现实，牵一发动全身，实没有必要，如证人保护机构的性质、地位、权力依据等涉及司法体制和职权配置的诸多问题；而且证人保护是一项系统工程，侵害证人及其近亲属的人身财产安全的形式也是多种多样的，为证人提供有效保护不是靠设立某一个专门的机构就可以完全解决的。在当前我国的司法体制下，通过明确公、检、法机关具体保护证人的职责和分工，可以有针对性地对证人及其近亲属实行必要、及时、有效的保护。具体来说，可以考虑建立分工负责，以公安机关保护为主，以检察机关和人民法院保护为辅的证人保护机制。对于检察机关自侦案件，因其侦查和起诉均由检察机关负责，由检察机关负责这类案件中证人的保护比较合适，当然，对于一些特别重大的腐败犯罪案件，需要专业保护人员较多或者需要采取其他特殊保护措施的，可由检察机关商请公安机关协助以完成证人保护任务。除此之外的其他普通刑事案件，考虑到公安机关布点多元、力量充实、技术手段相对完备、反应快速而机动等优势，由公安机关对证人的人身安全进行保护较为合适；至于证人其他方面权利的保护，在不同的诉讼阶段，可由各自的主管机关负责执行。

三是建立刑事证人社会救助体系。建立刑事证人社会救助体系是完善刑事证人保护制度的重要一环。刑事证人社会救助体系的建立，主要包括三个方面的内容：其一，设立刑事证人保护基金。为保障证人保护经费的来源和专款专用，应当在我国设立刑事证人保护基金，基金款项主要来自社会募捐和财政拨款。证人保护基金的用途，既包括为保护证人作证所支出的费用，也包括证人作证后为解决就业问题所需的培训费用或者移居费用，还应当包括证人受到侵害后，加害人无力赔偿时，国家所支付的补偿费用。当然，要严格证人保护专项基金的管理和使用，任何单位和个人不得侵吞、截留或者挪作他用，基金费用的支出要接受财政、审计部门的监管和社会公众的监督。其二，建立刑事证人保险制度。国家应为证人投保人身保险和财产保险，确保因作证而遭受意外人身伤害或财产损失的证人能得到及时、足额的补偿。其三，确立无偿法律援助制度。对于证人因作证，证人及其近亲属受到侵害提出的诉讼，法院应当免除其诉讼费用；证人在此类诉讼中，需要法律帮助或需要聘请律师予以代理的，应作为法律援助的对象，由法院指定律师提供帮助或代理。通过法律援助的形式，尽力使证人克服恐惧出庭作证的心理障碍，确保证人不至于因作证而使自身合法权利受到损害，从而充分调动证人出庭作证的积极性。

四是确立刑事证人作证豁免制度。证人的刑事责任豁免是指证人为国家利益作证可以免受刑事追诉或给予刑事上的从轻或减轻、免除处罚待遇的一种刑事司法措施。在英美法系国家，为保障证人的合法权益，并促使证人在法庭上将其所知道的真实情况毫无保留、毫无顾忌地说出来，一般都规定有证人的法律责任豁免权，即证人在法庭上所说均不承担任何法律责任，包括民事责任，除非证人在法庭上故意借举证来侮辱、诽谤或者作伪证。也就是说，证人作证豁免只是豁免证言内容所证明的行为，并不豁免证人故意作伪证的法律责任。确立刑事证人作证豁免制度，亦是完善刑事证人保护制度的一个重要内容。这一制度的确立，不仅有助于消除证人出庭作证的顾虑，促进对犯罪活动的侦查、起诉和审判，同时也能更好地维护刑事证人的合法权益，促进司法公正目标的实现。

郭书原：非常感谢彭博士接受我们的采访！

孙赟昕简介：

　　北京市人民检察院第一分院助理检察员。2004 年取得中国人民公安大学法学硕士学位，2012 年取得中国人民公安大学法学博士学位。曾发表《审前羁押制度存在的问题与对策分析》、《完善我国刑事诉讼法中秘密侦查的法律规定》、《侦查人员出庭作证问题的思考》、《完善我国刑事诉讼中技术侦查的立法建议》、《我国不起诉制度的历史、现状和完善》等论文。

构建我国刑事非法证据排除规则

——访北京市人民检察院第一分院 孙赟昕博士

郭书原： 孙博士您好！非常感谢您接受我们的采访！今年刑事诉讼法修改一个重大特色就是在刑事诉讼法中确立了"非法证据排除规则"，请您谈谈何为"非法证据排除"？

孙赟昕博士： 好的。非法证据排除规则通常是指侦查机关及其工作人员使用非法手段获取的证据不能在刑事审判中采纳的规则。这项规则起源于 19 世纪末的美国，由于它充分体现了法治社会对人的生命权、财产权和隐私权等各项基本权利的尊重，并有助于公正的诉讼结果的产生，因此，被世界上大多数的法治国家确立为一项基本的刑事诉讼准则。"非法证据排除规则"是一项英美法系的诉讼规则，它的英文为"the exclusionary rules of illegally obtained evidence"，直译为"非法取得的证据的排除规则"。首先，我们来看看"非法"的含义。在美国，非法的英文为"illegally obtained"，翻译成中文实际上是"非法取得"的意思。非法证据通常是指侦查人员取证过程中侵犯相对人权利而取得的证据。这里的"非法"仅只取证方式的非法，而非证据形式的非法。而"非法"的"法"原来特指《美国宪法》第四修正案中关于搜查和扣押的规定，后来随着第五和第六修正案的公布，排除的范围逐渐扩大到非法取得的言词证据。因此，在美国"非法"的"法"应包括第四、第五和第六修正案，既排除非法搜查和扣押所取得的实物证据，又排除通过强迫自证其罪取得的言词证据。在我国"非法"的"法"应包括我国再次修订的《刑事诉讼法》第五十条和《关于办理刑事案件排除非法证据的规定》第一条、第二条和第十四条的规定。目前，这几条法律规定是我国非法证据排除的依据。其次，我们看看"取证"的含义。根据美国宪法第四、第五和第六修正案，取证的含义主要是非法搜查和扣押所取得的实物证据和强迫自证其罪所取得的犯罪嫌疑人和被告人的口供。同时取证应理解为一个连续的过程，即为了取证所采取的强制措施如逮捕也应看作是取证行为的一部分。因为逮捕是为取得口供创造条件，非法逮捕取得的口供也应予排除。根据我国再次修订的《刑事诉讼法》

第五十条和《关于办理刑事案件排除非法证据的规定》第一条、第二条和第十四条的规定来看，我国"取证"的含义应当包括采取刑讯逼供等非法手段取得的犯罪嫌疑人、被告人的供述和采用暴力、威胁等非法手段取得的证人证言、被害人陈述和明显违反法律规定，可能影响公正审判的物证和书证。最后，再来看看"排除"的含义。在美国非法证据的排除主要是指非法证据不能进入审判程序，否则会给陪审团作出公正的审判带来误导。美国陪审团的成员一般是没有受过法学教育的普通公民，他们只负责判断具备证据资格的一系列证据是否达到排除合理怀疑的程度。而一项证据是否具备证据资格，是否因取证手段违法而排除需要经过专业的法律思维判断，是法官在审判之前需要完成的任务。我国的法庭审判不实行陪审团制，合议庭是由职业法官组成，不必担心非法证据误导职业法官。所以我国的非法证据排除不局限于审前，在审判过程中甚至是法庭辩论结束前，辩方都可以提出非法证据排除的申请。根据检察官的客观义务，在侦查和起诉阶段理论上也存在非法证据排除的情形。

郭书原：您给我们介绍了英美法系国家中"非法证据排除规则"的具体含义，那么在这些国家的刑事诉讼活动中，非法证据排除的范围有哪些呢？

孙赟昕博士：在美国，非法证据排除的范围包括三个方面：第一，违反美国宪法第四修正案所取得的证据，即非法搜查、扣押和逮捕取得的实物证据。第四修正案只是原则性地规定公民有不受非法搜查、扣押和逮捕的权利，为了落实这项规定，美国制定了很多相关性的具体规定，如果违反了这些具体规定即被认为是对宪法第四修正案的违反，所取得的证据就会被辩方以非法证据为由请求法官依法排除。这些规定有：无证扣押、搜查证不符合形式要件、扣押的物品在搜查证上没有列明、逮捕后没有及时向犯罪嫌疑人告知权利等。第二，违反宪法第五修正案所取得的证据，即非法取得的言词证据。美国宪法第五修正案主要是规定了"不得强迫自证其罪"的问题。在英美法系国家的法庭上，被告人有权决定自己在法庭上是否保持沉默。如果被告人选择在法庭上保持沉默，那么法官不得强迫他回答有关自己犯罪的问题即不得强迫他作不利于自己的证言。如果被告人选择答辩，那么这种答辩又分为供述和辩解。后来这种"不得自证其罪"的权利又扩展到侦查和起诉阶段。这里要特别说明的是"不得自证其罪"和沉默权的关系："不得自证其罪"这一被告人的权利可以有多种选择的结果，被告人可以开口辩解，可以开口供述，也可以闭口选择沉默。沉默权只是"不得自证其罪"的一个选择，不能将沉默权等同于"不得自证其罪"。我国再次修订的《刑事诉讼法》第五十条明确规定："不得强迫任何人证实自己有罪"，即"不得自证其罪"的原则。这一原则的确立将为我国刑事诉讼带来一系列深刻的变革，将极大地扩展我国目前非法言词证据中非法手段的范围即不仅局限于《刑事诉讼法》第五十条规定的刑讯逼供、暴力、威胁和引诱。第三，违反第六修正案所取得的证据，即获得律师帮助的权利。在侦查阶段赋予犯罪嫌疑人获得律师帮助的权利基于以下几点考虑：首先，侦查阶段的犯罪嫌疑人面对强大的国家追诉机关无论是法律知识还是所处的境遇都处于十分不利的地位，为了保持控辩的平等对抗，必须为弱势的辩方加码，赋予其获得律师帮助的权利。其次，在实行举证责任倒置的非法证据排除程序中，让侦控方证明长期的、连续的侦查行为过程无违法行为似乎是一个勉为其难和无从下手的困境，美国刑事诉讼相关法律在容易发生非法取证的几个侦查环节设计了律师必须出场的规定，既保护了犯罪嫌疑人的权利同时也让在场的律师顺理成章地作了侦查程序合法取证的证人。我国2012年再次修订的《刑事诉讼法》也规定了犯罪嫌疑人有获得律师帮助的权利，与1996年修订的《刑事诉讼法》相比还扩大了这项权利。

郭书原： 正如您所讲，在英美法系国家，非法证据排除的范围包括：非法搜查、扣押和逮捕取得的实物证据；非法取得的言词证据；剥夺律师帮助权利所获得的证据。那么，您能否为我们介绍一下我国"非法证据排除"的相关立法规定以及今年再次修订的刑事诉讼法与以往的法律规定在"非法证据排除"方面的规定有哪些不同？

孙赟昕博士： 好的。再次修订的《刑事诉讼法》与1996年修订的法律在"非法证据排除"方面总的说来有以下三点不同。第一，我国对非法言词证据排除的相关规定。最高人民法院和最高人民检察院在对《刑事诉讼法》的司法解释中都规定了非法取得的犯罪嫌疑人供述、被害人陈述和证人证言不得作为定案的根据。2000年"两高"等五部门联合发布的《关于办理刑事案件排除非法证据若干问题的规定》第一条和第二条规定了采用刑讯逼供等非法手段取得的犯罪嫌疑人、被告人供述和采用暴力、威胁等非法手段取得的证人证言、被害人陈述，属于非法言词证据，应予排除不能作为定案的根据。2012年再次修订的刑事诉讼法第五十条规定："严禁刑讯逼供和以威胁、引诱、欺骗以及其他方法收集证据。"并增加了"不得强迫任何人证实自己有罪"的内容，确立了我国非法言词证据绝对排除的原则。

第二，我国对非法取得的物证排除的相关规定。"两高"等五部门联合发布的《关于办理刑事案件排除非法证据若干问题的规定》第十四条规定：物证、书证的取得明显违反法律规定，可能影响公正审判的，应当予以补正或者作出合理解释，否则，该物证、书证不能作为定案的根据。2012年再次修订的《刑事诉讼法》第一百三十四条至第一百四十三条对搜查、扣押的程序作了规定，第五十四条规定："收集物证、书证不符合法定程序，可能严重影响司公正的，应当予以补正或者作出合理解释；不能补正或者作出合理解释的，对该证据应当予以排除。"上述法律条文确定了我国对非法物证相对排除的原则。

第三，我国侦查阶段犯罪嫌疑人获得律师帮助的权利的规定。2007 年 10 月修订的《律师法》第三十三条规定："律师会见犯罪嫌疑人、被告人不被监听。"2012 年再次修订的《刑事诉讼法》第三十三条规定："犯罪嫌疑人自被侦查机关第一次讯问或者采取强制措施之日起，有权委托辩护人；在侦查期间，只能委托律师作为辩护人。被告人有权随时委托辩护人。"第三十三条把律师在侦查阶段的诉讼地位界定为辩护人，较 1996 年修订的《刑事诉讼法》中的"提供法律帮助的人"有了较大的突破。

郭书原：您刚才所讲的都是"非法证据排除规则"在立法方面的改变，能否展望一下刑事诉讼法再次修订后我国非法证据排除制度的建构？

孙赟昕博士：您的问题问得很好。古人云"徒法不足以为政"，光有好的法律还不够，我想从三个方面谈一点个人见解。一是确立我国非法言词证据绝对排除原则。根据我国刑事诉讼相关法律法规的规定，我国对于非法言词证据采取绝对排除的原则，即一经发现立即排除，侦查机关没有补正的机会。在确立非法证据排除规则的国家几乎都确立了非法言词证据的绝对排除原则，这是因为以非法手段取得的言词证据是对公民基本权利的极大破坏，同时也是侦查机关的严重违法行为，更是不断发生的冤假错案的根本原因，所以对非法言词证据的排除没有任何的余地可言。然而，何为"非法言词证据"或者说何为"非法手段获取的言词证据"？我国刑事诉讼相关法律、法规对非法手段只列举了刑讯逼供、威胁、引诱和欺骗几种。为了规范侦查机关的取证行为，建议在刑事诉讼法中详细列举以下几种非法手段：一是违反权利告知义务。即没有告知犯罪嫌疑人应当享有的"不得自证其罪"、律师帮助权、被采取的强制措施及其期限等各项权利。二是将"不得强迫自证其罪"中的"强迫"列入非法取证手段中。我国再次修订的《刑事诉讼法》第五十条增加了"不得强迫任何人证实自己有罪"，那么就应进一步在刑事诉讼法中将"强迫"列入非法取证手段。实际上，刑讯逼供和威胁都是强迫，然而实践中更常见的强迫是冻饿、不让睡觉的疲劳战术等强迫犯罪嫌疑人招供的方式。只要是犯罪嫌疑人精神上不自由，违反了"自白任意规则"即是强迫，这个界定非法取证的术语涵盖的内容更广，对犯罪嫌疑人权利的保护更全面。三是非法拘留和逮捕所获得的犯罪嫌疑人的口供。对于没有居留证、逮捕证就羁押和超期羁押的情况最好的对策就是对其结果的否定，即将其获得的口供予以排除。

第二，确立我国非法实物证据的相对排除原则。当今世界绝大多数的法治国家，为了保护公民的财产权、隐私权等各项基本权利都不同程度地确立了扣押、搜查等对物的强制性措施的司法令状主义。即侦查机关凭法院签发的令状按照规定的范围、时间和手段等进行搜查和扣押。根据我国国情和宪法规定的检察机关法律监督的属性，我建议将对物的强制性措施纳入检察机关监督的范围，和批准逮捕一样由检察机关批准搜查扣押。为了最大限度地保护公民的财产权和隐私权，在刑事诉讼法中规定对搜查和扣押的各项限制性措施：其一，搜查必须有检察机关签发的搜查证，禁止无证搜查。其二，搜查证上应列明允许搜查的物品范围并严格禁止抄家式的一般性搜查。如美国斯坦福诉德克萨斯州案中，搜查证的描述就非常精确，包括书籍、记录、小册子、卡片、收据、目录、便签、图片、录影磁带。其三，为了防止对公民权利的过度和随意侵犯，搜查应尽量在白天进行。其四，非法实物证据排除的相对性的标准应体现在保障人权和刑事诉讼客观规律上。非法实物证据排除体现的诉讼价值侧重在保障人权而非司法公正，所以非法实物证据排除的阻却事由应该是严重侵犯公民权利而非严重影响司法公正。同时，在尊重刑事诉讼客观规律的基础上，应借鉴美国刑事诉讼法律中的"善意例外"和"最终或必然发现的例外"。

第三，在侦查过程中尤其是易发生非法取证行为的阶段引入律师介入程序。构建侦控阶段的控辩双方平等对抗，对于防止侦查机关非法取证行为具有十分重要的意义。控辩在侦查阶段的平等对抗的前提是律师能够参与到侦查过程中来，然而鉴于打击犯罪的需要世界上几乎没有一个国家会安排律师全程参与侦查取证过程。实际上，在容易发生非法取证的关键性的侦查程序引入律师介入即可达到保障犯罪嫌疑人的各项权利、规范侦查行为的目的。如美国最高法院裁定，刑事诉讼的关键阶段有：（1）对被告人进行的某些辨认程序。（2）警察试图得到被告人有罪供述的程序。（3）逮捕后被第一次带到治安法官面前。（4）答辩程序。（5）法庭审判前的听审程序。（6）审判程序。在这些程序中没有律师在场，被告人也没有放弃获得律师帮助的权利，那么取得的证据将作为非法证据予以排除。我国刑事诉讼中律师介入才刚刚起步，律师在侦查阶段的辩护人地位刚刚确立。由于侦查机关设置的种种障碍，辩护律师在侦查阶段普遍存在着"阅卷难"、"会见难"和"调查取证难"。有鉴于此，我建议在刑事诉讼法中规定在第一次讯问、辨认等程序中要有律师在场，保证犯罪嫌疑人获得律师的帮助，同时使得律师能够监督侦查机关的取证行为，否则侦查机关在这些程序中取得的证据将作为非法证据予以排除。

郭书原：非常感谢孙博士接受我们的采访，今天的访谈就到这里。

法雨忆痕
（后记）

　　法律是一种信仰，诸多具有这种信仰的人在奋笔书写着自己对法律精神的感悟。这些感悟犹如雨滴浇灌着一片片求知的土地，同时也给人们带来了正义的价值。追求这个一直被践行的轨迹，是法律人对法治无比崇尚的表达，也是对法律的一种倾诉。历经三十余载的刑事诉讼法记录了法律人追求法治过程中的知与行。2012年3月14日，第十一届全国人民代表大会第五次会议通过了全国人民代表大会《关于修改〈中华人民共和国刑事诉讼法〉的决定》。这是我国法制建设中的一件大事，也是继1996年修改刑事诉讼法之后的又一次重大修订，它是以国家立法的形式体现了近十几年来司法改革的成果，意义深远重大，是我国刑事诉讼法制度发展史上一座重要里程碑。

　　我们在认真学习、全面贯彻、准确理解新刑事诉讼法的过程中，接触到了很多知名专家、教授、学者；也接触到了一些长期从事检察工作担任最高人民检察院领导职务的同志和省院、直辖市院及直辖市分院的领导，他们当中不乏有业务型专家、理论型人才，其中还有法学博士、博士后。在与他们的交谈采访中，编者蒙生出了编辑《刑事诉讼法修改的深度访谈》一书的想法，旨在用记忆中难以抹去的痕迹来撰写法律人用生命所捍卫的信仰。本书汇集了国内十余名法学名家对刑事诉讼法理论及实务见解的精神内核，也体现了我国老一辈法学家陈光中、樊崇义等人的修律智慧。其中更涵盖了检察机关高级领导的治检思想。相信，这本书将会为学习刑事诉讼法的同志们提供一点帮助。

　　本书主要内容分为三部分：第一部分是访谈从事检察工作多年的领导干部，谈检察机关如何应对修改后的刑事诉讼法。第二部分以访谈高校的专家、教授、学者为主，谈刑事诉讼法的修改。第三部分则是检察机关中几位青年博士的见解。他们从诸多方面，从检察机关的角度论述分析新刑事诉讼法实施过程中会带来的问题及应对策略。专家、学者们各抒己见，才思泉涌，更为甚者直接参与了新刑事诉讼法修改工作中讨论、研究、修订的全过程，他们在采访中给我们提供了难能可贵的素材，使我们探得很多鲜为人知的故事，成就了《刑事诉讼法修改的深度访谈》一书的出笼。

在本书即将出版之际，我要向尊敬的慕平检察长、高保京检察长、甄贞副检察长对本书所给予的大力支持表示诚挚的敬意，向他们的关怀与指导表示由衷的感谢。回首本书编辑采访的每一步历程，始终离不开领导和同志们的关注支持。这无疑给了我莫大的力量，化为我的勇气和信心。特别要提到的是高保京检察长、市检察院甄贞副检察长在百忙之中多次过问此书的进展情况，听取汇报，并且提出宝贵意见，承蒙他们所给予的大力支持与指导，本书顺利完成。

在此，我还要向在全国法律界享有很高名望的陈光中、樊崇义两位老教授致以最诚挚的谢意。当听及我们编辑这本书的消息时，两位泰斗不遗余力，有问必答，我无法用语言来表达对两位苍暮老人的感激之情。只有心里默默祝福他们身体健康，幸福快乐。

我还要感谢最高人民检察院副检察长朱孝清同志在百忙之中接受我的采访，感谢湖南省检察院龚佳禾检察长的支持，感谢所有给予我支持的各位检察长和副检察长们，在这里就不一一提名了。

感谢所有支持这本书的各位专家、教授们。

还有参加本书编辑、校对工作的王楠、梁立宝、刘青阳、熊鹏等人，在此一并感谢。

感谢梁月明检察官给予本书的大力支持与无私的帮助。

郭书原

2012 年 7 月 19 日